Thomas O. H. Kaiser

„Ich bin ein Musikus."

Über Mozart.
Eine biographische Annäherung

Ruth Rüttinger, „Mozart", 2020

Herstellung und Verlag
BoD – Books on Demand,
Norderstedt
ISBN 978-3-7460-2845-3

Tobias Koch zum
27. Januar 1982

und

all jenen Jugendlichen gewidmet,
die mit mir in den vergangenen Jahren
auf Städtetour unterwegs gewesen sind.

Das 18. Jahrhundert war das Zeitalter der Silhouettenzeichnung.
Auch später noch wurde vereinzelt diese Kunst gepflegt: Hier ein
Scherenschnitt, der den Autor dieses Buches als 15jährigen Jugend-
lichen zeigt, Paris 1978, anonymer Künstler.

„Ich bin ein Musikus."[1]

Wolfgang Amadé Mozart (1777)

[1] Wolfgang Amadé Mozart, Postskriptum zu einem Brief seiner Mutter an seinen Vater Leopold Mozart vom 8. November 1777, zit. nach Max Becker/Stefan Schickhaus, W. A. Mozart. Chronik-Bildbiographie, Gütersloh 2005, 82.

INHALT

Vorwort

Im Februar dieses Jahres bin ich zum ersten Mal ein paar Tage lang in Wien gewesen. Wie schon die Jahre zuvor, so war ich auch diesmal mit einer kleinen Gruppe unterwegs. Es war eine Bildungsreise: Seit einigen Jahren veranstaltet die Evangelische Kirchengemeinde Klettgau, in der ich seit 2008 als Pfarrer arbeite, in Zusammenarbeit mit der Evangelischen Kirchengemeinde Kadelburg und dem Evangelischen Kirchenbezirk Hochrhein eine Städtetour für kulturell interessierte Jugendliche und Erwachsene. Ich war, abgesehen von einem kurzen Zwischenstopp am Wiener Hauptbahnhof vor dreißig Jahren, zuvor noch nie in Wien gewesen und kannte die Stadt nicht. Deshalb war ich total überrascht: Die Hauptstadt Österreichs, so wurde mir plötzlich klar, ist über 400 Jahre lang der Nabel der Welt gewesen! Kein anderer Name ist mit Wien so verbunden wie das Geschlecht der Habsburger: Maximilian I., Karl V., Franz I. Stephan und Maria Theresia, Franz Joseph I. und Elisabeth (gen. Sisi): Die Kaiser von Österreich und mitunter auch ihre Frauen lenkten jahrhundertelang die Geschicke der Alpenrepublik, Europas und der Welt – weniger durch Kriege, als vielmehr auf dem Wege einer machtstrategischen Heiratspolitik. Ich bin im Laufe meines Lebens schon in vielen Weltmetropolen gewesen – aber Wien gehört für mich nach diesem kurzen Besuch mit zu den schönsten, sehens- und liebenswertesten europäischen Städten! Das liegt vor allem daran, dass Wien eine Stadt der Kultur ist, eine Stadt der Kunst und der Musik. Kirchen wie der Stephansdom oder die Karlskirche, Museen wie das Hundertwasser-Museum, das Obere Belvedere, die Hofburg, Schloss Schönbrunn, Museen wie das `momuk´ oder die `Albertina´, Theater wie das `Burgtheater´, Cafés wie das `Hawelka´, das `Central´ oder das `Sacher´, dazu zahlreiche Restaurants, ein gut funktionierendes Transportsystem, eine niedrige Kriminalitätsrate und ein gewisses `Savoir vivre´ – das alles hat ein besonderes Flair und bescherte uns einen äußerst angenehmen Aufenthalt. Nicht umsonst zählt Wien derzeit (2020) zu den lebenswertesten Städten der Welt!

Für mich verband sich mit dem Namen Wien schon zuvor vor allem die Zeit der `Wiener Klassik´[2] – also jener Musikepoche, die von ca. 1770 bis 1825 die Musik revolutionierte. Neben Wolfgang A. Mozart ist die `Wiener Klassik´

---

[2] `Wiener Klassik´ und `Weimarer Klassik´ stehen für die musikalische und literarische Epoche der Aufklärung. Damit verbunden war die Vorstellung von der Gleichheit aller Menschen und von der Freiheit des Denkens – ein wichtiger Impuls für den Aufstieg des Bürgertums in jener Zeit: In privaten Salons und in öffentlichen Konzerthäusern und Theatern bildete sich von ca. 1730 bis 1830, also innerhalb von nur hundert Jahren, eine bürgerliche Musikkultur heraus, die sich vom barocken Prunk des Adels abwandte und eine eigene, schlichtere Musiksprache für sich entdeckte. `Klassik´ (von `klassisch´ = `vollkommen, ausgewogen, formvollendet´) wurde und wird bis heute diese Musikrichtung genannt, die auch der Musikepoche ihren Namen gab, vgl. weiterführend Annette Kreutziger-Herr/Winfried Bönig (Hg.), Die 101 wichtigsten Fragen: Klassische Musik, München 2009, 14ff.

eng verbunden mit den Namen Joseph Haydn[3] und Ludwig van Beethoven[4]. Gegen die damalige Modemusik setzte diese Trias neue bis heute hörbare und gern gehörte Formen: die Symphonie, das Streichquartett und die Klaviersonate. Formale Grundlage der `Wiener Klassik´ war die Sonatenhauptsatzform – Exposition, Durchführung, Reprise, Coda.[5] Hinzu kam die motivisch-thematische Idee über allem (das Menuett als letzten Rest der barocken Suite hat die Wiener Klassik dann als `Scherzo´ absorbiert). Seit meiner Jugend höre ich diese klassische, der europäischen Aufklärung verbundene Musik ausgesprochen gerne.

---

[3] Mit Joseph Haydn (1732-1809), den musikalischen Autodidakten und dritten Hauptmeister der Wiener Klassik, verband W. A. Mozart ein tiefes freundschaftliches Verhältnis. Mozart widmete dem Komponisten der langjährigen österreichischen Nationalhymne (`Gott! erhalte Franz, den Kaiser´), die später, freilich mit anderem Text, auch zur deutschen Nationalhymne wurde (`Einigkeit und Recht und Freiheit´) seine Streichquartette, die sog. `Haydn-Quartette´ (KV 387, KV 421, KV 428, KV 458, KV 464 und KV 465). Am 15. Januar und am 12. Februar 1785 spielte Mozart einen Teil seiner Quartette in der Domgasse 5, dem heutigen `Figarohaus´, dem Widmungsträger vor (vgl. Volker Gebhardt, Schnellkurs Mozart, Köln 2005, 113, wo die Widmung des Drucks auf Italienisch der Erstauflage von 1785 abgebildet ist). Haydn war begeistert! Als Haydn am 15. Dezember 1790 einer Einladung nach London folgte, war Mozart betrübt; er sah den Freund nie wieder. Haydn, über den längst nicht so viel bekannt ist wie über Mozart und Beethoven – allein deshalb, weil er nicht so viele Briefe geschrieben hat bzw. nicht so viel Korrespondenz von ihm erhalten ist –, kehrte später nach Wien zurück, starb dort an Altersschwäche und wurde dort beigesetzt.
[4] Beethoven wurde oft mit Mozart verglichen. Beethoven vervollkommnete die Wiener Klassik: Erstmals war er 16jährig im April 1787 nach Wien gereist, um bei dem 15 Jahre älteren W. A. Mozart Unterricht zu nehmen – was aber vermutlich nicht klappte, weil Beethovens Mutter erkrankte und er deshalb Hals über Kopf nach Bonn zurückkreisen musste. Als er dann 1792 wieder nach Wien zurückkehrte, war Mozart bereits tot. Beethoven liegt in Wien begraben. Im Jahr 2020 wurde weltweit unter speziellen Auflagen der Corona-Pandemie mit Konzerten und Ausstellungen der 250. Geburtstages Ludwig van Beethovens (1770-1827) gefeiert, vgl. dazu Thomas Leibnitz (Hg.), Beethoven. Menschenwelt und Götterfunken, Salzburg-Wien 2019, darin bes. den Beitrag von Christine Siegert, Massstab und Inspirationsquelle. Beethoven und Wolfgang Amadé Mozart (103-109). Anlässlich seines 250. Geburtstages erschienen auch zahlreiche Biografien, vgl. den Ausstellungskatalog der Kunst und Ausstellungshalle der Bundesrepublik Deutschland (Hg.), Beethoven: Welt – Bürger – Musik, Köln 2019; Matthias Henke, Beethoven – Akkord der Welt, München 2020, und Jan Caeyers, Beethoven. Der einsame Revolutionär, München 2020.
[5] Vgl. dazu Volker Gebhardt, Schnellkurs Mozart, a. a. O., 63.

Ein besonderer Höhepunkt dieser Wien-Reise war für mich der Besuch des Mozarthauses in der Domgasse 5 unweit des Stephansdoms[6].

Mozart und seine Familie bewohnten diese Räume von Ende September 1784 bis Ende April 1787. Seither hat das Haus eine bewegte Geschichte erfahren: Zuletzt waren die `Erinnerungsräume´ anlässlich Mozarts 150. Todestag 1941 von den Nazis politisch instrumentalisiert worden.[7] Die Nazis hatten sich Mozarts bemächtigt: Die österreichischen Juden waren von den Feierlichkeiten in Wien ausgeschlossen. Sie wurden vom Staat gezwungen, in der Öffentlichkeit den berüchtigten gelben `Judenstern´ zu tragen, durften keine Parkbänke mehr benutzen und auch nicht in die Oper und ins Theater gehen. Nach all den staatlichen rassistischen Diskriminierungen und Entrechtungen wurden sie zum Schluss in Konzentrationslager verschleppt und ermordet.

1945 waren dann auch in Österreich, das Hitlers `Anschluss ans Reich´ begrüßt hatte, die Nazi-Herrschaft und der Krieg vorbei und Österreich wurde zur Demokratie. Jetzt galt es auch für die Mozart-Rezeption einen neuen Ansatz zu finden – am 27. Januar 1956 wurde im demokratischen Österreich Mozarts 200. Geburtstag mit Feier-

---

[6] Die Kathedrale, das Wahrzeichen von Wien, ist seit dem 15. Jahrhundert Bischofssitz und seit 1723 Sitz des Erzbischofs von Wien. Die Wiener nennen ihn kurz `Steffl´. Sein Name geht auf den heiligen Stephanus, den ersten christlichen Märtyrer, zurück. Der Steffl ist eines der wichtigsten Bauwerke der Gotik in Österreich. Seine Glocke im Nordturm, `Pummerin´ genannt, ist heute mit 20130 Kilo und 3,14m Durchmesser die drittgrößte freischwingend geläutete Kirchenglocke Europas.
[7] Der NS-Politiker und damalige Reichsstatthalter von Wien, der verurteilte Kriegsverbrecher Baldur von Schirach (1904-1975), hatte das Haus eröffnet: Zur Geschichte des Hauses vgl. online https://www.mozarthausvienna.at/de/MOZARTHAUS-VIENNA/Geschichte-des-Hauses (aufgerufen am 30.3.2020).

lichkeiten begangen. Doch im Blick auf die Mozart-Gedenkstätte kam es erst 1978 zu einer Erweiterung und einer konzeptionellen Neuausrichtung. Anlässlich von Mozarts 250. Geburtstag dann wurde das Mozarthaus erneut großförmig renoviert und 2006 der Öffentlichkeit in neuem Gewand vorgestellt: Im ersten Stock befindet sich heute die einzige in Wien erhalten gebliebene Wohnung, die nachweislich von der Familie Mozart bewohnt worden war. Der 27jährige Wolfgang A. Mozart war mehrfach umgezogen – es wurden elf Umzüge in zehn Wiener Jahren –, bis seine 22jährige Gattin und er eine Wohnung gefunden hatten, die sie als standesgemäß betrachteten und die ihren Ansprüchen entsprach. Häufige Umzüge waren damals nichts Ungewöhnliches, man mietete meistens möblierte Wohnungen. Es war die vornehmste, größte und teuerste Wohnung, die Mozart, von je her mit einem Hang zum Luxus behaftet, im September 1784 hier bezog und bis Ende April 1787 bewohnte, und lag weit über dem Durchschnitt der Wohnungsverhältnisse der Wiener Bevölkerung. In keiner anderen blieb er so lange wie in der Domgasse 5 – zweieinhalb Jahre!

Ich fuhr wie die meisten Tourist*innen mit dem hausinternen Aufzug hoch und begann die Besichtigung im 3. Stock des Hauses. Dort war das Thema ʼWien zur Zeit Mozartsʼ und besonders die Lebensweise von damals wurde beschrieben. Dann arbeitete ich mich übers Treppenhaus nach unten vor, d. h., es ging über ʼMozarts musikalische Weltʼ bis hin zur Mozartwohnung im 1. Stock: vier Zimmer, zwei Kabinette, Küche – wobei die Zimmeraufteilung der

Mozarts nach über 230 Jahren heute nicht mehr ganz klar ist. Die Wohnung ist heute (2020) unmöbliert; Originalmobiliar ist keines mehr vorhanden. Originalmanuskripte werden aus konservatorischen Gründen nicht länger als drei Monate ausgestellt. Daher waren nur Faksimiles zu sehen; persönliche Gegenstände des Musikgenies, die es heute nur noch in geringer Zahl gibt, fehlten weitgehend. Allerdings kann man sich aufgrund von Mozarts Nachlassverzeichnis gut vorstellen, was damals an Inventar alles vorhanden gewesen sein musste. Heute noch ist die Anzahl der aufgeführten Möbel, darunter viele Alltags- wie Luxusgegenstände, erstaunlich. Mit seiner Frau wohnten hier sein Sohn und mindestens drei Bedienstete; ferner beherbergte die Wohnung zeitweise zahlreiche Logiergäste, auswärtige Kompositionsschüler, durchreisende Musikfreunde und Verwandte. Die Zeit in dieser Wohnung gehörte zur produktivsten Zeit in Mozarts Leben – verbunden mit einer hohen Arbeitsbelastung und einem hohen Termindruck. Faszinierend war für mich, bei aller Leere der Wohnung denselben Blick aus dem Fenster wie Mozart zu haben, etwa auf die Blutgasse, oder bei der Erkundung der großen Räume mit großer Wahrscheinlichkeit auch über dieselben Holzdielen zu gehen – also gewissermaßen den `Spiritus loci´ zu erleben. Doch wenn es um Mozart geht, dann basiert Vieles auch heute noch auf Vermutungen und Annahmen. Deshalb wurde im Vienna Mozarthaus nicht versucht, etwas originalgetreu zu rekonstruieren – das finde ich gut. Und so bleibt es auf dem Hintergrund von

Imagination und erzählender Rekonstruktion der Phantasie der Besucher*innen überlassen, sich selbst ein Bild zu machen. Ich jedenfalls konnte mir in der kurzen Zeit, die ich für die Besichtigung zur Verfügung hatte, gut vorstellen, wie Mozart hier gegen Ende des 18. Jahrhunderts gelebt und gearbeitet hat. Wer dennoch Mozarts Musikinstrumente, seine Geige oder seinen Flügel, oder seine angeblichen Locken vermisst, für den bietet Mozarts Geburtshaus in Salzburg schließlich eine Alternative.[8]

In diesem Buch geht es vor allem um das Leben, weniger um das Werk, d. h. um die Musik[9] W. A. Mozarts, und um dessen Interpretation und Bedeutung, also nicht um eine ästhetisch-analytische Werkbetrachtung.[10] Andere haben über Mozarts großartige Instrumentalmusik[11], über seine Opern, seine Symphonien und seine geistliche Musik aus-

---

[8] https://mozarteum.at/museums/mozarts-geburtshaus/#mozarts-instrumente-section (aufgerufen am 15.6.2020).

[9] Von der Menge der eingespielten Werke Mozarts sind Hörempfehlungen interessant, wie sie Volker Gebhardt vorschlägt (vgl. Volker Gebhardt, Schnellkurs Mozart, a. a. O., 177f.) oder wie sie – aktueller – im ZEIT-Magazin Geschichte Nr. 4: Wer ist Mozart? Neue Erkenntnisse zum 250. Geburtstag, Hamburg 2005, 88f., zu finden sind.

[10] Mozarts Werk ist Legion. Gibt man das Schlagwort in den Katalog der Deutschen Nationalbibliothek in Leipzig und Frankfurt ein, erscheinen 56990 Bücher (https://portal.dnb.de/opac.htm?query=mozart&method=simpleSearch, aufgerufen am 17.3.2020). Macht man dasselbe bei in der Internetsuchmaschine Google, kommt man auf 66800000 Ergebnisse (aufgerufen am 17.3.2020) – und täglich werden es mehr! Mozarts komplettes Werk erschien zwischen 1956 und 1991 in einer historisch-kritischen, wissenschaftlichen Gesamtausgabe: der `Neuen Mozart-Ausgabe´, Grundlage für werkgetreue Aufführungen. Sie wurde von 1880 von Salzburger Bürgern mit Sitz in Salzburg gegründeten `Internationalen Stiftung Mozarteum´, herausgegeben, die sich seither der Pflege und Förderung von Mozarts Werk verschrieben hat. Die Edition – 130 Bände in 35 Werkgruppen – ist seit 1991 bzw. seit 2007 abgeschlossen und wurde inzwischen online zugänglich gemacht unter: https://dme.mozarteum.at/nmaonline/ (aufgerufen am 17.3.2020; vgl. dazu die Kritik von Volker Hagedorn, Mozart geht online, in: DIE ZEIT Nr. 4 v. 18.1.2007, 45). Hinzu kommt eine Flut von Sekundärliteratur. Ich verweise zum schnellen Einstieg auf Martin Geck, Mozart. Eine Biographie, Reinbek 2005 (mit jeder Menge Zitaten zwischen 1956 und 1991 in einer historisch-kritischen, Diskographie auf 428-435); Kurt Pahlen, Wolfgang Amadeus Mozart. Sein Leben und seine Zeit, Zürich 1985, Herrsching 1991; Gernot Gruber, Wolfgang Amadeus Mozart, München 2005; Heinrich Eduard Jacob, Mozart. Der Genius der Musik, München 2005; Malte Korff, Wolfgang Amadeus Mozart, FfM 2005; und Dorothea Leonhardt, Mozart. Eine Biographie, Zürich 2005. In allen erwähnten Fachbüchern und auch in den meisten der im Literaturverzeichnis aufgeführten Bücher befinden sich selbstredend weiterführende Literaturangaben.

[11] Vgl. exemplarisch Cuthbert Girdlestone, Mozart and His Piano Concertos (1939), New York 2011.

führlicher geschrieben, als es mir in dem mir zur Verfügung stehenden Raum möglich ist und als es auch meine Absicht war.[12] Ich wollte mit diesem Buch eine Schneise schlagen zum besseren Verständnis für die Hintergründe, vor denen Mozarts phänomenales Werk entstand: für sein Leben und auch für eine Zeit, die uns heute ähnlich fern zu sein scheint wie die Reformationszeit. Dabei sind erst 250 Jahre und nicht 500 Jahre seit Mozarts Geburt vergangen! Das vorliegende Buch erhebt bei diesem Versuch natürlich keinerlei Anspruch auf Vollständigkeit. Die Spuren von Mozart sind inzwischen weitgehend verweht, Nachkommen sind keine mehr vorhanden, die Überlieferungsgeschichte ist größtenteils lückenhaft. Doch sind zahlreiche Briefe von Mozart und seiner Familie erhalten, Berichte von Zeitgenossen, Aufzeichnungen von Verwandten, so dass ich mir einen guten Eindruck von ihm, seinem Werk und seiner Zeit verschaffen konnte.[13] Mozarts Werke werden mit `KV´ abgekürzt, was ausgeschrieben `Köchelverzeichnis´ heißt (im Englischen nur `K´). Darunter versteht man ein Register, das der chronologischen

---

[12] Vgl. z. B. Silke Leopold (Hg.), Mozart Handbuch, Kassel 2005, in dem elf ausgewiesene Mozartexpert*innen Mozarts Stücke genau unter die Lupe nehmen. Vgl. weiter Alfred Einstein, Mozart. Sein Charakter – sein Werk (1947), FfM 2005, ²2006. Der US-amerikanische Musikwissenschaftler Alfred Einstein (1880-1952) war 1933 vor den Nazis in die USA emigriert, wurde dort Professor und legte mit seinen Ausführungen über Mozart ein fundiertes und genaues Buch vor, das auch nach über 70 Jahren als Standardwerk der Mozart-Forschung gilt; in ihm befindet sich u. a. ein umfangreiches, nach der Besetzung geordnetes Werkverzeichnis (vgl. 489-504). Es ist online zugänglich unter: http://www.zeno.org/Musik/M/Einstein,+Alfred/Mozart.+Sein+Charakter,+sein+Werk (aufgerufen am 2.4.2020). Ulrich Konrad fasst in seinem zum Standardwerk avancierten Buch den damaligen Stand der Forschung zusammen und liefert ein lückenloses Werkverzeichnis, vgl. Ulrich Konrad, Wolfgang Amadeus Mozart. Leben, Musik, Werkbestand, Kassel 2005; M. Solomon (geb. 1930), US-amerikanischer Musikproduzent und Musikwissenschaftler, korrigierte mit seiner Biografie das bisherige Mozartbild, vgl. Maynard Solomon, Mozart. Ein Leben, Stuttgart 2005.
[13] Zur Audio- und Video-Datenbank mit mehreren tausend Beiträgen, online recherchierbar, vgl. https://web.archive.org/web/20180326025425/http://www.mozarteum.at/wissenschaft/bibliothek/mozartton-und-filmsammlung.html, http://dme.mozarteum.at/DME/briefe/doclist.php und https://digibib.mozarteum.at/mobri/BriefeundDokumente/nav/classification/2580021 (alle Links aufgerufen am 14.3.2020).

Reihenfolge der Entstehung der Werke Mozarts zu folgen versucht. Sein Name geht auf den österreichischen Juristen, Historiker, Naturforscher, Musiker, Prinzenerzieher und kaiserlichen Rat Ludwig von Köchel[14] zurück, der nach Mozart selbst 1862 als Erster versuchte, dessen Werke *chronologisch-thematisch* zu erfassen. 626 Nummern umfasst das `Köchel-Verzeichnis´.[15] Danach versuchte Aloys Fuchs (1799-1853), Mozarts Werk *systematisch* zu erfassen und erstellte ein entsprechendes Verzeichnis – von daher gibt es heute zwei Formen, in denen Mozarts Werk zitiert wird.[16]

Wie immer, so ist auch dieses Buch nicht ohne die Begleitung anderer entstanden: Ich bedanke mich ganz herzlich bei Barbara Dammenhayn-Scott, die die Mühe auf sich genommen hat, mit scharfem Auge und wachem Verstand das Manuskript dieses Buches gegenzulesen. Sie ist seit vielen Jahren ein engagiertes Mitglied im Kirchengemeinderat der Evangelischen Kirchengemeinde Kadelburg und

---

[14] Ludwig Alois Friedrich Köchel (1800-1877) aus Niederösterreich war Doktor der Rechte (1827) und Erzieher am Hofe von Erzherzog Karl. 1832 wurde der kaiserliche Rat in den Ritterstand erhoben. In Salzburg wirkte er nach mehreren Forschungsreisen ab 1850 u. a. als Schulrat und Gymnasialinspektor. Nach weiteren Forschungsreisen veröffentlichte er 1862 das nach ihm benannte, chronologisch geordnete Verzeichnis der Werke Mozarts. 1863 zog er nach Wien, wo er starb. Auf dem dortigen Zentralfriedhof befindet sich sein Ehrengrab (Gruppe 16 A, Reihe 7, Nr. 23).
[15] Vgl. Ludwig Ritter von Köchel, Chronologisch-thematisches Verzeichnis sämtlicher Tonwerke Wolfgang Amadé Mozarts, 8. Auflage, bearbeitet von Franz Giegling, Alexander Weinmann und Gerd Sievers, Wiesbaden 1983. Seit seiner ersten Ausgabe erfuhr das Köchelverzeichnis mehrere Überarbeitungen: 1905 brachte Paul Graf von Waldsee die zweite Auflage heraus. Die dritte Auflage wurde von Mozart-Fachmann Alfred Einstein 1929 bearbeitet und 1937 ediert (mit amerikanischem Supplement 1947). Sie bildete die Grundlage für die vierte und fünfte Auflage (ohne Supplement). Diese erfuhr ihre Fortsetzung in der von Franz Giegling, Alexander Weinmann und Gerd Sievers betreuten sechsten in Wiesbaden 1964 erschienen Auflage. Derzeit ist die achte Auflage von 1983 Standard.
[16] Zum Hintergrund des KV vgl. Wolfgang Hildesheimer, Mozart, FfM 1977, 183, Anm. 49, und Volkmar Braunbehrens, Mozart in Wien, München-Zürich 1986, 15, ferner Bernhard Paumgartner, Mozart, Zürich 1986, 535-557, sowie weiterführend Hellmuth von Hase, Der kleine Köchel. Chronologisches und systematisches Verzeichnis sämtlicher musikalischen Werke von Wolfgang Amadé Mozart, zusammengestellt aufgrund der 3., von Alfred Einstein bearbeiteten Auflage des chronologisch-thematischen Verzeichnisses von Ludwig Ritter von Köchel, Wiesbaden 1951.

hat mit genauem Blick schon mehrere meiner Veröffentlichungen Korrektur gelesen – worüber ich immer wieder froh und dankbar bin! Danke, liebe Barbara!

Ruth Rüttinger, Künstlerin aus Dogern bei Waldshut, danke ich ganz herzlich für das schöne Bild, das auf dem Titel dieses Buches zu sehen ist. Ruth Rüttinger gestaltet seit vielen Jahren – mit wenigen Unterbrechungen – die Umschläge meiner Bücher. Ich bewundere ihre Kreativität – sie schafft es immer wieder, meine Themen aufzunehmen und entsprechend passend ins Bild zu setzen. Diesmal ist in ihrem Schaffensprozess ein Pop-Mozart herausgekommen. Danke, liebe Ruth!

Gewidmet ist dieses Buch meinem jung gebliebenen Neffen Tobias Koch, der am selben Tag wie Wolfgang Amadé Mozart, am 27. Januar, geboren wurde – allerdings 226 Jahre später –, und all jenen ausgesprochen wachen, aufgeschlossenen, fröhlichen und kulturell interessierten Jugendlichen, die mit mir in den vergangenen Jahren im Frühjahr auf Städtetour unterwegs waren: in Rom, London, Amsterdam, Paris, Krakau und Wien. Auf diesen Städtetouren bin ich nicht nur mit Angehörigen der jüngeren Generation unterwegs gewesen und habe erfahren dürfen, was sie bewegt, sondern durch sie ist mir noch einmal von Neuem der Horizont für die Weite und Schönheit der Städte Europas eröffnet worden. Ich danke Euch allen!

Kadelburg, am 4. Juli 2020   Thomas O. H. Kaiser

Einleitung

Wolfgang Amadé Mozart [17] ist neben Papst Johannes XXIII. [18] mein Lieblingskatholik! Mozarts Musik wird von vielen `göttlich´ genannt – weil sie so rein und fein ist und so wahnsinnig schön und zweckfrei und so vollkommen und leuchtend und so leidenschaftlich und so heiter und so fröhlich und so ausgelassen und so geistreich und geistig-kräftig und weil sie schon bei so manchem der Zuhören-den erhabene Glücksgefühle ausgelöst hat. Sie ist vielfar-big, fantastisch, intelligent, kunstvoll aufgebaut, hat Spiel-witz, Fröhlichkeit, ist bisweilen auch versonnen und kennt bei aller Leichtigkeit auch jähe Klänge aus dem Abgrund. Sie ist aber nie aufdringlich und hat manchmal auch eine besondere religiöse Note! Sie ist zweckfrei, einfach und zugleich kompliziert, federleicht und zugleich tiefschwer und ist in diesem Facettenreichtum fast modern!

Bei mir persönlich hat Mozarts Musik aber nicht diesen Stellenwert wie bei Karl Barth, dem großen reformierten

---

[17] Aus der Tatsache, dass Mozart meistens als Unterschrift Wolfgang Amadé Mozart verwendete, ist in der seriösen Mozartliteratur nicht mehr von der durch den „literarischen Bannerträger der Romantik" (Alfred Einstein, Mozart, a. a. O., 484), E. T. A. Hoffmann, initiierten latinisierten Version `Wolfgang Amadeus´ die Rede. Mozart-Biographin Claudia Maria Knispel (geb. 1966) zufolge wurde der Name `Amadeus´ „vor allem durch den Titel `Oeuvres Complettes de Wolfgang Amadeus Mozart´ der vom Verlag Breitkopf & Härtel 1799 begonnenen Werkausgabe verbreitet" (Claudia Maria Knispel, Wolfgang Amadeus Mozart. Sein Le-ben, seine Zeit, Leipzig 2005). Die Schreibweise Amadé (auch Amadè mit accent grave, wie Mozart-Bio-graph Wolfgang Hildesheimer den Namen schreibt, vgl. Wolfgang Hildesheimer, Mozart, a. a. O., 85 u. ö.) finde ich überzeugend und schließe mich ihr daher an.
[18] Der Italiener Johannes XXIII. (1881-1963), in ärmlichen Verhältnissen als Angelo Guiseppe Roncalli ge-boren, war von 1958 bis zu seinem Tod Papst der römisch-katholischen Kirche. Der Reformpapst, mit des-sen Name das Zweite Vatikanische Konzil und die Öffnung der katholischen Kirche eng verbunden sind (`Aggiornamento´), wurde im Jahr 2000 von Papst Johannes Paul II. (Karol Józef Wojtyła, 1920-2005) selig-und 2014 von Papst Franziskus (geb. 1936) heiliggesprochen. Seither sind seine Reliquien in einem gläser-nen Schrein im Petersdom der Öffentlichkeit preisgegeben.

Basler Theologen.[19] Mein Lieblingskomponist, ich gestehe es vorab, ist Mozart nicht! Um es mit dem Philosophen Ernst Bloch zu sagen, der im Blick auf Mozarts Musik einst bemerkte: „Gewiss doch, es gibt Stellen, die man nicht vergisst"[20]. Der einzigartige, großartige, göttliche Mozart hat mir persönlich – *horribile dictu* – zu viel in Dur komponiert[21] und seine Musik ist mir grundsätzlich *zu* harmonisch und *zu* verspielt, manchmal persönlich auch *zu* langweilig und *zu* nervös und *zu* temperamentvoll und *zu* kompliziert und *zu* einfach, *zu* formal-strukturiert und *zu* technisch perfekt und, in der Tat, manchmal auch *zu* kitschig[22] und *zu* abgründig.[23] Sie ist ambivalent[24], darin fast modern, auch

---

[19] Karl Barth war bekanntlich ein großer Mozart-Liebhaber. Er berichtet u. a., dass jeden Tag mit Mozart begann, vgl. Karl Barth, Wolfgang Amadeus Mozart, 1756/1956, Zürich 1956, 7f. Barth gab zu, ansonsten wenig von Musik zu verstehen. Er konnte sich aber vorstellen, so meinte er, dass die Engel im Himmel, wenn sie unter sich wären, Mozarts Musik spielten und der liebe Gott zuhörte. Zu Barths Lieblingsstücken zählten u. a. Mozarts Werke KV 452, KV 201 (jene Symphonie, die Mozart mit 18 Jahren geschrieben hatte) und KV 194.

[20] Ernst Bloch, Geist der Utopie. Zweite Fassung (Ernst-Bloch-Gesamtausgabe 3), FfM 1977, 69. Ernst Bloch (1885-1977) war ein neomarxistischer Philosoph, der zuletzt als Professor in Tübingen lehrte und Einfluss auf die 68er Studentenbewegung hatte.

[21] Mozart-Biograph Aloys Greither hat m. E. einmal treffend die Charaktere der Tonarten beschrieben, die Mozart überwiegend verwendete: C-dur ist bei Mozart „die Tonart der imperatorischen Helligkeit, Klarheit, Durchsichtigkeit. (...), ...außerdem die Tonart der unbeirrbaren Zuversicht, des feierlichen, freudigen Versprechens, der bekennenden Gläubigkeit...(...) G-dur ist die Tonart der hirtenhaften Heiterkeit, einer bukolischen Naivität, ...die Tonart der ersten, der kindlichen Unbefangenheit Mozarts..., heiter und rein... (...) D-dur verkörpert ...die sinnlich-festliche, aber immer noch aristokratische Freude. (...) In dieser Tonart lebt die kultivierte Daseinsfreude, der gepflegte Genuß, eine wenig Unbändigkeit, mehr aber Grazie und Geschmack. (...) A-dur ist die Tonart der Freude, ... des Frohlockens. E-dur... ist spirituell, ja fast ätherisch... (...) F-dur: Bei dieser Tonart fällt eine rustikale Behäbigkeit auf, eine sehr diesseitige Zufriedenheit und Standfestigkeit..." (Aloys Greither, Mozart, mit Selbstzeugnissen und Bilddokumenten, Reinbek 1962, 1990, 105ff.). Greither nennt noch weitere Tonarten und auch die Moll-Parallelen, deren Zuschreibung und speziellen Charakters bei Mozart er allerdings für schwierig hält. Aloys Greither (1913-1986) war ein deutscher Dermatologe, der nach Studien u. a. in Philosophie und Psychologie zum Dr. phil. und zum Dr. med. promoviert worden war und 1951 habilitiert wurde. 1962 wurde er Direktor der Hautklinik des Universitätsklinikums Düsseldorf. Neben wissenschaftlichen Veröffentlichungen publizierte er auch Zahlreiches zu Mozart.

[22] Vgl. Harald Martenstein, Genies unter sich, in: DIE ZEIT Geschichte Nr. 4: Wer ist Mozart? Neue Erkenntnisse zum 250. Geburtstag, Hamburg 2005, 97.

[23] Natürlich sind beispielsweise Mozarts `Requiem´ (KV 626) oder sein `Don Giovanni´ (KV 527) davon ausgenommen und gehören zu den Kompositionen Mozarts, die die Legende vom albernen und heiter-verspielten begnadeten `Götterliebling´ widerlegen und auch die ernste, dunkle und gefährliche Seite Mozarts zum Ausdruck bringen.

[24] Der niederländische Schriftsteller Maarten t´Hart (geb. 1941) wundert sich berechtigterweise, dass Mozarts Werke manchmal so rasch aufeinander folgen, dass man sich kaum vorstellen kann, wie ein Mensch binnen eines Monats (März 1786) zwei so unterschiedliche Werke wie KV 488 und KV 491 komponieren konnte" (Maarten t´ Hart, Auf dem kürzesten Weg zum Herzen, in: DIE ZEIT Nr. 2 v. 5.1.2006, 41).

22

kraftvoll, gleich „einem Lichtstrahl, der die Seele erfasst. Mozarts Musik ist reich an Lichtstrahlen, die die Seele tief berühren"[25]. Um es allerdings noch einmal mit Ernst Bloch zu sagen, „es ist siebzehnjährige Musik, hinter der sogleich das Sinken des Erwachsenseins droht…"[26] Ich bevorzuge die Musik von Johann Sebastian Bach[27] und der Barockzeit sowie die musikalischen Aufbrüche der Moderne, und wenn ich Wiener Klassik höre, dann lasse ich mich eher von der orchestralen Wucht, die in den Kompositionen des erratischen Musik-Titanen Ludwig van Beethoven zum Ausdruck kommt, beeindrucken – sie bewegen, erschüttern, erheben mich, vermitteln mir „die Ahnung eines höheren Sinns, der mit Worten nicht auszudrücken (ist). Es ist das Unaussprechliche an der Musik, durch das sich das Transzendente erschließt."[28] Doch zugegeben: Hin und wieder höre ich auch diesen verspielten Mozart ganz gerne, insbesondere seine Violinkonzerte: Er verbreitet dann den Nimbus von stimmungsvoller Schön-

---

[25] Jörg Lauster, Die Verzauberung der Welt. Eine Kulturgeschichte des Christentums, München 2014, ²2015, 573. Jörg Lauster (geb. 1966), Professor für Systematische Theologie an der Ludwig-Maximilians-Universität München, nimmt hier einen Vergleich des deutschen Romantikers Wilhelm Heinrich Wackenroder (1773-1798), geäußert in seinen `Herzensergießungen eines kunstliebenden Klosterbruders´ (1797), auf.
[26] Ernst Bloch, Geist der Utopie. Erste Fassung. Faksimile der Ausgabe von 1918 (Ernst-Bloch-Gesamtausgabe 16), FfM 1977, 101.
[27] Johann Sebastian Bach (1685-1750), einer der bekanntesten und bedeutendsten deutschen Musiker, dessen sterbliche Überreste an der Südmauer der Johanniskirche in Leipzig bestattet waren und am 28.7.1949 in den Chorraum der Thomaskirche überführt wurden, war 1703 Hofmusiker (Geiger) in Weimar, danach Organist in Arnstadt, 1707 in Mühlhausen, 1708 Hoforganist, 1714 Konzertmeister in Weimar, 1717 Kapellmeister des Fürsten Leopold von Anhalt-Köthen (1694-1728), 1723 Universitäts-Musikdirektor und Kantor an der Thomasschule zu Leipzig. Er hatte großen Einfluss auf Mozart, war allerdings zusammen zu dessen Zeit mit den anderen großen Meistern des Barock wie Antonio Vivaldi (1678-1741) und Georg Friedrich Händel (1685-1759) schon seit langem aus der Mode, vgl. John Eliot Gardiner, Bach. Musik für die Himmelsburg, München 2016, bes. 571 und 574.
[28] Jörg Lauster, Die Verzauberung der Welt, a. a. O., 576. Ich denke an Beethovens Kompositionen wie die 3. Sinfonie (`Eroica´), die 5. Sinfonie, die 6. Sinfonie (`Pastorale´) und die 9. Sinfonie, an seine Klavierkonzerte, die `Mondscheinsonate´, die Oper `Fidelio´ oder an die Streichquartette. In seinem Werk fallen die Rhythmik und die wuchtige Dynamik auf.

heit und ruhiger Ausgeglichenheit – zeitlos-schöne, göttliche Musik – „Musik…, wie wir sie vielleicht im Himmel zu hören hoffen."[29] Und das `Requiem´ höre ich immer dann gerne, wenn ich selbst traurig oder in Trauer bin, und auch ich habe mich schon gefragt: „Wo muss ein Mensch sein, um diese Klänge zu komponieren?"[30] Aber ob andere oder ich selbst nun Mozarts Musik mögen oder nicht – unbestritten ist, dass der Salzburger „das grösste musikalische Genie nicht allein seines Zeitalters war, sondern dass er es auch höchstwahrscheinlich für alle künftigen Zeitalter bleiben wird."[31] Wie kritisch man auch immer dem Geniebegriff gegenübersteht: Mit Sicherheit war Mozart ein musikalisches Wunderkind[32], ein „schwindelsicher komponierender Götterliebling"[33], vermutlich der erste Pop-Star der

---

[29] John Eliot Gardiner, Bach. Musik für die Himmelsburg, München 2016, 669.

[30] Jörg Lauster, Die Verzauberung der Welt, a. a. O., 574.

[31] Georg Nikolaus Nissen, Biographie W. A. Mozarts, herausgegeben und mit Anmerkungen versehen von Rudolph Angermüller, Hildesheim-Zürich-New York 2010, 35 (ich zitiere im Folgenden nach dieser Ausgabe). Zu der Fragestellung, wie der Geniebegriff in einer Zeit, die den Geniebegriff noch gar nicht kennt, zustande kommt, vgl. weiterführend Norbert Elias, Mozart. Zur Soziologie eines Genies, FfM 2005. Der Soziologe Elias (1897-1990) widmet sich der Sozialisation Mozarts und analysiert seine Beziehung zu seinem Vater und zu seinem Dienstherrn, ferner seiner Emanzipation in Wien und seinen Scheitern als freier Komponist; er analysiert ferner die Konflikte, die ein bürgerlicher Künstler in einer höfischen Gesellschaft hatte. Im Blick auf Mozarts Schaffensweise war es vermutlich nicht so, dass dem `Genie´ die Einfälle zugeflogen sind und er im Kopf einfach nur die Noten abrufen musste – wie es häufig in der Mozart-Sekundärliteratur zu lesen ist und auch in dem Mozartfilm von Miloš Forman (1932-2018) aus dem Jahre 1984 kolportiert wurde. Forman wagte mit seinem Film den Versuch, Mozart nicht nur als Genie im Sinne eines künstlerischen Übermenschen, sondern auch als chaotischen überdrehten Kindskopf, genial, blödelnd, Frauen hinterherstellend, furzend, Zoten reißend und grell kichernd zu zeigen, der ein Meisterwerk nach dem anderen aus dem Ärmel schüttelt. Forscher haben nachgewiesen, dass Mozart nichts mal eben so zugeflogen ist, sondern er sich seine Produktion hart erarbeitete und seine Arbeitsabläufe klar organisierte, vgl. Piero Melograni, Wolfgang Amadeus Mozart. Eine Biographie, München 2005, ²2009, 244ff. In der Regel verlief seine Produktion in vier Arbeitsschritten: Zunächst konzentrierte sich Mozart auf seine Werkidee und sammelte melodische und rhythmische Einfälle. Dann fixierte er diese, meist in einer Art stenografischer Notizen. Danach fertigte er daraus handschriftliche Manuskripte, die ganze Sätze, Arien oder Orchesterpartien, aber noch keine vollständigen Werke enthielten, und lagerte sie, um sie dann bei Bedarf aus der Schublade zu ziehen und schließlich für Konzerte innerhalb kürzester Zeit fertigzustellen.

[32] Zum umstrittenen Thema `Wunderkinder im Zeitalter der Aufklärung´, unter Berücksichtigung der Definition im Deutschen Wörterbuch von Jacob und Wilhelm Grimm, vgl. Eva Gesine Baur, Mozart-ABC, a. a. O., 132ff.

[33] Jens Jessen, Düstere Extravaganzen. Ein Streifzug durch die seltsamen Experimente mit Kammermusik und Klavierkonzert, in: DIE ZEIT Nr. 2 v. 5.1.2006, 40. Hinter der Vorstellung vom `Götterliebling´ steht die

Neuzeit! Auf jeden Fall war Mozart ein musikalischer Revolutionär[34], einer, der die Welt veränderte und der einer der größten Komponisten aller Zeiten ist! Mit 626 Werken kann man weiß Gott nicht behaupten, dass Mozart angesichts seines kurzen Lebens unter seinen Möglichkeiten geblieben ist! „Mozart ist ein künstlerischer Kosmos"[35]: Er komponierte siebzig kirchliche Werke[36] – darunter vier Oratorien, sechzehn Messen[37], dreiundzwanzig kleinere Kirchenwerke, vier Kanons auf geistliche Texte, siebzehn Kirchensonaten, sieben Litaneien und Vespern, geistliche Singspiele, Kantaten und Motetten sowie ein Requiem –,

romantische Vorstellung eines Künstlers, „der unabhängig von den äußeren Geschehnissen ein im höchsten Maße vollendetes und untadelig schönes Werk nach dem anderen mühelos aus sich herausgeschüttelt hätte" (Wolfgang Amadeus Mozart. Sein Leben in Bildern. Das Mozartbild in Musik- und Zeitgeschichte von Richard Petzoldt, Leipzig 1959, 7).

[34] Schon Mozarts Biograph Georg Nikolaus Nissen, Biographie W. A. Mozarts, a. a. O., 565, hatte Mozart als Revolutionär bezeichnet: „Kein Componist der Welt, unter den Alten wie unter den Neuen, hat das Grosse musikalisch glücklicher dargestellt, als der mächtige, unsterbliche Revolutionär unserer Musik – Mozart."

[35] Walter Abendroth, Der reine Spiegel der Menschlichkeit, zit. nach: DIE ZEIT Geschichte Nr.4/2005, 92.

[36] Die Kirchenmusik, die Mozart komponierte, entstand größtenteils in Salzburg zwischen 1767 und 1780 und war nicht nur für kirchliche Feste, sondern auch für ganz normale Gottesdienste gedacht. Am bekanntesten ist vielleicht die sog. `Krönungsmesse´ in C-Dur´ (KV 317) von 1779, die vermutlich für die Osterfeierlichkeiten am 4. April im Salzburger Dom entstand: https://de.wikipedia.org/wiki/Liste_der_Kirchenmusikwerke_Mozarts (aufgerufen am 19.3.2020), die `Spaur-Messe´ von 1776 (KV 257, vgl. dazu den erhellenden Beitrag von Hildegard Herrmann-Schneider, Zur Spaur-Messe KV 257 von Wolfgang Amadé Mozart, zugänglich unter: http://musikgeschichten.musikland-tirol.at/content/musikintirol/info/zur-spaur-messe-kv-257-von-wolfgang-amade-mozart.html, aufgerufen am 14.3.2020), die `Spatzenmesse´ (KV 220) von 1776, die `Missa brevis´ in C-Dur (KV 259) von 1776 oder die `Große Messe´ in c-Moll (KV 427). Vgl. dazu insgesamt weiterführend Thomas Hochradner/Günther Massenkeil, Mozarts Kirchenmusik, Lieder und Chormusik. Das Handbuch, 6 Bde., Bremen 2006.

[37] Besondere Verdienste um Mozarts Werk machte sich der englische Musiker und Musikverleger Vincent N. Novello (1781-1861), der die zuvor in England völlig unbekannten Messen Haydns und Mozarts edierte. Nachdem er für die in ärmlichen Verhältnissen lebende, verwitwete Nannerl Geld gesammelt hatte, wollte er diese Sammlung persönlich übergeben und reiste deshalb Ende Juni bis Mitte August 1829 mit seiner Frau Mary, mit der er elf Kinder hatte, nach Salzburg und Wien. Darüber führten die beiden Reisetagebücher, in denen sie, 38 Jahre nach Mozarts Tod, u. a. Begegnungen mit den noch lebenden Freunden und Bekannten Mozarts festhielten. Zufällig waren diese 120 Jahre lang verschollenen Aufzeichnungen 1945 von ihrer Urenkelin unter den Familienpapieren wiedergefunden und veröffentlicht worden, vgl. Nerina Medici di Marignano/Rosemary Hughes (Hg.), Eine Wallfahrt zu Mozart. Die Reisetagebücher von Vincent und Mary Novello aus dem Jahre 1829. Deutsche Übersetzung Ernst Roth, Bonn 1955, ⁴1959, bes. 69ff. und 81ff., wo ein Zusammentreffen mit der 65jährigen verw. Constanze von Nissen und der 78jährigen erblindeten, bettlägerigen Baronin Marianne von Sonnenburg geschildert wird, die drei Monate nach dem Besuch starb.

einundvierzig Sinfonien [38] , fünf wunderbare Violinkonzerte[39], die als authentisch gelten, ferner dreiundzwanzig
Klavierkonzerte, die in Wien zu einem Zeitpunkt entstanden, als das konzertante Klavierspiel für Mozart zu einer
wichtigen Einnahmequelle wurde[40], und die im Blick auf
ihre musikalische Vielfalt, vom festlichen Glanz bis zur ver-
innerlichten `Romanze´ reichend, zu Höhepunkten ihrer
Gattung wurden. Es entstanden weiterhin 23 bzw. je nach
Zählung 26 Streichquartette, rund zwanzig Bläserkonzerte
– darunter vier Flötenkonzerte und vier herausragende
Hornkonzerte –, Sonaten[41], facettenreiche Gesellschafts-

---

[38] Die Mehrzahl der Sinfonien entstand in Salzburg, gedacht für die dortige Hofkapelle. Die erste, die Sinfonie Es-Dur (KV 16), entstand vermutlich 1764/65 in London, wobei es nicht ganz klar ist, ob nicht KV 19
Mozarts erste Sinfonie ist. Seine letzten drei große Sinfonien in Es-Dur (KV 543), g-Moll (KV 550) und C-
Dur (KV 551) entstanden zwischen dem 26. Juni und dem 10. August 1788. Zu den bekanntesten Orches-
terwerken zählen heute Mozarts `Haffner-Sinfonie´ (KV 385) und seine `Jupiter-Sinfonie´ (KV 551), vgl. dazu
weiterführend Wulf Konold (Hg.), Konzertführer Klassik, Zürich 1987, [4]2005. Herausragend ist m. E. die
Aufführung der Mozart-Sinfonie Nr. 40 in g-Moll aus dem Jahr 2015 in Zürich durch das Jugendorchester
des Zürcher Konservatoriums unter der Leitung von Philipp A. Draganov: https://www.y-
outube.com/watch?v=ixj9k2ZOscs&t=10s (aufgerufen am 26.5.2020). In diesem Jugendorchester versam-
meln sich die hochbegabten Musiker*innen der Schweiz der Gegenwart.
[39] W. A. Mozart, so heißt es, „muss ein exzellenter Geiger gewesen sein, wobei er niemals eine rein techni-
sche Akrobatik anstrebte. Gleichwohl stellte er als Komponist der Solovioline klanglich reizvolle und technisch anspruchsvolle Aufgaben" (Max Becker/Stefan Schickhaus, Mozart, a. a. O., 26). Lange war man der
Auffassung, dass Mozarts berühmte fünf Violinkonzerte (KV 207, KV 211, KV 216, KV 218 und KV 219) im
Zeitraum April bis Dezember 1775 entstanden waren – damals war der Komponist 19 Jahre alt. Heute weiß
man, dass zumindest das Violinkonzert Nr. 1 B-Dur (KV 207) bereits 1773 entstand. Von allen Violinkonzer-
ten ist das A-Dur-Konzert (KV 219), 1775 in den prunkvollen Räumen der Salzburger `Residenz´ uraufge-
führt, am beliebtesten – hier zu hören in einer Interpretation von Anne-Sophie Mutter: https://www.y-
outube.com/watch?v=ETXPKHPPov8 (aufgerufen am 9.4.2020). Es ist heute nicht ganz klar, ob Mozart die
Konzerte für den befreundeten italienischen Geiger Antonio Brunetti (1744-1786) komponierte. Auch nicht
klar ist, ob die Violinkonzerte KV 268 (1780) und KV 271i (1777) von Mozart stammen.
[40] Mozart war in Wien für seine überragenden pianistischen Fähigkeiten bekannt und wurde deshalb schnell
in den Jahren 1783 bis 1786 zum Publikumsliebling. Er veranstaltete eigene Aufführungen seiner Werke,
bei denen er immer auf seinem eigenen Flügel spielte, der entsprechend oft transportiert wurde. Maarten t´
Hart zufolge sind insbesondere Mozarts Klavierkonzerte geeignet, um auch `Nichtkenner´ von Mozarts Werk
an dessen Musik heranzuführen, vgl. Maarten t´Hart, Mozart und ich, a. a. O., 130f.
[41] Mozart komponierte seine Sonaten – 19 Sonaten für Klavier solo, drei Rondos, fünf Fragmente, vier frühe
Sonaten (1766), sechs Sonaten und vier Fragmente für zwei Klaviere bzw. für vier Hände, 34 Sonaten und
sieben Fragmente für Klavier und Geige bzw. Querflöte – für das kammermusikalische Spiel im kleinen
Kreis, das damals in allen Schichten sehr populär war, auch als Unterrichtsmaterial für seine Schüler*innen.
Eine über den kleinen Kreis hinausgehende Sonate ist bekannt geworden, die `Sonata facile´ (KV 545), hier
zu hören: https://www.youtube.com/watch?v=dNbqRC4xtEg (aufgerufen am 1.5.2020).

und Unterhaltungsmusiken[42] sowie 35 Lieder[43] – nicht zu vergessen all die Opern[44], die Mozart geschrieben hat und von denen mindestens fünf bis heute absolute Repertoire-Renner sind.[45] Die Schaffung des deutschen Singspiels, als Produkt von Mozarts Auseinandersetzung mit der Oper[46] entstanden, bedeutete musikgeschichtlich eine Revolution. Von all den Kompositionen Mozarts ist ein Stück schöner als das andere – melodiös, feierlich, farbig, lebendig tröstlich, zeitlos. Mozart, so kann man festhalten,

---

[42] Mozart nannte seine heiteren und spielerischen Stücke, von denen er manche in volkstümlichem Ton gehalten wusste, Cassation, Divertimento, Serenade, Notturno, Partita, Final- oder Nachtmusik. Sie wurden meistens im Sommer unter freiem Himmel anlässlich von Hoffestivitäten, universitären Feiern (KV63, KV 99, KV 100, KV 185+KV 204) oder Familienfesten (KV 247, 250, 251+287) aufgeführt. Dazu kommen über zweihundert Menuette (Paartänze im ruhigen Dreiertakt), Deutsche Tänze und Contretänze.

[43] Viele Lieder Mozarts waren Freundschaftsgaben. Von den 35 Liedern sind neun mehrstimmige Gesänge und einunddreißig Kanons. Chöre bringen noch heute gerne seine Lieder mit den von ihm zum Teil selbst verfassten ordinären Texten wie den sechsstimmigen Kanon `Leck mich im Arsch´ (KV 231), entstanden 1782, oder `Leck mir den Arsch fein recht schön sauber´ (KV 233) zur Aufführung. Früher wurden diese Texte Mozarts häufig, vermutlich von Constanze Mozart, interpoliert und durch harmlose Textkontrafakte ersetzt (wie z. B. `Ode an den Wein´, KV 560). Auch andere Scherzkanons Mozarts sind bekannt, wie `Lieber Freistädtler, lieber Gaulimauli´ (KV 232), in welchem er seinen Schüler Franz Jakob Freystädtler (1761-1841) verewigte, oder `Difficile lectu mihi Mars´ (KV 559) und `O du eselhafter Peierl´ (KV 559a), die er seinem Lieblingssänger, dem Tenor Johann Nepomuk Peierl (1761-1800) widmete. Unter Mozarts Vertonungen befinden sich aber auch gehaltvolle Gedichte wie `Der Frühling´ (KV 597) oder dramatische wie Goethes `Veilchen´ (KV 476), melancholische Lieder wie `An die Einsamkeit´ (KV 391), `Das Traumbild´ (KV 530) und `Das Lied der Trennung´ (KV 519) oder freimaurerische Lieder wie `Lied zur Gesellenreise´ (KV 468), `Die Maurerfreude´ (KV 471), `Die ihr des unermesslichen Weltalls Schöpfer ehrt´ (KV 619) oder `Laut verkünde unsre Freude´ (KV 623). Ob diese Lieder „Paralipomena" (Alfred Einstein, Mozart, a. a. O., 395), also Neben- und Abfallprodukte im Werk Mozarts waren oder nicht, wird heute unter den Mozart-Expert*innen unterschiedlich eingeschätzt.

[44] Mozart hat 17 bzw. 21 Opern und Singspiele geschrieben. Einige sind Fragment geblieben, wie `Zaide´ (KV 344) von 1780, `L´oca del Cairo´ (KV 422) von 1783, `Lo sposo deluso´ (KV 430) von 1783 oder `Thamos, König in Egypten´ (KV 345) von 1773 (im Druck erschienen), die vermutlich Anfang April 1774 uraufgeführt wurde. Vgl. dazu weiterführend Rolf Fath, Reclams Mozart-Opernführer, Stuttgart 2005: Fath listet alle 22 Bühnenwerke mit ihren Handlungen, Hintergründen, dem Rollenverzeichnis, Arien und Libretti (von ital.: `kleines Buch´ = `das Textbuch zu einer Oper´) auf und gibt weiterführende Hinweisen auf CDs und DVDs.

[45] Was Mozart einmal schrieb, und selbst, wenn es in der größten Schnelligkeit geschah, änderte er in den wenigsten Fällen wieder, es war für ihn perfekt – mit wenigen Ausnahmen, wenn es Änderungswünsche von Sänger*innen gab.

[46] Der Begriff `Oper´ ist eine Verlegenheitslösung. Er ist 1639 erstmals nachweisbar und subsumiert alles, was dem Theater als Zusammenspiel von Musik und Wort gilt. Die Geschichte dieses Zusammenspiels ist – denkt man an die Antike – allerdings älter als der Name. Der Humanismus wollte im 16. Jahrhundert das griechische Drama auch mittels der Musik wieder zum Leben erwecken, und so bezeichnete man diese Bestrebungen im frühen 17. Jahrhundert als `Oper´. Ihr Zentrum war bis Mozarts Vorstoß Italien.

war „vor allem deshalb eine vollkommen einzigartige Erscheinung, weil er in allen musikalischen Gattungen einzigartige Werke geschaffen hat…"[47]

Mozart war musikalisch nie traditionell oder bewahrend, sondern immer experimentierfreudig: Er hat beispielsweise noch andere, heute exotisch anmutende Musik komponiert, etwa für die Glasharmonika: Sie wird auch Glasorgel, Glasharfe, Kristallophon oder `Forte-Piano à cordes de verre´ genannt. Das war ein Instrument mit meditativ-sakralem Klang, das Benjamin Franklin[48] erfunden hatte. Die Engländerin Marianne Davies[49] machte es Mitte der 1770er Jahre in Europa populär. Mozart war dem Instrument zuerst 1764/65 in London begegnet und dann wieder im Hause des berühmten Magnetiseurs Franz Anton Mesmer[50], der mittels Magnetismus Krankheiten heilen wollte und die Glasharfe zu therapeutischen Zwecken

---

[47] Maarten ´t Hart, Mozart und ich, München 2007, 20 (Lit.:187-189).

[48] Der amerikanische Drucker, Verleger, Schriftsteller, Naturwissenschaftler, Erfinder und Politiker Benjamin Franklin (1706-1790), Sohn eines Seifen- und Kerzenmachers, einer der Gründerväter der Vereinigten Staaten und der amerikanischen Verfassung, ist noch heute im allgemeinen Bewusstsein als Erfinder des Blitzableiters präsent. Doch Franklin erfand darüber hinaus den flexiblen Harnkatheter, die Schwimmflossen und die Bifokal-Brille!

[49] Die in London lebende Marianne Davies (um 1743-1819), Tochter eines Musikers, war Cembalistin, Flötistin, Glasharmonikaspielerin und Sängerin. Mit ihrer Franklin´schen Glasharmonika ging sie mit ihrer Familie auf eine sechsjährige Tournee durch ganz Europa, als deren Höhepunkt sie vor Maria Theresia spielte. Die Virtuosin hatte Kontakt zur Familie Bach und zu den Mozarts. Ihre Geschichte wurde Gegenstand von Romanen, zuletzt von Wolfgang Schlüter, Die englischen Schwestern, FfM 2010.

[50] Franz Anton Mesmer (1734-1815), Sohn eines Försters, wurde nach Studien in Jura und Medizin u. a. bei dem Vampirjäger, Aufklärer und Leibarzt Maria Theresias, Gerard van Swieten (1700-1772), promoviert, dann Arzt in Wien und später in Paris. Er versuchte, den Einfluss der Planeten auf den menschlichen Körper wissenschaftlich zu ergründen und begründete den `Animalischen Magnetismus´. Darunter versteht man eine analog dem Elektromagnetismus heilende Kraft: Magnete, Elektrizität und Gravitation werden zur Heilung eingesetzt. Die Behandlungsweise der Erkrankten erfolgte in Einzel- und Gruppentherapie (Séance), mit Handauflegung und der Übermittlung von Energieströmen, unter Einsatz von `Wahrsagerei´ und `Hellsehen´. Eine besondere Rolle spielte bei der Therapie der Einsatz der Glasharmonika. Mitte des 19. Jahrhunderts wurde Mesmers Heilmethode von Napoleon als `adliger Okkultismus´ unterdrückt und von Zeitgenossen weitgehend abgelehnt (`Placebo-Effekt´, Betrug), erfuhr aber in romantischen und esoterischen Kreisen und darüber hinaus (Schelling, Schlegel, Fichte, Goethe) weiterhin Beachtung. Mozart, den Mesmer bereits als Wunderkind erlebt hatte und der sich im September 1773 auf Mesmers Anwesen `Rothmühle´ in Rannersdorf bei Schwechat aufhielt, nahm in `Così fan tutte´ Gedanken des erfolgreichen Pariser Arztes

(Hypnose) einsetzte. Mozart schrieb auch für die aus dem badischen Bruchsal stammende blinde Marianna Kirchgeßner[51], eine der bedeutendsten Glasharmonikavirtuosinnen ihrer Zeit, zwei Stücke, mit denen ihr der künstlerische Durchbruch gelang. Er komponierte auch `für ein Orgelwerk in einer Uhr´ bzw. `Andante für eine Orgelwalze´[52], gedacht für eine mechanische Orgel, die sich in einem Wachsfiguren- und Raritätenkabinett befand. Damals ging eine allgemeine gesellschaftliche Faszination für mechanische Automaten aus.[53] Mozarts Werke füllen bis heute riesige Konzertsäle auf der ganzen Welt. Immer

---

(täglich bis zu zweihundert Patienten!) auf (etwa, wenn die Dienerin Despina die beiden scheinbar sich vergiftet habenden Ferrando und Guglielmo mit Magneten `heilt´). Gegenwärtig werden die Ideen des Vorläufers der Hypnose zur Heilung seelischer Erkrankungen und der psychiatrischen Behandlung hin und wieder auf dem Gebiet der Parapsychologie rezipiert.

[51] Marianna Kirchgeßner (1769-1808), die, aus einer musikalischen Familie stammend, mit vier Jahren an den Folgen der Blattern erblindete, erhielt schon als Kind Klavierunterricht und wurde mit elf Jahren dann vom Karlsruher Hofkapellmeister und Musikpädagogen Joseph Aloys Schmittbaur (1718-1809) unterrichtet. In Wien schloss die kleine Frau, die im Alter von 39 Jahren starb, die Bekanntschaft mit W. A. Mozart. Er komponierte für sie das Quintett für Glasharmonika, Flöte, Oboe und Violoncello (KV 617), das er bei der Uraufführung am 19. August 1791 persönlich begleitete, sowie das Adagio für Glasharmonika solo (KV 356). Sie gab zahlreiche Konzerte, u. a. vor Königen, und unternahm ausgedehnte Tourneen, von denen eine neun (!) Jahre dauerte – etwas für die Zeit Außergewöhnliches. Ähnlich ausgedehnte Konzertreisen unternahm nur noch die prominente blinde Wiener Pianistin, Komponistin und Sängerin Maria Theresia Paradis (1759-1824), für die Mozart ebenfalls komponierte. KV 617 ist auf YouTube hier zu hören: https://www.youtube.com/watch?v=CxsPTgSDuh4, KV 356 hier: https://www.youtube.com/watch?v=CAamRNm9wfo (beide Links aufgerufen am 9.4.2020).

[52] KV 594, KV 608 und KV 616. Mozarts Komposition war gedacht für Musikautomaten im Wachsfigurenkabinett des Joseph Nepomuk Franz de Paula Graf von Deym Freiherr von Střítež, alias Joseph Müller (1752-1804), dem späteren Gatten von Ludwig van Beethovens *vermutlicher* `unsterblicher Geliebter´, der Gräfin Josephine Brunsvik de Korompa (1779-1821).

[53] Erinnert sei an den sog. `Schachtürken´, den der österreichisch-ungarische Hofbeamte, Erfinder, Zeichner und Radierer Wolfgang Kempelen (1734-1804) im Jahr 1783 der begeisterten Öffentlichkeit vorgestellt hatte, einen vermeintlich denkfähigen Schachautomaten: Eine männliche Puppe in türkische Tracht saß vor einem Tisch mit einem Schachbrett, bereit, gegen jeden lebenden Spieler im Schach anzutreten; meistens gewann er. Erst später flog der Schwindel auf: Ein Schachspieler war in dem Gerät versteckt und steuerte die Puppe mittels einer kunstreichen Mechanik. Der Philosoph Walter Benjamin (1892-1940) machte diese Geschichte später bekannt, als er mit ihr seine geschichtstheoretischen Thesen begann und sie als Allegorie für das Verhältnis von historischem Materialismus und der Theologie verwendete, vgl. Walter Benjamin, Über den Begriff der Geschichte, in: Walter Benjamin, Ein Lesebuch, hg. v. Michael Opitz, FfM 1996, 665-676. Vermutlich ist das pejorative Wort `türken´ im Sinne von `täuschen´ oder `vorgaukeln´ auf den `Schachtürken´ zurückzuführen. Die Maschine wurde in die USA exportiert und bei einem Brand vernichtet. Sie wurde vom Heinz-Nixdorf-Museumsforum in Paderborn im Zuge des 200. Geburtstags ihres Erfinders nachgebaut.

wieder frage ich mich: Worin liegt wohl das Geheimnis seiner Genialität – vielleicht auch in seiner Aura? Wer weiß! Fest steht, dass Mozart als Sohn eines Musikers schon als Embryo im Mutterleib von Musik umgeben gewesen war, dann eine musikalische Frühförderung genoss, schließlich die musikalische Welt auf Reisen kennenlernte und von seinem ehrgeizigen Vater trainiert wurde: tägliches Training an mindestens drei Instrumenten, nämlich Geige, Bratsche und Klavier[54], wobei sich die Bratsche[55] im Laufe der Zeit zu Mozarts Lieblingsinstrument entwickelte. Natürlich kommt in dieser Zeit neben der genetischen Prädisposition auch eine – mehr oder weniger – glückliche Sozialisation hinzu.[56]

Mozart war bekannt für seinen Luxus, für seinen Spieltrieb, für seine Verschwendung. In Wien hat er viele Jahre seines kurzen Lebens verbracht. Dort hat er eine Familie gegründet und viele seiner Werke geschrieben. Mozart ist durch seine Kompositionen wohlhabend geworden, ist zu großem Wohlstand gelangt, wurde ein reicher Mann. Er hat in seinen jungen Jahren sehr viel Geld verdient und er

---

[54] Martin Geck weist zu Recht darauf hin, dass das Klavier zu Mozarts Zeiten ein Cembalo war und mit der heutigen Version des Klaviers wenig zu tun hatte, vgl. Martin Geck, Mozart, a. a. O., 42.

[55] Bekanntlich hatte Mozart schon als Kind gerne die Geige gespielt. Später entdeckte er für sich die Viola, die anders gestimmt und in einem anderen Notenschlüssel notiert ist als die Geige, für sich. Das Instrument klingt durch seine Tiefe einerseits warm, kann aber andererseits auch dämonisch und unheimlich klingen. Er widmete der Bratsche allerdings kein Solo-Konzert wie sein älterer Kollege Carl Stamitz, wohl aber manche Solopartien, wie etwa in der `Sinfonia concertante´ (KV 364). Was Mozart übrigens nicht ausstehen konnte, war die Flöte – vor allem, wenn sie schlecht gespielt wurde. Wurde sie sauber gespielt, war er sofort besänftigt. Nur so ist es zu erklären, dass er für sie einige wunderschöne Stücke (KV 285 und KV 299) und eines seiner erfolgreichsten Werke für eine `Zauberflöte´ komponierte! Eng befreundet war Mozart mit dem Flötisten Johann Baptist Wendling (1723-1797), einem der besten Virtuosen und Flötenlehrer seiner Zeit – Aufklärer und Freimaurer –, dessen Kunst Mozart schätzte. Neben der Flöte verabscheute Mozart als Instrument die Harfe.

[56] Forscher sind davon ausgegangen, dass Mozart aufgrund der Musik ein besseres räumliches Vorstellungsvermögen sowie über bessere mathematische und verbale Fähigkeiten als seine Zeitgenossen verfügte. Der IQ des Musikers wird heute auf plusminus 180 geschätzt.

hat sein Geld auch mit vollen Händen ausgegeben. Seiner Familie hat er nach seinem frühen Tod viele Schulden hinterlassen. Mozart ist mit 35 Jahren jung gestorben, zu jung – in solch´ einem Alter stirbt man nicht. Er wurde im Dezember 1791 in Wien beerdigt, in einem „Massengrab beigesetzt"[57] – wo genau wissen wir nicht mehr, wir vermuten es nur. Doch halt – beginnen wir von vorn!

---

[57] Vgl. Irma Voser-Hoesli, Wolfgang Amadeus Mozart. Ein Lebensbild, Zürich 1956, 70. Auch Mozart-Biograph Samuel Fisch, Wolfgang Amadeus Mozart. Aus seinem Leben und Schaffen. Biographien für den Musikfreund, Zürich 1951, 41, spricht von einem „Massengrab".

I. Die ersten Jahre

Geboren wurde Wolfgang Amadé Mozart am 27. Januar 1756[58] als Sohn des Geigers[59], fürsterzbischöflichen Kammermusikus, Hofkomponisten und Vizekapellmeisters Leopold Mozart (1719-1787) und seiner Frau Anna Maria Mozart, geb. Pertl (1720-1778)[60] in Salzburg. Bis 1803 war Mozarts Geburtsort die Hauptstadt des gleichnamigen Fürsterzbistums – Stadt und Land Salzburg bildeten zusammen das Erzbistum Salzburg – und damit die Residenz des regierenden Erzbischofs, eines Reichsfürsten des `Heiligen Römischen Reiches deutscher Nation´.[61] Das Stadtbild der in einem schönen Tal an beiden Ufern der Salzach gelegenen, von bewaldeten Hügeln und Bergen, dem grandiosen Salzburger Land, umgebenen Stadt mit der sie überragenden stolzen Feste Hohensalz-

---

[58] Es handelt sich offensichtlich um Druckfehler, wenn Mozart-Experte Volker Gebhardt den Geburtstag des Meisters auf den 28. Januar 1756 datiert, vgl. Volker Gebhardt, Schnellkurs Mozart, a. a. O., 176 (Mozarts korrektes Geburtsdatum befindet sich auf 8) und das Datum der Eheschließung auf den 3.8.1782 legt, vgl. Volker Gebhardt, Schnellkurs Mozart, a. a. O., 88+176. Mozart wurde am 28. Januar 1756 getauft, wie es das Taufbuch der Dompfarrei Salzburg belegt, und die Eheschließung fand am 4. August 1782 statt.

[59] Vgl. dazu Andreas Otte/Konrad Wink, Kerners Krankheiten großer Musiker. Die Neubearbeitung, 6. Auflage. Mit einem Beitrag von Dr. iur. Karina Otte, Stuttgart 2008, 17-80 (Lit. auf 75-80). Leider irren sich die Autoren im Blick auf den Beruf von Mozarts Vater: Leopold Mozart war kein „Violonist" (17), sondern Violinist! Ein Violonist ist der Spieler einer Violone. Hier liegt vermutlich eine Verwechselung mit dem Französischen vor, wo die Violine `violon´ heißt und der Spieler folglich ein `violoniste´ ist.

[60] Leider irrt Mozart-Biograph Joseph Heinz Eibl, wenn er Mozarts Mutter „Maria Anna" nennt; so hieß Mozarts Schwester `Nannerl´. Mozarts Mutter hieß hingegen „Anna Maria". Diese Namensgleichheit kann natürlich leicht zu Verwechslungen führen, vgl. Wolfgang Amadeus Mozart, Chronik eines Lebens. Zusammengestellt von Joseph Heinz Eibl, München 1977, ²1991, 13, 62 u. ö. Aus diesem Grund verwende ich in diesem Buch, wenn von Mozarts Schwester die Rede ist, ihren damals gebräuchlichen Umgangsnamen `Nannerl´.

[61] Das `Heilige Römische Reich deutscher Nation´ (HRR) war ein durch den römisch-deutschen König bzw. Kaiser überspannter Dachverband über viele Territorien und deren Landesfürsten, kein Staat im heutigen Sinne. Es erhob Anspruch auf die Nachfolge des antiken Römischen Reiches und damit auf eine Universalherrschaft, betonte durch den Zusatz `Heilig´ das Gottesgnadentum des Kaisertums und seine Legitimation durch göttliches Recht. Es bestand 844 Jahre, von 962 (Krönung von Kaiser Otto I.) bis 1806, von denen knapp 400 Jahre die Habsburger regierten. Bei seiner Auflösung 1806 umfasste es ca. 565000 km² mit 25 Millionen Einwohner*innen.

burg ist noch heute geprägt von barocken Kirchen, prächtigen Renaissance-Palästen der Adligen, hohen Bürgerhäusern, weiten Plätzen, engen Gassen und kleinen Höfen.[62] Diese fürsterzbischöfliche Residenzstadt war damals in etwa so groß wie eine heutige Kleinstadt: Sie hatte damals – die Zahlen variieren – zwischen 10000 und 16000 Einwohner*innen. Jeder kannte jeden, die soziale Kontrolle funktionierte, Klatsch und Tratsch blühten. Das Leben in Salzburg war sehr geschäftig, die Straßen waren dreckig, es regnete viel.[63] Aber im Grunde genommen war Salzburg eine reiche Stadt: Im 18. Jahrhundert gab es hier Fabriken, ein blühendes Handelsleben, ca. dreißig Gasthäuser, ein städtisches Theater und natürlich: Kaffeehäuser! Im 18. Jahrhundert war das Café ein wichtiger Ort der Kommunikation und des Gedankenaustauschs, ein Ort der Diskussion, auch des Wissenserwerbs sowie der Zerstreuung, etwa durch Kartenspiel oder beim Billard.[64] Das Kaffeehaus zog je nach Lage und Charakter Künstler, Wissenschaftler und Freidenker der Aufklärung an, die philosophisch konkretes Wissen und das Recht auf freies Denken favorisierten, und war ausschließlich Männern vorbehalten. Das Kaffeehaus, in dem vor allem Adel und Bürgertum verkehrten und in dem auch Mozart häufig zu Gast

---

[62] Vgl. dazu Bernhard Paumgartner, Mozart, a. a. O., 47-50+64-71. Der Österreicher Bernhard Paumgartner (1887-1971), ein promovierter Jurist, war ein vielfach ausgezeichneter Dirigent, Komponist, Pädagoge und Musikwissenschaftler sowie Gründungsmitglied und Präsident der Salzburger Festspiele.

[63] Der Journalist, Autor und Gastronomiekritiker Wolfram Siebeck (1928-2006) schrieb einmal anlässlich des Mozartjahres 2006: „Salzburg im Regen ist wie eine Handke-Verfilmung von Wim Wenders, bei der der Hölderlin-Rausch durch das Rauschen des Regens dargestellt wird und das Grollen des Donners wie das Rollen von Mozartkugeln klingt" (Wolfram Siebeck, Alles auf Zucker, in: DIE ZEIT Geschichte Nr. 4: Wer ist Mozart? Neue Erkenntnisse zum 250. Geburtstag, Hamburg 2005, 60f.).

[64] Beides spielte man natürlich auch um Geld, wie u. a. das Beispiel des Philosophen Immanuel Kant aus Königsberg zeigt. Librettisten und Komponisten wählten das Caféhaus zum Ort ihrer Bühnenwerke. Mozarts `Così fan tutte´ beispielsweise beginnt mit einer Szene in einer `Bottega del caffè´.

war und Kaffee – schon damals ein Modegetränk – trank, besteht noch immer. Es ist das heutige Café `Tomaselli´[65]. In dieser musik- und theaterliebenden Umwelt erblickte W. A. Mozart also im dritten Stock des in der Altstadt gelegenen Mehrfamilienhauses Nr. 225 am Löchelplatz[66], heute Getreidegasse 9, um acht Uhr abends das Licht der Welt.[67] Die Wohnung war nicht klein: 182 Quadratmeter, mit Küche, Salon, Schlafkammer sowie Arbeits- und Gästezimmer. In Salzburg wuchs Mozart auf. Das Verhältnis zu seiner Geburtsstadt war zeitlebens mehr als gespalten – die Stadt und ihre Einwohnerschaft waren ihm abgrundtief verhasst, „ihre lebensart ganz unerträglich"[68]. Mit Salzburg als Geburtsort Mozarts stellte sich immer wieder auch die Frage nach seiner Nationalität. Die Stadt war seit dem 14. Jahrhundert Hauptstadt des unabhängigen Fürsterzbistums, dem `Erzstift Salzburg´. Geistlich unterstand es dem Heiligen Stuhl in Rom, politisch dem römisch-deutschen Kaiser, jedoch nicht der Habsburgermonarchie.[69]

---

[65] Anton Staiger hatte das Haus 1753 gekauft; seit 1852 trägt es den Namen des Käufers `Tomaselli´: http://www.tomaselli.at/ (aufgerufen am 3.4.2020). Von 1820 bis 1826 lebte Mozarts Witwe hier und arbeitete mit ihrem zweiten Mann Georg Nikolaus Nissen an ihrer berühmten Mozart-Biografie; Nissen starb in diesem Haus, vgl. weiterführend Gerhard Ammerer, Das Tomaselli und die Salzburger Kaffeehaustradition seit 1700, Wien 2006. Ein Caféhaus in Wien, in dem Mozart regelmäßig zu Gast war, war das Café Frauenhuber in der Himmelpfortgasse 6, zwischen Oper und Stephansdom gelegen.

[66] Guido P. Saner irrt, als Hausnummer des Geburtshauses die Nr. 255 nennt; richtig ist vielmehr die Hausnummer 225, vgl. Guido P. Saner, Mozart – Wien. Ein Mann aus dem Moos, Wien 2007.

[67] Vater Leopold Mozart, in jenen Tagen mit der Arbeit an seiner Violinschule beschäftigt, berichtete am 9. Februar 1756 freudig seinem Augsburger Verleger Johann Jakob Lotter von der Geburt seines Sohnes. Einen Eindruck von den Räumen von Mozarts Geburtshaus kann man sich, falls nicht live vor Ort in Salzburg, dann auf einer virtuellen Tour machen: https://mozarteum.at/museums/mozarts-geburtshaus/#virtual-tour-geburtshaus-section (aufgerufen am 8.4.2020).

[68] MBA II, 536. Zu Salzburg zur Zeit Mozarts vgl. Heinrich Eduard Jacob, Mozart oder Geist, Musik und Schicksal eines Europäers, FfM 1956, 7-14. Mozarts Wertung ist bemerkenswert, da seine Ehefrau ihren Lebensabend ausgerechnet dort verbrachte und mit dafür sorgte, dass die Namen `Mozart´ und `Salzburg´ fast synonym verwendet wurden.

[69] Die Kaiser zu Mozarts Lebzeiten waren Franz I. (von 1745-1765), Joseph II. (von 1765-1790) und Leopold II. (von 1790-1792), wobei Mozarts bewusste Lebensperiode ungefähr parallel zur Regierungszeit von Maria Theresia (1740-1780) und der ihres Sohnes, Kaiser Josephs II. (1780-1790) verläuft – einer Epoche des aufgeklärten Absolutismus.

Mozart gilt als österreichischer Komponist, war aber eigentlich `fürsterzbischöflich-salzburgischer´ Untertan. Frühere Quellen subsumieren Mozart als Deutschen, weil der moderne österreichische Nationalstaat noch nicht gegründet worden war. Deutschland bestand damals aus vielen Staaten, in denen Deutsch gesprochen wurde, und als Deutscher galt, wer Deutsch sprach. Seit Mozarts Tod taucht in der Sekundärliteratur öfters auf, dass Mozart Deutscher gewesen sein soll. Zwar bezeichnete sich Mozart selbst in Briefen an seinen Vater vom 29. Mai und vom 11. September 1778 als einen `Teutschen´ und in seinem Brief vom 17. August 1782 sogar „Teütschland" als sein „geliebtes vatterland", auf das er „Stolz" war[70]; allerdings war Deutschland für Mozart mehr die Bezeichnung für die *deutschsprachigen* Gebiete Mitteleuropas und die `teutsche Nation´, d. h. für ihn ein Kollektiv *deutschsprachiger* Bewohner*innen. Der Nationalstaatsgedanke, wie wir ihn heute kennen, war Mozart völlig fremd. Zu seiner Zeit existierte ein Rechtssubjekt mit Namen `Deutschland´ genauso wenig wie ein Rechtssubjekt namens `Italien´. Außerdem hatte er *kulturell* die deutschsprachigen Bühnen und Theater vor Augen – im Unterschied zur italienischen Vorherrschaft. Aus heutiger Perspektive betrachtet ist Mozart, in Salzburg geboren und in Wien lange lebend und gestorben, m. E. ganz klar ein Österreicher[71], aber vor allem – um es mit dem Nestor der Mozartbiographie Alfred

---

[70] Vgl. Brief W. A. Mozarts an seinen Vater v. 17.8.1782, hier zit. nach Albrecht Goes [Hg.], Mozart Briefe, FfM 1979, 123.
[71] Gegen Michael Lemster, Die Mozarts. Geschichte einer Familie, München-Salzburg 2019, 11, der Mozart „als Deutschen" bezeichnet.

Einstein zu sagen –, „weit über allen nationalen Grenzen und Beschränkungen"[72] stehend, übernational und universal. Um es auf Alemannisch zu sagen: „Dr Mozart isch ein vu dr wichtigschte europäische Komponischte. Syy Wärch isch hite in dr ganze Wält populär un zellt in dr klassische Musik zue däne mit dr greschte Bedytig"[73].

Mozarts Vater Leopold Mozart war der älteste Sohn eines Buchbindermeisters in Augsburg, das damals eine bürgerlich-patrizisch geprägte Reichsstadt war.[74] Seine Vorfahren stammten aus Schwaben.[75] Leopold Mozart wuchs im Augsburger Domviertel auf und besuchte das dortige Jesuitenkolleg St. Salvator. Er erhielt eine umfassende humanistische und musikalische Bildung mit dem Ziel, Geistlicher zu werden. Nach dem Tod seines Vaters und nach der Schule ging Leopold Mozart zum Studium der Philosophie (1738 Bakkalaureus), Theologie und Jurisprudenz nach Salzburg.[76] Dort beendete er sein Studium aber

---

[72] Alfred Einstein, Mozart, a. a. O., 117.

[73] https://als.wikipedia.org/wiki/Wolfgang_Amadeus_Mozart, aufgerufen am 21.5.2020.

[74] Vgl. dazu Georg Nikolaus Nissen, Biographie Mozarts, a. a. O., 11, Anm. 4.

[75] Die Summe des landschaflich-historischen Herkommens setzt sich zusammen aus dem Schwäbisch-Bayerischen, Oberbayerischen, Alemannischen, Salzburgerischen und Tirolischen. Soziologisch gesehen waren die `Motzharts´, so der 1331 bezeugte Namen der Vorfahren, Söldner, Baumeister und Bildhauer. Der Vater Leopold Mozarts war der erste Buchbindermeister und `Verleger´ in der weit verzweigten Familie. Kurt Pahlen beginnt sein Mozart-Buch mit einem Stammbaum der Familie Mozart, vgl. Kurt Pahlen, Wolfgang Amadeus Mozart, a. a. O., 23f. Vgl. weiter Martin Kluger/Wolfgang B. Kleiner, W. A. Mozart und Augsburg. Vorfahren, Vaterstadt und erste Liebe. Schauplätze, Geschichte, Sehenswürdigkeiten, Augsburg 2007; Josef Mančal, Die Mozarts in Augsburg und Schwaben, Augsburg 1991; Gabriele Krist-Krug, Hans Georg Mozart (1647-1719). Barockbaumeister einer berühmten Familie aus Augsburg. Leben und Werk, Augsburg 2006; Erich Valentin, Leopold Mozart, FfM 1998; Heinz Schuler, Wolfgang Amadeus Mozart. Vorfahren und Verwandte, Neustadt an der Aisch 1980; und Bernhard Graf, Mozarts vergessene Vorfahren. Eine Künstlerfamilie aus Augsburg und Schwaben, München 2019. Ein Pietro Antonio Lorenzoni (1721-1782) zugeschriebenes Porträt (Öl auf Leinen) zeigt Leopold Mozart im Jahr 1756.

[76] Vgl. detailliert Michael Lemster, Die Mozarts, a. a. O., 17-63.

nicht, sondern wurde relegiert, weil er zu wenig Pflichtveranstaltungen besucht hatte.[77] Stattdessen wurde er Berufsmusiker. Der begnadete Geiger wandte sich nun ganz der Musik zu: 1740 wurde er Kammerdiener und später Hofmusikus im Dienste des Salzburger Domherrn, Graf Johann Baptist von Thurn-Valsassina und Taxis[78] – zu seinen Aufgaben gehörte der Geigenunterricht der Kapellhausknaben –, und 1743 wurde der vielseitig Interessierte zum `Hof- und Cammer-Componisten´ im Dienst des mächtigen Fürsterzbischofs von Salzburg, Graf Sigismund III. Christoph von Schrattenbach[79], ernannt. Von Schrattenbach war weltliches und geistliches Oberhaupt zugleich, das heißt Landesfürst. Er unterstützte Leopold Mozart, der bei ihm Ansehen als perfektionistischer Musiker und Komponist genoss, und gewährte ihm viele Freiheiten. Ganz der barocken Gedankenwelt verpflichtet und die Ideen der Aufklärung ablehnend, galt der Rokokofürst von Schrattenbach als kleinlich, jähzornig und launisch, jedoch offen für die Künste und volksverbunden, leutselig und kontaktfreudig. Er sorgte dafür, dass sowohl Leopold als auch W. A. Mozart als Musiker in der erzbischöflichen Hofkapelle eine Anstellung erhielten und räumte ihnen viele Privilegien ein, u. a. ermöglichte er ihnen zwei Reisen

---

[77] Mozart-Biograph Fritz Hennenberg spricht von „Bummelei" (Fritz Hennenberg, Wolfgang Amadeus Mozart, Reinbek 1992, 2005, 7). F. Hennenberg (geb. 1932) ist habilitierter Musikwissenschaftler und Dramaturg, der u. a. auch viel zum Kreis um Bertolt Brecht gearbeitet hat.
[78] Der Salzburger Reichsgraf und Domherr Johann Baptist von Thurn-Valsassina und Taxis (1706-1762) war von 1754 bis 1762 Bischof von Lavant.
[79] Sigismund III. Christoph von Schrattenbach (1698-1771) war nach seinem Theologiestudium in Rom und der Priesterweihe Kanonikus (1731), Domdechant (1750) und Erzbischof von Salzburg (1753 bis 1777). Mozart widmete von Schrattenbach 1766 die Tenorarie `Or che il dover´ (KV 36) und anlässlich seines 65. Geburtstages die Licenza `A Berenice´- `Sol nascente´ (KV 70). Fürsterzbischof von Schrattenbach schob längst fällige Reformen auf und hinterließ seinem Nachfolger einen Berg von Schulden.

nach Italien; ferner verpflichtete er 1763 Johann Michael Haydn[80], der 1763 zum `Hofmusicus und Konzertmeister´, zum Hofkomponisten und Organisten ernannt worden war und Leopold Mozart während seiner Absenzen von Salzburg häufig vertrat. Später beförderte er Leopold Mozart vom vierten Violinisten zum Vizekapellmeister der renommierten Salzburger Hofkapelle. Der Hofkapellmeister und sein Stellvertreter leiteten die aus Orchestermitgliedern und einem Chor bestehenden Hofkapelle.[81] Sie trugen die Verantwortung für die Musik bei festlichen kirchlichen und weltlichen Anlässen, bei Hofbällen, Konzerten und Opernaufführungen. Diese Festanstellung erlaubte es Leopold Mozart nun, zu heiraten und eine Familie zu gründen.[82] Insgesamt lebte und arbeitete er fünfzig Jahre in Salzburg, von 1737 bis 1787.[83] Vierzig Jahre lang war er Hofmusiker am fürsterzbischöflichen Hof. Leopold Mozart komponierte u. a. 48 Sinfonien – sieben mehr als sein Sohn –, diente unter fünf Fürstbischöfen und war ein mit den höfischen

---

[80] Johann Michael Haydn (1737-1806), der Bruder Joseph Haydns, wurde nach einem Aufenthalt in Pressburg und Wien 1763 `Hofmusicus und Concertmeister´ in Salzburg, Ende 1777 Organist an der Dreifaltigkeitskirche St. Peter, 1782 Hof- und Domorganist und Lehrer am Kapellhaus. Das Verhältnis zu Leopold Mozart war im Unterschied zu dem zu dessen Sohn distanziert. Er vertrat Leopold Mozart während dessen Reisen. Sein `Requiem in c-Moll´, das er anlässlich des Todes von Sigismund von Schrattenbach komponiert hatte, erklang auch bei der Trauerfeier für Joseph Haydn 1809. Mozart schätzte Haydn, vgl. weiterführend Georg Nikolaus Nissen, Biographie Mozarts, a. a. O., 83, Anm. 3.
[81] `Kapellmeister´ war der höchste Rang in der Hierarchie der an einem Fürstenhof tätigen Musiker. Er war Hofmusikdirektor und Leiter des Orchesters. Der Vizekapellmeister hatte wichtige organisatorische Aufgaben zu übernehmen, wie die Anstellung von Musikern für die Hofkapelle – heute würde man sagen, er war ein `Headhunter´, der auch für die Besoldung der Musiker zuständig war. Eine Lohnliste, die Leopold Mozart geführt hat, ist erhalten.
[82] Zu Mozarts Zeiten gab es keine GEMA (Gesellschaft für musikalische Aufführungsrechte und mechanische Vervielfältigungsrechte), die bei jeder öffentlichen Aufführung und bei jeder verkauften Einspielung Honorar für den Komponisten kassiert und an diesen abführt. Hätte es GEMA gegeben, wäre Mozart steinreich geworden; so aber war ein Komponist noch nicht einmal am Verkauf seiner Werke beteiligt, sondern erhielt vom Verleger eine – in der Regel niedrige – einmalige Abfindung, so dass er nicht davon leben konnte. So war die Existenz eines Berufsmusikers mit einer gesicherten festen Anstellung verbunden. Vgl. weiterführend Veronika Beci, Die Familie Mozart, Düsseldorf 2005.
[83] Bemerkenswert ist, dass Leopold Mozart bis 1755 das Bürgerrecht seiner Heimatstadt Augsburg behielt – ein Zeichen dessen, wie heimatverbunden er war bzw. wie fremd er sich in Salzburg fühlte.

Verhältnissen bestens vertrauter Taktiker und kreativer Komponist. [84] Als `Hof-Cammer-Componist´ bezog er Ende der 1740er Jahre ein Jahressalär von 240 Gulden – etwa so viel wie ein guter Handwerksgeselle – plus freie Kost und Logis. Hinzu kamen Naturalleistungen wie kostenloses Brennholz, Kleidungs- oder Kerzenzulagen. 1763 betrug Leopold Mozarts Vizekapellmeisterbesoldung jährlich 400 Gulden plus ein zusätzliches Brot- und Weindeputat in Höhe von 96 Gulden. Wieviel der Wert eines österreichischen Guldens damals ausmachte, darüber streiten sich noch heute die Gelehrten. Ich gehe davon aus, dass 500 Gulden nach heutiger Kaufkraft (2020) ca. 10000 Euro entsprachen.[85]

Leopold Mozarts Frau, Anna Maria Walburga Pertl[86] aus St. Gilgen am Wolfgangsee, war die Tochter des erzbischöflich salzburgischen Pflegekommissarius Wolfgang Nikolaus Pertl[87], eines Verwaltungsbeamten. Er starb früh und ließ die Familie mit erheblichen Schulden zurück; entsprechend hart war die Kindheit und Jugend von Anna Maria. Am 21. November 1747 schloss die als unkompliziert, lustig und gutherzig beschriebene 27jährige Frau mit dem ein Jahr älteren `Hof- und Cammer-Componisten´ Leopold

---

[84] Fritz Hennenberg schätzte Leopold Mozart so ein: „Er ist Utilitarist, zu einem guten Teil Opportunist, und zielt auf Erfolg und Popularität ab" (Fritz Hennenberg, Mozart, a. a. O., 9). Im Vergleich mit seinem berühmten Sohn wird Leopold Mozart bis heute häufig unterschätzt, vgl. weiterführend Erich Broy, Leopold Mozart. Komponieren in einer Zeit stilistischen Wandels, Augsburg 2019.
[85] Vgl. dazu https://de.wikipedia.org/wiki/Gulden#Wert (aufgerufen am 7.6.2020)
[86] Der Geburtsname von W. A. Mozarts Mutter lautet nicht „Pertlin", wie Mozart-Biograph Samuel Fisch, Wolfgang Amadeus Mozart, a. a. O., 10, schreibt, sondern `Pertl´.
[87] Wolfgang Nikolaus Pertl (1667-1724) war wirklicher Hofkammersekretär und Pfleger zu St. Gilgen, der aber auch als Kontrabassist, Sänger und Gesangslehrer unterwegs war. Da er früh starb, hinterließ er seiner Frau Eva Rosina Barbara Pertl. geb. Altmann (1681-1755) viele Schulden. Dadurch war sie gezwungen, St. Gilgen zu verlassen, und zog nach Salzburg. Dort lebten sie und ihre Töchter Anna Maria Walburga und Maria Rosina Erentrudis (1719-1728) in bescheidenen Verhältnissen.

Mozart im Salzburger Dom den Bund der Ehe.[88] Äußerungen Leopold Mozarts zufolge war die Ehe der beiden eine Liebesheirat.[89] Die beiden sollen Mozarts erstem Biographen zufolge `das schönste Ehepaar in Salzburg´ gewesen sein.[90] Anna Maria Mozart brachte innerhalb von acht Jahren sieben Kinder zur Welt, von denen nur zwei das Erwachsenenalter erreichten: Wolfgang Amadeus war ihr letztes und jüngstes Kind und das zweite, das überlebte.[91] Innerhalb der Familie wurde er `Wolferl´ genannt. Das andere Kind, das die Kindheit überlebte, war Mozarts viereinhalb Jahre ältere Schwester Maria Anna Walburga Ignatia, kurz `Nannerl´[92] genannt. Zu ihrem Bruder hatte Nannerl in ihrer Kindheit ein sehr herzliches Verhältnis, das später etwas distanzierter wurde – für ihn wiederum wurde die Schwester „eine Art Überfrau"[93], an der sich alle anderen Frauen zu messen hatten. Nannerl gab in ihrer Kindheit

---

[88] Vgl. Georg Nikolaus Nissen, Biographie W. A. Mozarts, a. a. O., 90, Anm. 1.
[89] Vgl. exemplarisch Bernhard Paumgartner, Mozart, a. a. O., 90-94, wobei Bernhard Paumgartner – und nicht nur er alleine – hier das typische Frau-Mann-Klischee unhinterfragt weitertransportiert, indem er schreibt: „Mit feinem Instinkte ordnete sich die Gattin, die in die Ehe nichts als die heitere Anmut ihres Wesens mitgebracht hatte, dem Manne willig unter. In allen äußeren Dingen des Lebens, durch künstlerische und gesellschaftliche Bildung, weltmännische Erfahrung und rechnerische Gaben war ihr Leopold gewiß [!, T.O.H.K] überlegen. Dagegen war ihr ein inneres Gefühlsleben zu eigen als ihrem mißtrauischen und nüchternen Manne, eine lebhafte Phantasie, ein heiterer Optimismus..." (91f.). Diese Einschätzung ist reine Spekulation und spiegelt allein die reaktionären Vorstellungen im Verhältnis Mann/Frau von Bernhard Paumgartner wider.
[90] Erhalten geblieben sind als einzige Dokumente von Anna Maria Mozart über vierzig Briefe bzw. Nachschriften, die sie von ihrer zehnmonatigen Paris-Reise mit ihrem Sohn an ihren Ehemann und ihre Tochter nach Salzburg sandte. Briefe waren damals ein schnelles Medium: Über Postreiter, die ca. zwanzig Meilen am Tag schafften, konnten sie innerhalb kürzester Zeit durch ein ausgebautes Straßennetz auf den Hauptwegen, die auch die der Mozarts waren, befördert werden.
[91] Johann Joachim Leopold (1748-1749) starb nach sieben Monaten, Maria Anna Cordula (1749-1749) wurde nur sechs Tage alt, Maria Anna Nepomucena Walburga (1750-1750) verstarb innerhalb von zweieinhalb Monaten, Johann Karl Amadeus (1752-1753) wurde nicht ganz drei Monate alt und Crescentia Maria Franziska de Paula (1754-1754) starb nach einem Monat, vgl. Martin Geck, Mozart, a. a. O., 13, dessen Angaben jedoch mit denen von Rudolph Angermüllers differieren, vgl. Georg Nikolaus Nissen, Biographie W. A. Mozarts, a. a. O., 90, Anm. 2.
[92] Maria Anna gen. Nannerl (1751-1829), wurde am 30./31. Juli 1751 in Salzburg im Unteren Hagenauerhaus, Konskriptionsnummer 240, nachmals Getreidegasse 9, im 3. Stock geboren und starb mit 78 Jahren am 29. Oktober 1829 in Salzburg in der Pfarrgasse Nr. 214 im Barisanihaus.
[93] Maria Publig, Mozart, a. a. O., 150.

und Jugend mit ihm in ganz Europa erfolgreich Konzerte, jedoch mit 17 Jahren war ihre reisende Konzerttätigkeit beendet. Hin und wieder trat sie mit ihrem Bruder aber weiterhin im Umfeld des Salzburger Hofes auf.[94] Sie heiratete aus pragmatischen Gründen 1784 im Alter von 33 Jahren – für damalige Verhältnisse recht spät – den fünfzehn Jahre älteren, zweimal verwitweten vielfachen Vater, Reichsfreiherrn Johann Baptist Berchtold zu Sonnenburg[95], einen Amtsnachfolger ihres Großvaters.[96] Mit Sonnenburg zog sie nach St. Gilgen, wo die Familie in dessen Dienstwohnung im Pflegegerichtsgebäude, dem Geburtshaus ihrer Mutter, wohnte.[97] Später führte Nannerl ihrem Vater in Salzburg den Haushalt.[98] Als Erwachsene hatten sich W. A. Mozart und seine Schwester entfremdet. Darum nahm Mozart an der Hochzeit der beiden nicht teil – genau so wenig wie seine Schwester an seiner teilgenommen hatte –, schickte jedoch einen Glückwunschbrief.[99] Nach

---

[94] So z. B. am 3. September 1780, als sie mit ihm sein Doppelkonzert Es-Dur für zwei Klaviere (KV 365), ursprünglich nur für den persönlichen Gebrauch bestimmt, spielte.

[95] Leopold Mozart hatte einer Liebesheirat mit Nannerls langjährigem Verehrer, dem Kammerherrn Franz Armand d´Ippold (ca. 1730-1790) nicht zugestimmt, weil dieser mittellos war; deshalb fiel die Wahl auf den Reichsfreiherrn Johann Baptist Berchtold zu Sonnenburg (1736-1801). Sonnenburg hatte in Salzburg Philosophie und die Rechte studiert und wurde Assistent seines Vaters, dem er als Rechtspfleger nachfolgte. Als Beamter des Erzbischofs gehörte es zu seinen Aufgaben, Steuern einzutreiben, Recht zu sprechen und den militärischen Schutz der Bevölkerung zu gewährleisten.

[96] Mozart-Biograph Piero Melograni schreibt auf dem Hintergrund der Tugend unverheirateter Mädchen, die wichtig war: „Am Tag nach der Hochzeit erhielt Nannerl den vereinbarten Preis von 500 Gulden dafür, daß sie tatsächlich noch Jungfrau war" (Piero Malegrano, Mozart, a. a. O., 232). Während fünf Kinder Sonnenburgs aus den beiden vorangegangenen Ehen schon verstorben waren, brachte Nannerl zwei weitere gemeinsame leibliche Kinder zur Welt, wobei nur der Sohn Leopold Alois Pantaleon (1785-1840) überlebte: Johanna Maria Anna Elisabeth, genannt Jeanette (1789-1805), starb sechzehnjährig und Maria Barbara (1790-1791) wurde keine fünf Monate alt. Zu Nannerls Pflichten gehörte es, auch die vier überlebenden Kinder aus Sonnenburgs früheren Ehen zu versorgen.

[97] Vgl. https://www.mozarthaus.info/ (aufgerufen am 20.3.2020).

[98] Obwohl in vielen Musikerfamilien zu der Zeit eine Förderung der Töchter geschah, gelang es „nicht vielen Frauen, ihre Karriere fortzusetzen, wenn sie erst verheiratet waren. Die Ehe war notwendig, um ihre zukünftige Versorgung zu sichern – sofern man sich nicht entschied, ins Kloster zu gehen" (Viveca Servatius, Constanze Mozart, a. a. O., 29).

[99] Vgl. Georg Nikolaus Nissen, Biographie W. A. Mozarts, a. a. O., 519f.

42

dem Tod ihres Mannes, der für Musik wenig übrighatte, kehrte Nannerl 1801 nach Salzburg zurück und wirkte dort als Klavierlehrerin. Sie verarmte und erblindete mit 74 Jahren. Sie starb im Barisani-Haus in der heutigen Sigmund-Haffner-Gasse 12 an Entkräftung und wurde in der Kommunegruft des Friedhofs zu St. Peter in Salzburg beigesetzt.[100]

Die Eltern Leopold und Anna Maria dankten Gott für diese beiden Kinder, die am Leben blieben; denn sie hatten wie viele Familien damals – die Kindersterblichkeit war hoch – schon fünf Kinder zu Grabe tragen müssen. Über die Mutter Mozarts weiß man ansonsten so gut wie nichts: Man weiß nicht genau, ob sie besonders musikalisch war, ob sie an der Erziehung ihrer musikalischen Kinder mitwirkte oder ob sie auf Wolfgangs Erfolge besonders stolz war – man vermutet es aber, da sie aus einer musikalischen Familie stammte und auf den Konzertreisen der Jahre 1762 bis 1769 dabei war und die Kinder mit managte: Die praktizierende Katholikin „scheint selbst nicht musiziert zu haben, aber ihre Briefe an den Ehemann zeugen von einer guten Zuhörerin und ihrer Begeisterung für Oper und Theater."[101] Klar ist jedoch, dass Anna Maria Mozart für die Aufrechterhaltung der alltäglichen Ordnung zuständig war

---

[100] Ihre sterblichen Überreste ruhen gemeinsam mit denen von Johann Michael Haydn in der Gruft 54. Zu ihrem Leben vgl. weiterführend Eva Rieger, Nannerl Mozart. Leben einer Künstlerin im 18. Jahrhundert, FfM 1990, 2005; Marianne Winterstein, Anna Maria und Nannerl Mozart. Zwei Frauen um Wolfgang Amadeus Mozart, Heilbronn 1991, 22000; Eva Neumayr (Hg.), Maria Anna Mozart. Facetten einer Künstlerin, Wien 2019; sowie Andrea Schwab, Außergewöhnliche Komponistinnen. Weibliches Komponieren im 18. und 19. Jahrhundert. Von Maria Theresia Paradis über Josepha Barbara Auernhammer bis Julie von Baroni-Cavalcabò, Wien 2019, 11ff.
[101] Viveca Servatius, Constanze Mozart, a. a. O., 34.

– wie die Beheizung der Wohnung in den frühen Morgenstunden oder die Wasserversorgung: Denn es gab kein
Wasser in den Häusern, weder in den Toiletten noch in
den Badezimmern, sondern es musste mühsam aus den
öffentlichen Brunnen der Stadt geschöpft und nach Hause
transportiert werden. Klar ist auch: Anna Maria bewährte
sich „als ruhender Pol in einer hochnervösen Künstler- und
Männerwelt"[102]. Natürlich verstand sich Leopold Mozart
als Mann, mit fast allen Männern seiner Zeit übereinstim-
mend, als `Krone der Schöpfung´ und als Patriarch der Fa-
milie, der der Vormund der Frau war und dem diese untertan zu sein hatte.

Katholisch getauft wurde der kleine Wolfgang – wie damals üblich – einen Tag nach seiner Geburt im Salzburger
Dom auf den Namen Joannes Chrysostomos Wolfgangus
Theophilus, wobei sein Rufname Wolfgang war.[103] Der
heute bekannte Name `Amadeus´ tauchte damals nicht
auf: Der Name `Theophilus´ wurde später von Leopold
Mozart in `Gottlieb´ eingedeutscht und vom Wolferl ab
1770 ins italienische `Amadeo´ bzw. danach ins französi-
sche `Amadé´ abgeändert.[104] Das heute übliche lateini-

---

[102] Michael Lemster, Die Mozarts, a. a. O., 170f.

[103] Mozarts erster und letzter Vorname verweisen auf seinen Taufpaten: Joannes Theophilus Pergmayr,
Senator et Marcator Civicus; Johannes Chrysostomos (dt.: `Goldmund´) verweist auf den Tagesheiligen
seines Geburtstages und den Kirchenvater der Alten Kirche, und der Vorname Wolfgang auf Mozarts Großvater, den Salzburger Juristen Wolfgang Nicolaus Pertl (1667-1724). Vgl. dazu Eric Blom, Mozart, München-
Zürich 1954, 17, wo der Taufeintrag W. A. Mozarts abgedruckt ist.

[104] Von Wolfgang Amadé Mozart, der von Jugend an schrieb, und seiner Familie ist eine umfangreiche Korrespondenz erhalten geblieben. In ihr geht es natürlich nicht allein um Musik, sondern vielmehr um Gott und
die Welt. Heute dienen die zum Teil liebevoll-heiter-ausgelassen-witzigen, zum Teil streng-ernsthaften und
tröstenden Briefe – die mehrfach übersetzt wurden und seit 2001 sogar in japanischer Übersetzung vorlie-

44

sche `Amadeus´ hat Mozart nie verwendet. Er unter-
schrieb immer mit `Amadé´, `Wolfgang Amadé´ oder einfach nur mit `Wolfgang Mozart´.[105]
Vater Leopold Mozart, der auch musikpädagogisch tätig
war – er veröffentlichte in Wolfgang Amadés Geburtsjahr
eine Violinschule[106], die schon kurz nach ihrem Erscheinen in andere Sprachen übersetzt wurde und bis weit ins
19. Jahrhundert hinein ein Standardwerk in der Didaktik
des Violinenspiels blieb – erkannte als erster das außeror-

---

gen – dem Kennenlernen von Mozarts Persönlichkeit sowie seinen musikalischen Ansichten und Arbeits-
weisen, wobei man im Blick auf Rückschlüsse zu Mozarts Innenleben heute Vorsicht walten lässt; oft schrieb
Mozart beispielsweise seinem Vater zum Munde, um Konflikte mit ihm zu vermeiden. Einig ist man sich
allerdings, dass W. A. Mozart neben seiner heiteren Seite „auch eine gewaltige Portion an Verbissenheit,
Zorn, Egoismus, Zynismus, Neid und Überheblichkeit" (Maria Publig, Mozart, Ein Leben für die Musik. Biografie, Wien 1991, 2005, 15) hatte. Doch kommen ganz klar Mozarts geistige Beweglichkeit und Neugier in
den Briefen zum Ausdruck, vgl. Ludwig Nohl, Mozarts Briefe, Salzburg 1865; Constanze Mozart, Briefe,
Aufzeichnungen, Dokumente 1782 bis 1842, Dresden 1922; Horst Wandrey (Hg.), Wolfgang Amadeus Mozart: Briefe, Berlin (Ost) 1964, 1986; Willi Reich (Hg.), Mozarts Briefe, Zürich 1991; Wilhelm A. Bauer/Otto
Erich Deutsch, Mozart. Briefe und Aufzeichnungen, Gesamtausgabe in 7 Bänden, hg. von der Internationalen Stiftung Mozarteum Salzburg, Kassel u. a. 1966-75 (= MBA); sowie Internationale Stiftung Mozarteum
(Hg.), Mozart. Briefe und Aufzeichnungen. Gesamtausgabe, erweiterte Ausgabe in 8 Bänden, Kassel 2005.
`Wolfgang Amadeus´ erschien zu Lebzeiten Mozarts nur *einmal* in einem Schreiben der Niederösterreichi-
schen Statthalterei und dann tatsächlich als Eintrag im Totenbeschauprotokoll des Wiener Magistrats am
5.12.1791. Empfehlenswert ist das Hörbuch `Brandauer liest Mozart´, eine Lesung der berühmten Briefe
des Komponisten an Freunde und Verwandte, interpretiert von dem österreichischen Schauspieler und Regisseur Klaus Maria Brandauer (eigentlich Klaus Georg Steng, geb. 1943). Mozarts Briefe von 1769-1791
sind u. a. online zugänglich gemacht worden über das `Projekt Gutenberg´: https://www.projekt-guten-
berg.org/mozart/briefe/briefe.html (aufgerufen am 17.4.2020).
[105] „Nur ganze drei Mal nannte er sich in einem Brief Amadeus, 1774, 1777 und 1779" (Eva Gesine Baur,
Mozart-ABC, München 2016). Briefe an seine Schwester unterschrieb Mozart mit „`der nehmliche hans-
wurst, Wolfgang in Teütschland Amadeo in Italien De Mozartini´, `der bruder hans´ oder `gnagflow Trazom´;
einer der Briefe an die Cousine Maria Thekla, dem `Bäsle´ (Diminutiv von `Base´ = Cousine), ist unterschrie-
ben `allzeit der alte junge Sauschwanz Wolfgang Amadé Rosenkranz´; dem Salzburger Abbé Joseph Bul-
linger präsentiert er sich als `Wolfgang Romatz´" (Michael Stegemann, Mozart für die Westentasche, Mün-
chen ²2006, 9). Die Orthografie zur Zeit Mozarts ist uneinheitlich – es wird geschrieben, wie gesprochen
wird; erst der preußisch-deutsche Gymnasiallehrer, Philologe und Lexikograf Konrad Duden (1829-1911)
setzte mit seinem 1880 erschienenen `Wörterbuch der deutschen Sprache´ eine bis heute mehr oder weni-
ger geltende einheitliche Rechtschreibung im deutschen Sprachraum durch. Das bezieht sich auch auf die
Schreibweise der Namen wie Constanze oder Konstanze, Aloysia oder Aloisia, vgl. Wolfgang Hildesheimer,
Mozart, a. a. O., 31, Anm. 33.
[106] Diese Violinschule ist nicht nur ein bemerkenswertes Lehrbuch, sondern auch ein Musikkompendium der
damaligen Zeit der Vorklassik von Weltrang. Die Erstausgabe von 1756 befindet sich im Leopold-Mozart-
Haus. Vgl. dazu Leopold Mozart, Gründliche Violinschule. Faksimile-Nachdruck der 3. Auflage, Augsburg
1789. Mit einem Geleitwort von David Oistrach, erläutert und kommentiert von Hans Rudolf Jung, Wiesba-
den-Leipzig-Paris 1991. In digitalisierter Form ist die Violinschule hier einsehbar: http://www.koelnkla-
vier.de/quellen/moz-le/_index.html (aufgerufen am 9.3.2020).

dentliche Talent seiner beiden Kinder und förderte sie entsprechend früh. Zunächst erteilte er seiner Tochter Klavierunterricht, dann seinem jüngeren Sohn – Nannerl mit sieben und Wolferl mit drei Jahren. Er galt als „ein strenger, sehr von sich eingenommener Schulmeister"[107], der schriftlich festhielt, was sein Sohn wann komponierte, meinte ein Biograph.[108] „Die Bilder, die wir von ihm besitzen, deuten auf einen strengen, unnachgiebigen Menschen"[109] hin, schrieb ein anderer Mozart-Biograph über ihn. Ob diese Interpretationen zutreffend oder nicht nur eine Projektion eigener pädagogischer Vorlieben der Mozart-Biograph*innen sind, ist heute die Frage. Einiges spricht gegen die Strenge des Vaters: Es gibt zahlreiche Anekdoten aus W. A. Mozarts Kindheit, die von Leopold Mozart festgehalten wurden und an denen deutlich wird, welches Talent und welchen Lerneifer sein Sohn hatte und wie stolz er auf ihn war, zum Beispiel die, als er den kleinen Jungen dabei überraschte, als er die Töne für ein Menuett, das seine Schwester gerade auf dem Klavier gespielt hatte, nachspielen wollte und dieser Versuch gelang.[110] Schon 1759 fertigte Leopold Mozart ein Übungsheft an, in das er kleine eigene Kompositionen für seine Kinder schrieb und auch leichte Stücke anderer Musiker mit aufnahm. Dieses `Notenbüchlein für Nannerl Mozart´

---

[107] Peter Gay, Mozart. Biographie, Berlin 2005, 14. Peter Gay (1923-2015) war ein US-amerikanischer Historiker deutscher Herkunft, dessen Schwerpunkte Aufklärung, Bürgertum und Psychoanalyse waren.
[108] Vgl. dazu Otto Erich Deutsch, Mozart. Dokumente seines Lebens, München 1981, und Mozart. Die Dokumente seines Lebens. Addenda und Corrigenda zusammengestellt von Joseph Heinz Eibl, Basel-Tours-London 1978.
[109] Peter Gay, Mozart, a. a. O., 15.
[110] Vgl. dazu auch die Beschreibung Johann Andreas Schachtners vom gemeinsamen Musizieren mit dem Kind Mozart, in: Georg Nikolaus Nissen, Biographie Mozarts, a. a. O., 106ff.

setzte er dann später auch beim Klavierunterricht für seinen Sohn ein – solange, bis auch der Sohn ein eigenes Übungsheft erhielt. Bei vielen Stücken notierte Leopold Mozart, wann er sie gelernt und auch wie lange er daran geübt hatte, bevor er sie konnte. Auf diese Weise ist auch die Komposition des jungen Mozarts für seinen Vater namens `Oragna figata´ erhalten geblieben – er hatte eine Melodie komponiert, die er täglich vor dem Zubettgehen sang, woraufhin Leopold Mozart die Sekunde dazu zu singen hatte.[111] Viele staunten über „die Besessenheit, mit der der Kleine gar nicht vom Klavier wegzubekommen war – oft bis in die Nacht hinein"[112] spielte er. Von Musik täglich umgeben und unterrichtet vom Vater, konnte W. A. Mozart bald nicht nur Klavier spielen, sondern auch selbst komponieren. Bereits 1761, also im Alter von fünf Jahren, wurde von Leopold Mozart festgehalten, dass sein Sohn Wolfgang Amadé ein Andante und ein Allegro fertiggestellt hatte, ferner ein Menuett und ein Trio sowie erste Werke für Klavier.[113] Mit sieben entdeckte Wolferl laut überlieferten Berichten die Geige und auch die Orgel für sich. Im Alter von acht Jahren komponierte er Sonaten für Klavier und Violine, mit neun die erste Sinfonie[114], mit zwölf die

---

[111] Das Stück ist hier zu hören: https://www.youtube.com/watch?v=wACfqrx2ykA (aufgerufen am 27.3.2020).
[112] Volker Gebhardt, Schnellkurs Mozart, a. a. O., 23.
[113] Das Menuett in G-Dur mit einem Menuett C-Dur als Trio KV 1, das als früheste Komposition Mozarts gilt, entstand wahrscheinlich erst 1764. Leopold Mozart legte 1768 vermutlich zum Zwecke der Verteidigung gegen mögliche Skeptiker oder vermeintliche Widersacher und Neider ein Verzeichnis dessen an, was sein zwölfjähriger Sohn seit seinem siebten Lebensjahr komponiert hatte.
[114] Im Allgemeinen versteht man heute unter einer Sinfonie ein Orchesterwerk mit einem gewichtigen ersten und vierten, einem langsamen zweiten und einem dritten tanzerischen Satz. Das war allerdings nicht immer so, sondern hat sich im Laufe der Zeit entwickelt: Noch um 1700 wurden beispielsweise auch Triosonaten als Sinfonien bezeichnet. Und ein sinfonisches Orchester war längst nicht so groß wie heute (zwischen 50

erste Oper. Größtenteils entstanden die frühen Werke des *Kinderstars* auf Konzerttourneen und Bildungsreisen.[115] Beide Kinder unterrichtete Leopold Mozart selbst – weder seine Tochter noch sein Sohn haben je eine Schule von innen gesehen – und lehrte sie außer Klavier[116], Geige[117] und Komposition auch noch die anderen Fächer wie Sprachen und Mathematik.[118] So waren die Kinder an Stelle von gleichaltrigen Mitschüler*innen den ganzen Tag über von Erwachsenen umgeben, die sich hingebungsvoll um sie kümmerten und ihnen auch manche Freiräume für kindgemäßes Spiel boten.[119] Schon 1762 trat Wolfgang

---

und 120 Musiker*innen), sondern hatte in der Regel 24 Mitglieder. Auch die Orchestrierung differierte: Beethoven beispielsweise setzte sich mit seiner Forderung durch, dass selbstverständlich auch Klarinetten zum Orchester dazu gehörten! Vergleicht man die Anzahl der von Mozart komponierten Sinfonien – es sind über fünfzig – mit der von Haydn – es sind 104 – mit den neun Sinfonien von Beethoven und den vieren von Johannes Brahms, so wird ersichtlich, dass es sich nicht um die gleiche Gattung handeln kann, vgl. Alfred Einstein, Mozart, a. a. O., 232f.

[115] Eine Bildbiografie hat im Mozartjahr 2006 anlässlich Mozarts 250. Geburtstags die Lebenswege nachgezeichnet, die Mozart in seinem kurzen Leben in viele europäische Länder geführt haben, und auf einen Blick visualisiert, vgl. Max Becker/Stefan Schickhaus, Mozart, a. a. O., 146.

[116] Mozart spielte anfänglich Klaviere des Klavierbauers Johann Andreas Stein (1728-1792) aus Augsburg, deren Klang er lobte. 1763 kaufte Leopold Mozart für seinen Sohn ein Reiseklavier, eine Art historisches `Stagepiano´ (Maße: 90cm breit und 31 cm tief) mit abnehmbarem Fußgestell für die bevorstehende Europatour. W. A. Mozart selbst kaufte nie ein Klavier bei Stein, sondern spielte in Wien überwiegend Klaviere von Anton Walter (1752-1826). Ein Reiseklavier Mozarts von 1786 wurde 2005 im Louvre ausgestellt: https://www.spiegel.de/reise/staedte/paris-mozarts-reiseklavier-wird-erstmals-ausgestellt-a-382768.html (aufgerufen am 13.3.2020). Mozarts Tasteninstrumente sind neben seinen Streichinstrumenten hier zu sehen und zu hören: https://web.archive.org/web/20180410071956/http://www.mozarteum.at/museen/mozart-instrumente.html (aufgerufen am 14.3.2020) und https://mozarteum.at/museums/mozarts-geburts-haus/#mozarts-instrumente-section (aufgerufen am 7.4.2020).

[117] Viele Kindheitsgeschichten – `Heiligenlegenden´ – ranken darum, dass sich der Sohn eines Geigers das Geigenspiel selbst beigebracht haben soll, ohne zuvor Geigenstunde gehabt zu haben (vgl. Samuel Fisch, Mozart, a. a. O., 16), was eher unwahrscheinlich sein dürfte. Mozarts Kindergeige baute übrigens der österreichische Geigen- und Lautenmacher Andreas Ferdinand Mayr (1693-1764) vermutlich um das Jahr 1746. Bis 1820 befand sich die Geige im Besitz von Mozarts Schwester. Sie ist erhalten, befindet sich seit 1896 im Eigentum der `Internationalen Stiftung Mozarteum´ und ist im Mozarthaus ausgestellt. Im April wurde die Geige von der damals siebenjährigen Anna Cäcilia Pföß aus Elsbethen bei Salzburg im Rahmen eines großen Staatsbesuchs des österreichischen Bundespräsidenten Alexander Van der Bellen (geb. 1944) in der Volksrepublik China im Rahmen eines von Staatspräsident Xi Jinping (geb. 1953) ausgerichteten Staatsbanketts gespielt: https://www.sn.at/politik/innenpolitik/siebenjaehrige-salzburgerin-spielt-mozarts-kindergeige-bei-staatsbesuch-in-china-26348116 (aufgerufen am 14.3.2020). Mozart ist hier mit seiner Konzertgeige abgebildet: https://web.archive.org/web/20180413190426/http://www.mozart-haus.biz/de/163-postkarte-mozarts-konzertgeige-kindergeige.html (aufgerufen am 14.3.2020).

[118] Mozart hatte großen Spaß an Mathematik. Als Kind soll er begeistert Tische, Sessel und Wände mit Zahlen beschriftet haben; später bezeugte Constanze Mozart „seine liebe zur Rechenkunst und zur Algeber" (MBA IV, 269).

[119] Vgl. Volkmar Braunbehrens, Mozart in Wien, a. a. O., 394.

Amadé, ausgestattet mit einer großen Musikalität, einem absoluten Gehör, einer blitzschnellen Auffassungsgabe, einem phänomenalen Gedächtnis und einer atemberaubenden Kreativität, die sich in seinem Talent für die freie Improvisation[120] zeigte, erstmals auf. Ohne Leopold Mozart, der damit seine Lebensaufgabe gefunden hatte, wären vermutlich weder das Wunderkind Nannerl noch das Wunderkind Wolferl denkbar gewesen. Von daher ist die Interpretation Leopolds Mozarts als strengem Lehrer seiner Kinder m. E. falsch: Mozart-Biograph Volkmar Braunbehrens[121] schätzt Mozarts Vater völlig richtig ein, wenn er schreibt: „Schon die Wunderkinderexistenz fußte nicht – wie meist – auf strengem musikalischem Drill, erbarmungslosem Fingerüben, sondern war auf die Entwicklung spielerischer Kreativität angelegt. Bald war Leopold Mozart nicht mehr künstlerischer Vormund, sondern musikalischer Partner, helfend, kritisch begleitend, voller Anerkennung auch da, wo Mozart zunehmend eigene, oftmals ungewöhnliche Wege einschlug."[122]

Schon als Kind war Mozart hellwach, sehr lebendig und ruhelos und für seine überschäumende Fantasie bekannt. Noch später litt er unter Stimmungsschwankungen: Hoch-

---

[120] Bis heute versteht man darunter das Musizieren aus dem Stegreif und dem Augenblick heraus, wobei entweder ein bestimmtes Thema variiert oder völlig frei auf dem Instrument gespielt wird. Mozart war bekannt dafür, dass er in seinen Kompositionen nur die Noten für Streicher und Bläser aufschrieb, aber die Klavierstimme nur andeutete. Sie spielte er meistens während des Konzerts aus dem Gedächtnis. So verhinderte er in Zeiten fehlenden Urheberrechts, dass der Notenkopist die Noten hinter seinem Rücken verkaufte, vgl. dazu auch Volkmar Braunbehrens, Mozart in Wien, a. a. O., 13.

[121] Volkmar (von) Braunbehrens (geb. 1941) ist ein deutscher Musikwissenschaftler, Publizist und freier Schriftsteller, der 1972 an der FU Berlin promoviert und 1982 an der Universität Osnabrück habilitiert wurde. Er war lange Jahre Vorstandsmitglied der `Humanistischen Union´, ist einer der Teilhaber des deutschen Rüstungsunternehmens Krauss-Maffei Wegmann und lebt in Freiburg/Brsg.

[122] Volkmar Braunbehrens, Mozart in Wien, a. a. O., 60.

fliegende Gemütszustände wechselten sich mit melancholischen, fast depressiven, ab.[123] Der äußerlich lebenslustige, manchmal überdrehte Mozart mit seinem derben, skatologischen Humor [124] konnte auch richtig frustriert sein, und auch später noch konnte er für manche Mitmenschen ein schwieriger Gesprächspartner sein. In der Mozart-Sekundärliteratur ist hin und wieder von einem manisch-depressiven Krankheitsbild bei dem Erwachsenen die Rede.[125] Manche Mozart-Expert*innen sind sogar auf die Idee gekommen, dass Mozart am Tourettesyndrom[126] oder am Asperger-Syndrom erkrankt gewesen sein könnte oder wegen seiner Hyperaktivität und Impulsivität[127], alles gleichzeitig machend und permanent mit seinen Fingern herumtrommelnd[128], ADHS[129] gehabt hätte – „ein notorischer Unruhegeist"[130]. Mozart, der Irrwisch!

---

[123] Vgl. Peter Gay, Mozart, a. a. O., 121.

[124] „Tatsächlich bewahrte sich Mozart zeitlebens ein besonderes Interesse für den After und seine Ausscheidungen. (…) Seine Mutter trug ebenso wenig Bedenken, Witze über das Scheißen zu machen, und das Gleiche gilt für den Vater" (Peter Gay, Mozart, a. a. O., 47). Dazu muss man allerdings wissen, dass das Derbe „durchweg auch in der gehobeneren Umgangssprache der Aufklärung salonfähig verankert" (Maria Publig, Mozart, a. a. O., 15) war.

[125] Vgl. Detmar Huchting, Mozart. Ein biografischer Bilderbogen, Hamburg 2005, 75.

[126] Das Tourettesyndrom – benannt nach dem französischen Neurologen und Rechtsmediziner Gilles de la Tourette (1857-1904) – äußert sich in bestimmten Tics wie plötzlichen Zuckungen, Augenzwinkern, Schmatzen, gelegentlichen Zwangshandlungen, ständigem Fluchen oder obszöner Sprache der an ihm Erkrankten, die diese nicht kontrollieren können. Es gibt allerdings keinerlei Äußerungen von Leopold Mozart oder von W. A. Mozart selbst, dass er an diesem Syndrom gelitten haben könnte, vgl. dazu den Artikel ´Das Tourettesyndrom hatte er ganz bestimmt nicht´, in: DIE ZEIT v. 12. 2. 2020, online zugänglich unter: https://www.zeit.de/kultur/musik/2020-02/wolfgang-amadeus-mozart-faekalsprache-schimpfworte/komplettansicht (aufgerufen am 19.3.2020).

[127] Das Mozart äußerte sich einmal gegenüber der wohlhabenden Baronin Martha Elisabeth von Waldstätten (1744-1811), W. A. Mozarts Mäzenin aus Klosterneuburg, dass sein Sohn nur ein Zuviel oder ein Zuwenig kannte, aber „keine Mittelstraße" (MBA III, 222). Nach Einschätzung des Mozart-Biografen Aloys Greither hat Leopold Mozart den „mit einem Zug ins Chaotische behafteten Sohn lange Jahre ordnend geführt und ihm insgesamt wohl viel mehr Gutes als Schlimmes angetan" (Aloys Greither, Mozart, a. a. O., 9).

[128] Das berichtete u. a. seine Schwägerin Sophie Haibl (1763-1846), vgl. Erich Otto Deutsch (Hg.), Mozart, a. a. O., 460.

[129] Unter ADHS = Aufmerksamkeitsdefizit-/Hyperaktivitätsstörung versteht man eine der Verhaltens- und emotionalen Störungen in der Kindheit und Jugend, die sich durch Probleme mit der Aufmerksamkeit, der Impulsivität und der Selbstregulation äußert und mit starker körperlicher Unruhe (Hyperaktivität) einhergeht.

[130] Claus Spahn, Ein Mann wie Schießpulver, in: DIE ZEIT Nr. 2 v. 5.1.2020, 35.

Mit seinen beiden Kindern ging Leopold Mozart, unterstützt von seinem ihm wohlgesonnenen Arbeitgeber Fürsterzbischof von Schrattenbach[131], auf Tournee. Auf jahrelangen Reisen mit einer Kutsche durch halb Europa spielte Leopold Mozart mit seinen Kindern an Fürstenhöfen vor und überschritt dabei Landes- und Standesgrenzen.[132] Der aufgeklärte Katholik verstand diese Vorstellungen seiner Kinder und ihre Vorspiele vor den Herrschenden und in der Öffentlichkeit als seine `heilige Pflicht´, gewissermaßen als seinen göttlichen Auftrag[133]: In einer Zeit, in der Wunder von vielen Zeitgenoss*innen zunehmend kritisch betrachtet wurden, wollte er „der Welt ein Wunder verkünden, welches Gott in Salzburg hat lassen geboren werden. Ich bin diese Handlung dem allmächtigen Gott schuldig, sonst wäre ich die undanckbarste Creatur: und wenn ich iemals schuldig bin die Welt dieses wundershalben zu überzeugen, so ist es eben ietzt, da man alles, was nur ein Wunder heist lächerlich machet und alle Wunder

---

[131] Sigismund Graf von Schrattenbach, der Dienstherr Leopold Mozarts, genehmigte dessen Konzerttourneen und unterstützte sie auch aus seiner Privatschatulle. Leopold Mozart, ein gläubiger Katholik und ein Anhänger der Aufklärung, hatte seine Urlaubsgesuche mit religiösen Begründungen verknüpft: Graf von Schrattenbachs Nachfolger, Hieronymus Graf Von Colloredo (1732-1812), Chef des Fürsterzbistums Salzburg, schränkte Mozart insofern ein, als dass er ihm weniger Freiräume einräumte, ihn mehr an den Hof band als sein Vorgänger und auf seine persönliche Anwesenheit bei Hofe Wert legte. Im Feudalismus zur Dienerschaft gehörend, sollten die in den Diensten von Fürsten oder Adligen stehenden Musiker mit ihren Kompositionen ausschließlich dem Hofe oder dem Hause, zu dem sie gehörten, zur Verfügung stehen.

[132] Insgesamt war Wolfgang A. Mozart zehn Jahre und zwei Monate, 3720 Tage, also fast ein Drittel seines Lebens, auf Reisen, davon acht Jahre bis zum 23. Lebensjahr, meist in elterlicher Begleitung, danach meist alleine oder mit seiner Ehefrau. Mozart-Expert*innen haben ausgerechnet, dass er allein zwischen 1763 und 1766 per Pferdekutsche 4400 Kilometer über die Schlaglochpisten Europas zurücklegte. Die Geschwindigkeit einer Kutsche betrug damals ca. 6-8 Stundenkilometer. In den Jahren zwischen 1762 und 1781 war er insgesamt über neun Jahre unterwegs, sommers wie winters. Sie führten ihn von Schloss zu Schloss, von Konzertsaal zu Konzertsaal, von Hof zu Hof, durch 200 Städte und Orte in neun europäischen Staaten, vgl. weiterführend Rudolph Angermüller, Mozarts Reisen in Europa 1762-1791, Bad Honnef 2004. Die Reisen der Familie Mozart findet man visualisiert bei Michael Lemster, Die Mozarts, a. a. O., Einband, und in chronologischer Zusammenstellung bei Wolfgang Amadeus Mozart. Chronik eines Lebens, zusammengestellt von Joseph Heinz Eibl, München 1977, ²1991, 118-127. Heute kann man als Reisende diesen `europäischen Mozartwegen´ im Zuge eines Kultur- und Tourismuskonzepts folgen.

[133] Vgl. Martin Geck, Mozart, a. a. O., 20f.

widerspricht."[134] Von dieser besonderen Mission erfüllt, ordnete Leopold Mozart seine eigene Karriere der seiner Kinder bzw. vor allem der seines Sohnes unter, was ihn nach Aussagen von Zeitgenossen im Alter mürrisch und verbittert machte.[135]

Die Reisezeit begann, als Wolfgang Amadé fünf Jahre alt war.[136] Eine der ersten Reisen führte die ganze Familie im Januar 1762 für drei Wochen nach München.[137] Die bayerische Hauptstadt war `nur´ drei Tagesreisen mit der `Diligence´, der Postkutsche, von Salzburg entfernt – die Kinder waren bis dato noch nie gereist und hatten auch noch nie ein öffentliches Konzert gegeben.[138] Zudem herrschte seit sechs Jahren Krieg in Europa, so dass Reisen nicht

---

[134] MBA I, 271f.; vgl. dazu auch Detmar Huchting, Mozart, a. a. O., 11.

[135] „Ich habe dann alle meine Stunden euch 2 aufgeopfert" (MBA II, 256). Später, als die Kinder erwachsen waren, zweifelte er an seiner Selbstaufgabe. Er litt darunter, dass er sich seinem Sohn entfremdet hatte; er hörte ihn „nicht mehr Clavier, noch Violinspielen..., und so oft ich nach Hause gehe, wandelt mir eine kleine Melankoly zu..." (MBA II, 37).

[136] Minutiös sind die Ereignisse festgehalten in dem Film des französischen Filmemachers Marcel Bluwal (geb. 1925): Mozart. Das wahre Leben des genialen Musikers (Große Geschichten), Hamburg 2015. Mozart wird in diesem Film als genialer Musiker dargestellt – als wunderbar-rätselhafter Egozentriker mit allen Stärken und Schwächen.

[137] Mit in der Kutsche war der Hofviolonist, Fagottist und Notenkopist Joseph Richard Estlinger (1720-1791), einer der bedeutenden Überlieferer Mozartscher Werke. Zu weiteren Aufenthalten in München kam es im Juni 1763 und im November 1766. Auch später noch hielt Mozart sich dort auf (1777, 1779 und 1790): München war für Mozart der Ort seiner Sehnsüchte und Träume. Das Ambiente, in dem er dank seines ehrgeizigen Vaters auftrat, kommt gut gezeichnet zum Ausdruck in: MOZART. Das wahre Leben des genialen Musikers (Grosse Geschichten 33, in der Rolle des Mozart: Christoph Bantzer), 3 DVDs, 1982, 2015. Ein Fehler in dem Film, der mir auffiel, war, dass die Geigen, die gespielt wurden, einen oder sogar mehrere Feinstimmer aufwiesen; das war zur Zeit Mozarts nicht üblich. Zwar hatten die guten Verbindungen zum Münchner Hof Mozart den Kompositionsauftrag für die `Opera buffa´ `La finta giardiniera´ (KV 196) gebracht und auch für andere Werke wie die Klaviersonate D-Dur (KV 284) sowie die Oper `Idomeneo´ (KV 366), die von Kurfürst Karl Theodor von der Pfalz (1724-1799), dem Nachfolger Maximilians III. Josephs in München, in Auftrag gegeben worden war. Die Hoffnungen auf eine feste Anstellung für seinen Sohn am Münchner Hof, die sich Leopold Mozart gemacht hatte, erfüllten sich aber nicht. Einen letzten Besuch stattete Mozart München am 29. Oktober bis zum 6. November 1790 ab, als er sich auf dem Rückweg von den Krönungsfeierlichkeiten für Kaiser Leopold II. befand und ein Konzert im Kaisersaal der Residenz gab.

[138] Schon Anfang der 1780er Jahre gab es „zu jener Zeit wohl keinen zweiten jungen Mann, der so viel und so weit gereist war wie er (Volkmar Braunbehrens, Ein Kaiserreich für das Genie. Mozarts großes Jahrzehnt im josephinischen Wien, in: DIE ZEIT Geschichte Nr. 4: Wer ist Mozart? Neue Erkenntnisse zum 250. Geburtstag, Hamburg 2005, 38-55, Zitat auf 41).

ungefährlich war.[139] Der ehrgeizige Leopold Mozart, der diesen Krieg in seiner umfangreichen Korrespondenz nicht erwähnt, wusste, dass ein Vorspiel am Hofe karrierefördernd war. Unterwegs hielten sich die Kinder mit Fingerübungen fit. Die Postkutsche bewegte sich im Schneckentempo fort, durchschnittlich weniger als sechs Kilometer pro Stunde, der Pferdewechsel an den einzelnen Stationen dauerte manchmal bis zu zwei Stunden. Man kann sich vorstellen, dass die beschwerliche, anstrengende Reise mit dem stundenlangen Stillsitzen besonders für den kleinen Wolfgang eine Herausforderung bedeutete. Bezeugt ist in München ein erfolgreicher Auftritt des Fünfjährigen vor Kurfürst Maximilian III. Joseph[140] von Bayern und seinem Hofstaat in dem verspiegelten, marmorverkleideten Konzertsaal mit Kristallleuchter. Die beiden Kinder waren nach ihrer Rückkehr von ihrem Erfolg und von dem Prunk bei Hofe so fasziniert, „dass sie sich voller Eifer ans Üben machten, um ihr Können zu vervollkommnen. Sie

---

[139] Gemeint ist der Siebenjährige Krieg (1756-1763), in dem Preußen und Großbritannien mit Kurhannover auf der einen und die Habsburgermonarchie, Frankreich und Russland sowie das Heilige Römische Reich auf der anderen Seite gegeneinander kämpften, wobei es um das geo- und machtpolitische Gleichgewicht in Europa ging. Die kriegerischen Auseinandersetzungen endeten 1763 mit dem Friedensschluss von Paris und Hubertusburg. Großbritannien wurde damit zur dominierenden Weltmacht.
[140] Der Kurfürst von Bayern, Maximilian III. Joseph Karl Johann Leopold Ferdinand Nepomuk Alexander von Bayern, kurz Max III. Joseph (1727-1777), stammte aus dem Geschlecht der Wittelsbacher. Der Sohn Kaiser Karls VII. (1697-1745) hatte zwar nach dem Tod seines Vaters Anspruch auf die römisch-deutsche Kaiserkrone, verzichtete jedoch zugunsten von Franz Stephan zu Lothringen, schloss einen Sonderfrieden und entsagte allen Ansprüchen auf österreichische Gebiete. Dafür bekam er Brief und Siegel, dass seine bayrischen Erblande bestehen blieben. Er förderte die Künste und die Wissenschaft, gründete 1759 die `Akademie der Bildenden Künste´ sowie die `Bayerische Akademie der Wissenschaften´ und trug dazu bei, dass sich die Aufklärung in Bayern verbreitete; außerdem führte er die sechsjährige allgemeine Schulpflicht ein. Er absolvierte eine Lehre als Drechsler; seine Elfenbeinarbeiten sind teilweise erhalten. Aus Angst davor, vergiftet zu werden, beschäftigte er einen Vorkoster. Verheiratet war er mit Maria Anna von Sachsen (1728-1797), einer Enkelin Augusts des Starken (1670-1733). Die Ehe blieb kinderlos; mit ihm starb seine Linie aus, was zum bayerischen Erbfolgekrieg führte. Er starb an den Pocken; entgegen der von ihm für die Bevölkerung verordneten Impfung hatte er diese für sich selbst stets abgelehnt. Sein Grab befindet sich in der Theatinerkirche zu München, sein Herz wurde getrennt im Gnadenkapelle von Altötting bestattet. Sein Nachfolger auf dem Thron wurde sein Cousin, der musikbegeisterte Karl Theodor von der Pfalz.

spielten nun auf einem neuen, revolutionären Tasteninstrument, dem Klavier, auf dem man zwischen laut und leise, pianissimo und fortissimo differenzieren konnte, ganz anders als auf dem Cembalo."[141]

Die nächste Reise führte die Familie von Salzburg aus in die habsburgische Hauptstadt: Am 18. September reisten die Mozarts per Kutsche und vermutlich auch per Schiff[142] von Salzburg aus über Passau[143] und Linz nach Wien, ins Zentrum der Habsburger Monarchie, das sie am 6. Oktober 1762 erreichten.[144] Immer wieder gaben die Kinder unterwegs Konzerte, teils öffentlich, teils vor dem Wiener Hochadel. Den Höhepunkt dieser viermonatigen Tournee bildete sicherlich das dreistündige Vorspiel mit Klavier und Geige vor Kaiser Franz I. Stephan[145] und seiner Gemahlin

---

[141] Piero Melograni, Mozart, a. a. O., 27.

[142] Vgl. dazu weiterführend Heinz Kellermann, Reisewagen oder Schiff: Welches Verkehrsmittel benützte die Familie Mozart bei der Reise von Salzburg nach Passau im September 1762?, in: Passauer Jahrbuch 53/2011, 101-114. Er hält das Schiff als Fortbewegungsmittel für wahrscheinlich (vgl. 114).

[143] Leopold Mozart, seine Frau Anna Maria, die beiden Kinder und erneut Richard Estlinger kamen am 20. September 1762 um fünf Uhr abends in Passau an und logierten sechs Tage lang entweder im Hotel ´Zum roten Krebs´ (bis 1826), dem heutigen Café Kowalski, oder in der ´Goldenen Sonne´, der heutigen ´Pension zur Goldenen Sonne´. W. A. Mozart durfte dem Fürstbischof vorspielen, seine elfjährige Schwester Nannerl nicht; er erhielt dafür ´nur´ einen Golddukaten (= ca. 40 Gulden). Einzige Quelle für den Aufenthalt ist ein Brief Leopold Mozarts an seinen Freund, den Salzburger Kaufmann Lorenz Hagenauer. Warum die Mozarts sich so lange in Passau aufhielten, ist so mancher Mozart-Forschung Gegenstand zahlreicher Spekulationen, vgl. dazu: https://1762mozart.wordpress.com/2012/10/14/wolfgang-amadeus-mozart-1762-in-passau/ und https://regiowiki.pnp.de/wiki/Wolfgang_Amadeus_Mozart (beide Links aufgerufen am 21.4.2020).

[144] Zu umfangreichen Informationen über die Habsburger und ihre Politik vgl. GEO Epoche. Das Magazin für Geschichte, Nr. 46: Die Macht der Habsburger: 1273-1918, Glanz und Elend eines Herrscherhauses, Hamburg 2010, und online: https://www.habsburger.net (aufgerufen am 17.3.2020).

[145] Franz Stephan von Lothringen (1708-1765) wurde am 13. September 1745 in Frankfurt am Main mit sieben Stimmen der neun Kurfürsten zum Kaiser des Heiligen Römischen Reiches gewählt und nannte sich fortan Kaiser Franz I. Stephan HRR. Er begründete durch die Heirat mit Erzherzogin Maria Theresia von Österreich (1717-1780) aus dem Hause Habsburg, der Erbin des den schönen Künsten verschriebenen Kaisers Karl VI. (1685-1740) am 12. Februar 1736 in der Wiener Augustinerkirche das Haus Habsburg-Lothringen. Er starb eines plötzlichen Todes (Schlaganfall oder Herzinfarkt) in Innsbruck. Es erfolgte eine ´Getrennte Bestattung´: Sein Körper wurde in der Wiener Kapuzinergruft beigesetzt, sein Herz in der Loretokapelle der Wiener Augustinerkirche und seine Eingeweide in der ´Herzogsgruft´ des Wiener Stephansdoms.

Maria Theresia von Österreich[146] samt ihrer Kinder, den jungen Erzherzog*innen, im Spiegelsaal von Schloss Schönbrunn[147] am 13. Oktober 1762 in Wien.[148] Auf Wunsch der Regentin, die selbst eine ambitionierte Musikerin war, glänzte der Sechsjährige durch virtuoses Klavierspiel, u. a. auch mit verdeckter Klaviatur, indem sein Vater zum Erstaunen aller ein Taschentuch oder eine Serviette auf die Tasten legte.[149] So verblüffte er das Kaiserehepaar und die Erzherzog*innen mit seiner Kunst des Tastenspiels.[150] Leopold Mozarts Bericht zufolge, geschildert in einem Brief nach Salzburg an seinen Gönner und Freund Lorenz Hagenauer[151], soll der kleine Wolfgang,

---

[146] Maria Theresia von Österreich (1717-1780), die wegen ihrer Heiratspolitik die `Schwiegermutter Europas´ genannt wurde, regierte ab 1740, zunächst als Königin und dann, nachdem ihr Gatte Franz I. Stephan (1708-1765) zum römisch-deutschen Kaiser gekrönt worden war, bis zu ihrem Tod als Regentin. Obwohl sie nie selbst gekrönt wurde und nie Kaiserin war, wurde sie als Kaisergattin `Kaiserin´ tituliert. Mit Franz I. Stephan hatte sie sechzehn Kinder. Als absolutistische Herrscherin drängte sie u. a. die Macht des Adels zurück, führte die allgemeine Steuerpflicht auch für Klerus und Adel ein und reformierte die Armee. Sie gründete einklassige Volksschulen für Sechs- bis Zwölfjährige, in denen Grundkenntnisse von Religion, Lesen, Schreiben und Rechnen gelehrt wurden, und dreiklassige Hauptschulen. Sie sorgte dafür, dass im Kaiserhaus das Französische anstelle des Italienischen als Umgangssprache gesprochen wurde (Italienisch sprach man beim Musizieren und Deutsch fast nur, wenn man es mit den unteren Ständen zu tun hatte), und war sehr an Kunst, Musik, Kultur und Religion interessiert. Stark vom Katholizismus und der barocken Tradition der Habsburger geprägt, hasste sie die Juden und bekämpfte die Protestanten, die sie aus Österreich ausweisen ließ. Nach dem Tod ihres Gemahls hüllte sie sich trauernd nur noch in schwarze Gewänder und verlor jegliches Interesse an Kultur und Musik. Wie ihr Ehemann, neben dem sie beigesetzt wurde, erhielt auch sie eine `Getrennte Bestattung´. Für eine erste Orientierung vgl. den informativen Artikel von Olaf Mischer und Bertram Weiss, Die Erste und die Einzige, in: GEO Epoche Nr. 46, a. a. O., 78-90, und im Blick auf eine ausführliche Biografie Martin Sulzer-Reichel/Edwin Dillmann, Maria Theresia (dtv portrait), München 2000, und Hannes Etzlsorfer, Maria Theresia – Kinder, Kirche und Korsett. Die privaten Seiten einer Herrscherin, Wien 2008, 2014.
[147] Schloss Schönbrunn, ursprünglich 1638-1643 erbaut und von Maria Theresia im 18. Jahrhundert als Sommerresidenz erweitert, ist heute das größte und meist besuchte Schloss Österreichs, seit 1996 Teil des UNESCO-Kulturerbes.
[148] Die Räumlichkeiten, in denen Mozart und seine Schwester vor dem Kaiserpaar musizierten, sind auch heute noch erhalten.
[149] Leopold Mozart hat seinen Sohn auch immer ein bisschen als Zauberkünstler vermarktet. Später hielt das Publikum auch ohne Taschenspielertricks Mozart für einen Zauberer – was so weit ging, dass er bei seinem Auftritt im Conservatorium in Neapel vom abergläubischen Publikum genötigt wurde, vor seinem Auftritt seinen Diamantring abzulegen – damit sollte sichergestellt werden, dass von diesem Ring keine Zauberkraft ausging!
[150] Vgl. dazu Jörg-Uwe Albig, Mozart, in: GEO Epoche Nr. 46, a. a. O., 95-104, bes. 96.
[151] Lorenz Hagenauer (1712-1792) hatte von seinem Großvater das Haus und eine Konzession für den Handel mit Spezereien (Gewürze, Öle, Farbstoffe und Genussmittel) geerbt und wurde dadurch einer der

kaum dass er Maria Theresia erblickt hatte, ihr „auf die Schooß gesprungen, sie um den Halß bekommen, und rechtschaffen abgeküsst"[152] und bei der Gelegenheit ihrer Tochter Marie Antoinette[153] einen Heiratsantrag gemacht haben. Nach dem Vorspiel sollen die beiden Künstler mit einigen Erzherzog*innen, tobend durch den Spiegelsaal getollt sein. Als Gage erhielt Leopold Mozart 100 Golddukaten[154] und die zehnjährige Nannerl sowie der sechsjährige Wolferl bekamen von Maria Theresia jeweils kostbare,

wohlhabendsten Geschäftsmänner von Salzburg. Der Vater von 16 Kindern, ein frommer, belesener und gebildeter Katholik, wurde der Freund und Vermieter der Familie Mozart, die ab 1747 sechsundzwanzig Jahre lang in seinem Haus in der Getreidegasse Nr. 9 in Salzburg wohnte und der er zeitlebens verbunden blieb. Er unterstützte die Mozarts während ihrer Reisen nicht nur mit Geld bzw. zur Minimierung des Bargeldrisikos mit Kreditbriefen, die Leopold Mozart dann dank seiner internationalen Verbindungen bei Hagenauers Geschäftspartnern einlösen konnte, sondern auch mit seinem freundschaftlichen Rat. Er war der Adressat zahlreicher Reisebriefe Leopold Mozarts, ihm vertraute er vieles an, und mit Hagenauers Frau wurden die Krankheiten der Mozart-Kinder besprochen. Der 13jährige W. A. Mozart widmete ihrem zehn Jahre älteren Sohn, Kajetan Rupert Hagenauer (1746-1811), der mit 19 Jahren ins Kloster ging und später Abt wurde (Pater Dominikus OSB), seine `Dominicusmesse´ (KV 66), die 1769 in der ältesten Kirche in Salzburg, der Stiftskirche St. Peter aufgeführt wurde.
[152] MBA I, 52f. Vgl. dazu auch Brigitte Hamann, Mozart. Sein Leben und seine Zeit, Wien 2006, 20-31 und 48f. sowie Hanns Maria Lux, Wolfgang und die Kaiserin. Der kleine Mozart spielt in Wien, Reutlingen 1956, bes. 77, und Heinrich Eduard Jacob, Mozart oder Geist, a. a. O., 37. Moritz von Schwind hat die Szene später in einer Bilderfolge festgehalten, vgl. Wilhelm Meyer, Mozart. Mit 43 Abbildungen und einem farbigen Umschlagbild, Bielefeld und Leipzig 1921, 19. Später, als Mozart älter war, riet Maria Theresia ihrem Sohn Ferdinand Karl, mit dem zusammen sie nach dem Tod ihres Ehemannes regierte, ab, den hochbegabten Musiker in die kaiserlichen Dienste zu nehmen. Doch als der 17jährige Erzherzog am 17. Oktober 1771 in Mailand die vier Jahre ältere Prinzessin von Modena, Maria Beatrice d´Este (1750-1829), auf Initiative seiner Mutter heiratete, hatte der 15jährige Mozart auf Wunsch der Braut die Oper `Ascanio in Alba´ (KV 111) geschrieben – eine Allegorie auf den habsburgischen Staat -, die bei der Hochzeit im Mailänder `Teatro Ducale´ uraufgeführt wurde und beim Hochzeitspaar für Begeisterung sorgte. Obwohl der Erzherzog daraufhin Mozart eine Stelle als Hofkomponist versprach, wusste Maria Theresia dies zu verhindern. Zur Partitur: http://dme.mozarteum.at/DME/nma/nma_cont.php?vsep=39&gen=edition&l=1&p1=-99 (aufgerufen am 17.3.2020).
[153] Erzherzogin Maria Antonia (1755-1793), fünfzehntes Kind der Maria Theresia, Marie Antoinette genannt, wurde entsprechend der habsburgerischen Heiratspolitik im Alter von vierzehn Jahren zum Zwecke der Festigung der Allianz mit Frankreich per procurationem in der Wiener Augustinerkirche mit dem französischen Kronprinzen und späteren König Ludwig XVI. (1754-1793) getraut. Ab 1774 war sie Königin von Frankreich und Navarra. Sie war die Lieblingsschwester von Kaiser Joseph II. Ihr Bruder Leopold II. hatte die Bitte seiner Schwester um militärische Unterstützung gegen die französischen Revolutionäre abgelehnt. So wurde die als verschwenderisch bekannte Monarchin bekanntlich nach der Französischen Revolution als `Blutsaugerin der Franzosen´ – so die Anklageschrift – neun Monate nach ihrem Gatten am 16. Oktober 1793 um 12.00 Uhr auf dem Revolutionsplatz in Paris durch das Schafott hingerichtet. Zunächst wurden ihre sterblichen Überreste in einem Massengrab verscharrt, bevor sie zwanzig Jahre später exhumiert und in der Kathedrale Saint-Denis bei Paris, der traditionellen Grablege der Könige Frankreichs, an der Seite ihres Gemahls beigesetzt wurden.
[154] Die Währungssituation in der Zeit ist nicht ganz einfach: In Österreich war die Hauptwährung im Jahr 1791 der Silbergulden, abgekürzt: `fl.´ (Florin). 60 Kreuzer ergaben einen Gulden. Ferner waren in den

goldbrokierte lila und rote Galakleidung aus Seide geschenkt, die vorher zwei ihrer Kinder getragen hatten – ein Ereignis, das nach der Rückkehr in Salzburg in zwei vom Vater in Auftrag gegebenen Ölgemälden festgehalten wurde.[155] Der Wiener Adel, verwöhnt, häufig gelangweilt und für jede Abwechslung dankbar, war von den beiden Wunderkindern begeistert! Die Folge waren Aufträge in den führenden Palästen und Salons der Stadt.[156] Doch die Gesundheit des kleinen Jungen machte nicht mit: Eine rheumatische Entzündung der Gelenksinnenhaut führte zu Absagen von Auftritten und zu Verdienstausfall.[157] Die Mozarts fuhren zurück nach Salzburg. Die Kinder brauchten eine Pause, Leopold Mozart musste sich um seine Stelle kümmern. Dabei hatte sich die Reise finanziell gelohnt: Am 19. Oktober zahlte Leopold Mozart 540 Gulden bei seiner Bank ein – mehr als das Doppelte seines damaligen

---

Nachbarländern Dukaten, Taler, Livres, Louis d´Or (Louisdor), Sols und Guineen (Gold- und Silbermünzen) weit verbreitet. Der Dukat, eine verbreitete Goldmünze, die 1559 in Deutschland zur Hauptgoldmünze erklärt worden war und erst 1857 abgeschafft wurde, hatte einen Gegenwert von 4,5 Gulden; 100 Golddukaten entsprachen also ca. 450 Gulden. Zum Vergleich: Ein Pferd kostete ca. 10 Gulden, eine einfache Reisekutsche ca. 60 Gulden. Eine Loge im Wiener Burgtheater, das 1776 zum `Nationaltheater´ erhoben worden war und an dem das deutsche Singspiel etabliert wurde, für ein Konzert, das Mozart gab, kostete 4fl,30kr; der beste Platz im Parkett kostete 1fl,25kr. Ein Dienstbote verdiente in der Regel 30 Gulden im Jahr, ein Grundschullehrer verdiente 130 Gulden jährlich, ein Universitätsprofessor oder ein Arzt zwischen 500 und 1000 Gulden jährlich. Im Norden oder auch in den habsburgischen Erblanden regierte der Taler: Ein Taler war 24 Groschen und 288 Pfennig. Etwa zwei Gulden waren so viel wie ein Taler. Vier Gulden und dreißig Kreuzer ergaben einen Golddukaten. Zwei Dukaten machten einen Louidor. Die Umrechnungsproblematik der vielen Währungen Deutschlands war einer der Beweggründe für die deutsche Einigung im 19. Jahrhundert. Das Problem bei den Auftritten von Leopold Mozarts Kindern war aber, dass zu seinem Verdruss die Fürsten oft ihre Begeisterung und ihre Entlohnung nicht in Geld, sondern in Lob, Uhren, Tabaksdosen, Zierdegen zum Ausdruck brachten. Allerdings brachte ihr Verkauf oder ihr Erlös im Pfandhaus der Musikerfamilie hin- und wieder etwas Geld. Zur Währung in der damaligen Zeit vgl. Karla Höcker, Das Leben des Wolfgang Amadé Mozart, München 1985, 152.

[155] Eine Abbildung von Nannerl im Galakleid (1763) befindet sich in: Karla Höcker, Das Leben des Wolfgang Amadé Mozart, Berlin 1973, 19; eines von Wolferl, ebenfalls gemalt von Pietro Antonio Lorenzoni (1721-1782); in: Alberto Conforti, Mozart, Rastatt 1991, 10. Wir belieben uns bekanntlich kurz vor der Erfindung der Fotografie; deshalb wurde dem gemalten Bild zum Festhalten des Augenblicks eine hohe Bedeutung beigemessen.

[156] Mozart-Biograph Piero Melograni sprich von einer späteren „Aversion" und einer regelrechten „Feindseligkeit" (Piero Melograni, Mozart, a. a. O., 55) Maria Theresias gegenüber Mozart, die Mozarts musikalische Karriere bei Hofe verhinderte.

[157] Andernorts ist die Rede von Scharlach, vgl. Michael Lemster, Die Mozarts, a. a. O., 144.

Jahresgehalts! Dadurch ermuntert, schlossen sich weitere Reisen der Mozarts an.

Am 9. Juni 1763[158] war es dann so weit: Die Mozarts starteten ihre dreieinhalbjährige Westeuropatour durch 75 Städte und acht Länder, „wie eine Seiltänzerfamilie, ehrbarer zwar und solide, dennoch: fahrendes Volk, angewiesen auf Glück und Gunst, auf Witterung und Gesundheit, abhängig vom Wohlwollen der Großen…"[159] Leopold Mozart war jedoch immer darauf bedacht, durch Kleidung und Auftreten sich vom fahrenden Volk abzuheben, und es ist ihm auch gelungen, etwa, indem die Mozarts in ihrer eigenen Salonkutsche reisten. Mit dabei waren auch ein Reiseklavier sowie der Kammerdiener und Friseur der Mozarts, Sebastian Winter[160], der sich um das leibliche Wohl der Familie kümmerte.[161] Ausgiebig hatten sich alle darauf vorbereitet: Die Mozart-Kinder hatten, unterrichtet vom Vater, in Vorbereitung auf ihre erste große Tour intensiv

---

[158] Guido P. Saner irrt, wenn er die Abreise der Mozarts zur Westeuropa-Tournee auf den 9. Juli 1763 datiert, vgl. Guido P. Saner, Mozart – Wien. Ein Mann aus dem Moos, Wien 2007.
[159] Wolfgang Hildesheimer, Mozart, a. a. O., 37. Wolfgang Hildesheimer (1916-1991), deutscher Schriftsteller und Maler, zeichnet in seiner Biografie Mozart als einen normalen, aberwitzigen Menschen, der im Unterschied zur Interpretation der Romantiker nicht von einem anderen Stern stammte, sondern neben aller musikalischen Genialität auch eine derbe Sprache hatte – kurzum als jemanden, der menschlich war. Der 1977 erstmals erschienene, bis dahin mehrfach erweiterte Essay räumte mit dem bis dato herrschenden, Mozart mythologisierenden Mozartbild gründlich auf: Seine These war, dass sich Mozarts Musik nicht aus der Biografie begründen lässt und eine Spannung zwischen seiner Biographie und seiner großartigen Kunst bestand. Mozart wurde dadurch zugänglicher als vorher, allerdings auch rätselhafter. Das Buch wurde zur Zeit seines Erscheinens hochgerühmt, wird aber heute eher kritisch betrachtet.
[160] Sebastian Winter war wie ein großer Bruder gegenüber den Mozart-Kindern. Einige Briefe von Leopold und W. A. Mozart an den `Freund´ Sebastian Winter liegen in der Badischen Landesbibliothek und wurden online zugänglich gemacht unter: https://digital.blb-karlsruhe.de/Autographen/topic/view/39735 (aufgerufen am 19.3.2020) sowie unter https://digital.blb-karlsruhe.de/id/44747 (aufgerufen am 2.4.2020). Sebastian Winter verließ die Familie in London und trat in die Dienste des Hauses Fürstenberg in Donaueschingen ein, hielt aber den Kontakt zu den Mozarts; der Elsässer Jean Pierre Potivin nahm seinen Platz ein. Vgl. weiterführend Heinz Schuler, Heinz, Mozarts Salzburger Freunde und Bekannte, Wilhelmshaven 1994, ²2004.
[161] Vgl. dazu das Kinderbuch von Brigitte Hamann, Nichts als Musik im Kopf. Das Leben von Wolfgang Amadeus Mozart, Wien 1990. Brigitte Hamann (1940-2016) war eine promovierte deutsch-österreichische Historikerin und Autorin. Sie erzählt in diesem Buch realistisch die sozialen Nöte und die Postkutschenstrapazen der Reisenden.

Französisch, Latein und Italienisch gelernt und Leopold Mozart, ein guter Organisator und Logistiker, hatte diese heute einer Weltreise gleichkommenden Reise bis ins kleinste Detail vorausschauend geplant.[162] Das musste man auch, denn Reisen war damals beschwerlich, zeitraubend und wegen der Unwägbarkeiten auch nicht ganz ungefährlich: Die unbequemen, kaum gefederten Postkutschen mit ihren harten Sitzen fuhren auf nicht asphaltierten, erbärmlichen, mit Schlaglöchern übersäten Straßen und die langsame Fortbewegungsgeschwindigkeit bewirkte, dass die langen Reisen in der Regel über Tage gingen[163], Achsen- und Radbrüche inklusive! Verzögernd wirkten sich auch die Zollschranken aus, die das in eine Vielzahl von Staatsgebilden zerfallende Europa abgrenzten. Hinzu kamen Gefahren durch Wegelagerer; sie lauerten meistens im Gebüsch an Steigungen, und wenn die Wagen dann langsamer wurden, griffen die Räuber den Pferden ins Zaumzeug und zwangen die Reisenden zum Aussteigen; anschließend raubten sie sie aus, manchmal brachten sie sie auch um, und verschwanden danach genauso schnell, wie sie gekommen waren. In Reiseratgebern der damaligen Zeit wurde empfohlen,

---

[162] Mozart hatte sich u. a. mit Georg Keyslers Buch `Neueste Reise durch Deutschland, Böhmen, Ungarn, die Schweiz, Italien und Lothringen´, Hannover 1740 auf die Reise vorbereitet. Die Gebiete, die die Mozarts bereisten, sind die heutigen Länder Belgien, Deutschland, England, Frankreich, Italien, die Niederlande, Österreich und die Schweiz. Die Reisen hatten Auswirkungen auf sein Komponieren.
[163] Beispielsweise dauerte die Reise von Salzburg nach Wien in jener Zeit je nach Jahreszeit und Wetter mit der Postkutsche sechs Tage! Zu den beschwerlichen Bedingungen hinzu kam, dass die Mozarts oft im Winter unterwegs waren, was die physischen Strapazen noch erhöhte und auch die Unfallgefahr steigerte. Zahlreiche Briefe sind von ihnen erhalten, in denen darauf Bezug genommen wird, vgl. Ludwig Schiedermair, Die Briefe W. A. Mozarts und seiner Familie, 5 Bde., Bd. 4, München-Leipzig 1914, 200, und W. A. Mozart in einem Brief an seinen Vater v. 8.11.1780, vgl. Ludwig Schiedermair, Die Briefe W. A. Mozarts und seiner Familie, 5 Bde., Bd. 2, München-Leipzig 1914, 3.

vor längeren Reisen sein Testament zu machen.[164] Die Mozarts blieben auf all ihren Reisen von Überfällen verschont. Außerdem war Reisen zur damaligen Zeit extrem teuer![165] Stationen dieser Tournee, die am 9. Juni 1763 in Salzburg begann und am 29. November 1766 dort endete, waren u. a. Wasserburg am Inn[166], Nymphenburg (München)[167], Augsburg, Ulm, Ludwigsburg[168], Vaihingen/Enz („einem ganz lutherischen miserablen ort"[169]), Schwetzingen[170], Heidelberg[171], Mannheim[172], Worms, Mainz[173], Frankfurt

---

[164] Vgl. dazu Piero Melograni, Mozart, a. a. O., 25.

[165] So kostete beispielsweise für Reisende die einfache Strecke Salzburg – Wien 15 Gulden (= ca. 300 €). Konnten die Mozarts auch zeitweise eine Privatkutsche ihr eigen nennen, so waren sie in der Regel wie andere auch auf Postkutschen als Fortbewegungsmittel angewiesen.

[166] Den ersten Halt musste die Familie in Wasserburg am Inn einlegen, da die Kutsche einen Radbruch erlitt. In der dortigen katholischen Kirche zeigte Leopold Mozart seinem Sohn das Orgelspiel. Innerhalb von zweieinhalb Tagen war der Schaden an der Kutsche repariert und es ging weiter, vgl. Bernhard Paumgartner, Mozart, a. a. O., 113ff.

[167] Schloss Nymphenburg bei München war die Sommerresidenz der Wittelsbacher. Kurfürst Max III. Joseph von Bayern hatte die Familie in seine Residenz eingeladen. Er hatte den jungen Mozart schon ein Jahr zuvor gehört und zeigte sich von dessen Talent begeistert. Ein Verwandter des Kurfürsten, der Mozart und seine Schwester ebenfalls gehört hatte, empfahl sie nach Schwetzingen weiter.

[168] Nach fünfzehn Tagen Aufenthalt in Augsburg, der u. a. mit Verwandtenbesuchen, bei denen der stolze Vater seiner Familie und Jugendfreunden seine begabten Kinder präsentierte, und dem Kauf eines Reiseklaviers (mit abschraubbaren Beinen) bei Johann Andreas Stein (1728-1792) für die Kinder gefüllt war, ging es weiter nach Ulm (Besichtigung des Münsters mit einer Orgelvorführung) und Ludwigsburg, dem Sommerpalast des Stuttgarter Hofes. Zwei Tage hielten sich die Mozarts hier auf, wurden aber von Herzog Karl Eugen von Württemberg (1728-1793) nicht zum Vorspiel gebeten und reisten enttäuscht wieder ab.

[169] Leopold Mozart, zit. nach Joseph Heinz Eibl (Hg.), Wolfgang Amadeus Mozart. Chronik, a. a. O., 19.

[170] Schwetzingen war die Sommerresidenz von Kurfürst Karl Theodor von der Pfalz. Hier begegnete W. A. Mozart erstmals u. a. Christian Cannabich (1731-1798), Johann Baptist Wendling (1723-1797), Franz Anton Wendling (1729-1786) und Ignaz Fränzl (1736-1811). Die Konzerte waren ein voller Erfolg.

[171] In Heidelberg unternahm die Familie einen Ausflug zum Schloss und `zum großen Fass´; W. A. Mozart spielt öffentlich in der Heilig-Geist-Kirche auf der Orgel, vgl. Georg Nikolaus Nissen, Biographie Mozarts, a. a. O., 113 (Brief Leopold Mozarts v. 3.8.1763). Mit acht Jahren galt er als einer der besten Organisten, die Leopold Mozart kannte.

[172] Der deutsche Dokumentarfilmer Harold Woetzel (geb. 1953) widmete im Jahr 2005 Mozarts viermaligem, insgesamt 176-tägigem Aufenthalt in der kurpfälzischen Residenzstadt, der rechtwinkligen „Stadt im Quadrat" (Südkurier, 6.3.2006) einen eigenen Dokumentarfilm, dessen Titel `Mozart in Mannheim´ lautete. Mannheim, von Rhein und Neckar umflossen, war eine typische Plananlage der Zeit des Absolutismus. Sie war im Schachbrett-Muster konstruiert und ihre Straßen waren auf den dominierenden Komplex des Mannheimer Schlosses bezogen.

[173] Der Hof und der Bischoff von Mainz genossen bei den Kulturschaffenden ein hohes Ansehen. Da der Erzbischof erkrankt war, gaben die Kinder im `Römischen Kaiser´ ein Konzert und fuhren dann per Postschiff weiter nach Frankfurt.

am Main, wo der vierzehnjährige Goethe mit seiner Familie eines der Konzerte der Mozart-Kinder hörte[174], Wiesbaden, Koblenz, Biberich, Kostheim, Bonn, Köln, Aachen[175], und Brüssel[176]. Leopold Mozart nutzte die frühen Printmedien: Er lancierte Zeitungsberichte, in denen auf seine beiden Wunderkinder aufmerksam gemacht und für ihre Konzerte geworben wurde. Zu Werbezwecken ließ er ein Bild von ihnen anfertigen und durch Kupferstichtechnik verbreiten, seine musizierenden ˋWunderkinderˊ wie auf einem sensationellen Zirkusplakat ankündigend.[177] Leopold Mozart, ein Impresario, der fünf Sprachen sprach, war das, was man heute einen ˋMacherˊ nennt. Für die damaligen Verhältnisse war er gut vernetzt und managte seine Kinder erfolgreich. Am 18. November 1763 erreichten die

---

[174] In Frankfurt am Main gaben die Kinder fünf Konzerte (Geige, Klavier und Orgel), davon eins am 30. August 1763 im ˋScharfischen Saalˊ auf dem Liebfrauenberg, das auch Johann Wolfgang von Goethe (1749-1832) besuchte, vgl. Wolfgang Amadeus Mozart. Nichts als Musik im Kopf. Eine Kurzfassung des Buches von Brigitte Hamann. Mit zeitgenössischen Abbildungen (Readers Digest), Stuttgart-Zürich-Wien 2010, 29. Im Alter erinnerte sich Goethe an dieses Konzert, das mit frenetischem Beifall für das kleine Musikgenie mit dem Degen und dessen Schwester geendet hatte, gerne zurück und äußerte sich 1829 wertschätzend gegenüber Eckermann, dass eigentlich ˋMozart hätte den Faust komponieren müssenˊ. Die beiden sind sich nie wieder begegnet, Goethe wird in Mozarts Briefen auch nicht namentlich erwähnt. Eckermann hielt später Goethes Gedanken zu Mozart im Kontext seines Geniebegriffs fest: „...was ist Genie anders als jene produktive Kraft, wodurch Taten entstehen, die vor Gott und der Natur sich zeigen können und die eben deswegen Folge haben und von Dauer sind. Alle Werke Mozarts sind dieser Art; es liegt in ihnen eine zeugende Kraft, die von Geschlecht zu Geschlecht fortwirket und so bald nicht erschöpft und verzehrt sein dürfte" (Goethes Gespräch mit Eckermann am 11. März 1828, online zugänglich unter: https://www.eckermann.weblit.de/gespraech24.htm, aufgerufen am 22.3.2020); vgl. dazu auch Peter Gay, Mozart, a. a. O., 11, Anm. 1. Das letzte Konzert am Liebfrauenberg, bei dem W. A. Mozart Geige, Klavier und Orgel spielte und von seinem Vater blind auf dem Klavier angeschlagene Töne und die Töne von klingenden Gläsern sofort richtig erkannte, endete in Begeisterungsstürmen.
[175] In Aachen gaben die Kinder ein Konzert für Prinzessin Amalie von Preußen (1723-1787), Schwester von König Friedrich II. (1712-1786), die sich dort zur Kur aufhielt. Als die Reisenden Deutschland verließen, waren die Reisekosten mit den Konzerteinnahmen weitestgehend gedeckt.
[176] Brüssel war damals die Hauptstadt der österreichischen Niederlande. Die Auftritte verzögerten sich und Leopold Mozart nutzte deshalb die Möglichkeit, seinen Kindern u. a. die Kunst von Peter Paul Rubens (1577-1640) nahezubringen.
[177] Vgl. Michael Lemster, Die Mozarts, a. a. O., 229ff.

61

Mozarts die französische Hauptstadt: Paris[178] war das un-
bestrittene Macht- und Kulturzentrum des europäischen
Kontinents, der „Erfindungsort des Absolutismus, des An-
spruchs auf Herrschaft ohne politische Berücksichtigung
des Gebietsfürsten, militärisch als Hauptquartier des
mächtigsten Heeres in Kontinentaleuropa und Domizil genialer Festungsbaumeister, architektonisch als Ort imperi-
aler, steingewordener Prachtentfaltung, künstlerisch als
Heimat einer reichen Bühnenkultur, intellektuell als Stadt
der Vordenker des aufklärerischen Jahrhunderts"[179]. Man
kann sich gut vorstellen, wie es unterwegs zuging: „Was
haben sie nicht alles gesehen, gehört, geschmeckt, gero-
chen in diesen Jahren von 1763 bis 1766, wie sind sie
nicht durchgerüttelt worden im Wagen auf elenden Straßen... Mit Menschen jeder Nationalität und jeden Standes
und Schlages waren sie konfrontiert: Auf alle Arten von
Nachtlagern mussten sie ihre müden Knochen betten, vom
muffigen Strohsack bis zum Himmelbett."[180] Zudem war
das Ganze auch ein soziales Experiment: Kaum ein Vater
jener Zeit und seines Standes dürfte seine Kinder so gut
kennengelernt haben wie Leopold Mozart auf dieser

---

[178] Die Mozarts wohnten im Hôtel de Beauvais in der Rue François-Miron (an dem herrschaftlichen Haus im Adelsviertel Marais ist heute eine Tafel angebracht). Zu den Zuhörerinnen der Mozarts in der französischen Hauptstadt gehörte auch die berüchtigte Marquise de Pompadour (1721-1764), eine der mächtigen Mätres-sen von König Ludwig XV., die wenige Monate nach Mozarts Auftritt starb. In Paris entstanden die Sonaten des achtjährigen W. A. Mozarts, die sein Vater drucken ließ (`Opus 1') und die der Prinzessin Victoire de France (1733-1799), der fünften Tochter von König Ludwig XV., gewidmet waren (vgl. die Titelblatt des Erstdrucks in: C. M. Knispel, Mozart, a. a. O., 21). In Paris hatten die Mozarts auch Kontakt zu dem Kom-ponisten, Cembalisten und Pianisten Johann Schobert (um 1740-1767), der zusammen mit seiner französi-schen Frau, einem seiner Kinder, seiner Dienstmagd und vier Bekannten an den Folgen einer Pilzvergiftung starb.
[179] Michael Lemster, Die Mozarts, a. a. O., 158f.
[180] Michael Lemster, Die Mozarts, a. a. O., 170.

Grand Tour. In seinen Briefen und Tagebüchern hielt er das Erlebte minutiös fest.

In Paris waren die Mozarts zunächst zu Gast im Hôtel de Beauvais beim bayerischen Gesandten und verkehrten mit Musikern, Schriftstellern, Philosophen und Militärs. Sie wurden weiterempfohlen, u. a. an Baron Friedrich Melchior von Grimm[181], einem einflussreichen Mitglied des Hofes, der u. a. ein Freund von Jean-Jacques Rousseau[182] und Denis Diderot[183] war. Am 24. Dezember 1763 spielten die Kinder in Versailles, wo sie am Hof von Ludwig XV.[184], König von Frankreich, empfangen wurden und die Christmette feierten.[185] Sie wohnten in unmittelbarer Nähe des Schlosses in der Rue du Peintre Lebrun. Am Neujahrstag

---

[181] Der Regensburger Schriftsteller, Theater- und Musikkritiker und Mitherausgeber der französischen Literaturgeschichte `Correspondance littéraire´, Baron Friedrich Melchior von Grimm (1723-1807), als einer der einflussreichsten Journalisten ab 1749 in Paris lebend, hatte enge Kontakte zu den führenden französischen Aufklärern. Grimm hatte schon im Dezember 1763 einen Brief veröffentlicht, in dem er die kaum fassbaren Fähigkeiten der elfjährigen Nannerl und des sechsjährigen Wolferl im Klavierspiel beschrieb und den Kindern bei ihrem Pariser Aufenthalt Konzerte vermittelte, die Geld in deren Kassen spülten. Die Freundschaft mit Grimm war jedoch 1778 vorbei, nachdem sich Mozarts Hoffnung auf Unterstützung durch ihn bei der Stellensuche während seines zweiten Parisaufenthalts nicht erfüllt hatte. Grimm „zog sich 1795 mit dem Titel eines Ministers des russischen Hofes an den Gothaer Hof zurück" (Georg Nikolaus Nissen, Biographie W. A. Mozarts, a. a. O., 119, Anm. 3).

[182] Der Genfer Schriftsteller, Philosoph, Pädagoge, Naturforscher und Komponist der Aufklärung Jean-Jacques Rousseau (1712-1778), ein Wegbereiter der Französischen Revolution, ist bis heute durch den ihm zugeschriebenen Slogan `Zurück zur Natur!´, der für die Gegenbewegung zur Industrialisierung steht, im öffentlichen Bewusstsein präsent.

[183] Abbé Denis Diderot (1713-1784) war ein französischer Schriftsteller und Philosoph der Aufklärung, Übersetzer, Literatur-und Kunsttheoretiker sowie Kunstagent für die russische Zarin Katharina II. (1729-1796). Seine `Encyclopédie´, zwischen 1751 und 1780 in 35 Bänden erschienen, hatte den Anspruch, das gesamte Wissen der Zeit zugänglich zu machen und war eines der wichtigsten Werke des Jahrhunderts.

[184] Ludwig XV. (1710-1774), Urenkel Ludwig XIV. (1638-1715), war von 1715 (!) bis 1774 König von Frankreich und Navarra. In seine Regierungszeit fiel die Beilegung des jahrhundertealten Streits zwischen Frankreich und Österreich durch die Heirat seines Enkels mit Marie Antoinette. Er hatte 15 Mätressen und 15 unehelich gezeugte Kinder. Er starb an den Folgen einer Pockenerkrankung und wurde in der Kathedrale von Saint-Denis beigesetzt. Nach der Französischen Revolution wurde sein Grab 1793 geplündert und seine Überreste in einem Massengrab beerdigt. Da seine Söhne schon vor ihm gestorben waren, trat sein Enkel, Ludwig XVI., die Nachfolge als König an.

[185] Ein bekannter Stich von Jean-Baptiste Joseph Delafosse (1721-1806) nach einem Aquarell von Louis Carrogis de Carmontelle (1717-1806) von 1763, zu Reklamezwecken vervielfältigt, zeigt die drei Mozarts musizierend in Paris im Jahre 1764: Wolferl am Klavier sitzend, Nannerl singend im Stehen und Leopold Mozart mit gekreuzten Beinen, lässig spielend. Er ist u. a. abgebildet bei: Heinrich Eduard Jacob, Mozart oder Geist, a. a. O., 113, und bei Konrad Küster, Mozart. Eine musikalische Biographie, Stuttgart 1990, 24 (Lit.: 431f.).

1764 lud der König zum Bankett: Den Mozarts wurde Schloss Versailles gezeigt und sie durften an der königlichen Tafel Platz nehmen.[186] Der König, zu der Zeit größter Monarch Europas, war von den Kindern begeistert: Ab jetzt standen den Mozarts die Tore der Pariser Gesellschaft weit offen! Bis zum 8. Januar 1764, also insgesamt vierzehn Tage, hielten sie sich in königlicher Gesellschaft auf. Dabei fielen Leopold Mozart die sozialen Missstände in Paris ins Auge.[187] Er hielt fest: „Sie werden nicht bald einen Ort finden, der mit so vielen elenden und verstümmelten Personen angefüllt ist. Sie sind kaum eine Minute in der Kirche und gehen kaum durch ein paar Strassen, so kommt ein Blinder, ein Lahmer, ein Hinkender, ein halb verfaulter Bettler, oder es liegt einer auf der Strasse dem die Schweine als ein Kind die Hand weg gefressen; ein anderer, der als ein Kind (da der Nährvater und die Seinigen im Felde bey der Arbeit waren) in das Kaminfeuer gefallen und sich einen halben Arm weggebrannt u. s. w., und eine Menge solcher Leute, die ich aus Ekel im Vorbeygehen nicht anschaue."[188] Am 10. März 1764 fand, arrangiert von Friedrich Melchior von Grimm, das erste öffentliche Konzert der Kinder in Paris statt und am 9. April ein zweites. Leopold Mozart ließ zwei Sammlungen von

---

[186] In Paris kam es zur Begegnung mit Louise-Marie Thérèse Bathilde d'Orléans (1750-1822), Tochter des Duc d' Orléans, der 1789 Mitglied des Nationalkonvents wurde. Sie widmete dem jungen Mozart eine ihrer Kompositionen, ein Rondeau.
[187] Vgl. dazu ausführlicher Piero Meligrano, Mozart, a. a. O., 34ff.
[188] Brief Leopold Mozarts aus Paris v. 1.2.1764 an Madame Hagenauer, zit. nach: Georg Nikolaus Nissen, Biographie W. A. Mozarts, a. a. O., 126. Nur 25 Jahre später, am 6. Oktober 1789, stürmten hungrige Frauen, die Pariser `Poissardes´, Schloss Versailles.

Violinsonaten drucken[189], die in Brüssel und Paris entstanden und Prinzessin Victoire, einer Tochter Ludwigs XV., und Adrienne-Catherine Madame de Tessé[190], einer Mezänin, gewidmet waren. Er schrieb: „…stellen sie sich den Lermen für, den diese Sonaten in der Welt machen werden, wann am Titelblatt stehet daß es ein Werk eines Kindes von 7 Jahren ist."[191] Dann reisten die Mozarts mit zwei Bediensteten und sieben Pferden aus der französischen Hauptstadt ab, wobei sie den Großteil ihres Gepäcks bei Freunden zurückließen.

Die Einnahmen der Konzerte in Paris ermöglichten der Familie Mozart über Calais, wo schließlich auch die Kutsche zurückgelassen wurde, eine unproblematische Weiterfahrt nach London, mit ihren 800000 Seelen die damals größte Stadt Europas.[192] Kaum, dass Anna Maria, Leopold, Maria Anna und Wolfgang Amadé am Abend des 23. April 1764 dort eingetroffen waren, wurden sie auch schon vier Tage später zu einem Vorspiel vor King George III.[193] und

---

[189] KV 6+7 und KV 8+9. Zu den Kompositionen des damals Siebenjährigen (!): https://www.youtube.com/watch?v=f29XKjl7NXA, https://www.youtube.com/watch?v=o0OU6ixUF2E, https://www.youtube.com/watch?v=bNGSFhFNfY4 und https://www.youtube.com/watch?v=gYP1La7x86A (alle Links aufgerufen am 11.5.2020).

[190] Adrienne-Cathérine Comtesse de Tessé (1741-1813), eine Tochter des Louis de Noailles Duc d´Ayen, war seit 1755 mit René II de Froulay, Comte de Tessé (1736-1814) verheiratet. Sie war eine französische Salonniére und Briefeschreiberin. Sie korrespondierte u. a. mit Thomas Jefferson (1743-1826). Jefferson war einer der Gründerväter der noch jungen USA, Hauptautor der amerikanischen Unabhängigkeitserklärung von 1776, ehemals deren Botschafter in Paris, erster US-Außenminister und in Virginia rassistischer Halter von ca. 600 von Sklaven. Die Comtesse hatte Kontakt zu Jefferson, weil sie an Samen amerikanischer Pflanzen für ihren Schlossgarten interessiert war. Leopold Mozart erwähnte beide in seinem Brief v. 22.2.1764, in: Georg Nikolaus Nissen, Biographie W. A. Mozarts, a. a. O., 128f.

[191] MBA I, 126.

[192] Bereits 1801 überschritt die Einwohnerzahl Londons die Marke von einer Million. Von 1825 bis 1925 war die britische Hauptstadt die bevölkerungsreichste Stadt der Welt. Heute (2020) hat London etwas über neun Millionen Einwohner*innen.

[193] King George III. (1738-1820), König von Großbritannien und Irland (1760-1801) und König des Vereinigten Königreichs Großbritannien und Irland (1801 bis zu seinem Tod), war Kurfürst von Braunschweig-Lüneburg und König von Hannover (1814). Er war der erste britische Monarch aus dem Haus Hannover (Welfen),

Queen Charlotte[194], beide große Musikliebhaber, in den Queen's Palace eingeladen. Verständigungsprobleme gab es keine, da der 26jährige König George zugleich Kurfürst von Hannover war und deutsch sprechen, lesen und schreiben konnte, und seine 20jährige Frau aus Mecklenburg stammte. Das Königspaar war angetan von dem Achtjährigen und seiner Schwester und so erfolgten weitere Vorspiele im Buckingham Palace.[195] Die Szenerie hatte etwas Irreales: Zwei Kinder aus Salzburg erhielten freundlichen Zutritt zum Hofe eines der in ihrer Zeit mächtigsten Herrscher der Welt und verzauberten seine Frau und ihn mit ihrer Musik. Auch zwei Musiker, der deutsche Sologambist Carl Friedrich Abel[196], Kammermusiker der

---

der in Großbritannien geboren wurde und dessen Muttersprache Englisch war. In seiner Regentschaft gewann England französische Kolonien in Kanada und Indien, verlor aber weite Teile seiner nordamerikanischen Kolonien infolge des Amerikanischen Unabhängigkeitskrieges (1775-1783). Ab 1811 war er erblindet und geistig völlig verwirrt. Zu den historischen Verbindungen des Hauses Hannover zum britischen Königshof vgl. weiterführend Robert von Lucius, Welfenland mit Schmetterlingen. Streifzüge durch Niedersachsen, Halle 2014, 84-101.

[194] Queen Charlotte, Herzogin zu Mecklenburg (1744-1818), wurde mit 17 Jahren durch Heirat mit dem sechs Jahre älteren George III. Königin von Großbritannien und Irland (seit 1801 vom Vereinigten Königreich Großbritannien und Irland) und Kurfürstin von Braunschweig-Lüneburg und Königin von Hannover. Sie bekam 15 Kinder, darunter den Thronfolger. W. A. Mozart widmete ihr seine in London 1764 gedruckten sechs Sonaten für Klavier und Violine oder Flöte.

[195] Leopold Mozart erhielt für das Konzert der Kinder am 27.4.1764 die Summe von 24 Guineen. Die Guinee, von 1663 bis 1816 in Umlauf und nach der goldreichen Region Guinea benannt, war die erste britische Goldmünze, die maschinell hergestellt wurde. Ihr Nennwert entsprach in etwa einem Pfund Sterling. Noch heute wird das Piratengold im Auktionshandel verwendet.

[196] Schon der Vater des deutschen Komponisten und Gambensolisten Carl Friedrich Abel (1723-1787) hatte Gambe in J. S. Bachs Hofkapelle gespielt. Über den Siebenjährigen Krieg (1756-1763) gelangte sein Sohn an den Londoner Königshof und wurde dort zum Kammermusiker der Königin ernannt. Mozart studierte Abels kompositorischen Satz bei seinem Aufenthalt und hielt Abels Sinfonie Nr. 1 Es-Dur (KV 16) in seinem Notizbuch fest – die dann irrtümlich als Mozarts Sinfonie ins Köchelverzeichnis aufgenommen wurde. Leopold Mozart hatte seinen Sohn zu Übungszwecken Sinfonien von bekannten Zeitgenossen studieren lassen. Nach Abels Vorlage entstand 1765 Mozarts eigenes Werk, die Sinfonie in D-Dur (KV 19). Hier die Partitur: http://dme.mozarteum.at/DME/nma/nma_cont.php?vsep=95&gen=edition&l=1&p1=21 (aufgerufen am 27.3.2020).

Königin, und der deutsche Instrumentalmusik- und Opern-komponist Johann Christian Bach[197], jüngster Sohn Jo-hann Sebastian Bachs und Musikmeister der Königin, hör-ten damals das Duo – der Beginn der Freundschaft zwi-schen dem 29jährigen königlichen Musikmeister und dem neunjährigen Mozart.[198] Mozart faszinierte an Johann Christian Bach nicht nur dessen Zugewandtheit ihm ge-genüber, sondern auch dessen Musikalität und sein legen-däres `singendes Allegro´, womit man die Kunst bezeich-nete, schnelle und doch fließende Instrumentalsätze zu komponieren. Am 27. April 1764 gaben Nannerl und er also das erste Konzert im Vereinigten Königreich, in dem die Bürger*innen, mehrheitlich der Aufklärung verpflichtet, die Monarchie und eine liberale demokratische Verfas-sung verbinden konnten, und nur ein paar Wochen später,

---

[197] Johann Christian Bach (1735-1782) war der jüngste Sohn Johann Sebastian Bachs (1685-1750). W. A. Mozart und er begegneten sich erstmals am 19. Mai 1764 in London. J. Chr. Bach übte in dieser Zeit nicht nur den größten musikalischen Einfluss auf den jungen Mozart aus, sondern begeisterte ihn auch für die Ideale der Freimaurer. Als Kind war er zunächst, der Tradition von Kantorenfamilien folgend, von seinem Vater in Musik unterrichtet worden und hatte nach dessen Tod Klavierunterricht von seinem zwanzig Jahre älteren Halbbruder Carl Philipp Emanuel Bach (1714-1788) erhalten, der in Berlin lebte. Er wurde dann Hofkapellmeister und zweiter Organist am Mailänder Dom, nachdem er zuvor vom Protestantismus zum Katholizismus konvertiert war – eine Entscheidung, die zum Bruch mit seinem Bruder führte. Seit 1762 lebte und arbeitete er als privater Musiklehrer der britischen Königin Charlotte in London. Bis 1781 organisierte Bach, der als Genie galt, die berühmten Bach-Abel-Konzerte. Er erfuhr zu Lebzeiten die höchste Anerken-nung und Bewunderung. Bezeugt ist das gemeinsame Musizieren mit dem acht- bzw. neunjährigen W. A. Mozart während seines Londoner Aufenthalts 1764 und 1765; 1779 begegnete er Mozart in Paris wieder. Bach starb hoch verschuldet und weitgehend unbeachtet in Paddington und wurde auf dem St. Pancras Churchyard in der Grafschaft Middlesex beigesetzt, vgl. dazu Volker Gebhardt, Schnellkurs Mozart, a. a. O., 21.
[198] Zur Freundschaft kam es in London auch mit dem italienischen Kastraten und Kammersänger Giovanni Manzuoli (1720-1782). Ein Kastrat war ein stimmlich herausragender Junge, bei dem man mit der Operation vor der Pubertät den Stimmbruch verhinderte. Dadurch sollte erreicht werden, dass sie als Sänger die Kraft des Erwachsenen mit der Sopran- oder Alt-Höhe der jugendlichen Knabenstimme verbanden. Vom 17.-19. Jahrhundert erreichten einige virtuose Kastraten große Berühmtheit; neben Mozart schrieben führende Komponisten wie Claudio Monteverdi (1567-1643), Alessandro Scarlatti (1660-1725), Georg Friedrich Hän-del (1685-1759) und Gioachino Rossini (1792-1868) Werke für Kastraten. In Bologna empfing die beiden Mozarts auf ihrer ersten Italienreise einer der weltberühmten Kastraten des 18. Jahrhunderts, Carlo Broschi, genannt Farinelli (1705-1782). Sein Leben wurde 1994 von Gérard Corbieau (geb. 1941) verfilmt. 1833 sang der letzte Kastrat auf einer Opernbühne. Mozart nahm im November/Dezember Gesangsunterricht bei Giovanni Manzuoli.

am 19. Mai 1764, begleitete W. A. Mozart im Rahmen eines Wohltätigkeitskonzerts sogar die Königin zu einer Arie am Klavier! Weitere öffentliche Konzerte folgten und brachten der Familie viel Geld ein.[199] Am 25. Oktober 1764 gaben die Kinder erneut ein Hofkonzert.[200] Der Aufenthalt in England dauerte länger als geplant – was zum einen daran lag, dass Vater Leopold erkrankte[201], zum anderen daran, dass die Briten die Wunderkinder aus Salzburg hören wollten, sehr spendabel waren und sich auf diese Weise die Kasse der reisenden Musiker füllte – ein Geschäft, das sich der geschäftstüchtige Vater Mozart nicht entgehen lassen wollte. [202] So fanden Konzerte im Haymarket Theatre, in der Rotunda der Ranelagh Gardens und im Great Room in Spring Garden statt. Erst am 31. Juli 1765 verließen die Mozarts nach achtzehnmonatigem Aufenthalt, bei dem sie natürlich auch die Oper besucht und Ausflüge in Vergnügungsparks und Land-

---

[199] Die Mozarts hielten sich vom 23. April bis zum 6. August in London auf und dann noch einmal vom (vermutlich) 25. September 1764 bis zum 24. Juli 1765. Sowohl die Reisenotizen von Leopold Mozart als auch von seiner damals zwölfjährigen Tochter Nannerl – sie führte ein Reisetagebuch, in dem sie etwa 1764 in Calais festhielt, dass sie zum ersten Mal Ebbe und Flut sah, oder in London ein Zebra – sind erhalten geblieben, vgl. Marcia Davenport, Mozart, New York 1979, 38f., wo eine Doppelseite von Nannerls Reisetagebuch abgedruckt ist. Bei ihrem öffentlichen Konzert am 5. Juni 1764 nahmen die Mozarts 100 Guineen ein!

[200] Es ist belegt, dass in London die erste Vokalkomposition W. A. Mozarts entstand, `God is our Refuge´ (KV 20), geschrieben im barocken Stil der anglikanischen Kirchenmusik. Die sechs Sonaten für Klavier und Violine (KV 10-15) widmete W. A. Mozart der britischen Königin Charlotte.

[201] Leopold Mozart hatte immer einen kleinen Arztkoffer dabei, in dem sich eine Reiseapotheke befand, heute würde man sagen: `Naturheilmittel´. Seinem Sohn gab er, auch als dieser erwachsen war, regelmäßig Ratschläge für seine Gesundheit und Tipps, was er zu essen, zu trinken, zu schlucken und zu reiben habe. So empfahl er ihm Diäten: Er solle wenig essen und den übermäßigen Genuss von Rindfleisch vermeiden; stattdessen sollte er lieber Haferschleim zu sich nehmen. Vor `hitzigem Getränk´ wie Wein solle er sich hüten und stattdessen auf Kräutertees oder Extrakte aus Hölzern, Rinden und Wurzeln zurückgreifen.

[202] Er schenkte dem British Museum im Juli 1765 ein Autograph von Mozarts erster kirchlicher Komposition: `God is our Refuge´ (KV 20), zusammen mit einigen Klaviersonaten, die in Paris entstanden waren. Sie bildeten den Grundstock für eine bis heute bestehende Mozart-Sammlung vgl. weiterführend https://blogs.bl.uk/music/2014/04/mozartmanuscriptsonline.html und https://mmc.kdl.kcl.ac.uk/entities/institution/british-museum/ (beide Links aufgerufen am 24.4.2020).

schaftsgärten unternommen hatten, die in Salzburg unbekannt waren, England wieder – über Canterbury, Dover und Calais und weiter nach Lille, Gent, Antwerpen, Rotterdam und Den Haag, mit Paris als Ziel. Doch alle drei wurden krank: Zuerst erkrankten Leopold und Wolferl an Angina, dann Nannerl an Bauchtyphus – so schwer, dass sie die letzte Ölung[203] erhielt –, und dann noch einmal Wolferl. Erst Ende März 1766 waren die Drei – die Stoßgebete, die Leopold Mozarts gen Himmel gesandt hatte, waren anscheinend erhört worden – wieder völlig genesen, konnten aber nur mit erheblicher Verspätung ihre Rückreise nach Paris antreten. Das Quartett reiste über Brüssel und Valenciennes und erreichte die französische Hauptstadt am Abend des 10. Mai 1766. Nach weiteren zwei Monaten Aufenthalt dort ging es dann Mitte Juli über Dijon, Lyon, Genf, München[204] Lausanne[205], Bern, Zürich[206], Donaueschingen[207] und Ulm zurück ins Fürsterzbistum Salzburg.

---

[203] Mit `letzter Ölung´ war in der römisch-katholischen Kirche lange Zeit das Sakrament der Krankensalbung gemeint. Vgl. weiterführend Bruno Preisendörfer, Als unser Deutsch erfunden wurde. Reise in die Lutherzeit, Berlin 2017, 378ff.

[204] In München genossen die Mozarts erneut die Gastfreundschaft des bayerischen Kurfürsten Max III. Joseph.

[205] Die beiden einzigen dokumentierten Konzerte, die Mozart in der Schweiz gab, fanden im September 1766 im Rathaus von Lausanne statt.

[206] Ende September 1766 kamen sie in Zürich an und stiegen im Gasthof `Zum Schwert´ ab. Anfang Oktober 1766 besuchten sie den Schweizer Idyllendichter, Maler und Grafiker Salomon Gessner (1730-1788), der im Haus `Zum Schwanen´ im Niederdorf wohnte. Er fertigte die Sepia-Federzeichung `Wolfgang spielt Violine vor Zuhörern´ an und schenkte ihnen ein Widmungsexemplar seiner `Schriften´. Gessner ist der Gründer der `Zürcher Zeitung´, aus der 1821 die `Neue Zürcher Zeitung´ hervorging.

[207] In Donaueschingen hielten sich die Mozarts auf der Heimfahrt nach Salzburg nach zweieinhalbjähriger Tournee auf Einladung von Joseph Wenzel zu Fürstenberg zwölf Tage lang auf. Die Kinder gaben fast täglich Konzerte und W. A. Mozart schrieb für den Fürsten, der Cello spielen konnte, ein – verloren gegangenes – Solo für Violoncello, vermutlich auch eines für Bratsche. Beim Abschied erhielten alle ein fürstliches Geschenk: Leopold Mozart bekam 24 Golddukaten und die beiden Kinder je einen Diamantring. Zu Lebzeiten Mozarts dürfte es wohl kaum einen fürstlichen Hof gegeben haben, an dem seine Werke mehr aufgeführt worden sind als in der Donaueschinger Residenz. 1785, 1787 und 1791 wurden hier sogar Mozarts Opern `Die Entführung aus dem Serail´, `Die Hochzeit des Figaro´ und `Così fan tutte´ aufgeführt. Dabei war – musikgeschichtlich bedeutsam! – der `Figaro´ wahrscheinlich die erste deutsche Singspielaufführung außerhalb von Wien und Prag, vgl. dazu Ivan Nagel, Autonomie und Gnade. Über Mozarts Opern, München 2005. Nagel verbindet die Opern mit der Umbruchsituation in der Zeit ihrer Entstehung und der Gegenwart.

Während der gesamten Reise komponierte Mozart zahlreiche Stücke[208] und sein Interesse für die italienische Symphonie und für die Oper[209], die zu Mozarts Zeiten noch ein junges, gerade einmal 150 Jahre altes Genre war und in der bis zu Mozarts Innovation das Italienische dominierte, wurde geweckt. Man darf nicht vergessen: Wir befinden uns *vor* der Demokratisierung der Musik und des Theaters, vor dem Disney-Zeitalter und dem Zeitalter der `Massenkultur´ (Adorno). Alles, was mit Musik verbunden und bunt und gesellig war, spielte sich in den Theatern und Opern ab. Dort erlebte das Publikum große Gefühle und bewegende Geschichten. Es gab kein Radio, kein Fernsehen, kein Kino, keine CDs, keine DVDs und erst recht kein Streaming via Internet. Der Alltag war mehr oder weniger trist und öde, vor allem für den `Dritten Stand´ beschwerlich, und nur in den Theatern und Opern wurden sowohl Adlige als auch die Angehörigen der anderen Stände in

---

[208] Auf den Reisen komponierte W. A. Mozart von 1762 bis 1764 erste Sonaten für Klavier und Violine (KV 6-9), die als erste Kompositionen von ihm 1764 in den Druck gelangten. KV 6 und 7 sind Prinzessin Louise-Marie-Thérèse de Bourbon, der zweiten Tochter Louis XV., und KV 8 und 9 Maria Theresa von Sachsen, Comtesse de Tessé, einer Hofdame Marie Antoinettes, gewidmet. Auf der Reise entstand vermutlich auch die erste Sinfonie Es-Dur (KV 16) des Achtjährigen 1764/65 in London, wobei heute nicht ganz klar ist, ob es sich wirklich um Mozarts erste Sinfonie handelt. Jedenfalls wurde sie am 21. Februar 1765 in London uraufgeführt. Bereits Leopold Mozart hatte 1768 ein Verzeichnis der Jugendwerke seines Sohnes geführt. Ab dem 9. Februar 1784 führte W. A. Mozart selbst handschriftlich bis zu seinem Tod ein `Verzeichnüß´ all seiner Werke. Sein letzter Eintrag stammt vom 15.11.1791 (`Freimaurer-Kantate´, KV 623).
[209] Es würde zu weit führen, an dieser Stelle alle Opern Mozarts inhaltlich zu berücksichtigen. Zu einer ersten Orientierung verweise ich auf Harenberg Opernführer, Dortmund ⁴1997, bes. 521-561. Ferner verweise ich auf Rudolph Angermüller, Wolfgang Amadeus Mozart. Sämtliche Opernlibretti, Ditzingen 1990, ²2005, und Aloys Greither, Die sieben großen Opern Mozarts, mit einer Pathographie Mozarts, Heidelberg 1956, 1970 (mit Lit. auf 269ff.).

eine andere, bunte und manchmal sehr bizarre Welt ent-
rückt.[210] Ein Teil dieser bunten und bizarren Welt zu werden, gefiel dem jungen Mozart sehr! Und obwohl die Kosten dieser Europareise mit über 20000 Gulden immens
waren[211], war der Gewinn der Tournee erheblich höher.
Außerdem hatte Leopold Mozart sein Ziel erreicht: Er hatte
der Welt seine Kinder gezeigt und seinen Kindern die
Welt![212] Er war seinem Bildungsauftrag nachgekommen
und mehr als das: Die Kinder hatten Orte und Persönlichkeiten kennengelernt, zahlreiche Anregungen erhalten
und immer wieder Musik gemacht – dies alles war für sie
mit einer großen Horizonterweiterung verbunden. Die Reisen eröffneten ihnen Einblicke in Länder, Kulturen und soziale Milieus, die den meisten Kindern im 18. Jahrhundert
und vermutlich auch in anderen Jahrhunderten in dieser
Dichte verschlossen blieben. Die Briefe, die W. A. Mozart
auf diesen Reisen schrieb – er war zeitlebens ein produk-
tiver Briefeschreiber –, gehören zu seinen Hinterlassen-
schaften, die uns heute neben seiner Musik über seine

---

[210] Während der Opernaufführungen wurde damals ausgiebig gegessen und getrunken, vgl. Peter Gay, Mozart, a. a. O., 26f. Eine realistische Darstellung befindet sich m. E. in: Mozart, „Ich hätte München Ehre
gemacht", a. a. O., ca. 21:15 Min. Mozart war das ein Graus: Er konnte fuchsteufelswild werden, wenn
jemand, während er Geige oder Klavier spielte, etwas anderes tat als zuzuhören!
[211] Vgl. Wolfgang Amadeus Mozart, Chronik eines Lebens, a. a. O., 29, und Michael Lemster, Die Mozarts,
a. a. O., 308. 20000 Gulden entsprechen heute (2020) ca. plusminus 400000 €.
[212] Vgl. dazu ähnlich Michael Levey, Leben und Sterben des Wolfgang Amadé Mozart, München 1971, 45,
der meint, dass Leopold Mozart einerseits seine Kinder „musizierend zur Schau… stellen – und daran
Geld… verdienen" und andererseits auch seinem Bildungsauftrag nachkommen wollte. Aufklärer und Bil-
dungsbürger, der er war, zeigte er in Begleitung eines Kammerdieners seinen Kindern die großen Sehenswürdigkeiten Europas – beispielsweise Westminster Abbey, den Tower oder das British Museum. Er war
nicht nur der ehrgeizige und strenge Vater, sondern auch ein kluger Geschäftsmann und im Prinzip ein
früher Werbeexperte, der seine Kinder erfolgreich vermarktete.

Persönlichkeit Auskunft geben.[213] Mozart hat seine Reisen, seine Projekte, seine Beziehungen, seine Haltung dem Leben im Allgemeinen gegenüber und die Entstehung seiner musikalischen Werke protokolliert und kommentiert. Als er zwischen dreizehn und sechzehn Jahre alt war, schrieb er meistens unter Leopold Mozarts Briefe, die an seine daheimgebliebene Ehefrau und an seine Tochter gerichtet waren, Postskripta. In ihnen ging es beispielsweise um eine Oper, die er gerade gesehen hatte. Mozart schrieb meistens auf Italienisch und auf Deutsch oder in einer Mischung zwischen den beiden Sprachen. Von dem ungefähr sechzehn Jahre alten Mozart gibt es längere Briefe, entweder an seine Schwester Nannerl oder an seine Mutter. Auch mit seiner Cousine Maria Anna Thekla Mozart[214], einzige Tochter des Bruders seines Vaters, von

---

[213] Ungefähr 1477 Dokumente gehören zu den wichtigsten Quellen, die in vier Textbänden, zwei Kommentarbänden und einem Registerband als Mozarts `Gesamtausgabe der Briefe und Aufzeichnungen´ von der `Internationalen Stiftung Mozarteum´ zwischen 1962 und 1975 herausgegeben wurden. Mozart schrieb, wie ihm der Schnabel gewachsen war: schnell und aus dem Augenblick heraus, sprunghaft, espritvoll, manchmal albern, mit Wortwitz spielend, manchmal drunter und drüber, mal auf Italienisch, mal auf Französisch, oft auf Deutsch, zum Teil in einer abenteuerlichen Orthografie. Dabei schrieb er mit Blick auf seine Adressaten ganz unterschiedlich: An seinen Vater und an seine Mutter schrieb er stets korrekt (er unterschrieb etwa mit `Ewig dero gehorsamster Sohn´). Briefe an seine Schwester schrieb er schonmal mit auf dem Kopf stehenden Zeilen (vgl. Brief an Nannerl v. 18.12.1772). Seine Briefe an seine Cousine, `dem Bäsle´, sind gespickt mit Fäkalienhumor. In Briefen an seine Frau Constanze, sein `liebstes bestes Weibchen´ spiegelt sich seine Liebe für sie: „liebe mich wie wie ich dich liebe, und sey Ewig meine Marini, wie ich ewig seyn werde dein Stu! – Knaller paller – schnip – schnap – schnur – Schnepperl. Snai!", schrieb er. Und auf der Reise nach Berlin hieß es, auf dem Hintergrund von Mozarts Einsamkeit und dem Porträt seiner Frau: „grüss dich gott Stanzer! – grüss dich gott, grüss dich gott; – Spitzbub; – knallerballer; – Spizignas – bagatellerl – schluck und druck!" (MBA IV, 81). Briefe von Constanze Mozart an ihren Mann sind verschollen oder wurden vernichtet – es ist kein einziges Dokument von ihr aus acht Jahren ihrer Ehe mit Mozart bekannt, vgl. Wolfgang Hildesheimer, Mozart, a. a. O., 254.

[214] Maria Anna Thekla Mozart (1758-1841, Rufname Marianne) war die einzige Überlebende von fünf Töchtern Franz Alois Mozarts, einem jüngeren Bruder Leopold Mozarts, der als Buchbinder in Augsburg geblieben war. 1779 lebte `das Bäsle´ zweieinhalb Monate mit Mozart in Salzburg und nachdem das Verhältnis abgekühlt war, sahen sie sich zuletzt 1781, vgl. Detmar Huchting, Mozart, a. a. O., 40f. In einem Brief v. 18. Oktober 1777 kritisierte Leopold Mozart den allzu freien Lebenswandel seiner Nichte und dass sie zu viel Umgang „mit Pfaffen" hätte, worauf W. A. Mozart erwiderte, sie werde „kein Pfaffenschnitzel" (Brief Mozarts v. 24. Oktober 1777). `Marianne´ Mozart, die zeitgenössischen Berichten zufolge als gebildet, lebenslustig und humorvoll galt, bekam sechsundzwanzigjährig eine uneheliche Tochter, Maria Josepha Streitel, geb. Berbier (1784-1842), vom Augsburger Domkapitular und Doktor beider Rechte Abbé Theodor Franz

W. A. Mozart `das Bäsle´ genannt, gibt es einen intensiven, in ungezwungen-heiterem Ton gehaltenen Briefwechsel[215]: In ihm wird der schrille, lustige Mozart sichtbar, kommt Mozarts Sinn fürs Spielerische zum Ausdruck. Die Briefe an `das Bäsle´ sind gespickt mit zahlreichen Sprachspielereien [216], Wortwitzeleien [217], Schabernack, drolligen Späßen, unflätigen Reimereien und auch mit derben Fäkalwörtern.[218] Drei Beispiele: „Sie schreiben noch ferneres, ja, Sie lassen sich heraus, Sie geben sich bloß,

de Paula Maria Freiherr von Reibeld (1752-1807), der Mutter und Kind großzügig versorgte, wobei allerdings Ludwig Berbier offiziell als Vater ausgegeben wurde (vgl. Maria Publig, Mozart, a. a. O., 162). Während `das Bäsle´ zeitlebens unverheiratet blieb, heiratete ihre Tochter Josepha Berbier den reichsstädtischen Postwagenexpeditor Franz Joseph Streitel (1771-1854). Mit ihm zusammen zog sie 1814 nach Bayreuth. Kurz nachdem Marianne fünfzig Jahre nach ihrem berühmten Cousin im Alter von 82 Jahren in Bayreuth gestorben war, starb auch ihre Tochter. Beide Gräber auf dem Bayreuther Stadtfriedhof wurden eingeebnet; Gedenktafeln erinnern dort heute an sie.

[215] Vgl. dazu Ludwig Wegele, Der Lebenslauf der Marianne Thekla Mozart, Augsburg 1965; Joseph Heinz Eibl/Walter Senn (Hg.), Mozarts Bäsle-Briefe, Kassel/München 1978; Reinhard Ermen (Hg.), „... und der nämliche narr bleibe ich". Wolfgang Amadeus schreibt an Maria Anna Thekla Mozart, München 1990; Heinz Gärtner, „Folget der Heißgeliebten". Frauen um Mozart, München 1990, 26-67; Juliane Vogel (Hg.), Die Bäsle-Briefe, Stuttgart 1993; Peter Dempf, `Mir ist so federleicht ums Herz´, FfM 2004; und Martha Schad (Hg.), Mozarts erste Liebe, Weißenhorn 2015.

[216] Vgl. Gernot Gruber, Aus Mozarts `poetischem Hirnkasten´, in: Wolfgang Amadeus Mozart, Aus dem poetischen Hirnkasten, Salzburg und Wien 1989, 48, der meint: „...bei der Lektüre kommt einem gelegentlich der Verdacht, daß die Hartnäckigkeit in Mozarts Spielen mit der Sprache alles eher als harmlos ist. Wollte der Musiker die Sprachfähigkeit der Sprache destruieren?" Mozarts Sprachspielereien ziehen sich durch seine Briefe, auch durch seine Opern. So fügte er immer das Wort `traliera´ an verschiedenen Stellen in seinen Briefen an seine Mutter und an seine Schwester ein (vgl. den Brief an Nannerl v. 19.5.1770 aus Neapel) – es wird zum Leitmotiv in seiner Korrespondenz nach Hause und steht für Unbeschwertheit. Genau dieses `traliraliera´ und seine Vertonung taucht noch 1782 in der Arie des Haremswächters Osmin `Wer ein Liebchen hat gefunden´ in der `Entführung aus dem Serail´ auf: https://www.y-outube.com/watch?v=69CD8O2CdQU (aufgerufen am 13.5.2020).

[217] Mozart spielte mit Anagrammen oder Namensverschlüsselungen: Er nannte sich beispielsweise `Trazom´ und seine Frau `Znatsnoc´, vgl. MBA III, 189. Der Historiker Rudolf Reiser schloss aus der Diskrepanz von `göttlicher Kirchenmusik´ und `Fäkal- und Pornosprache´ auf einen Geheimcode des ungleichen Paares und auf verschiedene Verschlüsselungstechniken, die Mozart verwrendete, vgl. weiterführend Rudolf Reiser, Mozart in Bayern, Grünwald 2005.

[218] Vgl. beispielsweise Mozarts Brief `An das Bäsle´ v. 5. November 1777, in: Briefe Mozarts, FfM 1956, 20-22. Maria Anna Thekla Mozart übergab nach W. A. Mozarts Tod die von ihm an sie adressierten Briefe seiner Witwe, und diese vernichtete sie nicht komplett, sondern gab sie für die Veröffentlichung frei. Allerdings sind lediglich neun Briefe von Mozart erhalten und keine von ihr. Deshalb vermutete Wolfgang Hildesheimer: „Constance dürfte denn auch eine Anzahl der Briefe Mozarts vernichtet haben..." (W. Hildesheimer, Mozart, a. a. O., 117). Lange Zeit hatten prüde Mozart-Biograph*innen Probleme mit Mozarts derber Sprache; noch 1914 wurden in der ersten kritischen Gesamtausgabe der Briefe alle anstößigen Stellen entfernt. Die `Bäsle-Briefe´ sind heute online zugänglich unter: http://dme.mozarteum.at/DME/briefe/letter.php?mid=928&cat= (aufgerufen am 19.3.2020) und in Originalorthographie in der Bibliotheca Augustana unter: https://www.hs-augsburg.de/~harsch/germanica/Chronologie/18Jh/Mozart/moz_br03.html (aufgerufen am 20.3.2020). Sie liegen dort zusammen mit ca. 22300 Büchern (2005) über Mozart.

73

Sie lassen sich verlauten, Sie machen mir zu wissen, Sie erklären sich, Sie geben deutlich an Tage, Sie verlangen, Sie begehren, Sie wünschen, Sie wollen, Sie mögen, Sie befehlen, Sie deuten mir an, Sie benachrichtigen mir, Sie machen mir kund, daß ich Ihnen auch mein Portrait schicken soll."[219] Und zu diesen Wort-Kaskaden kamen Flüche: „Potz Himmel tausend Sakristey, Croaten schwere Not, Teufel, Hexen, Truden, Kreuz-Battalion und kein End, Potz Element, Luft, Wasser, Erde und Feuer, Europa, Asia, Africa und America, Jesuiter, Augustiner, Kartheuser, und Hl. Kreuz-Herrn, Canonici regulares und irregulares, und Bärenhäuter, Spitzbuben, Hundsfötter, Cujonen und Schwänz übereinander, Esel, Büffel, Ochsen, Narren, Dalken und Füchse! Was ist das für eine Manier, 4 Soldaten und 3 Bandalier? So ein Paquet und kein Portrait?"[220] Und ein drittes Beispiel, das Mozarts Sprachspiel mit den Tempora zeigt: „Ich bin, ich war, ich wäre, ich bin gewesen, ich war gewesen, ich wäre gewesen, o wenn ich wäre, daß ich wäre, wollte Gott ich wäre; ich würde sein, ich werde sein, wenn ich sein würde, o daß ich sein würde, ich würde gewesen, ich wäre gewesen sein, o wenn ich gewesen wäre, o daß ich gewesen wäre, wollte Gott ich wäre gewesen, was? – ein Stockfisch. Adieu ma chère Cousine, wohin? Ich bin der nämliche Vetter Wolfgang Amadé Mozart"[221] Natürlich dienen solche Schreiben mit ihren Zoten

---

[219] W. A. Mozart, Brief ans Bäsle v. 5. November 1777, zit. nach Aloys Greither, Mozart, 14f.
[220] W. A. Mozart, Brief ans Bäsle v. 13. November 1777, zit. n. Aloys Greither, Mozart, a. a. O., 15.
[221] W. A. Mozart, Brief ans Bäsle v. 28. Februar 1778, zit. n. Aloys Greither, Mozart, a. a. O., 16.

und ihrem Geplänkel der Erheiterung der Adressatin. Wegen des deftigen Tons, in dem die Briefe an sie gehalten waren, kam es zu allerlei Mutmaßungen: Mozart-Expert*innen gehen davon aus, dass sich zwischen der 19jährigen und dem 21jährigen Mozart während seines zweiwöchigen Aufenthalts in Augsburg 1777 ein intimes Verhältnis entwickelte, wobei die Mehrheit der Forscher meint, dass es sich dabei um Mozarts erste amouröse Affäre handelte.[222] Allerdings gibt es hierfür keine Beweise, sondern nur Vermutungen. Wolfgang Hildesheimer schreibt: „Das Bäsle war vermutlich die erste Geliebte Mozarts."[223] Mozart-Biograph Piero Melograni schreibt: „Die Beziehung zwischen Mozart und seiner neunzehnjährigen Cousine Anna Thekla war durchweg sexuell geprägt, auch wenn nicht bekannt ist, bis zu welchen Intimitäten sie sich letztlich vorgewagt haben."[224] Der gesamte Briefwechsel, insbesondere Mozarts ungewohnte Sprache samt seinem Fäkalhumor, ist vielen bis heute ein Rätsel.[225]

Die Verwendung von Fäkalsprache war vom 16. bis 18. Jahrhundert jedoch nichts Ungewöhnliches – man denke beispielsweise an Martin Luther, der seine Verdauung und Darmentleerung öfters thematisierte und bei der Gelegenheit auch gerne den Teufel mit ins Spiel brachte. Der Unterleib und seine Vorkommnisse waren ein beliebtes

---

[222] Vgl. z. B. Peter Gay, Mozart, a. a. O., 52f.
[223] Wolfgang Hildesheimer, Mozart, a. a. O., 118.
[224] Piero Melograni, Mozart, a. a. O., 116.
[225] Mozarts Lust an der Sprache kam etwa auch auf seiner Reise nach Prag zum Ausdruck, als er gutgelaunt Spitznamen an seine Mitreisenden verteilte und sich zugleich selbst `Pùnkitititi´, seine Frau `SchablaPumfa´ und seine Mitreisenden u. a. `Runzifunzi´ und `Schurimuri´ nannte, vgl. Alfred Einstein, Mozart, a. a. O., 98, Martin Geck, Mozart, a. a. O., 159, und Friedrich Doldinger, Mozart, Stuttgart 1974, 1990, 55.

Thema der Konversation[226], bis sie im Biedermeier tabui-
siert wurden. Man denke nicht nur an Johann Wolfgang
von Goethe, der Spaß an derber Sprache hatte[227], sondern auch an den Kanon `Bona nox´[228], den Mozart kom-
ponierte: „Bona nox!/bist a rechta Ochs;/bona notte,/liebe
Lotte;/bonne nuit/pfui, pfui;/good night, good night,/heut
müßma noch weit;/gute Nacht, gute Nacht,/scheiß ins Bett
daß' kracht;/gute Nacht, schlaf fei g'sund/und reck 'den
Arsch zum Mund."[229] Oder an den anderen Kanon in Fäkalsprache, in dem auch Mozarts Vorliebe für obszöne
Witze offenbar wurde.[230] Die meisten Briefe schrieb W. A.
Mozart allerdings an seinen Vater, besonders im fortge-
schrittenen Alter. Es sind respektvolle Briefe ernsthafter
Natur auf gehobenem Niveau und ohne diese Art von Hu-

---

[226] Die Tatsache, dass auch der Hof von dieser Sprachkultur nicht ausgenommen war, persifliert der Beitrag
von `Sketch History´: https://www.youtube.com/watch?v=iZzMWNfprUU (aufgerufen am 20.3.2020).

[227] Ich denke an Goethes kleine Farce `Hanswursts Hochzeit oder der Lauf der Welt – Ein mikrokosmisches
Drama´ von 1775, in der man eine Liste von Personen findet, die unanständige Schimpfnamen in zuweil
derber Fäkalsprache tragen und von denen 25 Namen dem Anal- und Fäkalbereich und 27 dem Genitalbe-
reich entstammten. Das Werk ist online zugänglich über: https://www.projekt-gutenberg.org/goe-
the/3drafrag/3drafrag.html (aufgerufen am 21.3.2020).

[228] Vgl. dazu Wolfgang Amadeus Mozart/Jutta Bauer, Bona Nox, Hildesheim 2005, ²2006. Das schön illustrierte Bilderbuch für jedes Alter enthält auch Noten und motiviert zum Mitsingen.

[229] KV 561. Der vierstimmige Kanon in A-Dur wurde 1778 von Mozart in sein Werkverzeichnis aufgenommen
und 1804 erstmals gedruckt. Er gehört zu den Musikstücken, die in der Musikgeschichte am häufigsten
zensiert wurden – abgesehen davon, dass es sich bei dem Ausdruck `Scheiß ins Bett´ um eine befreiende
Flatulenz handeln könnte und der Ausdruck auch von Mozarts Mutter in einem Brief verwendet wurde (vgl.
Maria Publig, Mozart, a. a. O., 24), ist die in dem Kanon genannte Aufforderung anatomisch schwerlich zu
realisieren, weshalb sie ganz klar eine humorvoll gemeinte Hyperbel ist. Zur Partitur: http://dme.mo-
zarteum.at/DME/nma/nma_cont.php?vsep=93&gen=edition&l=1&p1=62 (aufgerufen am 20.3.2020).

[230] KV 233. Der dreistimmige Kanon `Leck mir den Arsch fein schön sauber´ wurde 1800 unter Mozarts
Namen veröffentlicht. Neueste Untersuchungen haben aber 1988 ergeben, dass er in Wirklichkeit von Wenzel Trnka von Krzowitz (1739-1791) stammt. 1991 wurde der originale Text Mozarts wiederentdeckt: „Leck
mire den A… rsch recht schön,/fein sauber lecke ihn,/fein sauber lecke, leck mire den A…/Das ist ein fettigs
Begehren,/nur gut mit Butter geschmiert,/den das Lecken der Braten mein tagliches Thun./Drei lecken mehr
als Zweie,/nur her, machet die Prob'/und leckt, leckt, leckt./Jeder leckt sein A… fur sich." Hier die Partitur
der gereinigten Version: http://dme.mozarteum.at/DME/nma/nma_cont.php?vsep=93&gen=edi-
tion&l=1&p1=17 (aufgerufen am 20.3.2020) und ein kritischer Bericht im Mozart-Forum: https://web.ar-
chive.org/web/20091203184448/http://www.mozartforum.com/Lore/article.php?id=070 (aufgerufen am
20.3.2020).

mor. Viele Briefe sind gespickt mit Französisch und Italienisch; an Aloisia Weber beispielsweise schrieb er „in einem hervorragenden Italienisch"[231], eine Verneigung vor der Primadonna, die er in ihr sah. An seine Frau Constanze schrieb er hingegen launige, weniger durch Fäkalsprache geprägte Briefe in Zeiten der durch seine reisebedingten räumlichen Trennung, zum Schluss gespickt mit viel Süßholzgeraspel, entweder als Ausdruck erfüllter Liebe oder als letzten Versuch, eine kriselnde Beziehung zu retten.[232] *Grundsätzlich* sollte man bei der Lektüre der Mozart´schen Familienkorrespondenz bedenken, die einem bei der Lektüre das Gefühl vermittelt, in den intimsten Momenten ganz dicht in der Nähe Mozarts zu sein, dass sie eigentlich nicht für Dritte bzw. für die Öffentlichkeit bestimmt war.

Übrigens wissen wir nicht genau, wie Mozart ausgesehen hat.[233] Mozart war nicht sehr groß, so viel ist heute gesichert, das heißt, er war „von sehr kleiner Gestalt"[234], etwa ca. zwischen 1,50 m und 1,56 m (die Gelehrten sind sich da nicht ganz einig), in jedem Fall „körperlich klein und unscheinbar"[235] (einige Mozart-Expert*innen sprechen sogar von `Kleinwüchsigkeit´[236]); er hatte in späteren Jahren ein

---

[231] Aloys Greither, Mozart, a. a. O., 54.

[232] Die Briefe wurden inzwischen online allgemein zugänglich gemacht unter: http://dme.mozarteum.at/DME/briefe/doclist.php (aufgerufen am 19.3.2020).

[233] Im Wiener Haus der Musik versuchte man, anhand von Phantombildern von W. A. und Constanze Mozart dem Geheimnis ihres Aussehens auf die Spur zu kommen, vgl. DER SPIEGEL v. 19.12.2005, 163, und grundsätzlich: https://www.hausdermusik.com/ (aufgerufen am 25.5.2020).

[234] Viveca Servatius, Constanze Mozart, a. a. O., 33.

[235] Alfred Einstein, Mozart, a. a. O., 397.

[236] Vgl. Detmar Huchting, Mozart, a. a. O., 30. Bereits in Nissens Mozart-Biographie ist die Rede von dem „zurückgebliebene(n) Wuchs seines Körpers…" und davon, dass „sein Kopf… für den Körper verhältnismässig zu gross" war (Georg Nikolaus Nissen, Biographie W. A. Mozarts, a. a. O., 497).

Doppelkinn, war blass und untersetzt, quirlig, temperamentvoll und extrovertiert, aber „sehr leise im Sprechen und zart im Singen, aber wenn ihn etwas erregte oder er die Stimme heben mußte, war sie stark und energisch. Sein gewöhnlicher Ausruf war `Sapperlot!´[237] und gelegentlich konnte er mit dem Fuß stampfen, wenn er ungeduldig oder im Orchester nicht alles richtig war"[238]. Schon Mozarts Biograph Franz Xaver Niemetschek[239], der mit Unterstützung von Constanze Mozart im Jahr 1798, also sieben Jahre nach Mozarts Tod, eine Mozart-Biographie veröffentlichte, schrieb: „Die Körperbildung dieses ausserordentlichen Menschen hatte nichts Auszeichnendes; er war klein, sein Angesicht angenehm, aber, wenn man das große, feurige Auge ausnimmt, kündigte es die Größe seines Genies auf den ersten Anblick nicht an. Der Blick schien unstet und zerstreut, außer wenn er bey dem Klavier saß; da änderte sich sein ganzes Antlitz! Ernst und versammelt ruhte dann sein Auge… Er hatte kleine schöne Hände… (…) Der kleine Wuchs seines Körpers kam von seiner frühen Geistesanstrengung her, und von

---

[237] Vgl. Wolfgang Amadeus Mozart. Nichts als Musik im Kopf. Eine Kurzfassung, a. a. O., 97.

[238] Nerina Medici di Marignano/Rosemary Hughes (Hg.), Eine Wallfahrt zu Mozart, a. a. O., 110. Der Berliner Dichter Johann Ludwig Tieck (1773-1853) berichtet von einer Aufführung von `Die Entführung aus dem Serail´ im Berliner Nationaltheater am Gendarmenmarkt, an der Mozart unerkannt teilgenommen hatte. Tieck sprach von einem kleinen Mann, „rasch, beweglich und blöden Auges, eine unansehnliche Figur im grauen Überrock." Als die Streicher im Orchester unsauber spielten, wurden sie von Mozart öffentlich gemaßregelt! Vgl. dazu `Lebendige Potsdamer Geschichte: Mozart´ (online zugänglich unter https://bassin-platz.de/mozart-3, aufgerufen am 17.5.2020).

[239] Der tschechische Philosoph, Lehrer und Hochschullehrer Franz Xaver Niemetschek (1766-1849), aus einer großen musikalischen Familie stammend, war der Verfasser einer ersten Biographie über W. A. Mozart. Der promovierte Professor und Pädagoge war einer der ersten Musikkritiker in Prag, sein Buch war einflussreich. Ob Mozart und Niemetschek sich persönlich begegnet sind, wurde lange Zeit angenommen, wird jedoch inzwischen stark angezweifelt: „Jener Biograph war ein Lügner" (Eva Gesine Baur, Mozart-ABC, a. a. O., 6). Niemetschek, der nach Mozarts Tod dessen beide Söhne mit betreute, starb im Alter von 82 Jahren in Wien, wo er seit 1820 gelebt hatte; sein Grab befindet sich auf dem St. Marxer Friedhof.

dem Mangel an freyer Bewegung in der Zeit seiner Kindheit. Er war zwar von schönen Eltern erzeugt, und selbst
ein schönes Kind gewesen; aber von dem 6ten Lebens-
jahre an war er an eine sitzende Lebensweise gebunden;
um diese Zeit fing er schon an zu schreiben."[240] Mozart
hatte einen großen Kopf mit dichtem blondem Haar, unter
dem ein missgebildetes Ohr verborgen war. Er hatte strah-
lend-blaue Augen, wobei sein linkes Auge vergrößert und
die rechte Augenbraue schmal war, so dass es aussah,
als ob er schielte, sowie eine auffallend große Nase inmitten eines pockennarbigen Gesichts; seine Hände sollen
„zart und schön geformt gewesen sein."[241] Er hatte eine
hohe Stimme, er sang Tenor. Er war eitel und wenn er re-
dete, vor allem aber, wenn er musizierte, war er ganz präsent. Er liebte es, nicht nur mit Tönen, sondern auch mit
Worten zu spielen – ich denke an den skurrilen Briefwechsel mit seiner Schwester Nannerl und seiner Frau `Stan-
zerl´ –, und er liebte auch sonst das Spiel: Er spielte gerne
Karten und er tanzte gerne.[242] Seine körperliche Größe
kompensierte er durch exklusive, luxuriöse Kleidung, die
in etwa der eines wohlhabenden Kaufmanns jener Zeit

---

[240] Franz Xaver Niemetschek, Wolfgang Amadeus Mozart. Sein Leben, Bremen 2015, 55. Mozarts erster
Biograph hatte seine eigene Erklärungs- und Sichtweise auf den von ihm Porträtierten. Vgl. dazu, mit fast
ähnlichem Wortlaut, Georg Nikolaus Nissen, Biographie W. A. Mozarts, a. a. O., 497.
[241] Nerina Medici di Marignano/Rosemary Hughes (Hg.), Eine Wallfahrt zu Mozart, a. a. O., 180. Die Narben
entstehen, wenn der Schorf abgefallen ist; man kann sie sich so vorstellen wie nach einer starken Akne.
Mozarts überdimensionale Nase ist bei verschiedenen Beschreibungen von Zeitgenossen Thema, vgl. Wolfgang Hildesheimer, Mozart, a. a. O., 291.
[242] Vgl. dazu Karl Barth, Letzte Zeugnisse, Zürich 1969, 2. Auflage 1970, 14f. Es ist überliefert, dass sich
die Mozarts gerne Gäste zu sich nach Hause einluden und sogenannte `Hausbälle´ gaben – in ihrer Woh-
nung wurde dann bis in die frühen Morgenstunden ausgiebig getanzt, vgl. MBA III, 251f.

entsprach.[243] Er kleidete sich immer, der französischen Mode folgend, weil großen Wert auf Kleidung legte und er schöne Kleidung liebte; es war ihm wichtig, immer chic gekleidet zu sein.[244] Modebewusste höfische bzw. großbürgerliche Männer seiner Epoche trugen gerne einen schmalgeschnittenen dreiteiligen Anzug aus Seide oder Leinen, eine Kombination aus einem Rock mit langen Ärmeln und großen Ärmelaufschlägen, einer hüftlangen Weste und einer Kniebundhose, und achteten auch auf Details wie Knöpfe, auf die Mozart besonders bedacht war, und extravagante Schuhschnallen. Ein Mantel im 18. Jahrhundert war wie ein Umhang gestaltet, mit einer großen Kapuze, unter der mühelos eine aufwändige Frisur getragen werden konnte. Es war in der Regel immer der-

---

[243] Im Unterschied zur Kleidung Constanze Mozarts, über die nichts überliefert ist, weiß man heute genau, was Mozart trug, obwohl aus seinem Kleiderschrank kein Original überlebt hat. Denn seine Kleidung wurde mitsamt seiner Habe kurz nach seinem Tod im `Verlassenschaftsverzeichnis´ aufgelistet (`Sperrs-Relation´, die dazu gedacht war, das Vermögen des Verstorbenen zu blockieren, bis im Nachlassverfahren sichergestellt wurde, dass dem Willen des Verstorbenen entsprochen wurde). Im Falle von Mozart lag die Aufstellung von Einzel- und Gesamtwerten bereits bis zum 9.12.1791 vor: So gehörten zu seiner Kleidung seidenbestückte Kostüme, Abendgarderobe und Hosen. „Zum Zeitpunkt seines Todes besaß er einen weißen, einen blauen und einen roten Frack mit dazugehörigen Manchesterwesten sowie einen eleganten roten Frack aus chinesischer Seide, dazu einen weiteren aus Atlasseide mit dazugehörigen Hosen mit Seidenstickereien. Er hatte neun Paar Hosen, vier Westen, dazu noch Hüte, Seidenstrümpfe, Halskrawatten, Taschentücher mit Brüsseler Spitze…, außerdem einen Pelz sowie einen pelzgefütterten Überrock" (Viveca Servatius, Constanze Mozart, a. a. O., 90). Im Nachlass befanden sich weiterhin u. a. vier Sofas, 18 Sessel, fünf Schränke, ein `Rollschreibkasten´, ein Manuskriptschrank, fünf Tische, zwei Bücherregale, vier Betten, ein Fortepiano und ein grüner Billardtisch! Als Konzertmeister in den Diensten des Fürsterzbischof Von Colloredo verdiente Mozart 150 Gulden jährlich. Man geht aber heute davon aus, dass sein Jahreseinkommen mit Gagen und Tantiemen um ein Vielfaches mehr war. In seinen letzten fünf Lebensjahren verdiente er durchschnittlich ca. 2400 Gulden, in seinem letzten Lebensjahr sogar 3725 Gulden, vgl. Volkmar Braunbehrens, Mozart in Wien, a. a. O., 152. Mozarts Vermögen wurde bei seinem Tod auf 592,09 Gulden geschätzt. An Bargeld fand man 60 Gulden, Schulden hatte Mozart 800 Gulden (hier irrt Bernhard Paumgartner, Mozart, a. a. O., 462, wenn er von einem Barvermögen Mozarts von „ungefähr 200 Gulden" und „ungefähr 3000 Gulden Schulden" ausgeht). In Mozarts Nachlass waren nicht etwa seine Musikinstrumente oder Bücher (letztere, von denen man 1991 erkannte, dass es sich nur um eine handelte, wurden auf 23 Gulden = ca. 500 € geschätzt) am kostbarsten, sondern seine Kleidung (!), vgl. Volkmar Braunbehrens, Mozart in Wien, a. a. O, 459, Anm. 23. Man kann davon ausgehen, dass die Kleidung seiner Frau – in der Regel trugen Frauen ein weites zweiteiliges, bisweilen reich besticktes Kleid, aus einem vorne geöffneten Oberteil und einem Rock aus demselben Material – ähnlich kostspielig gewesen ist wie die Mozarts, vgl. dazu H. C. Robbins Landon, 1791, a. a. O., 44f., und Martin Geck, Mozart, a. a. O., 174.
[244] Vgl. Volkmar Braunbehrens, Mozart, a. a. O., 68f., und Piero Melograni, Mozart, a. a. O., 249ff.

selbe Schnitt – einzig an den mehr oder weniger kostspieligen Materialien konnte man die Zugehörigkeit der Trägerin oder des Trägers zur jeweiligen sozialen Schicht ablesen.[245] Dieses Modebewusstsein und -interesse Mozarts kommt in zahlreichen seiner Briefe zum Ausdruck.[246] All das – es kommt hinzu, dass Mozart „auch deshalb ein großer Künstler (war), weil er Spaß verstand"[247] – erinnert einen heute an einen Hofnarren, wie er über Jahrhunderte an den großen Höfen vertreten war, bevor er im Zeitalter des Barock abgeschafft wurde.

„Sicher keine ohne weiteres eindrucksvolle Persönlichkeit!"[248], so der bereits genannte Karl Barth. Die Bilder, auf denen Mozart zu sehen ist, sind häufig stilisiert.[249] Das wohl bekannteste Porträt Mozarts, ihn im roten Samtrock mit Tuch und Perücke zeigend, stammt von der österreichischen empfindsam-klassizistischen Malerin Barbara Krafft (1764-1825) und ist erst 1819, also 28 Jahre nach

---

[245] Überliefert sind Auftritte Mozarts „im karmesinroten Mantel und Zweispitz mit Goldtressen, im blautuchenen Pelzrock oder im weißtuchenen Rock mit Manchesterweste" (Michael Lemster, Die Mozarts, a. a. O., 310), die ihm das Aussehen eines hohen Hofbeamten garantierten.

[246] In den Briefen ist u. a. die neueste Mode, Klatsch und Tratsch und auch, wie teuer die Kleidung und wie sie zu verpacken war, immer wieder Thema. Die Ausstellung `Mozarts Modewelten´, die mit ihren zahlreichen Exponaten (Kleidung, Perücken, Fächer, Schuhe, Hauben, Tabakdosen und Uhren), darunter auch Kotschuhe zum Überziehen und Flohfallen zur Befestigung am Reifrock, anlässlich von Leopolds 300. Geburtstag Einblicke in die kuriose Modewelt seiner Zeit gibt, fand vom 22.3.2019 bis zum 6.1.2020 im Staatlichen Textil- und Industriemuseum Augsburg (`tim´) statt. Zur Website des Museums geht es hier: http://www.timbayern.de/ (aufgerufen am 3.4.2020).

[247] Piero Melograni, Mozart, a. a. O., 9.

[248] Karl Barth, Wolfgang Amadeus Mozart, in: ders., Wolfgang Amadeus Mozart, a. a. O.,15-29, bes. 28f.

[249] Von Mozart gibt es viele Porträts von führenden bildenden Künstlern ihrer Zeit, wie von Leonhard Posch (1750-1831) aus dem Jahre 1786 oder der von Mozart verehrten Nürnbergerin Dora Stock (1759-1832) aus dem Jahre 1789. Nicht nur wegen seines durch Pockennarben entstellten Gesichts sind die meisten Mozart-Porträts geschönt; sondern sie entsprechen auch deshalb nicht den Tatsachen, weil sie z. T. erst Jahre nach seinem Tod entstanden sind. „Wir besitzen von ihm, dem Vielgereisten, kein einziges Porträt von der Hand eines bedeutenden Malers, der verborgene Spuren seiner Genialität geschaut, geoffenbart hätte. (...) Viele der heute im Verkehr befindlichen Bilder sind stark idealisierte Darstellungen aus späterer Zeit" (Bernhard Paumgartner, Mozart, a. a. O., 25). Vgl. dazu Mozarts `Bilder´ in: DIE ZEIT Geschichte Nr. 4: Wer ist Mozart?, a. a. O., 69-73+78. Im Internet hat Robert Rudolf eine Porträtsammlung auf Pinterest veröffentlicht: https://www.pinterest.de/rrrosenkavalier/wolfgang-amadeus-mozart/ (aufgerufen am 5.5.2020).

Mozarts Tod, entstanden. Am ehesten kommt ihm vielleicht noch das Ölgemälde seines Schwagers Joseph Lange[250] nahe, das dieser 1788/89 anfertigte und das nach späteren Aussagen seiner Frau Constanze ihm in seiner Ähnlichkeit sehr nahe kam.[251] Langes Porträt zeichnet sich durch Natürlichkeit aus: Es betont die dunklen Augen, die weit geschwungenen Augenbrauen, die markante Nase und den kleinen Mund; ferner fehlt die höfische Perücke.[252]. Auf jeden Fall ist aber das Porträt Johann Georg Edlingers[253] sehr interessant: Der Porträtmaler malte Mozart vielleicht kurz vor dessen Tod. Dieses Bildnis, vermutlich 1790 auf Mozarts Rückreise von seinem erfolglosen Aufenthalt in Frankfurt anlässlich der Kaiserkrönung Leopolds II. entstanden, war 1934 für 650 Reichsmark von der Berliner Gemäldegalerie angekauft worden und bis 2002

---

[250] Joseph Lange (1751-1831), ein aus Würzburg stammender Schauspieler, gehörte von 1770 bis 1810 dem Ensemble des Wiener Burgtheaters an (er spielte den ersten Wiener `Hamlet´). Der verwitwete Vater von zwei Kindern heiratete 1780 in zweiter Ehe Aloisia Weber. Er verpflichtete sich vertraglich und gerichtlich, seiner künftigen Schwiegermutter Unterhalt von 700 Gulden jährlich zu bezahlen (was wesentlich mehr war als der Jahreslohn von Leopold Mozart). Von Lange bekam Aloisia 1781 ihr erstes Kind, dem zwei weitere Kinder folgten; drei Kinder starben indes früh. Man kennt Lange heute vor allem wegen seines Ölbildes von Mozart.

[251] Dieses Bild ist oft gedruckt worden, vgl. exemplarisch Fritz Hennenberg, a. a. O., 83.

[252] Fälschlicherweise wurde das Bild in der Mozart-Forschung lange auf den Winter 1782/83 datiert, vgl. dazu Nerina Medici di Marignano/Rosemary Hughes (Hg.), Eine Wallfahrt zu Mozart, a. a. O., 73f.

[253] Der Porträtmaler Johann Georg Edlinger (1741-1819), Sohn eines Grazer Gärtners, zog später nach München, wo er wegen seines Talents zum `königlich bayerischen Hofmaler´ ernannt wurde. Er erhielt Aufträge von den Höfen in Mannheim und Stuttgart. Das Bild heißt heute, nachdem einige führende Kunsthistorikerinnen und Kunsthistoriker die Echtheit garantiert haben, offiziell `Wolfgang Amadeus Mozart (1756-1791); um 1790´. Mit Hilfe computergesteuerter biometrischer Analysen und einem Vergleich mit dem als authentisch erwiesenen, bekannten Bologna-Porträt Mozarts konnte es mit großer Wahrscheinlichkeit (10 Millionen zu 1) Mozart zugeordnet werden – auch wenn andere Mozart-Expert*innen das Bild nicht Mozart zuschreiben, vgl. Eva Gesine Baur, Mozart-ABC, a. a. O., 29ff., und Volker Hagedorn, Wer ist dieser Mann?, in: DIE ZEIT Geschichte Nr. 4, Hamburg 2005, 74-78, sowie online: https://de.m.wikipedia.org/wiki/Johann_Georg_Edlinger (aufgerufen am 29.5.2020). Der deutsche Dichter Alexander von Kleist (1769-1797), der 1791 in Prag bei den Krönungsfeierlichkeiten von Leopold II. dabei war, berichtete in seinen Erinnerungen (Phantasien auf einer Reise nach Prag zu K., Dresden und Leipzig 1792) von einem „kleinen Mann im grünen Rocke, dessen Auge verräth, was ihm bescheidener Anstand verschweigt: Es ist Mozart..." (H. C. Robbins Landon, 1791 – Mozarts letztes Jahr, Düsseldorf 1988, 135). Der Maler des Mozart-Bildes heißt allerdings nicht `Erdlinger´, wie es im Einband der Mozart-Biographie von Georg Knepler, Wolfgang Amadeus Mozart. Annäherungen, Berlin ²2005, der das besagte Bild auf den Titel nahm, fälschlicherweise heißt, sondern `Edlinger´.

in ihrem Katalog unter dem Titel `Herr im grünen Frack´ verzeichnet. Zufällig identifizierte ein Nachkomme Edlingers zusammen mit einem Kunsthistoriker bei Recherchen den Porträtierten.[254]

Grundsätzlich mochte Mozart Perücken, die damals bei Hofe wie schon Jahrzehnte zuvor `mega in´ waren, nicht.[255] Stattdessen erschien jeden Tag früh morgens der Friseur[256], rasierte ihn und frisierte seine Lockenpracht, seinen Zopf und seine Seitenlocken, auf die er stolz war. Mozart selbst beschrieb seinen Tagesablauf einmal so: „um 6 uhr früh bin ich schon allzeit frisiert. – um 7 uhr ganz angekleidet. – dann schreib ich bis 9 uhr. von 9 uhr bis 1 uhr habe ich meine lectionen. – dann Esse ich, wenn ich nicht zu gaste bin, wo man dann um 2 uhr und nach 3 uhr speist… Vor 5 uhr abends oder 6 uhr kann ich nichts arbeiten – und öfters bin ich durch eine accademie daran verhindert; wo nicht, so schreibe ich bis 9 uhr. – dann gehe ich zu meiner lieben konstanz… um halb 11 uhr oder 11 komme ich nach haus; …so pflege ich /: besonders wenn

---

[254] Alfred Einstein schrieb treffend: „Nichts Irdisches ist von ihm übriggeblieben als ein paar elende Porträts, von denen keins dem anderen gleicht…" (Alfred Einstein, Mozart, a. a. O., 485).

[255] In der Zeit des Rokokos trugen nicht nur Frauen, sondern auch Männer Perücken (sog. `Allongeperücken´), vgl. weiterführend Bruno Preisendörfer, Als die Musik in Deutschland spielte. Reise in die Bachzeit, Berlin 2019, 271ff. Im 18. Jahrhundert wurden sie immer kleiner und schlichter, bis sie am Ende die Größe einer normalen Frisur hatten. Da man damals glaubte, dass zu viel Wasser dem Körper schaden würde und sich deshalb nur mit Tüchern abrieb und anschließend einparfümierte, wurden auch die Perücken selten gewaschen – was zur Folge hatte, dass sie beliebte Brutstätten von Läusen und Milben waren. Die Perücke war zur Zeit Mozarts – mit Mehl gepudert – weiß und beim europäischen Adel sehr in Mode. Noch heute gehört sie zur Amtstracht der Richter im Vereinigten Königreich und in Australien. Für Mozart allerdings war die ungeliebte Perückenzeit endgültig im Jahr 1782 vorbei – von da an setzte er sie nicht mehr auf, vgl. weiterführend Jochen Luckhardt/Regine Marth (Hg.), Lockenpracht und Herrschermacht. Perücken als Statussymbol und modisches Accessoire, Leipzig 2006.

[256] Vgl. dazu den Brief W. A. Mozart aus Wien an seine Schwester v. 13. Februar 1782. Zu dem Augenzeugenbericht des Friseurs, der tatsächlich erhalten ist, vgl. H. C. Robbins Landon, 1791, a. a. O., 43, sowie bei Karla Höcker, Das Leben des Wolfgang Amadé Mozart, München 1992, 8. Mozart hinterließ jede Menge Schulden beim Galanteriewarenhändler.

ich früher Nach haus komme:/ Noch vor dem schlaffen gehen etwas zu schreiben. – da verschreibe ich mich öfters
bis 1 uhr – und dann wieder um 6 uhr auf."[257]
Im Hause Mozart wurde gerne gekegelt.[258] Mozart hat
auch gerne gewettet.[259] Vor allem aber liebte er das Billardspiel, und zwar in der französischen Version der
Carambolage, also mit drei Kugeln.[260] Die Spiele waren
Blitzableiter seiner Unruhe, die ihn begleitete, seit er Kind
war. Ständig stand er unter Strom, war permanent in geistiger und körperlicher Bewegung, und einmal schrieb er
seinem Vater, dass die Musik bei ihm im Kopf schon komponiert, aber noch nicht zu Papier gebracht worden war.[261]
Dazu kam, dass Mozart gerne Pfeife rauchte und neben
Wein und Bier gerne Punsch trank.[262] Bis heute ist bei den

---

[257] MBA III, 197.

[258] Es gibt die Anekdote, dass Mozart sein sog. `Kegelstatt-Trio´ (KV 498) für Klavier, Klarinette und Viola, das er für seine begabte Klavierschülerin Franziska von Jacquin (1769-1850), Tochter des Wiener Botani-kers und Arztes Freiherr Nikolaus Joseph von Jacquin (1727-1817), komponierte, während einer Kegelpartie entstanden war. Die Familie Jacquin waren gute Freunde Mozarts. Hier ist das Stück online zu hören: https://www.youtube.com/watch?v=g_cfok4QxdU (aufgerufen am 28.3.2020).

[259] Vgl. SÜDKURIER v. 24.9.2015. Beliebt waren zu Mozarts Zeiten Karten-, Würfel- und Geschicklichkeits-spiele wie das verbreitete Gänsespiel, das Ringelstechen, das Eulenspiel oder das Bölzlschießen, bei dem es galt, ähnlich wie beim Luftgewehrschießen, auf einer Distanz von neun Metern ins Schwarze einer Ziel-scheibe zu treffen, vgl. weiterführend Mozart. Experiment Aufklärung im Wien des ausgehenden 18. Jahr-hunderts, hg. v. Herbert Lachmayer, Ostfildern 2006, 71, und online: http://www.spielforschung.at/ (aufge-rufen am 9.3.2020). Auf Reisen vertrieb sich Mozart die Zeit gerne mit Kartenspielen wie u. a. mit `Brandeln´, `Piquet´, `Schmieren´, `Tarot´ bzw. `Tarock´, wie es auch genannt wurde, oder `Tresette´, vgl. Martin Geck, Mozart, a. a. O., 89. In Wien beteiligte sich Mozart im Unterschied zu seinem Vater auch gerne an dem populären Glücksspiel `Pharao´ (mit 52 Karten). Am 1. Mai 1784 wurde in Wien ein Glücksspielverbot er-lassen.

[260] Bekanntlich hat Mozart gerne mit Worten und mit Musik gespielt und sich auch ansonsten mit Spielen gerne die Zeit vertrieben: Der im Nachlassverzeichnis aufgeführte Billardtisch war *das* luxuriöse Statussym-bol jener Zeit!

[261] Mozart-Expertin Eva Gesine Baur berichtet, dass Constanze ihrem Gatten, während er komponierte, Märchen aus 1001 Nacht auf Italienisch vorlas, „weil Stille offenbar seine Schaffenskraft lähmte" (Eva Ge-sine Baur, Mozart-ABC, a. a. O., 17). Mozart selbst schrieb einmal: „Für mich ist es gar nicht gut alleine zu seyn, wenn ich etwas im Kopf habe" (MBA IV, 137). Biograph Volkmar Braunbehrens, Mozart, a. a. O., 119, schreibt, dass „Mozart eine ständige Betriebsamkeit um sich herum brauchte, Lachen, Gerede, Besuche, darunter auch häufige Logiergäste, Billardpartner, Musikerkollegen, das alles oft bis spät in die Nacht."

[262] Vgl. seinen Brief an seine Schwester aus Salzburg v. 31. Juli 1783, in: Albrecht Goes (Hg.), Mozart Briefe, a. a. O., 132. Wie sein Vater, der nach eigenen Angaben mit seiner Gattin täglich zwei Liter Wein trank, war Mozart zwar ebenfalls Weintrinker (er setze dem italienischen Wein in `Don Giovanni´ ein Denkmal und

Expert*innen unklar, ob seine permanenten Geldnöte nicht auch seiner übertriebenen Spielfreude, vielleicht sogar einer Spielsucht, geschuldet sein könnten.[263] Außerdem wird heute vermutet, dass Mozart, obschon verheiratet, sich zu anderen Frauen hingezogen fühlte.[264] Aber auch hierfür gibt es nur Andeutungen und Vermutungen

Immer wieder taucht die Frage nach Mozarts Religiosität auf, oft im Zusammenhang mit der berechtigten Frage:

---

widmete dem Wein das Lied KV 233), aber auch ein Liebhaber des Bieres, das er gerne regelmäßig bei seinen Gönnern schnorrte, sowie des teuren Champagners (KV 347). Bekannt ist auch, dass Mozart gerne Sauerkraut mit Leberknödeln, Donauzalm (Lachs), Fasan und teuren Kapaun aß – französisches Traditionsgeflügel: Im Alter von zwölf Wochen wird der Hahn in der Regel kastriert, so dass sein Fleisch besonders mild, weiß und fett ist und von Feinschmeckern geschätzt wird (deshalb vulgo: Masthähnchen). Früher waren Kapaune im Deputatlohn von Beamten enthalten. Heute gilt die Kastration von Hähnen zur Genusssteigerung bei Tierschützern in Deutschland als Tierquälerei; nur wenige `chapons´ werden deshalb aus Frankreich nach Deutschland um die Weihnachtszeit importiert.

[263] Die Mozart-Expert*innen sind sich sicher: Mozart war nie arm und hat auch nie gehungert! Selbst in schlechten Zeiten verdiente Mozart mehr als viele seiner Freunde – wie z. B. Dr. Sigmund Barisani (1758-1787), Sohn des erzbischöflichen Primarleibarzt Dr. Sylvester Barisani (1719-1810) und `Physicus primarius´ im Allgemeinen Krankenhaus in Wien, der 29jährig an den Folgen von Lues starb –, nämlich zwei- bis dreitausend Gulden im Jahr. Sie sind sich einig, dass Mozart unmöglich so viel Geld für Essen und Trinken ausgegeben haben kann. Von daher gibt es schon lange die Theorie, dass Mozart das Geld vermutlich nicht bei Finanzspekulationen verlor, sondern dass er es vielmehr oder verspielte, vgl. Martin Geck, Mozart, a. a. O., 174ff. Spielschulden sind Ehrenschulden – sie sind innerhalb von vierundzwanzig Stunden zu begleichen. Leopold Mozart hatte das seinem Sohn eingeschärft, vgl. Peter Gay, Mozart, a. a. O., 18+129. Allerdings: Dafür gibt es keine Belege – ob Mozart gezockt hat, ist nicht bekannt!

[264] Die Liste von Mozarts `angeblichen´ Geliebten ist lang. Zu den Namen, über die oft spekuliert wird, zählen die Prager Sopranistin Josepha Dušek (1754-1824), der Mozart seine Arie `Ah, lo previdi´ (KV 272) widmete, eine der berühmtesten und skandalumwitterten Sängerinnen ihrer Zeit, für die auch Ludwig van Beethoven Arien komponierte; auch die Berliner Schauspielerin und Opernsängerin Henriette Baranius (1768-1853), eine Mätresse Königs Friedrich Wilhelm II. (1744-1797), die italienisch-britische Sopranistin Nancy Storace (1765-1817), die für ein Jahresgehalt von 1000 Dukaten an der Wiener Hofoper sang, ein regelrechter Star war und die Opernwelt dieser Zeit so nachhaltig prägte wie keine andere Sängerin, sowie die Sängerinnen Barbara Gerl (1770-1806) und Anna Gottlieb (1774-1856). Hinzu kam seine Klavierschülerin, die böhmische Violinistin und Pianistin Magdalena Hofdemel, geb. Pokorný (1766-unbekannt), Ehefrau seines Logenbruders, des Juristen und Hofkanzlisten Franz Hofdemel (ca. 1755-1791), der die mit dem zweiten Kind Schwangere aus Eifersucht einen Tag nach Mozarts Tod mit einem Rasiermesser schwer verletzte und im Gesicht und am Hals auf diese Weise entstellte, bevor er sich selbst tötete, vgl. Hartmut Gagelmann, Mozart hat nie gelebt…, Freiburg 1991, 9; Piero Melograni, Mozart, a. a. O., 321f., und Rolf Hochhuth, Wer vergiftete Mozart, in: DIE ZEIT Nr. 42/1987, online zugänglich unter: https://www.zeit.de/1987/42/wer-vergiftete-mozart (aufgerufen am 29.5.2020). Meistens fehlen allerdings Belege für all diese Hypothesen. Vgl. weiterführend Melanie Unseld, Mozarts Frauen. Begegnungen in Musik und Liebe, Reinbek 2005; Enrik Lauer/Regine Müller, Mozart und die Frauen, Bergisch Gladbach 2005. Während Lauer/Müller sich primär Mozart zuwenden, nähert sich Unseld dem Thema aus musiksoziologischem Blickwinkel, indem sie nach der gesellschaftlichen Rolle der Frauen und ihren Entfaltungsmöglichkeiten fragt und kenntnisreich und detailliert u. a. über Mozarts Schülerinnen, Komponisten-Kolleginnen und Primadonnen berichtet. Dabei macht sie deutlich, wie sehr der Erfolg einer Musikerkarriere im 18. Jahrhundert vom Geschlecht abhängig war. Vgl. dazu Bernhard Paumgartner, Mozart, a. a. O., 33f., und ergänzend Heinz Gärtner, Frauen um Mozart, a. a. O., 201-229+231-263 und Aloys Greither, Mozart, 45-65.

85

Wie kann es sein, dass *ein Mensch* solch göttliche Musik komponiert hat – noch dazu in den wenigen Jahren, die ihm auf Erden gegeben waren?[265] Was ganz klar ist: Leopold Mozart, Mozarts Vater, war ein religiöser Mann, der fest im römisch-katholischen Glauben verwurzelt war.[266] In Salzburg, das rein katholisch gehalten wurde – die letzte Vertreibung der Protestanten [267] hatte 1731/32 unter Fürsterzbischof Leopold Anton von Firmian[268], Leopold Mozarts erstem Dienstherrn, stattgefunden – hatte er keine Gelegenheit, andere Lebenseinstellungen und -entwürfe kennenzulernen.[269] Aber er war offen für die neue gedankliche Strömung seiner Zeit, die Aufklärung, und für die mit ihr verbundene Freiheit des Denkens: die „Freiheitsinfluenza"[270], die sich wie ein gefährliches Virus ver-

---

[265] Vgl. dazu weiterführend Joachim Herten/Klaus Röhring (Hg.), Wie hast Du´s mit der Religion? Wolfgang Amadeus Mozart und die Theologie, Würzburg 2009, Peter Tschuggnall (Hg.), Mozart und die Religion, Salzburg 2010 und Hans Küng, Musik und Religion: Mozart – Wagner – Bruckner, München 2006.

[266] Vgl. Michael Lemster, Die Mozarts, a. a. O., 96ff., und schon Mozart-Biograph Hermann Abert, Mozarts Persönlichkeit, Leipzig 1923, 23, wenn er schreibt: Die Tatsache, dass Mozart „im strengsten katholischen Dogmenglauben erzogen wurde, versteht sich bei der Art seines Vaters von selbst... und wünscht sich noch 1778 besonders, an einem katholischen Orte angestellt zu werden. Tatsächlich ist er bis ans Ende ein treuer Anhänger der katholischen Kirche geblieben, auch als er deren Dogmen kritisch gegenüberzutreten begann."

[267] „Ungefähr 20000 Protestanten aus dem gesamten Erzbistum, fast ein Zehntel der Bevölkerung, hatten – manche buchstäblich Hals über Kopf – ihre wichtigsten Habseligkeiten zu packen und das Land zu verlassen: faktisch ein Massenmord an 4000 bis 5000 Menschen, die die Strapazen der winterlichen Märsche nicht überlebten, ein Bruch der Reichsgesetze, denn Vorschrift war, den Glaubensfremden zur geordneten Emigration Zeit zu geben..." (Michael Lemster, Die Mozarts, a. a. O., 68). Diejenigen Protestanten, die in Salzburg blieben, konnten nur insgeheim ihre Gottesdienste feiern.

[268] Leopold Anton von Firmian (1679-1744) war zunächst Bischof in Lavant, Seckau und Laibach, bevor er zum Fürsten und Erzbischof von Salzburg gewählt wurde. Firmian war ein Förderer der schönen Künste inklusive der Musik. Sein Nachfolger als Fürsterzbischof von Salzburg wurde Jakob Ernst Graf von Liechtenstein (1690-1747). Firmians Grab befindet sich in der Krypta des Salzburger Doms.

[269] Leopold Mozart erfuhr erst eine religiöse Horizonterweiterung durch seine Reiseerlebnisse, etwa als er in London auf Calvinisten, Lutheraner und Anglikaner traf. Über Juden schrieb er, „daß die herrlichen Juden keine Bärte, und samtene Kleider und harbeutl Peroucken tragen; daß sonderlich die Portugiesische Juden mit allem Aufputze, wie ein Franzos, in ihre Synagoge gehen, und gahr nichts an ihnen zu sehen ist, was einem Juden gleichet. ja Sie müssen auch wissen, daß die grossen und andere nach der Mode denkende Juden so wenig ihren Glauben halten als der große Theil der französischen, Englischen, Italiänischen und Portugesischen Christen" (MBA I, 181f.).

[270] Der Ausdruck stammt von Peter Neumann, Jena 1800. Die Republik der freien Geister, München ²2018, 29.

breitete. Herausragender Denker der Aufklärung war Immanuel Kant[271]: Vier Fragen, so hatte Kant formuliert, stecken das Feld der Philosophie ab: Was kann ich wissen? Was soll ich tun? Was darf ich hoffen? Was ist der Mensch? Kant äußerte sich in drei Schriften grundlegend zu erkenntnistheoretischen, moralischen und ästhetischen Themen und zeigte die Möglichkeiten und Grenzen der menschlichen Erkenntnis auf. Er entwickelte eine Ethik aus den Prinzipien der reinen Vernunft und erklärte, warum der Mensch in einer von Notwendigkeiten und Naturgesetzen bestehenden Welt ein sinnliches, geistiges und freies Wesen ist. Der Mensch, so Kant, hat keinen anderen Herren über sich und folgt keinen anderen Gesetzen als denen der Vernunft. Wie die Welt erkannt werden kann, hängt von Raum und Zeit ab; wie das Ding an sich sein mag – davon kann der Mensch nicht wissen, weil seine Erkenntnis begrenzt ist. Diese kritischen Überlegungen des – ähnlich wie Mozart nur 1,57 m großen – Königsberger Philosophen, auch hinsichtlich eines metaphysischen Gottesbegriffs, erschütterte die Geisteswelt: Denn Gott ließ sich ab jetzt weder bestätigen noch widerlegen und letzte Fragen nach der Beschaffenheit der Welt und der Unsterblichkeit der Seele konnten ab jetzt nicht mehr so

---

[271] Immanuel Kant (1724-1804), Philosoph in Königsberg, definierte die Epoche der Aufklärung als eine Epoche, die vom `Ausgang des Menschen aus seiner selbst verschuldeten Unmündigkeit´ und von einer Befreiung der Menschen von der Macht des Adels sowie der römisch-katholischen Kirche gekennzeichnet war: `Sapere aude! Habe den Mut, dich deines eigenen Verstandes zu bedienen´, so Kants bekanntes wegweisendes aufklärerisches Diktum. 1781 war Kants `Kritik der reinen Vernunft´ erschienen, es folgten `Die Kritik der praktischen Vernunft´ (1788) und `Die Kritik der Urteilskraft´ (1790), vgl. weiterführend Manfred Geier, Kants Welt. Biographie, Reinbek bei Hamburg 2003, und Manfred Kuehn, Kant. Eine Biographie, München 2003.

beantwortet werden wie früher. Kants Kollege Moses Mendelssohn [272] nannte ihn deswegen den „Alleszermalmer"[273]. Kants Kritik, sein `kategorischer Imperativ´, der den Menschen als Zweck setzt und ihn in seiner Würde bestärkt, seine Betonung der menschlichen Autonomie und der freien Selbstbestimmung, hatten spürbare Auswirkungen im Blick auf die Bevormundung durch die römisch-katholische Kirche: Im voraufklärerischen 18. Jahrhundert war die katholische Kirche im gesellschaftlichen und politischen Leben omnipräsent. [274] Sie war verbunden mit Macht, Autorität, Prunk, Reichtum, Tradition und Brauchtum. Mit Latein als kirchlicher Sprache war sie nur gebildeten Insidern zugänglich. Leopold Mozart betete, fastete und befolgte den Kirchgang, denn für ihn war die katholi-

---

[272] Der deutsche Philosoph der Aufklärung, Moses Mendelssohn (1729-1786), war einer der bedeutenden Vorkämpfer für Toleranz und Gleichberechtigung der Juden in den europäischen Gesellschaften.

[273] Moses Mendelssohn, Morgenstunden oder Vorlesungen über das Daseyn Gottes, Stuttgart 1979, 5.

[274] Damit verbindet sich auch hin und wieder die Frage, ob Mozart ein politischer Mensch war – was Mozart-Biograf Alfred Einstein klar verneinte: „Mozart war kein politisch interessierter Mensch. Er war geboren als ein Untertan des Erzbischofs von Salzburg und er starb als ein Bediensteter im Dienst des römischen Kaisers..." (Alfred Einstein, Mozart, a. a. O., 100). Selbst so tiefgreifende politische Ereignisse wie die Französische Revolution finden in seinen Briefen keine Erwähnung, wohl aber die Türkenkriege (KV 539). Für den Musikwissenschaftler und Musikkritiker Richard Petzoldt (1907-1974) war Mozart, entsprechend der DDR-Geschichtsschreibung, ganz klar „ein Kämpfer für die bürgerlichen Freiheiten und die bürgerlichen Rechte" (Wolfgang Amadeus Mozart. Sein Leben in Bildern, a. a. O., 8). Mozart-Biograf Martin Geck schreibt: „Mozart ist keiner, der für eine gerechtere Gesellschaftsordnung Leib und Leben riskierte..." (Martin Geck, Mozart, a. a. O., 97). Ganz anders dagegen Mozart-Biograph Volkmar Braunbehrens, der in Mozart einen „aufmerksamen und informierten Beobachter [sieht], der sich für politische Vorgänge lebhaft interessiert..." (Volkmar Braunbehrens, Mozart in Wien, a. a. O., 259), sowie Mozart-Biograph Michael Lemster, der schreibt: „Wir dürfen uns Mozart nebenbei als politischen Menschen vorstellen, auch wenn er sich weder in seinen Werken noch in seinen Briefen explizit revolutionär äußert" (Michael Lemster, Die Mozarts, a. a. O., 297). Lemster gelangt zu dieser Erkenntnis, weil sich in Mozarts hinterlassener Bibliothek mehr politische als musikalische Schriften befanden. Schließlich hat Peter Sellars, der W. A. Mozart für einen der klügsten Köpfe seiner Zeit hielt, daran erinnert, dass die Freimaurer sowohl an der Französischen als auch an der Amerikanischen Revolution führend Anteil hatten und Mozart Kontakt zu Personen hatte, die an den politischen Diskussionen beteiligt waren: „... man muss sich doch nur die Opern angucken, das Politische steckt doch in jedem Werk drin" (Peter Sellars, Komm, lieber Mai, und mache, in: DIE ZEIT v. 5.1.2006, 38).

sche „Religion... eine ehrwürdige Konvention, eine Bürg-schaft für sittliches Verhalten."[275] Er sollte diese Frömmig-keit auch an seinen Sohn weitergeben.[276] Wie die Mehr-heit der Österreicher, so wird auch W. A. Mozart gut-ka-tholisch[277], und deshalb findet man in seinem Werk „Spu-ren der Transzendenz"[278]. Dies kommt nicht nur in seinen kirchlichen Werken zum Ausdruck – Mozart schrieb allein achtzehn Messen, bevor er sich wie die meisten fortschritt-lichen Gebildeten seiner Zeit, die die Ideale der Humanität vertraten, der Freimaurerei[279] zuwandte –, sondern auch in seiner Instrumentalmusik sind diese Spuren erkennbar „als vollendete(r) Ausdruck des Absoluten..."[280] erkenn-bar. Mozart fühlte sich Gott verbunden; er war geprägt von

---

[275] Alfred Einstein, Mozart, a. a. O., 90f.

[276] Mozart berichtet in einem Brief an seinen Vater vom 17.8.1782, dass er mit seiner Frau die Heilige Messe besuchte, zur Kommunion ging und mit ihr gemeinsam betete, „und gott der alles anordnet, und folglich auch also gefüget hat, wird uns nicht verlassen" (Albrecht Goes [Hg.], Mozart Briefe, a. a. O., 123).

[277] Karl Barth entschuldigt sich fast bei seinen Leserinnen und Lesern, dass er Mozart in seiner `Kirchlichen Dogmatik´ Bedeutung schenkt, vgl. Barth, Karl, Die Kirchliche Dogmatik Bd. III/3, Zürich 1950, 337.

[278] So der katholische Theologe Hans Küng (geb. 1928), der sich ausführlich mit der Religiosität Mozarts befasst hat, vgl. Hans Küng, Mozart. Spuren der Transzendenz, München 1991, ³1998, 7. Küng geht von der m. E. richtigen Annahme aus, dass im Unterschied zu Bachs protestantischen Wurzeln die katholischen Wurzeln in Mozarts musikalischem Werk nie entsprechend berücksichtigt wurden, aber doch vorhanden sind, gerade auch in Mozarts Instrumentalmusik. Was für Bach selbstverständlich scheint, nämlich eine Berücksichtigung seiner evangelischen Sozialisation, kam für Mozart lange Zeit nicht in Betracht. Er gelangt zu dem Schluss, dass „Mozarts geistliche Musik ohne alle theologische Reflexion musikalisch erklingende Liturgie ist" (H. Küng, Spuren der Transzendenz, a. a. O., 73) – also die Gesamtheit der festgelegten Teile innerhalb des christlichen Gottesdienstes, sprich: Messe, Sakramente, Wortverkündigung. Der Ansicht, dass Mozart ein zutiefst gläubiger Mensch war, ist auch der deutsche Dirigent Claus Peter Flor (geb. 1953), vgl. Mozart (Discovery Geschichte, Regie: Roman Aksenov), Russland 2008/2013, DVD 2, ca. Min. 00:32. Von daher ist es m. E. weit gefehlt, wenn Mozart-Biograf Wolfgang Hildesheimer schreibt, dass Mozarts Religiosität gespielt, sein Katholizismus vordergründig und er nichts weiter als ein musikalischer Fachidiot war, vgl. Wolfgang Hildesheimer, Mozart, FfM 1977, 372ff.

[279] Zu Mozart und zur Freimaurerei vgl. weiterführend Volkmar Braunbehrens, Mozart in Wien, a. a. O., 243-285, und Robert A. Minder, Auf den Spuren der Freimaurer in Wien. Ein masonischer Stadtführer, Wien 2019; ferner grundsätzlich Helmut Reinalter, Die Freimaurer (C. H. Beck WISSEN), München 2016. In dem Buch geht es um die Geschichte der europäischen Freimaurerei, ihre Organisationsform, ihre Ziele und auch ihre Gegner sowie um ihre gesellschaftliche Bedeutung. Vgl. dazu auch Heinz Sichrovsky (Hg.), „Als ich König war und Maurer". Freimaurerdichtung aus vier Jahrhunderten. Eine Anthologie mit 90 Porträts von Oskar Stocker, Innsbruck-Wien-Bozen 2016; Guy Wagner, Bruder Mozart. Freimaurerei in Wien des 18. Jahrhunderts, Wien 2006; online: www.freimaurerei.at (aufgerufen am 31.3.2020).

[280] Jörg Lauster, Die Verzauberung der Welt, 576. Zu Mozarts Religiosität vgl. auch Ralph Ludwig, Wie fromm war Mozart? Ein Beitrag zum 250. Geburtstag des Musikgenies, in: Standpunkte. das evangelische

einer tiefen Religiosität und unterschied genau zwischen der katholischen Kirche mit ihren Auswüchsen, den katholischen Würdenträgern, von denen er einige kennengelernt hatte und deren Sittlichkeit er kritisierte[281], und seinem eigenen, persönlichen Glauben an Gott, der ihm Hoffnung gab.[282] Auch später, als er Freimaurer wurde und mehr dem Freisinnigen zugeneigt war, legte Mozart seinen römisch-katholischen Glauben nie ausdrücklich ab; doch hatte ab diesem Zeitpunkt die katholische Kirche in Wien für ihn kaum mehr jene Bedeutung, die sie früher für ihn gehabt hatte. In der Freimaurerei sah er *nun* seine Ideen von Gerechtigkeit und Freiheit mehr verwirklicht als in der katholischen Kirche und zur Ausübung dieser Religion brauchte er weder Priester noch Heilige.[283] Die Freimaurerei, deren Ursprünge bis heute im Dunkeln liegen, war eine staatenübergreifende anti-absolutistische, aufklärerische, männerbündische Bewegung, die 1717 in England entstanden war und sich von dort ausbreitete.[284] Der `Bund der Freimaurer´ fungierte als Begegnungsort in der bürgerlichen Gesellschaft, die sich gerade in der Blütezeit

---

magazin für baden mit chrismon plus v. Juni 2006, 6+7, und ders., Geheimes Werben um Liebe. Wie fromm war Mozart? Wo Klarheit fehlt, wächst die Lust am Detektivspiel, in: zeitzeichen 1/2006, 8-11. Der in Schlesien geborene ehemalige Heidelberger Studierendenpfarrer, Religionspädagoge, NDR-Journalist und Schriftsteller Dr. Ralph Ludwig (1943-2017), der überraschend im Alter von 73 Jahren in Hannover starb, erinnerte u. a. daran, dass für den Mozart-Biographen Alfred Einstein sogar Mozarts Jagdquartett (KV 458) wie ein Gebet klang.

[281] Vgl. MBA I, 221.

[282] Marten t´Hart, Mozart und ich, a. a. O., 141, zufolge scheint es mit Mozarts katholischem Glauben nicht weit her gewesen zu sein: „Besonders groß kann sein Glaube nicht gewesen sein. (…) Anders als Bruckner war er bestimmt kein gottesfürchtiger Katholik".

[283] Vgl. weiterführend Aloys Greither, Mozart, a. a. O., 68ff. Auch Greither meint: Mozart „war und blieb Katholik…" (68).

[284] Vgl. dazu Helmut Reinalter, Das Imperium schlägt zurück, in: ZEIT Geschichte Nr. 3/2020: Vorsicht, Verschwörung. Hexen, Illuminaten, finstere Eliten: Die Macht konspirativer Mythen, 42-46, und ders., Handbuch der Verschwörungstheorien, Leipzig 2018.

der Aufklärung, dem ʼSiècle des Lumièresʼ, aus der Feudalgesellschaft heraus entwickelte und den aristokratischen Einflussbereich zugunsten einer größeren Mündigkeit des Bürgertums zurückdrängte.[285] Die Freimaurer beriefen sich auf mittelalterliche Steinmetzzünfte und Dombauhütten und übernahm deren Symbole wie Hammer, Zirkel, rechten Winkel und Maurerschurz.[286] „Mit den Mitteln der Kontemplation, persönlicher Sittlichkeit und dem rationalen Umgang mit gewissen Ritualen wollte man gemeinsam an einer besseren Zukunft und der Erziehung des Menschengeschlechts mitwirken."[287] Diejenigen, die sich neu der Bewegung anschlossen, mussten sich einer Prüfung unterziehen, wurden in einer besonderen Zeremonie aufgenommen und erhielten ein Zertifikat. Sie gelobten Verschwiegenheit, Streben nach Selbstkenntnis und sittlicher Läuterung sowie den Einsatz zum Wohl der Allgemeinheit. Die Bewegung wurde immer einflussreicher, je mehr sich ihr Großbürger und Fürsten anschlossen. Die Loge, bei deren Betreten jegliche Standesunterschiede erloschen, war im absolutistischen Zeitalter ein Rückzugsraum, etwas Utopisches, ein Gegenentwurf zur

---

[285] Er verfügte mit der Zeit auch über ein freimaurerisches Netzwerk, das Mozart gerne nutzte. So wohnte er beispielsweise Anfang 1787 bei seinem ersten Besuch in Prag im Palast seines Bundesbruders Graf Johann Josef von Thun (1767-1810) unterhalb der Prager Burg, ferner kannte er dort den böhmischen Philanthropen, Botaniker und Ehrenbürger der Stadt Prag, Joseph Emmanuel Malabaya Graf von Canal (1745-1826), ein Großmeister, der 1781 in Prag die Loge ʼZur Wahrheit und Einigkeit zu den drei gekrönten Säulenʼ gestiftet hatte, und den katholischen Priester, Vordenker der tschechischen nationalen Wiedergeburt und Verwalter der Karls-Bibliothek der Prager Karls-Universität, Karl Raphael Ungar (1744-1807). In Wien war unter Mozarts Subskribenten ca. jeder vierte ein Freimaurer. Eine Liste mit Namen der Subskribenten (mit textkritischem Apparat von Rudolph Angermüller) befindet sich bei Georg Nikolaus Nissen, Biographie W. A. Mozarts, a. a. O., 47-79.
[286] Insbesondere zur Zahlensymbolik vgl. weiterführend Hartmut Gagelmann, Mozart hat nie gelebt, a. a. O., 48 u. 281ff.
[287] Volker Gebhardt, Schnellkurs Mozart, a. a. O., 116.

festgezurrten Standesgesellschaft. Mozart, der als Musiker bekanntlich von seinen Vorgesetzten wie ein Dienstbote behandelt wurde, dürfte es als befreiend empfunden haben, in der Loge den Adligen nicht mehr untergeordnet zu sein, sondern ihnen auf Augenhöhe zu begegnen.[288] Dennoch hielt es ihn nicht von Überlegungen ab, auch seinen eigenen Kindern eine explizit katholische Erziehung angedeihen zu lassen. Deshalb gilt auch trotz seiner Hinwendung zu den Freimaurern: „Mag er als Katholik kritische oder freiere Anwandlungen gehabt haben; in seinen Kinderwerken ist er fromm. Fromm auch in dem tieferen Sinne, als sie `katholisch´, in sich beschlossen sind als *Kunstwerke*, ohne jede Fragestellung, ohne jeden Bruch mit der *Konvention*. (…) Wenn irgendein großer Musiker, so war Mozart ein katholischer Komponist."[289]

---

[288] Schon früher hatte er geschrieben: „das Herz adelt den Menschen; und wenn ich schon kein graf bin, so habe ich vielleicht mehr Ehre im leib als mancher graf; und hausknecht oder graf, sobald er mich beschimpft, so ist er ein hundsfut" (MBA III, 133). Mozart war mit diesem Gedanken der Gleichstellung aller seiner Zeit damit weit voraus.

[289] Alfred Einstein, Mozart, a. a. O., 93. Einstein beantwortet die Frage, ob in Mozarts Hinwendung zum Freimaurertum ein Widerspruch zu seinem Katholizismus liegt, mit ja und nein. „Ein guter Katholik konnte damals sehr wohl Maurer werden; er mußte allerdings ein `aufgeklärter´ Katholik sein und die Gefahr in Kauf nehmen, von der Kirche mit Mißtrauen und Mißbilligung betrachtet zu werden. (…) Nein, Mozart war kein guter Katholik mehr im Sinne eines finsteren oder zelotischen Pfaffen" (Alfred Einstein, Mozart, a. a. O., 95).

II. Mozarts Reisen

Nach genau drei Jahren, fünf Monaten und zwanzig Tagen on the road im November 1766 zurück in Salzburg – inzwischen war die „Compagnie Mozart"[290] an ein großes Leben gewöhnt, war von Königen und Fürsten empfangen worden und hatte an deren Tafeln gespeist – mussten sich die Mozarts erst einmal wieder an das beschauliche Leben in einer Kleinstadt gewöhnen. Das war nicht einfach, besonders nicht für die Kinder – nach drei Jahren waren sie von ihrer ursprünglichen Umgebung, ihrer Heimat, entfremdet. Sie hatten den Glanz anderer Städte kennengelernt, wurden bejubelt, sogar von Königen, waren permanent in Bewegung und unterwegs gewesen und mussten nun erst einmal zur Ruhe kommen – herunterfahren. Leopold Mozart musste wieder in seinen unliebsamen Hofkapellen-Alltag zurück und sein zehnjähriger Sohn, in seinem Selbstwertgefühl gestärkt, musste sich daran gewöhnen, nicht mehr ständig im Mittelpunkt zu stehen. Jetzt kam es zu ersten Uraufführungen von Mozarts Kompositionen, wie z. B. der Oper `Die Schuldigkeit des ersten Gebots´[291]

---

[290] Michael Lemster, Die Mozarts, a. a. O., 225.
[291] KV 35. Das 1766/67 komponierte und am 12. März 1767 im Rittersaal der Residenz des Fürsterzbischofs von Salzburg uraufgeführte `geistliche Singspiel´ des elfjährigen Mozart, formal dem Oratorium nahestehend, entstand im Auftrag von Fürsterzbischof von Schrattenbach und in einer Kooperation mit den um einiges älteren Hofmusikern Anton Cajetan Adlgasser (1729-1777) und Johann Michael Haydn. Von Mozart stammte der erste Teil des Bühnenwerks, von Haydn der zweite und von Adlgasser der dritte. Nur der von Mozart komponierte Teil ist erhalten geblieben, die anderen gelten als verschollen. Das Libretto (ital. = Büchlein) schrieb der Dramatiker, Mundartdichter und Salzburger Bürgermeister Ignatz Anton von Weiser (1701-1785). In der Villa von dessen Enkelin, der Pianistin und Komponistin Josepha Dušek beendete Mozart 1787 seine Oper `Don Giovanni´. Die Partitur befindet sich hier: http://dme.mozarteum.at/DME/nma/nma_cont.php?vsep=22&gen=edition&l=1&p1=-99 (aufgerufen am 19.3.2020).

oder `Apollo et Hyacinthus´[292]. Im September 1767 reiste die Familie erneut zunächst nach Wien, dann nach Brünn und Olmütz, natürlich immer verbunden mit Konzerten. Mit der Flucht nach Brünn und Olmütz wollte man der grassierenden Pockenepidemie entgehen – was jedoch zwecklos war.[293] Beide Kinder wurden krank, und die Narben hinterließen Spuren in Wolfgangs Gesicht.[294] Nachdem die Kinder unter der fürsorglichen Betreuung von Graf Leopold Anton von Podstatzky[295] wieder genesen waren, kehrte die Familie am 10. Januar 1768 nach Wien zurück. Dort stellte Mozart sein Singspiel `Bastien und Bastienne´[296] –

---

[292] KV 38. Es handelt sich um das zweite Bühnenwerk des elfjährigen Mozart, das ca. 90 Minuten dauert und am 13. Mai 1767 in der Aula der Universität Salzburg uraufgeführt wurde. Es wurde postum betitelt. Hier die Partitur: http://dme.mozarteum.at/DME/nma/nma_cont.php?vsep=30&gen=edition&l=1&p1=-99 (aufgerufen am 19.3.2020).

[293] Die Impfung war damals zwar schon bekannt, lief aber anders als heute: Man infizierte die zu Impfenden mit abgeschwächten echten Pockenviren (sog. Inokulation) – im Unterschied zur modernen Pockenschutzimpfung, bei der man mit Kuhpockenserum impft. Das Verfahren wurde erstmals von Edward Jenner (1749-1823) am 14.5.1796 durchgeführt. In Zeiten der Corona-Krise 2020 klingt es etwas naiv, wenn Mozart-Biograph Peter Gay schreibt, so als wären ansteckende Krankheiten ein für alle Mal passé: „Einige ernsthafte Erkrankungen zwangen die Mozarts auf ihrer großen Tournee, Pausen einzulegen. Es war noch das Zeitalter der Epidemien..." (Peter Gay, Mozart, a. a. O., 23).

[294] Anlässlich von Mozarts 250. Geburtstag versuchten der Freiburger Internist Franz Hermann Franken, sein Mainzer Kollege Dieter Kerner und der Schweizer Otorhinolaryngologe Gerhard Böhme Licht ins Dunkel um Mozarts Gesundheit bzw. Krankheit zu bringen: „Nach ihren Recherchen liest sich Mozarts Anamnese in etwa so: Mit sechs, sieben und acht Jahren Katarrh, Erythema nodosum und starke Gelenkbeschwerden, mit neun Jahren Typhus abdominalis, im darauffolgenden Jahr erneuter Katarrh und Gelenkbeschwerden, mit elf Pocken, mit 14 Kälteschäden der Hände, Katarrh, Zahnschmerzen, Schläfrigkeit, dies erneut mit 15 und 18 Jahren, mit 22 grippaler Infekt, mit 24 Katarrh, mit 27 Grippe, mit 28 Koliken nach Erkältung, mit 34 `rheumatische´ Kopfschmerzen, Zahnschmerzen, Schlaflosigkeit, mit 35 `letzte Erkrankung´ und Tod. Eine damals übliche Krankengeschichte also und mitnichten Hinweise auf ein chronisches Leiden als Ursache für den frühen Tod" (Friedrich Hofmann, Warum starb Mozart so früh? Nierenkrankheit, Lues/Mord?, in: ÄrzteZeitung v. 27.1.2006, online zugänglich unter: https://www.aerztezeitung.de/Panorama/Warum-starb-Mozart-so-frueh-Nierenkrankheit-Lues-Mord-380063.html [aufgerufen am 26.3.2020]).

[295] Leopold Anton von Podstatzky-Prusinowitz (1717-1776), Prälat, Domkapitular, Domdechant und Rektor der Universität Olmütz, war ein Freund der Mozarts, der die ganze Familie bei sich aufnahm.

[296] KV 50. Mozart schrieb dieses `Singspiel´, im Prinzip eine `komische Oper´, als er zwölf Jahre alt war (1767/68). Die Texte des Einakters stammten von dem deutschen Schriftsteller, Bühnenautor und Topografen Friedrich Wilhelm Weiskern (1711-1768), einem Wiener Theatermann, und von dem Hof- und Feldtrompeter Johann Andreas Schachtner (1731-1795) aus Dingolfing, einem Mitglied der Salzburger Hofkapelle, Dichter, Librettist und engem Freund der Familie Mozart (ihm sind die frühen Ohren- und Augenzeugenberichte über das `Wunderkind´ zu verdanken, die die Grundlage für die ersten Mozartbiographien lieferten). Die Vorlagen für das Libretto waren französischen Ursprungs; das Schäferthema war damals in Mode. Ob es zu Mozarts Lebzeiten aufgeführt wurde, ist heute unsicher. Einen Nachweis für eine Uraufführung gibt es erst für den 2. Oktober 1890 (!) im Architektenhaus in Berlin. Leopold Mozart nannte das Opus seines

eines der frühesten Singspiele Mozarts – fertig: Unter einem Singspiel versteht man ein Schauspiel mit musikalischen Einlagen wie Liedern, Tänzen oder Instrumentalein-
lagen, das aber keine gesungenen Rezitative[297], sondern
gesprochene Dialoge enthält. Es wird als bürgerliches Ge-
genstück zur höfischen Oper gesehen und wurde stark
von Frankreich beeinflusst. In dieser Zeit entstanden auch
die `Waisenhausmesse`[298] und die erste abendfüllende
Oper des jugendlichen Mozarts, die `Opera buffa´`[299] `La
finta semplice´`[300]. Für das Benediktinerkloster Seeon, in

Sohnes eine `Operetta´`. Mozart-Biograph*innen glauben in der Bass-Arie Colas Nr. 10 ein Beispiel für den
kindlichen Humor Mozarts zu erkennen (obwohl der Text von ihm stammte): „Diggi, daggi, schurry,
murry, horum, harum, lirum, larum, raudi, maudi, giri, gari, posito… besti, basti, saron froh… fatto matto,
quid pro quo." Man kann sich heute gut vorstellen, dass Mozart die Vertonung dieses Textes gefallen hat!
Auf YouTube ist er hier zu hören: https://www.youtube.com/watch?v=s7cgzvp-3d0 (aufgerufen am
35.5.2020). Vgl. dazu weiterführend Heinrich Eduard Jacob, Mozart oder Geist, a. a. O., 94ff. Das Libretto
ist online hier zugänglich: http://opera.stanford.edu/Mozart/Bastien/libretto.html, eine Vertonung auf Y-
ouTube hier: https://www.youtube.com/watch?v=cYnJWkvOYT8 (beide Links aufgerufen am 17.3.2020).

[297] Während die Arie koloraturenreich gesungen wird und es weniger auf das Verständnis der Wortet als viel
mehr auf die Schönheit der Musik und die Stimme der Sängerin ankommt, ist das Rezitativ (von ital.: `reci-
tare´` = vortragen) eine Art Sprechgesang, der es dem Vortragenden erlaubt, den Text rhythmisch frei zu
deklamieren, und der mehr oder weniger verständlich ist. Zwei Formen des Rezitativs werden unterschie-
den: das `recitativo secco´`, das trockene, nur vom Cembalo begleitete Rezitativ, und das `recitativo accom-
pagnato´`, das vom Orchester begleitete Rezitativ. Die Funktion des Rezitativs ist es, die Handlung voran-
zubringen.

[298] KV 139. Mozarts Messe in c-Moll, formal eine Kantatenmesse, ist vermutlich zur Einweihung der Wiener
Waisenhauskirche am 7. Dezember 1768 komponiert worden, vgl. dazu Sönke Remmert, Große Messe
eines `Teenagers´`. Wolfgang Amadeus Mozarts `Waisenhausmesse´`, in: DtPfrBl 1/2019, 27-28+33. Hier
geht´s zur Partitur: http://dme.mozarteum.at/DME/nma/nma_cont.php?vsep=1&gen=edition&l=1&p1=37
(aufgerufen am 19.3.2020).

[299] `Opera buffa´` ist bis heute die italienische Bezeichnung für eine komische oder scherzhafte Oper bzw.
eine musikalische Komödie, die im 18. Jahrhundert in Neapel und Venedig entstand. Ihre Hauptfiguren sind
Bauern, Diener oder Bürger – jedenfalls keine Adligen, die sie als Unterhaltung für den `Dritten Stand` gering
schätzten; ihre Handlung ist volkstümlich und handelt vom Alltäglichen. Sie hat in der Regel zwei bis drei
Akte und Rezitative zwischen den Musikstücken und lehnt sich eng an die Commedia dell´arte an. Bekannte
Komponisten der `Opera buffa´` waren beispielsweise Vicente Martín y Soler (1754-1806), Vincenzo Righini
(1756-1812) oder Giovanni Battista Pergolesi (1710-1736).

[300] KV 51. Die deutschen Titel der dreiaktigen `Opera buffa´` (`Dramma giocoso´`) `La finta semplice´` laute-
ten: `Die vorgeblich Einfältige`, `Die verstellte Einfalt´`, `Die Einfältige aus Klugheit`, `Das schlaue Mädchen´`
oder `Die schlaue Heuchlerin`. Das Libretto stammte von dem italienischen Librettisten, Drucker und Tenor
Marco Coltellini (1719-1777). Kaiser Joseph II. hatte einem Bericht Leopold Mozarts zufolge dem zwölfjährigen Mozart Anregungen für die Oper gegeben, die dieser zwischen April und Juli 1768 in Wien komponierte. Hundert Dukaten betrug das Honorar für die 558 Seiten Notenpapier. Wegen Intrigen der `italieni-
schen Partei` um den Abenteurer, Theaterdirektor und Hofintendanten Guiseppe Affligio (1722-1788), der
später wegen Finanzbetrügereien verurteilt wurde und den Rest seines Lebens Strafarbeit verrichten
musste – u. a. wurde unterstellt, dass die Oper in Wirklichkeit nicht von dem Zwölfjährigen, sondern von
seinem Vater stammte -, konnte sie nicht uraufgeführt werden; erst am 1. Mai 1769 kam es in Salzburg zur

dem er sich zwischen 1767 und 1769 mehrfach aufhielt, schrieb Mozart u. a. das `Offertorium´ `Scande coeli limina´[301], dessen Uraufführung auch dort stattfand. Am 5. Januar 1769 kehrte Mozart mit seiner Familie nach Salzburg zurück. Im Oktober wurde er zum Dritten Konzertmeister der Salzburger Hofkapelle berufen. Es war seine erste Anstellung – allerdings ohne Salär! Am 13. Dezember 1769, nach nur knapp einem Jahr in Salzburg, brach Leopold Mozart im tiefen Winter mit seinem Sohn zur ersten von drei Italienreisen[302] auf – wobei die erste Reise die längste wurde. Insgesamt hielten sich Vater und Sohn Mozart ca. zwei Jahre in Italien auf.[303] Ziel war es, den inzwischen dreizehnjährigen Jungen mit dem für seine Kunst- und Musikkultur berühmten Italien, dem Ursprungsland der Oper, bekannt zu machen, ihm ein Studium der italienischen Musik und deren Quellen zu ermöglichen und ihn dadurch letztlich auch zu motivieren und weitere Kompositionsaufträge einzuholen. Spekuliert wurde auch auf eine feste Anstellung. Leopold Mozart war klar: Wer im europäischen Musikleben etwas werden wollte, kam an Italien nicht vorbei.[304] Fürsterzbischof von

---

Uraufführung. 1977 wurde in Salzburg ein Libretto entdeckt, das mit der Jahreszahl 1769 versehen war. Als Auftraggeber wird Sigismund von Schrattenbach genannt. Hier die Partitur online: http://dme.mozarteum.at/DME/nma/nma_cont.php?vsep=301&gen=edition&l=1&p1=-99 (aufgerufen am 17.3.2020).
[301] KV 34 (1769). Das Autograph des Stücks ist nicht vorhanden; eine Stimmenabschrift wurde erst 1988 (!) im Archiv der Heiligen Kapelle zu Altötting entdeckt.
[302] Die Italienreisen von Vater und Sohn Mozart fanden vom 13. Dezember 1769 bis zum 28. März 1771, vom 13. August 1771 bis zum 15. Dezember 1771 sowie vom 24. Oktober 1772 bis zum 13. März 1773 statt, vgl. weiterführend Bernhard Paumgartner, Mozart, a. a. O., 140-162.
[303] Vgl. weiterführend Piero Melograni, Mozart, a. a. O., 60ff.
[304] Wolfgang Hildesheimer, Mozart, a. a. O., 70, hielt Leopold Mozart für eine „Lakaiennatur mit starkem Hang zu devoter Anpassung, wenn nicht gar zu Duckmäuserei, die sogar manchmal in Intrigantentum ausartete. (…) Einer seiner liebsten Ratschläge an seinen Sohn war denn auch, sich `einzuschmeicheln´…" Zum damals üblichen `Dienern´ vgl. Michael Lemster, Die Mozarts, a. a. O., 75f., und – gegen Hildesheimer

Schrattenbach unterstützte erneut das Unterfangen seines Vizekapellmeisters, indem er diesen beurlaubte und ihm 600 Gulden zur Verfügung stellte. Leopold Mozarts Frau und seine Tochter blieben auf dieser Reise aus Kostengründen in Salzburg zurück; Vater und Sohn reisten diesmal allein.[305]

Wohlhabende italienische Adelsfamilien, ein aufstrebendes Bürgertum und die reiche römisch-katholische Kirche hatten ein vielgestaltiges Musik- und Kunstleben gefördert und ihm zur Blüte verholfen. Italien – das war das Land des Arcangelo Corelli[306], des Antonio Vivaldi[307], des Giovanni Battista Pergolesi[308] und der Cremonenser Geigenbauer Stradivari[309] und Guarneri[310]. Ziel der Reise war es, bedeutende italienische Komponisten persönlich kennenzulernen, in musikalischen Fachkreisen den begabten

---

– ebenfalls Michael Lemster, der Leopold Mozart als einen „Mann von unbestreitbarer innerer Größe" (Michael Lemster, Die Mozarts, a. a. O., 223) erachtete. Zugleich war er für ihn ein „innerlich kritischer und zugleich äußerlich angepasster Höfling und Musikbeamter" (Michael Lemster, Die Mozarts, a. a. O., 273).

[305] Leopold Mozart reiste mit Johann Georg Kreyßlers Reiseführer. Maria Anna und Nannerl hatten ein zweites Exemplar des Buches zur Hand, mit dessen Hilfe sie die Tour von zu Hause aus verfolgen konnten. Der deutsche Reiseschriftsteller und Archäologe Kreyßler (1693-1743) schuf mit seinen Reiseberichten die Grundlage für die Erfassung von geografischen Besonderheiten in Deutschland und seinen Nachbarstaaten. Seine Bemerkungen zu politischen und wirtschaftlichen Verhältnissen fielen meist der Zensur zum Opfer.

[306] Arcangelo Corelli (1653-1713) war ein einflussreicher italienischer Barockviolinist und -komponist.

[307] Antonio Vivaldi (1678-1741) aus Venedig ist nicht nur als römisch-katholischer Priester und Betreuer eines Orchesters eines Heimes für Waisenmädchen in Erinnerung geblieben, sondern vor allem als Komponist und Violinist des Barock: Von fast 500 Konzerten sind 241 seiner Solokonzerte für Violine erhalten. Vivaldis Werk geriet lange in Vergessenheit, erfuhr allerdings im 20. Jahrhundert eine Renaissance, die bis heute anhält.

[308] Der italienische Komponist Giovanni Battista Pergolesi (1710-1736), der im Alter von 26 Jahren früh starb, hat bedeutende sakrale Kompositionen, auch einige Opern, hinterlassen. Er war ähnlich einflussreich wie W. A. Mozart oder J. S. Bach. Zu seinen bekanntesten Werken zählt bis heute `Stabat Mater´.

[309] Antonio Giacomo Stradivari (um 1644/1648-1737) war ein bedeutender Geigenbauer, dessen Instrumente heute sehr wertvoll sind. Es scheint, dass Martin Schleske (geb. 1965), Geigenbauer aus Landsberg am Lech, hinter das Geheimnis des berühmten italienischen Geigenbauers und seiner Kollegen Nicola Amati (1596-1684) und Domenico Montagnana (1686-1750) gekommen ist und heute (2020) ähnlich klingende Instrumente herstellt. http://www.schleske.de/ (aufgerufen am 14.5.2020).

[310] Bartolomeo Giuseppe Guarneri (1698-1744) war ein italienischer Geigenbauer, der wegen seiner Verortung im christlichen Glauben `Guarneri del Gesù´ oder `Guarnerius del Gesu´ genannt wurde.

Jungen aus Salzburg vorzustellen und Kontakte zu knüpfen. So ging es wie immer per Kutsche über den Brenner.[311] „Allerliebste Mama", schrieb der dreizehnjährige
Wolfgang Amadé an seine daheimgebliebene Mutter,
„Mein herz ist völig entzücket, aus lauter vergnügen, weil
mir auf dieser reise so lustig ist, weil es so warm ist in den
wagen, und weil unser gutscher ein galanter kerl ist, wel-
cher, wen es der weg ein bischen zuläst so geschwind
fahrt."[312] Wichtige Stationen des jungen und des alten Mozarts waren die Städte Verona, Mailand, Bologna, Florenz,
Rom (wo sie `unter Blitz und Donner´ eintrafen und kurz
nach ihrer Ankunft an einer Messe im Petersdom in Anwesenheit des Papstes teilnahmen), Neapel (in der Metropole des Mittelmeerraumes, der Stadt der `Opera buffa´
und der Residenz der spanisch-bourbonischen Vizekönige
hielten sich die beiden Mozarts 1770 etwa fünf Wochen
lang auf und unternahmen von dort aus Ausflüge in die
Umgebung, u. a. zum Vesuv[313]), Turin, Venedig (mit Gon-
delfahrt), Padua und Vicenza.[314] Meistens wurden Konzerte gegeben. Der junge Mozart komponierte viel in dieser Zeit, in der er beschwerlich in ungefederten Postkutschen oder Mietdroschken unterwegs war.[315] Noch später
schrieb er an seinen Vater, dass seine Kompositionen im

---

[311] Die einzelnen Stationen dieser Reise sind hier genau aufgeführt: http://ausstellungen.musikland-ti-
rol.at/content/ausstellung/mozartintirol/zeittafel.html (aufgerufen am 13.5.2020).
[312] W. A. Mozart, Briefe 1, 292, hier zit. nach Martin Geck, Mozart, a. a. O., 49.
[313] W. A. Mozart schrieb darüber begeistert: „Heunt raucht der Vesuvius starck, poz bliz und ka nent aini"
(MBA I, 357).
[314] Volker Gebhardt hat daran erinnert, dass diese `Grand Tour´ der Mozarts dem Standardprogramm – vom
englischen Adel des 18. Jahrhunderts in Mode gebracht – aller Italienreisenden in jener Zeit entsprach.
[315] Zu den unangenehmen Reisebedingungen gehörten hin und wieder auch Unfälle sowie Rad- und Ach-
senbrüche, die damals keine Seltenheit waren. Auf der 27stündigen Rückfahrt von Neapel nach Rom kam
es zu einem Kutschenunfall, bei dem Leopold Mozart leicht verletzt wurde und schrieb, dass er „das halbe
schinbein des rechten fusses fingerbreit aufriss" (MBA I, 366). Die Folge war eine einmonatige Ruhepause.

Kopf schon fertig waren, aber er nur noch Zeit brauchte, um sie zu Papier zu bringen. Vermutlich ist diese Fähigkeit auf den langen Reisen, die Mozart unternahm, trainiert worden; denn auch später noch entstanden einige Kompositionen nicht unbedingt am Instrument. Schon die ersten Konzerte, die der jetzt vierzehnjährige Mozart in Italien gab, waren ein voller Erfolg – der junge `Tedesco´ wurde als ein „Wunder der Natur"[316] bejubelt und erhielt Aufträge zu weiteren Kompositionsarbeiten, so für die Opern `Mitridate, re di Ponto´[317] und `Asconio in Alba´[318]. Leopold Mozart verfolgt in jener Zeit ein konkretes Ziel: Sein Sohn sollte sich zwar im Land der Oper mit seinen Opern vorstellen, vor allem aber in Mailand. Denn Mailand gehörte zwar geographisch zu Italien, aber politisch zu Österreich – was die Chancen für einen Deutschen bzw. Österreicher steigen ließ, und insofern erhoffte er sich dadurch Chancen für seinen Sohn. Überall in Italien wurden die beiden, wie sie nach Hause schrieben, mit großer Freundlichkeit und Offenheit aufgenommen. Sie bewegten sich vor allem

---

[316] MBA I, 131.

[317] KV 87. Die `Opera seria´ in drei Akten wurde am 26. Dezember 1770 im `Teatro Regio Ducale´ in Mailand zur Saisoneröffnung uraufgeführt und riss die Mailänder – entgegen allen Befürchtungen vieler im Vorfeld, es könne sich um „eine deutsche barbarische Musik handeln" (MBA I, 412) – zu wahren Begeisterungsstürmen hin. Der Auftrag dazu stammte von dem musik- und kunstliebenden Grafen Karl Joseph Gotthard von Firmian (1716-1782), Generalgouverneur der Lombardei, der Mozart gehört hatte, von ihm begeistert war und ihn während seines Mailänder Aufenthaltes finanziell unterstützte: „Falls Mozart unter den Mächtigen je einen intelligenten Verehrer besaß, so war dies Karl Joseph Graf von Firmian" (Alberto Conforti, Mozart, a. a. O., 19). Der Text stammte von dem italienischen Librettisten Vittorio Amadeo Cigna-Santi (um 1730-nach 1795). Als Vorlage diente das Drama `Mithridate´ von Jean Racine (1639-1699), einem der bedeutenden klassischen französischen Tragödiendichter. Mozart stellte die Oper in fünf Monaten fertig. Es gab insgesamt 23 Aufführungen; danach wurde die Oper zweihundert Jahre nicht gespielt, bis es 1971 im Rahmen der Salzburger Festspiele zu einer Neuinszenierung kam. Hier die Partitur: http://dme.mozarteum.at/DME/nma/nma_cont.php?vsep=37&gen=edition&l=1&p1=-99 (aufgerufen am 25.3.2020). An der Stelle des abgerissenen `Teatro Regio Ducale´ befindet sich heute die `Mailänder Scala´.

[318] KV 111. Es handelt sich bei diesem zweiaktigen Stück, das am 17. Oktober 1771 im Teatro Ducale in Mailand uraufgeführt wurde, um eine `Serenata teatrale´, also um eine Mischform von Kantate und kleiner Oper. Mozart schrieb die Musik in kaum mehr als drei Wochen! Das Libretto stammte von dem italienischen Lyriker und Satiriker Guiseppe Parini (1729-1799).

in Kreisen des Adels und des gehobenen Bürgertums.[319] In Florenz kam es am 5. April 1770 zu einer Begegnung mit dem gleichaltrigen Thomas Linley, jr.[320] Das 14jährige Wunderkind aus England und Mozart freundeten sich miteinander an und musizierten zusammen – ein herausragendes Ereignis, das es anscheinend Wert war, bildlich festgehalten zu werden.[321] Sie verstanden sich sehr gut, und – so ist überliefert – als es galt, Abschied voneinander zu nehmen, weinte W. A. Mozart bitterlich; sie sahen sich nie wieder. Thomas Linley jr. hatte nur ein paar Jahre später, im Alter von 22 Jahren, einen Bootsunfall und ertrank. Weiter in Bologna, dem intellektuellen Zentrum Italiens, kontaktierten die Mozarts Giovanni Battista Martini[322], den bedeutendsten Musiktheoretiker der Zeit, „der Italiäner Abgott"[323], wie Leopold Mozart schrieb, damit Wolfgang Amadé bei ihm Stunden in Kontrapunkt[324] nehmen konnte.

---

[319] So fand beispielsweise am Abend des 25. Dezember 1769 in Rovereto im Palazzo von Baron Giovanni Todeschi (1730-1799), des Bürgermeisters der Stadt, der die Mozarts aus Wien kannte, ein Konzert statt, bei dem Mozart die `noblesse´ Roveretos zum Staunen brachte. Unter den Zuhörerinnen und Zuhörern befand sich auch Massimiliano Settimo Conte di Lodron (1727-1796). Anlässlich W. A. Mozarts 175. Geburtstag 1931 wurde am Palazzo Todeschi eine Gedenktafel an dieses Weihnachtskonzert angebracht.
[320] Der Komponist und Geiger Thomas Linley jr. (1756-1778), Sohn des britischen Cembalisten, Komponisten, Gesangslehrers, Theaterbesitzers und Vaters von zwölf Kindern, Thomas Linley, sn. (1733-1795), war ein Schüler des berühmten Geigers Pietro Nardini (1722-1793). Er arbeitete nach seiner Rückkehr nach London 1771 im `Theatre Royal Drury Lane´ als Geiger und Konzertmeister, wo er seine eigenen Kompositionen zur Aufführung brachte. Sein Grab befindet sich in der Kirche von Edenham, Lincolnshire. Sein Violinkonzert in F-Dur findet man auf YouTube: https://www.youtube.com/results?search_query=thomas+linley+violin+concerto (aufgerufen am 16.3.2020).
[321] Das Bild ist zu sehen bei C. M. Knispel, Mozart, a. a. O., 40, und online unter: http://www.ars-classical.com/mozart-bio2.html (aufgerufen am 19.4.2020).
[322] Der aus Bologna stammende Minoritenpater und Komponist Giovanni Battista Martini (1706-1784) war ein bedeutender Musiktheoretiker mit einer universalen musikalischen Bildung, der neben 32 Messen und einem Requiem 94 Sonaten für Tasteninstrumente, 24 Sinfonien, fünf Bühnenwerke und zahlreiche kirchliche Kompositionen schrieb. Er korrespondierte u. a. mit Musikern wie Jean-Philippe Rameau (1683-1764) und konnte u. a. J. Chr. Bach zu seinen Schülern zählen. Die Mozarts kontaktierten ihn im März 1770 in Bologna. Einige seiner Werke sind digitalisiert worden: https://docnum.unistra.fr/digital/search/searchterm/Martini%20Giovanni%20Battista/order/creato (aufgerufen am 25.3.2020).
[323] MBA I, 328.
[324] Der aus dem Lateinischen stammende Begriff (`punctum contra punctum´ = Note gegen Note) bezeichnet die Kunst, mehrere Stimmen in einer Komposition mehrstimmig zu führen bzw. zu einer Melodie eine oder mehrere Gegenstimmen zu erfinden.

Mit der Hilfe des Unterrichts bei dem schon betagten und in aller Zurückgezogenheit lebenden Gelehrten gelang es, dass Wolfgang Amadé in die berühmte `Accademia Filarmonica di Bologna´[325] aufgenommen wurde.[326] Sie stand in der Stadt, in der es keinen Fürstenhof gab, im Rang einer Hofkapelle und hatte entsprechend strenge Aufnahmekriterien. Mozart, `inter Magistros Compositores´ aufgenommen, traf jetzt auf Augenhöhe mit mehreren weltberühmten Komponisten der neapolitanischen Schule zusammen: Giovanni Battista Sammartini[327], Niccolò Piccini[328], Pietro Nardini[329], Niccolò Jommelli[330] und Giovanni Paisiello[331]. Er begegnete auch bedeutenden Künstlern

---

[325] Die Gründung der `Accademia Filarmonica di Bologna´ reicht ins Jahr 1666 zurück. Ihre Mitglieder trafen sich zweimal wöchentlich zum Musizieren und gaben einmal monatlich öffentlich ein Konzert. Ziel war es, die besten Musiker Europas zu sammeln. Zu ihren Mitgliedern gehörten u. a. Karl Ditters von Dittersdorf (1739-1799), Gioachino Rossini (1792-1868), Guiseppe Verdi (1813-1901), Giacomo Puccini (1858-1924), Richard Wagner (1813-1883), Johannes Brahms (1833-1897), Ferruccio Busoni (1866-1924) und Ottorino Respighi (1879-1936). Ihre Musikbibliothek zählt heute weltweit zu den bedeutendsten Sammlungen ihrer Art. Zur Website geht es hier: http://www.accademiafilarmonica.it/ (aufgerufen am 25.3.2020).

[326] Die Aufnahmeurkunde ist abgebildet in Max Becker/Stefan Schickhaus, Mozart, a. a. O., 68.

[327] Giovanni Battista Sammartini (ca. 1698-1775) war zu seinen Lebzeiten der maßgebliche Komponist Mailands. Er war Kapellmeister und Lehrer: So unterrichtete er u. a. den Opernkomponisten Christoph Willibald Gluck (1714-1787) und Christian Cannabich (1731-1798). Er hörte 1770 und 1771 Mozart auf dessen erster Italienreise.

[328] Der italienische klassische Komponist Niccolò Vito Piccini (1728-1800), aus einer Musikerfamilie stammend, war ein Opernspezialist und der Gegenspieler Glucks in Paris. Der Freimaurer, der aus politischen Gründen vier Jahre inhaftiert war, heiratete 1756 seine 14-jährige Gesangsschülerin. Er starb verarmt in Paris. Sein Werk ist noch nicht komplett erschlossen.

[329] Der italienische Geiger und Komponist der Vorklassik, Pietro Nardini (1722-1793), war Kammermusiker an verschiedenen Höfen und ab 1770 bis zu seinem Tod Musikdirektor am Hofe des Großherzogs Leopold der Toscana in Florenz. 1770/1771 erlebte er Mozarts Auftritte auf dessen erster Italienreise. Leopold Mozart seinerseits hatte ihn 1763 in Schloss Ludwigsburg gehört und war begeistert.

[330] Der italienische Komponist Niccolò Jommelli (1714-1774), einer der markantesten Vertreter der `Opera seria´ Mitte des 18. Jahrhunderts (er schuf neben Instrumental- und Kirchenmusik u. a. 220 Bühnenwerke, darunter über 60 Opern), war 1749 zunächst Vizekapellmeister der `Cappella Giulia´ am Petersdom unter Papst Benedikt XIV. (1675-1758), stand von 1753 bis 1769 als Hofkapellmeister in den Diensten Herzogs Carl Eugen von Württemberg (1728-1793) – jenes berüchtigten despotischen Landesfürsten, wegen dem Friedrich Schiller das Land verließ. Jommelli genoß viele Freiheiten, hatte aber auch Verpflichtungen wie zwei neue Opern jährlich zu schreiben, die am Geburtstag und am Namenstag Carl Eugens aufgeführt wurden. Wo sich heute sein Grab befindet, ist ein Geheimnis.

[331] Mozart studierte die besondere Finaltechnik des italienischen Komponisten. Giovanni Paisiello (1740-1816) schrieb u. a. über 100 Opern, zwölf Sinfonien, dreißig Messen und acht Klavierkonzerte und folgte 1776 einem Ruf der Zarin Katharina II. nach St. Petersburg. Am Zarenhof wurde er u. a. Musiklehrer und Kapellmeister. Er blieb bis 1784 und kehrte dann nach Italien zurück; in Neapel ließ er sich nieder. Auf dieser

wie Guiseppe Manfredini[332] und Joseph Mysliveček[333]. Am 5. Juli 1770 wurde er in Rom – dem „Ort…, wo man sich nothwendig aufhalten muß"[334] – von dem päpstlichen Staatssekretär Kardinal Lazaro Opizilo Pallavicini im Auftrag von Papst Clemens XIV.[335] zum `Ritter vom Goldenen Sporn´[336] ernannt. Dieser päpstliche Ritterschlag galt für einen Künstler damals als höchste Auszeichnung – erst recht für einen Vierzehnjährigen! Mozart durfte sich ab jetzt `Cavaliere´ – Ritter – nennen, wovon er allerdings nie Gebrauch gemacht hat.[337] Drei Tage später wurde der 14jährige Mozart vom Papst in einer privaten Audienz im Palazzo Santa Maria Maggiore empfangen. Im Rom gelang es Mozart damals dank seines absoluten Gehörs [338]und seines ausgezeichneten Gedächtnisses, nach ein-

---

Rückreise traf er sich in Wien mit Mozart, mit dem er ein gutes Einvernehmen hatte. 1802 folgte Paisiello einem Ruf Napoleons nach Paris, kehrte aber nach einem Jahr wieder nach Neapel zurück. Er starb verschuldet in Armut.

[332] Der italienische Kastrat und Komponist Guiseppe Manfredini (1710-1780), der dem Spätbarock zugerechnet wird, arbeitete viele Jahre bis 1766 als Musiklehrer in Moskau. 1769 besuchte er auf einer Reise von St. Petersburg die Familie Mozart in Salzburg.

[333] Der böhmische Komponist Joseph Mysliveček (1737-1781), der Sohn eines Müllers, der auf sein Erbe verzichtet und stattdessen Orgel- und Kompositionsunterricht genommen hatte, war mit W. A. Mozart befreundet, dem er erstmals 1770 in Bologna begegnet war. Er versuchte vergeblich, Mozart einen Auftrag für eine italienische Oper zu verschaffen. Fünf Jahre später erkrankte er an Syphilis. Die Krankheit führte zu einer Gesichtslähmung; bei dem Versuch, ihn zu heilen, entfernten ihm die Ärzte seine Nase, wodurch sein Gesicht entstellt wurde. Darüber schrieb auch Mozart, der ihn im Krankenhaus in München 1777 besuchte. Er starb verarmt in Rom.

[334] MBA I, 320.

[335] Papst Clemens XIV. (bürgerlich Vinzenzo Antonio Ganganelli, 1705-1774) war von 1769 bis 1774 Papst. Der friedliebende und kunstsinnige Papst ging vor allem in die Kirchengeschichte ein, weil er 1773 den Jesuitenorden aufhob.

[336] Dieser Orden – goldenes Kreuz am roten Band, Degen und Sporen – ist bis heute der zweithöchste, meist an Künstler verliehene Orden für Verdienste um die römisch-katholische Kirche. Träger des Ordens waren vor Mozart Orlando di Lasso (1532-1594) und Willibald Gluck sowie nach ihm u. a. Niccolò Paganini (1782-1840), Konrad Adenauer (1876-1967) und Theodor Heuss (1884-1963).

[337] Mozart hat sich, so weit bekannt, auch nie `Ritter Mozart´ genannt – bis auf einen an seine Schwester Nannerl gerichteten und spaßeshalber so unterschriebenen Brief.

[338] Unter einem absoluten Gehör versteht man die Fähigkeit, auf Anhieb einen beliebig gehörten Ton zu nennen, ohne einen Bezugston zu haben. Die Frage, warum einige Personen ein absolutes Gehör haben und andere nicht, ist bis heute wissenschaftlich nicht geklärt. Vermutet wird, dass diejenigen, die über ein absolutes Gehör verfügen, in ihrer frühen Kindheit viel Kontakt mit Musik hatten. Eine andere These ist, dass ein absolutes Gehör angeboren ist.

maligem Hören die acht DIN A-4-Seiten umfassende Partitur des neunstimmigen `Miserere´, das ausschließlich für die Capella Sixtina komponiert worden war und dessen Abschrift „unter der excommuication verbotten"[339] war, nach einer Messe komplett niederzuschreiben. Er wurde allerdings nicht exkommuniziert, sondern der von der Leistung des Jugendlichen beeindruckte Papst überließ sie Mozart als Souvenir. Der Prunk, die ganze Pracht und das römische `Savoir-vivre´ haben den beiden Mozarts sehr gefallen. Zum zweiten Mal reiste Mozart am 18. Oktober 1770 nach Mailand. Er war darum dabei, als seine `Opera seria´[340] `Mitridate, re di Ponto´ am 26. Dezember 1770 uraufgeführt wurde.[341] Über Innsbruck kehrten die beiden dann am 28. März 1771 nach Salzburg zurück. Fünfzehneinhalb Monate hatte diese erste Italienreise gedauert. Nur vier Monate hielten sich die beiden in Salzburg auf. Dann reisten sie noch einmal vier Monate lang, vom 13.

---

[339] MBA I, 320. Diese Komposition des Priesters, Komponisten und Sängers Gregorio Allegri (1582-1652) galt als eines der bestgehüteten Geheimnisse des Vatikans. Ein Jahr später wurde die Komposition gedruckt, weil man sie nun nicht mehr länger geheim halten konnte. Den Schluss aus diesem `Miserere´ findet man auszugsweise bei Heinz Meyer unter Mitarbeit von Ulrich Binder, Begegnung mit Wolfgang Amadeus Mozart, FfM-Berlin-München 1986, 13.
[340] `Opera seria´ ist die Bezeichnung für die Kunstgattung der `ernsten´ italienischen Oper, die Anfang des 18. Jahrhunderts entstand und deren Blütezeit zwischen 1740 und 1780 war. Die Bezeichnung wurde im 18. Jahrhundert kaum gebraucht, sondern hieß damals `Dramma per musica´ und war der Gegensatz zur `Opera buffa´, der komischen Oper. Ihr Stoff stammte meistens aus der römischen Geschichte und der Renaissance; ihr Zweck war es, die Herrschaft der Regierenden zu überhöhen. Wichtigster Librettist der `Opera seria´ war Pietro Metastasio (1698-1782), dessen Prinzipien der Textgestaltung unmittelbare Auswirkung auf die musikalische Struktur der Opern hatten waren u. a. die Italiener Niccolò Jommelli (1714-1774), Baldassare Galuppi (1706-1785), Niccolò Piccini (1728-1800); prägender deutscher Komponist war Johann Adolph Hasse (1699-1783), der in Italien mit dem Attribut `divino Sassone´ bedacht wurde und den Mozart 1769 in Wien kennenlernte. Hasse hatte schon früh Mozarts Begabung erkannt, vgl. Georg Nikolaus Nissen, Biographie Mozarts, a. a. O., 143, Anm. 1.
[341] So entstanden die `Serenata teatrale´ `Ascanio in Alba´ (KV 111, am 17.10.1771 in Mailand bei der Hochzeit von Erzherzog Ferdinand von Österreich und Maria Beatrice von Este uraufgeführt) und das `Dramma per musica Lucio Silla´ (KV 135, 1772 in Mailand uraufgeführt).

August bis zum 15. Dezember 1771, ins `Land, wo die Zit-
ronen blühn´ (Goethe).[342] In Mailand machten sie diesmal
die persönliche Bekanntschaft des deutschen Großmeis-
ters der neapolitanischen `Opera seria´: Johann Adolph
Hasse[343]. Er ist noch heute in Erinnerung, weil er angeblich nach der persönlichen Begegnung mit dem fünfzehn-
jährigen Mozart und dessen aufgeführter Serenata teatrale
`Ascanio in Alba´ am 17. Oktober 1771 in Mailand gesagt
haben soll: „Questo ragazzo ci farà dimenticar tutti" – „Dieser Knabe wird uns alle vergessen machen."[344] Insgesamt
schuf Mozart auf diesen Reisen ca. dreißig Partituren, darunter das erste Streichquartett G-Dur[345], zehn Konzertarien, sieben Sinfonien und einige kontrapunktische Vokal-
werke. Sie alle wurden stark von der damals vorherrschen-
den italienischen Kompositions- und Musizierweise beeinflusst: Eine ausgesprochen kantable Melodik verband sich
mit satztechnischen Raffinessen, spielerisch ging Mozart
mit den klassischen Instrumentengattungen und -formen

---

[342] Zu Orten und Hintergründen dieser Reise vgl. die Ausstellung `Mozart in Tirol´ von 1991 (2006 überar-
beitet), in der der Reiseweg von Vater und Sohn Mozart auf ihren drei Italienfahrten nachgezeichnet wird:
http://ausstellungen.musikland-tirol.at/content/ausstellung/mozartintirol/mozart-spuren-in-tirol.html. Dort findet man detaillierte Angaben zu den jeweiligen Aufenthaltsorten der beiden Mozarts.
[343] Johann Adolph Hasse (1699-1783), aus einer norddeutschen Organistenfamilie stammend, war ein bekannter Komponist des Spätbarocks. Wegen der beruflichen Perspektivlosigkeit in Deutschland reiste er
nach Italien, studierte dort u. a. bei Allessandro Scarlatti (1660-1725) und komponierte italienische Opern,
die ihn über Italien hinaus zu großer Berühmtheit führten. Der tonangebende Komponist der `Opera seria´
kehrte nach Deutschland zurück, wurde 1773 in Dresden `Königlich Polnischer und Kurfürstlich Sächsischer
Kapellmeister´ und machte Dresden zu einem bekannten Opernort. In Wien war er zeitweise der Musiklehrer
der Erzherzoginnen Maria Carolina und Marie Antoinette und zählte u. a. Friedrich II. von Preußen (1712-
1786, gen. Friedrich der Große oder volkstümlich der `Alte Fritz´) zu seinen Bewunderern. Er starb in Vene-
dig.
[344] J. A. Hasse, zit. nach https://de.wikipedia.org/wiki/Il_Ruggiero (aufgerufen am 3.6.2020).
[345] Mozart komponierte sein erstes Streichquartett in G-Dur (KV 80) am 15. März 1770 in Lodi abends im
Wirtshaus. Die Gattung war damals noch jung; Joseph Haydn und Luigi Boccherini hatten die spätbarocke
Form verändert. Allerdings ließen sie bei ihren Bearbeitungen die melodietragende Oberstimme der ersten
und zweiten Geige und die Bassbegleitung für Bratsche und Kontrabass bestehen. Mozart schrieb in dieser
Zeit u. a. vier Flötenquartette, ein Quartett F-Dur für Oboe und Streicher (KV 370) sowie die Klavierquartette
g-Moll (KV 478) und Es-Dur (KV 493).

um. Im Blick auf eine Stelle bei Hofe, etwa in der Lombardei, hatten sich in Italien für Wolfgang Amadé allerdings keine weiteren Möglichkeiten ergeben; das bedeutete, dass sein Leben weiterhin von wirtschaftlicher Unsicherheit geprägt war.

Oft ist darüber räsoniert worden, wie Leopold Mozart seine Kinder – und später die beiden Jugendlichen – zu dieser Leistung bringen konnte, ohne dass sie dagegen rebellierten. Einige Biograph*innen gelangten zu dem Schluss, dass es nur durch die rigide Disziplin des Vaters gegenüber den Kindern gelang.[346] Dabei deutet in den Quellen nichts auf körperliche Züchtigung mit der Rute als damals üblichem `pädagogischem Mittel´ hin, wie sie selbst in gebildeten Kreisen jener Zeit praktiziert wurde. Andere Mozart-Expert*innen gehen heute davon aus, dass Leopold Mozart „ohne die üblichen Angstmechanismen"[347] arbeitete, sondern über eine große Emotionalität die Kinder an sich band. Im Zentrum seiner Pädagogik stand die Förderung des kindlichen Lerneifers durch bestärkendes Lob.[348] Erst dem jungen Erwachsenen gelang es, sich aus der freundlich-erdrückenden Umklammerung seines Vaters zu

---

[346] Martin Geck weist darauf hin, dass Leopold Mozart in der Erziehung seines eigenen Sohnes nicht so streng war wie man gemeinhin annimmt, zumal in der Mitte des 18. Jahrhunderts eine neue Bewertung der Kindheit vorgenommen wurde – nicht länger als Vorstufe zum Erwachsensein, sondern „als ein der Liebe und Schonung bedürftiges Entwicklungsstadium sui generis betrachtet" (Martin Geck, Mozart, a. a. O., 20) wurde. Maria Publig schreibt, dass Leopold Mozart mit seinen Erziehungsmethoden „sicher nicht im Trend der Zeit" (Maria Publig, Mozart, a. a. O., 56) lag, der das Einhalten von Zucht und Ordnung und die Unterwerfung des Individuums unter die Gesetze des Staates favorisierte.
[347] Maria Publig, Mozart, a. a. O., 60.
[348] Johann Adolph Hasse hatte an Giovanni Maria Ortes (1713-1790) in Venedig geschrieben (Brief v. 30.9.1769), dass Mozart ihn hatte „Dinge hören lassen, die in diesem Alter etwas Unbegreifliches darstellen und die auch für einen ausgebildeten Mann bewundernswert sein könnten. (...) Es ist sicher, dass – falls seine Entwicklung mit dem Alter Schritt hält – er ein Wunder wird, wenn ihn sein Vater nicht so verwöhnt" (J. A. Hasse, zit. nach Volker Gebhardt, Schnellkurs Mozart, a. a. O., 28).

lösen.[349] Aber im Blick auf Mozarts Kindheit und Jugend sind auch heute noch viele Fragen offen.

---

[349] Leopold Mozart hat es nach Meinung von Mozart-Expert*innen nie verwunden, dass sein Sohn gegen seinen Willen heiratet und mit seiner Frau nach Wien zog. Doch ohne diese Trennung vom Vater und ohne den Gang in die Selbständigkeit des Erwachsenen sind Mozarts großartigste Werke heute undenkbar.

III. Mozart in Salzburg

Am 14. März 1772 war der 39jährige Hieronymus Franz Josef von Colloredo[350], Sohn des Reichsvizekanzlers, überraschend zum neuen Fürsterzbischof von Salzburg und damit zum Landesherrn gewählt worden. Damit war er nun Mozarts Dienstvorgesetzter. Im Unterschied zu seinem Vorgänger von Schrattenbach galt von Colloredo als vom Aufklärungsdenken geprägter unnahbarer Intellektueller – kühl, nüchtern, sarkastisch, sparsam, pedantisch und rigide –, der sich in erster Linie als Politiker verstand und durchaus als Mann des offenen Wortes jeden spüren ließ, wer Obrigkeit und wer Untertan war.[351] Als Fürsterzbischof von Salzburg war der in Rom Promovierte ein Anhänger der aufklärerischen Philosophen Jean-Jacques Rousseau und Voltaire[352] – in seinem Kabinett hingen Porträts von ihnen – und der aufklärerischen Reformen

---

[350] Hieronymus Franz Josef von Colloredo (1732-1812), der seine Gymnasialzeit in Wien verbracht hatte, wurde von 24 Salzburger Domherren, deutschen, österreichischen und welschen Adligen in leitenden Ämtern der Habsburgermonarchie, aus Städten wie Passau, Trient, Olmütz oder Köln, nach mehreren Wahlgängen gewählt. In der Mozart-Sekundärliteratur kommt er meistens schlecht weg; die Biografen übernehmen oft die Perspektive Mozarts. Von Colloredo war der letzte selbständige Wahlfürst; unter ihm erfolgte 1802 die Säkularisation und Überführung in ein weltliches Kurfürstentum. 1816 kam Salzburg als Herzogtum endgültig zu Österreich.

[351] Volkmar Braunbehrens zufolge kommt der als liebenswert, zugänglich, musikliebend beschriebene, patriarchalische und leutselige Fürsterzbischof von Schrattenbach unverdient gut weg: „Dabei handelt es sich bei Schrattenbach um einen andächtelnden und bigotten Herrn, voller Schrullen und Marotten, mehr Kindergottesdienstpriester als Bischof und alles andere als ein weiser und guter Herrscher. Für die Geschichte seines Landes war er eine verhältnismäßig bedeutungslose Persönlichkeit" (Volkmar Braunbehrens, Mozart in Wien, a. a. O., 32).

[352] Der große französische Schriftsteller Voltaire (eigentlich François-Marie Arouet, 1694-1778) gilt heute als *der* Philosoph der Aufklärung und deren vollkommene Verkörperung. Doch weder Leopold noch Wolfgang Amadé Mozart schätzten den französischen Freigeist, der in seinen letzten Jahren auf seinem Gut Ferney in größter Wohlhabenheit mit einem Heer von Bediensteten seinen Lebensabend verbrachte.

von Kaiser Joseph II. Wie der Kaiser, so führte der „Sparsamkeitsapostel und Knauser"[353] von Colloredo Reformen durch. Der unsensible Autokrat sparte, wo er konnte und schnitt rücksichtslos alte Zöpfe ab. Obwohl er selbst als guter Geiger beschrieben wurde,[354] hielt sich sein Sinn für die Ausgaben für Musik und Kunst in Grenzen. Er liebte keine langen Messen, vor allem nicht, wenn er sie selber zelebrieren musste; deshalb durften sie höchstens 45 Minuten dauern. Er strich kirchliche Feiertage, schränkte die Heiligenverehrung und den Ablasshandel ein, drängte die Macht der Orden zurück, setzte eine Grundsteuerreform durch, verbesserte das Gesundheits- und Bildungswesen sowie die Armenfürsorge und konsolidierte die Staatsfinanzen. Von seinen Untergebenen drang er auf Zuverlässigkeit und Gehorsam. Er korrigierte dadurch die durch von Schrattenbach verschleppten Reformen, gerade auch im Bereich der Staatsverschuldung.

Mozart hatte zu von Colloredos Inthronisation 1771 `Il Sogno di Scipione´[355] komponiert – eine Huldigung an den neuen, mit großer Nüchternheit regierenden Herrscher. Weder für Leopold noch Wolfgang Amadé Mozart gab es anfangs Grund, sich über den neuen Landesherrn zu beschweren: Am 9. August 1772 wurde er von dem ungelieb-

---

[353] Volkmar Braunbehrens, Mozart in Wien, a. a. O., 34. Von Colloredo leistete sich ein einziges kostspieliges Hobby: er hatte ein Gestüt mit 200 Pferden. Von Napoleon Bonaparte (1769-1821) wurde er zur Abdankung gezwungen, vgl. weiterführend Heinrich Eduard Jacob, Mozart oder Geist, a. a. O., 151ff., und Volkmar Braunbehrens, Mozart in Wien, a. a. O., 453f., Anm. 2.
[354] Vgl. Peter Gay, Mozart, a. a. O., 69, sowie Alberto Conforti, Mozart, a. a. O., 21.
[355] KV 126. Hier eine Aufnahme: https://www.youtube.com/watch?v=8k-vGrlwiBc (aufgerufen am 12.5.2020).

ten Herrn und offiziell durch das Hochfürstliche Hofzahlamt zum besoldeten `Concertmeister´ der Salzburger Hofkapelle ernannt – mit 150 Gulden Jahreslohn: Mozarts Aufgabe war es nun, zu spielen, wie ihm geheißen wurde, und zu komponieren, was man bei Hofe hören wollte. Dennoch unternahm Mozart weiterhin mit seinem Vater viele Reisen – auch, um dem strengen Protokoll bei Hofe und dem Zugriff von Colloredos zu entfliehen, denn es war klar, dass mit den unterschiedlichen Persönlichkeitsstrukturen – Mozart nannte ihn in seinen Briefen verklausuliert `Großmufti´ – Welten aufeinanderprallten und es auf die Dauer zu Konflikten kommen musste. Der sog. `Großmufti´ gewährte großzügig Dienstbefreiung bzw. Urlaub: So reisten Vater und Sohn Mozart ein drittes Mal gemeinsam über den Brenner nach Italien, wieder mit Genehmigung von Colloredos: Vom 24. Oktober 1772 bis zum 13. März 1773 ging es zur Uraufführung des `Lucio Silla´[356] am 26. Dezember 1772 nach Mailand[357], anschließend von Mitte Juli bis Ende September 1773 nach Wien. Als sie im März 1773 nach Salzburg zurückkehrten, lagen vier Jahre vor

---

[356] KV 135. Die `Opera seria´ in drei Akten, die Mozart von Oktober bis Dezember 1772 komponierte, handelt von dem für seine politischen wie militärischen Erfolge als auch für seine Skrupellosigkeit bekannten römischen Diktator Lucius Cornelius Sulla Felix (um 138-78 v. Chr.) und spielt in Rom im Jahr 79 v. Chr. Das Libretto stammte von dem Priester und Dichter Giovanni de Gamerra (1742-1803). Das Werk besticht „durch seine eruptive Ausdruckskraft" (Maria Publig, Mozart, a. a. O., 116). Es war die letzte Oper für Mailand. Auf dieser Reise entstand auch das `Exsultate, jubilate´ (KV 165), eine lateinische Motette für Sopran und Orchester, das am 17. Januar 1773 in Mailand durch den italienischen Kastraten, Pianisten, Komponisten und Musikpädagogen Venanzio Rauzzini (1746-1810), für den es Mozart geschrieben hatte, uraufgeführt wurde. Hier die Partitur: http://dme.mozarteum.at/DME/nma/nma_cont.php?vsep=20&gen=edition&l=1&p1=157 (aufgerufen am 21.3.2020).

[357] In Mailand kam es zur Bekanntschaft der Mozarts mit dem Tiroler Historien- und Porträtmaler Martin Knoller (1725-1804), dem Hofmaler des Grafen Firmian, der von Mozart ein naturalistisches Abbild in einer Elfenbeinminiatur anfertigte, in dem der 16jährige als blasser, magerer, ernüchtert junger Mann dargestellt wurde – die realistische Darstellung spiegelt, dass Mozart zuvor schwer erkrankt war: Knollers Bild ist online hier zu sehen: https://www.ecosia.org/images/?q=martin%20knoller%20mozart#id=8022A3173B4ED276079A72C7F055C76DE487D856 (aufgerufen am 13.5.2020).

109

Mozart, in denen er zu Hause bleiben sollte. Zu Hause: Leopold Mozart, inzwischen Vizekapellmeister, entschied, dass die Familie umziehen sollte, aus der engen Wohnung in der Getreidegasse in eine größere im sog. `Tanzmeisterhaus´[358] am Hannibalplatz. Die Familie des geachteten Vizekapellmeisters und Lehrers wohnte damit nun vergleichsweise herrschaftlich – in einer 428 m² großen Acht-Zimmer-Wohnung. Zu dieser Wohnung gehörte auch der `Tanzmeistersaal´[359], den die Mozarts für Konzerte und Gesellschaften nutzten. W. A. Mozart wohnte hier bis zu seinem 24. Lebensjahr 1780. In dieser Wohnung komponierte er in insgesamt sieben Jahren u. a. viele Sinfonien, Divertimenti[360], Serenaden, fünf Violinkonzerte und die Klavierkonzerte[361], die zwischen den Köchelverzeichnisnummern 174 und 339 gezählt werden. Die Gattung des

---

[358] Das 1617 erstmals urkundlich genannte Haus, heute unter Denkmalschutz stehend, war das Haus des Hoftanzmeisters Johann Lorenz Spöckner, der 1711 per Dekret in diesem Haus am heutigen Markartplatz die Erlaubnis hatte, Tanzstunden für Adlige zu geben. Sein Sohn und Erbe Franz Gottlieb Spöckner (1705-1767), ehemals Trauzeuge bei Anna Maria und Leopold Mozarts Hochzeit, trat die Nachfolge als Hoftanzmeister an. Aber erst sechs Jahre nach dessen Tod zog die Familie in das Haus des Freundes ein. Vermieterin war inzwischen Maria Anna Raab (1710-1788), die Cousine und Erbin Spöckners. Das Haus wurde im Zweiten Weltkrieg 1944 zerstört, der verbliebene Teil im fünfziger Jahren restauriert. 1994 wurde es abgerissen, nach alten Plänen rekonstruiert und wieder aufgebaut. Seit 1996 befindet sich dort eine Mozart-Gedenkstätte, in der das Leben Mozarts multimedial dokumentiert wird und die eine bedeutende Handschriftensammlung, darunter 200 Originalbriefe von W. A. Mozart und autographe Musik- und Notenhandschriften, beinhaltet (sog. `Autographentresor´ der `Stiftung Mozarteum Salzburg´). Nach wie vor wird der Tanzmeistersaal für Konzerte genutzt und auch zu privaten Anlässen vermietet. Ein Foto davon befindet sich bei Fritz Hennenberg, Mozart, a. a. O., 36.
[359] Leopold Mozart vermietete ebenfalls hin und wieder den großen, fast dreißig Fuß langen Tanzmeistersaal im Haus, in dem er wohnte, und den er auch gewerbemäßig nutzte; denn er führte in dem Raum auch Klaviere vor, die er in Kommission verkaufte – ein Zubrot. Ein Gemälde des österreichischen Malers Johann Nepomuk della Croce (1736-1819), vermutlich entstanden zwischen Spätherbst 1780 und Sommer 1781, zeigt die bürgerliche Musikerfamilie Mozart, den 24jährigen Wolferl neben seiner 28jährigen Schwester Nannerl am Klavier, Vater Leopold mit seiner Geige und der verstorbenen Mutter als Porträt, und spiegelt das Selbstbewusstsein Leopold Mozarts wider. Es wurde vielfach abgebildet, u. a. in: Claudia M. Knispel, Mozart, a. a. O., 140, und in Detmar Huchting, Mozart, a. a. O., 54f.
[360] Als `Divertimento´ wurde im 18. Jahrhundert eine aus mehreren Sätzen bestehende Komposition für Streicher oder Bläser bezeichnet – ein an keine feste Form gebundenes Instrumentalstück mit heiterem Charakter. Der Begriff stammt aus dem Italienischen und bedeutet `Unterhaltung, Vergnügen´.
[361] Insgesamt schrieb Mozart in Wien zwischen 1782 und 1786 fünfzehn Klavierkonzerte, sechs davon allein im Jahr 1784. 23 bzw. 30 Klavierkonzerte Mozarts sind erhalten. Das früheste ist das 1. Klavierkonzert in F-

Klavierkonzerts war Mozarts großer Coup, weil es ihm gelang, eine Kommunikation zwischen dem Künstler am Klavier und seinem Publikum herzustellen. Von 1772 bis 1787 wurden von dieser Wohnung aus 232 bekannte Briefe von der Familie Mozart geschrieben und 215 bekannte Briefe kamen hier an. Fünf große Reisen wurden von hier aus gestartet. Nannerl lebte hier bis zu ihrer Heirat 1784 und Leopold Mozart bis zu seinem Tod am 28. Mai 1787.[362] Auch Emanuel Schikaneder[363] war hier oft zu Gast. In dieser Wohnung wurde im Juli 1785 Leopold Mozarts Enkel Leopold Alois Pantaleon von Berchtold zu Sonnenburg geboren, der dann später zeitweise von seinen Eltern zu seinem Großvater Leopold in Pflege gegeben wurde.[364]

Dur (KV 37) aus dem Jahre 1767; es gehört allerdings zu den sog. `Pasticciokonzerten´ (KV 3741) – das sind jene Werke, deren Musik eigentlich von anderen Komponisten stammt. Hier die Partitur online: http://dme.mozarteum.at/DME/nma/nma_cont.php?vsep=212&gen=edition&l=1&p1=3 (aufgerufen am 6.4.2020). Als erstes selbständiges, rein von Mozart stammendes Klavierkonzert – der Komponist ist damals 17 Jahre alt – gilt das 5. Klavierkonzert in D-Dur (KV 175) aus dem Jahr 1773. Hier die Partitur: http://dme.mozarteum.at/DME/nma/nma_cont.php?vsep=145&gen=edition&l=1&p1=3 (aufgerufen am 6.3.2020). Als das reifste Klavierkonzert gilt unter Kennern das in F-Dur (KV 459) aus dem Jahre 1784. Eine Liste von Mozarts Klavierkonzerten befindet sich hier: https://de.wikipedia.org/wiki/Liste_der_Klavierkonzerte_Mozarts (aufgerufen am 6.4.2020).

[362] Leopold Mozart starb vermutlich an den Folgen von Magenkrebs. Er wurde in der `Kommunalgruft´ der Gruftarkaden des Sankt-Sebastiansfriedhof beigesetzt (Arkade Nr. 84). Ein Gedenkstein auf dem Grab seiner Schwiegertochter erinnert heute an seine Frau und ihn. Es ist historisch falsch, wenn Erich Valentin schreibt, dass im gleichen Grab wie Leopold Mozart seine ehemalige Schwiegertochter Constanze Nissen, verw. Mozart, geb. Weber, beigesetzt wurde, vgl. Erich Valentin, Mozart, a. a. O., 69.

[363] Emanuel Johannes Josephus Schikaneder (1751-1812), in Straubing geboren, war Dichter, Schauspieler und Sänger, später Mitglied einer Wandertheatertruppe und Theaterdirektor in Augsburg. Als Halbwaise in Regensburg aufgewachsen, war er als Kind musikalisch gefördert worden (u. a. sang er bei den `Regensburger Domspatzen´). Er war zweimal nachweislich mit der Familie Mozart in Salzburg bei Gastspielen seiner Truppe zusammengetroffen (1780/81 und 1786). 1789 eröffnete er mit seinem Stück `Der dumme August´ das Freihaustheater im damals größten Wohnblock der Stadt, dem `Freihaus auf der Wieden´. Dort fand am 30. September 1791 die Premiere von Mozarts `Zauberflöte´ statt. Ein Theaterzettel der Uraufführung ist erhalten und wurde abgedruckt in: Wilhelm Meyer, Mozart. Mit 43 Abbildungen und einem farbigen Umschlagbild, Bielefeld und Leipzig 1921, 65. Die `Zauberflöte´ wurde bis zur Schließung des Theaters am 12. Juni 1801 hier 223 Mal aufgeführt. Mit den Erlösen baute Schikaneder ein neues Theater, das er bis 1804 leitete. Von 1802 bis 1812 gehörte ihm das heute als `Léhar-Schickaneder-Schlössl´ bekannte Gebäude im Heurigenort Nußdorf, heute ein Stadtteil von Wien. Das große Unterhaltungstalent, das über 50 Theaterstücke (davon zwölf mit Musik) und über vierzig Opern- und Singspiel-Libretti schrieb und in seiner Bühnenlaufbahn über 900 (!) Theaterstücke, Singspiele und Opern auf die Bühne brachte, starb verarmt und geistig umnachtet in Wien, vgl. weiterführend Eva Gesine Baur, Emanuel Schikaneder. Der Mann für Mozart, München 2018.

[364] Vgl. weiterführend Georg Nikolaus Nissen, Biographie Mozarts, a. a. O., 14, Anm. 5.

Von hier aus wurden nun weitere Reisen unternommen: Vom 6. Dezember 1774 bis zum 7. März 1775 hielten sich die beiden Mozarts in München auf. Dort wurde am 13. Januar 1775 die `Opera buffa´ `La finta giardiniera[365] des 18jährigen uraufgeführt wurde. Im April 1775 wurde in Salzburg das `Dramma per musica´[366] `Il re pastore´[367] uraufgeführt. Weil seine Urlaubsgesuche mehrfach von Fürsterzbischof von Colloredo nicht genehmigt worden waren, reichte er im Sommer 1777 sein Abschiedsgesuch ein und bat um Entlassung aus der Salzburger Hofkapelle und damit aus dem fürsterzbischöflichen Dienst. Diesem wurde im September 1777 vom Fürsten von Colloredo stattgegeben.[368] Das bedeutete einen Wendepunkt im Leben von W. A. Mozart, dem nun „feder leicht ums herz"[369] war: Denn nun konnte er sich außerhalb Salzburgs um Aufträge bemühen! Daraufhin versuchte er, in Städten, die er kannte und in denen er bekannt war, eine feste Stelle

---

[365] KV 196. In der Mozart-Forschung ist umstritten, durch wen Mozart der Auftrag vermittelt worden war. Angenommen wird, dass der Münchner Hofintendant Joseph Anton von Seeau (1713-1799) Mozart 1774 den Auftrag für diese italienische `Opera buffa´ für den Münchner Fasching erteilt hatte. Das Libretto stammte vermutlich von Marco Guiseppe Petrosellinni (1727-1799). Die Uraufführung der `verstellten Gärtnerin´ oder der `Gärtnerin aus Liebe´ fand am 13. Januar 1775 im Münchner Opernhaus St. Salvator in Anwesenheit von Maximilian III. Joseph, der ein großer Opernfreund war, statt. Obwohl der Kurfürst ein Musikliebhaber war und selbst komponierte, lehnte auch er eine Anstellung W. A. Mozarts an seinem Hofe ab.
[366] So lautet die zeitgenössische Bezeichnung für die `Opera seria´, d. h. für die `ernste´ italienische Oper in hohem Stil.
[367] KV 208. `Der König als Hirte´, wie die italienische Oper `Il re pastore´ übersetzt heißt, ist eine Serenata in zwei Akten. Das Libretto stammt von Pietro Metastasio (1698-1782) und behandelt eine Episode im Leben Alexanders des Großen (356-323 v. Chr.), nämlich wie Abdalonymos (vermutlich gestorben um 312 v. Chr.) König von Sidon wird. Pietro Metastasio hatte das Libretto auf Wunsch von Maria Theresia geschrieben, Mozart hatte es dann vertont. Die Uraufführung der Oper fand am 23. April 1775 in Salzburg statt. Hier die Partitur: http://dme.mozarteum.at/DME/nma/nma_cont.php?vsep=49&gen=edition&l=1&p1=-99 (aufgerufen am 23.3.2020).
[368] Vgl. Martin Geck, Mozart, a. a. O., 70. Vater Leopold Mozart wurde bei dieser Gelegenheit im August gleich mit entlassen – der Fürsterzbischof Von Colloredo duldete keinerlei Renitenz -, allerdings nur für kurze Zeit. Bereits im September war er wieder Vizekapellmeister. Man geht davon aus, dass für Leopold Mozart kein entsprechender Ersatz gefunden werden konnte, so dass er, seinem Wunsch entsprechend, wieder angestellt wurde.
[369] MBA II, 13.

zu finden. Was lag näher, als bei den entscheidenden Stellen selbst vorstellig zu werden? So reiste der 21jährige erstmals ohne seinen Vater am 23. September 1777 in Begleitung seiner Mutter in der eigenen Kutsche zuerst an den bayerischen Königshof nach München – doch vergeblich: Es war keine Stelle frei, und außerdem, so die Aussage der Verantwortlichen, sollte der junge Komponist noch etwas reifen. Danach begab er sich nach Augsburg – wiederum vergeblich. Zwar hatte Mozart Konzerte und eine Akademie gegeben, aber die Vorsprache bei den politisch Verantwortlichen der Stadt, wie beim Stadtpfleger Jakob Wilhelm Benedikt von Langenmantel[370], der Mozart lange warten ließ, blieb ohne positives Ergebnis für den jungen Maestro. Nach vierzehn Tagen, die mit Besuchen bei Verwandten und Bekannten gefüllt waren, ging es weiter nach Mannheim, dem „Hort der musikalischen Avantgarde in Deutschland"[371]. Dort traf Mozart mit seiner Mutter am 30. Oktober 1777 ein. Doch auch in Mannheim, am Hof des musikliebenden Kurfürsten Karl Theodor[372], der

---

[370] Jakob Wilhelm Benedikt von Langenmantel (1720-1790) war ein Augsburger Patrizier, ein Schulfreund Leopold Mozarts, der mit diesem das Jesuitenkolleg St. Salvator in Augsburg besucht hatte. Mit ihm zusammen war Mozarts Vater 1737 nach Salzburg zum Philosophiestudium gezogen. Langemantel wurde 1774 Kaiserlicher Geheimer Rat, Landvogt und Bürgermeister von Augsburg.

[371] Detmar Huchting, Mozart, a. a. O., 42.

[372] Karl Philip Theodor (1724-1799), als Karl IV. Pfalzgraf und Kurfürst von der Pfalz und Herzog von Jülich-Berg (ab 1743) sowie ab 1777 aufgrund von Erbverträgen als Karl II., Kurfürst von Bayern, bekannt, hatte in seiner über 50jährigen Regierungszeit (1742-1799) großen Einfluss auf die kulturelle und ökonomische Entwicklung im süddeutschen Raum. Unter seiner 35jährigen Regierung in Mannheim (1743-1778) entwickelten sich die Residenzstadt und die Sommerresidenz Schwetzingen zu europäisch bedeutsamen kulturellen Zentren – nicht nur im Bereich der Musik, sondern auch im Bereich des Theaters (man denke an die legendäre Uraufführung von Schillers `Räubern´ am 13.1.1782 im Mannheimer Nationaltheater). Der Rokokofürst, persönlich befreundet mit Voltaire, sah sich der Aufklärung verpflichtet, war intellektuell neugierig, berühmt für seine Toleranz, seinen Kunstgeschmack und seine Bildung und wirkte als Mäzen; unter seiner Ägide entfaltete die Region einen bisher nicht gekannten höfischen Glanz. Diese goldene Ära endete, als der Kurfürst 1777 Bayern erbte und seine Residenz nach München verlegen musste. Mitglieder der Hofkapelle und auch Teile des höfischen Publikums folgten ihm dorthin. Aus seiner unglücklichen Ehe mit seiner Cousine Marie Elisabeth Auguste von Pfalz-Sulzbach (1721-1794) erblickte 1761 ein Sohn das Licht der

seine Residenz von Heidelberg nach Mannheim verlegt hatte, um dort mittels des Orchesters seine Macht und seinen Reichtum nach außen zu demonstrieren, gab es keine freie Stelle.[373] Allerdings führte der fünfmonatige Aufenthalt in Mannheim, der Stadt, die dank der Förderung ihres ambitionierten Landesherrn zum Inbegriff großer Musik und Kultur geworden war, u. a. zur Bekanntschaft mit Christian Cannabich[374], einem einflussreichen Musiker und bedeutenden Repräsentanten der `Mannheimer Schule´[375], von der sich Mozart nun persönlich einen Eindruck verschaffen konnte. Als `Mannheimer Schule´ wurde

---

Welt, der aber bereits einen Tag nach seiner Geburt starb; die zweite Ehe des damals 70jährigen Kurfürsten mit der Habsburg-Lothringer Erzherzogin Maria-Leopoldine von Österreich-Este (1776-1848), der damals 18jährigen emanzipierten Enkelin von Maria-Theresia von Österreich, blieb kinderlos. Es gab allerdings zahlreiche außereheliche Nachkommen, worauf das Denkmal `Glücksschwein´ des Künstlers Peter Lenk (geb. 1947) von 2016 in Schwetzingen anspielt, das den Kurfürsten mit einer Mätresse, auf einer Sau reitend, zeigt. Das Karlstor am Ende der Heidelberger Altstadt und die Karl-Theodor-Brücke, besser bekannt als die `Alte Brücke´, auf der sich eine Statue Karl Theodors befindet, tragen noch heute seinen Namen. Der Kurfürst starb im Alter von 75 Jahren an den Folgen eines Schlaganfalls in der Münchner Residenz, ohne legitime Nachkommen hinterlassen zu haben. Bei der Nachricht seines Todes brach in München öffentlicher Jubel aus. Sein Grab befindet sich in der Münchner Theatinerkirche; sein Herz wurde in der Gnadenkapelle von Altötting bestattet.

[373] An seinen Vater schrieb er aus Mannheim 1777 seinen berühmten Brief: „Ich kann nicht poetisch schreiben; ich bin kein Dichter. Ich kann die Redensarten nicht so künstlich einteilen, dass sie Schatten und Licht geben; ich bin kein Maler. Ich kann sogar durch Deuten und durch Pantomime meine Gesinnungen und Gedanken nicht ausdrücken. Ich bin kein Tänzer. Ich kann es aber durch Töne. Ich bin ein Musikus" (Wolfgang Amadé Mozart, Postskriptum zu einem Brief seiner Mutter an Leopold Mozart vom 8. November 1777, zit. nach Max Becker/Stefan Schickhaus, W. A. Mozart. Chronik-Bildbiographie, Gütersloh 2005, 82).

[374] Der ausgezeichnete Geiger, Kapellmeister und Komponist Johann Christian Innocenz Bonaventura Cannabich (1731-1798), laut Mozart „der beste direktor, den er je gesehen" (Brief v. 9. Juli 1778), war der wichtigste Repräsentant der `Mannheimer Schule´. Er war Schüler von Johann Stamitz; bereits im Alter von 12 Jahren war er in dessen Mannheimer Hoforchester eingetreten und stieg schnell zum Konzertmeister auf. Cannabich schrieb ca. 90 Sinfonien, 40 Ballette – er war der führende Ballettmusikkomponist seiner Zeit -, Kammermusiken und eine Oper. Cannabich gehörte zu Mozarts engsten Vertrauten und war einer seiner treuesten persönlichen Freunde. 1777 wohnte Mozart in seinem Haus und gab seiner begabten Tochter Klavierunterricht. Durch seine Vermittlung kam Mozart 1780 zu dem Auftrag, die Oper `Idomeneo´ für München zu komponieren; dorthin war Cannabich im Dezember 1778 mit dem ganzen Mannheimer Hofstaat übergesiedelt.

[375] Mozart unterschied in seinem Widmungstext seiner sechs Violinsonaten (KV 301-306) an die Kurfürstin Elisabeth Auguste von Pfalz-Sulzbach (1721-1794) aus dem Jahre 1778 zwischen der Hofkapelle und der Schule. Im Mannheimer Orchester waren mehr Virtuosen ihrer Zeit vereint, die zugleich bedeutende Komponisten waren, als in jedem anderen Orchester der Epoche. Vgl. weiterführend Bärbel Pelker, Art. Mannheimer Schule, in: Ludwig Finscher (Hg.), MGG², Bd. 5, Kassel u. a. 2003, Sp. 1645-1662, und online: http://www.meile-der-innovationen.de/innovationen/1743-1778-mannheimer-schule/ (aufgerufen am 13.4.2020).

der Kreis um Johann Stamitz[376] bezeichnet, der sich in der Zeit von 1743 bis 1778 bildete. Anfangs wurde sie primär als Violin- oder Orchesterschule verstanden, dann jedoch immer mehr als Schule des Orchesterspiels sowie eines bestimmten Kompositionsstils. Um die Weiterentwicklung der Sinfonie machte sich die `Mannheimer Schule´ besonders verdient: Mit ausgefeilten stilistischen Mitteln wie dem Crescendo[377] schuf sie den modernen Klang eines klassischen Sinfonieorchesters. Ihre klanglichen Impulse, die sie gab, reichten bis ins 19. Jahrhundert hinein.[378] Dieser Kreis hochkarätiger Musiker machte Mannheim zum Zentrum des europäischen klassischen Musiklebens. In Mannheim entstand damals die Sinfonie in ihrer heutigen Form. Die Mannheimer Hofkapelle war in jener Zeit das berühmteste Orchester in Europa, bekannt für seine bedeutenden Solisten und Komponisten. Chefdirigent Cannabich zählte als Nachfolger von Stamitz zu den Vertretern der jüngeren Generation und zu den Wegbereitern der Wiener Klassik.

---

[376] Der böhmische Geiger und Komponist Johann Stamitz (tschechisch: Jan Stamic, um 1717-1757) gilt als `spiritus rector´ und Gründer der `Mannheimer Schule´. Von 1750 bis zu seinem Tod war der Geigenvirtuose Instrumentalmusikdirektor in der Hofkapelle des Kurfürsten Karl Theodor von der Pfalz. Sein Nachfolger Christian Cannabich führte das Orchester zu seinem legendären Ruhm. Mozarts erstes Klarinettenkonzert, vermutlich das früheste überhaupt, findet man hier in einer Aufnahme mit der Klarinettistin Sabine Meyer (geb. 1959): https://www.youtube.com/watch?v=NyGNKWC6rms (aufgerufen am 17.3.2020).

[377] Der aus dem Italienischen Begriff (`wachsend´) stammende Begriff bezeichnet das allmähliche Anwachsen des Tones und damit der Lautstärke in der klassischen Musik.

[378] Zu Mozarts Zeiten klangen die Instrumente anders als heute: Sie waren leiser, auch die Klangfarbe war von der heute abweichend, ferner war der Klang in der Tiefe längst nicht so voluminös wie heute. In der Regel waren die Streicher mit Darmsaiten bespannt, die Frequenz der Stimmung war niedriger als heute, der Ton verstummte schneller als heute, die hohen Klaviertöne klangen schlanker und harmonierten gut mit den zarten Tönen der Violinen in den damaligen Orchestern. Mit dieser Schule waren musikalische Fachbegriffe, die noch heute in Verwendung sind, wie die `Mannheimer Rakete´ (ein aufsteigendes Arpeggio, zu hören im Anfangstakt von Mozarts g-Moll-Sinfonie), der `Mannheimer Seufzer´ oder die `Mannheimer Walze´ (ein ausgedehntes wuchtiges Crescendo am Satzanfang, die das `Espressivo´ bewirkten und das bei einigen Damen am Hofe eine Ohnmacht auslöste) verbunden. Die damals entwickelten melodischen Figuren sind noch heute als `Mannheimer Manieren´ bekannt.

Der junge Mozart betrachtete 1777/78 Cannabich als guten Freund, der ihn stark beeinflusste. Cannabich wurde auch zum Fürsprecher für Mozart, der – erfolglos, wie man weiß – alles daransetzte, um eine Festanstellung in besagter Hofkapelle zu bekommen. Im Gegenzug erteilte Mozart Cannabichs dreizehnjähriger Tochter Rose Cannabich[379] von November 1777 bis März 1778 Klavierunterricht und widmete ihr seine Klaviersonate Nr. 7.[380] Mozart war in dieser Zeit auch der Musiklehrer der fürstlichen Kinder, der jungen Komtesse und des jungen Grafen. Und er lernte in dieser Zeit, als er im Auftrag seines Vaters einen Notenkopisten suchte, die Familie Weber kennen.[381] Ihr Haus Nr. 10 befand sich im Planquadrat M1 unweit des Schlosses. In die Tochter des Hauses, die damals siebzehnjährige Tochter Aloisia Weber[382], verliebte er sich spontan. Aloisia Weber wurde eine Sopranistin und Gesangspädagogin und zu einer der bedeutendsten Interpretinnen von Mozarts Werken. Mozart gab ihr in Mannheim Unterricht und musizierte gemeinsam mit ihr.[383] Zu jenem Zeitpunkt war

---

[379] Die Mannheimerin Rosina Theresia Petronella `Rose´ Cannabich, später verheiratete Schulz (1764-1839), die am 13. Februar 1778 in Mannheim den Solopart von Mozarts Klavierkonzert in B-Dur (KV 238) spielte, wurde klassische Pianistin.
[380] KV 309. Die Klaviersonate in C-Dur in drei Sätzen wird zu den `Mannheimer Sonaten´ Mozarts gerechnet, die zwischen 1777 und 1778 auf seiner ihn nach Paris führenden Tournee in Mannheim entstanden sind. Mozart betrachtete den zweiten, ruhigen Satz (`Andante´) als Spiegelbild der Persönlichkeit Rose Cannabichs.
[381] Vgl. dazu Mozarts Brief, in dem er auch die finanziellen Verhältnisse (400 Gulden Jahreslohn für eine achtköpfige Familie!) der Webers schilderte, in: MBA II, 227.
[382] Ein Ölgemälde, das Maria Aloisia Antonia Lange, geb. Weber (um 1759-1839) in Aktion zeigt, ist abgedruckt in: Claudia M. Knispel, Mozart, a. a. O., 66. Mozart nutzte das musikalische Talent Aloisia Langes, der er 1777 erstmals begegnet war, für seine Arien, wie z. B. in `Alcandro lo confesso´ (1782, KV 294 und 295) oder `Vorrei spiegarvi, oh Dio!´ (1783, KV 418), letztere online zu hören mit der fantastischen französischen Sopranistin Sabine Devieilhe (geb. 1985): https://www.youtube.com/watch?v=vOzfSWDOEsQ (aufgerufen am 29.3.2020). Weitere dieser Arien sind `No, che non sei capace´ (KV 419) und `Popoli di Tessaglia´ (KV 316). Mozart erwähnte sie erstmals seinem Vater gegenüber in einem Brief vom 17. Januar 1778.
[383] Vgl. weiterführend Piero Melograni, Mozart, a. a. O., 124-129.

sie schon eine ausgebildete Sopranistin, deren Stimmumfang einen Ton höher war als der der `Königin der Nacht´[384] in Mozarts `Zauberflöte´ (von c-g´´´)! Aloisia Lange ging zunächst als Hofsängerin nach München und sang ab 1779 u. a. am Wiener Kärntnertortheater (das inzwischen abgerissene Gebäude befand sich an dem Ort, an dem heute das Hotel Sacher steht), das gemeinsam mit dem Burgtheater als Vorläuferhaus der Wiener Staatsoper gilt. Mozart, der insgesamt acht Konzertarien für die Virtuosin komponiert hatte und auch mit ihr und ihrem Vater auf Konzertreise gegangen war, besetzte mit Aloisia Lange 1786 die Madame Herz in seiner Einakt-Oper `Der Schauspieldirektor´ (KV 486) und die Donna Anna in seinem `Don Giovanni´. Eine Heirat mit Mozart hatte Aloisia im Dezember 1778 in München abgelehnt. Stattdessen hatte sie 1780 in Wien den verwitweten deutschen Hofschauspieler, Maler, Komponisten und Schriftsteller Joseph Lange geehelicht. Nachdem Mozart ihre Schwester geheiratet hatte, entwickelte sich zwischen ihr und ihrem Schwager ein freundschaftliches, durch künstlerischen Austausch geprägtes Verhältnis.[385] Zwischen 1796 und 1801 war sie an verschiedenen Opernhäusern engagiert, u. a. in Hamburg, Berlin, München und Frankfurt/Main, unternahm 1784, 1785 und 1789 erfolgreiche Konzerttourneen, u. a. 1795/96 auch mit ihrer Schwester Constanze, verw. Mozart, und gab Gesangsunterricht, wobei sie ab 1798 den

---

[384] Die erste `Königin der Nacht´ war allerdings Mozarts Schwägerin Josepha Hofer, geb. Weber, vgl. Aloys Grether, Mozart, a. a. O., 146.
[385] Aloisia Lange stand in direkter Konkurrenz zu Caterina Cavalieri (1755-1801), einer der berühmtesten österreichischen Sopranistinnen ihrer Zeit (für die u. a. W. A. Mozart und A. Salieri Arien komponierten).

Künstlernamen Luise Lange verwendete. 1798 verließ sie ihren Mann – die Ehe war zum Schluss völlig zerrüttet, ihr Mann war spielsüchtig, war oft untreu und unterhielt insgeheim eine Zweitfamilie mit mehreren Kindern – und baute sich als Musiklehrerin in Frankfurt am Main eine neue Existenz auf. 1813 floh sie vor den Truppen Napoleons nach Zürich, wo sie bis 1819 Gesangsunterricht gab. Über Wien, wo sie in finanzielle Schwierigkeiten geriet, zog sie im Alter nach Salzburg, wo neben ihrer Schwester Sophie, verh. Haibl inzwischen auch ihre Schwester Constanze, verh. Nissen, verw. Mozart, lebte. Dort starb sie im Juni 1839.[386]

Ansonsten galt für Mozarts Mannheim-Aufenthalt: Außer Spesen nichts gewesen! Mozart bekam weder eine Anstellung noch irgendwelche musikalischen Aufträge.[387] So musste er sich weiter auf Jobsuche begeben. Da Leopold Mozart, der für gewöhnlich mit seinen musizierenden Kindern auf Tour war, zu diesem Zeitpunkt keinen Urlaub bekommen hatte[388], fuhr W. A. Mozart fünf Monate später von Mannheim aus und erneut in Begleitung seiner Mutter weiter zur nächsten Station: Paris.[389] Am 23. März 1778,

---

[386] Sie fand auf dem dortigen St. Sebastiansfriedhof gemeinsam mit ihrer Schwester Sophie Haibl ihre letzte Ruhestätte; seit 1895 befindet sich ihr Ehrengrab auf dem dortigen Kommunalfriedhof, vgl. dazu Heinz Gärtner, Frauen um Mozart, a. a. O., 1990, 69-116.

[387] Mozarts Selbstbewusstsein war angeknackst. Er arbeite gerne und suche eine Stelle, schrieb er, und er habe Angst, den Winter nicht zu überstehen, vgl. MBA II, 161.

[388] Leopold Mozart, der nur für seine Kinder lebte (vgl. MBA II, 404), litt darunter, dass er nicht mitreisen durfte, sondern mit Nannerl in Salzburg zurückbleiben musste. Er fühlte sich als „alter Strohwittweber von Weib und Kind" (MBA II, 27). Zwar hatte er ein Vertrauensverhältnis zu seiner Tochter; sein Sohn war aber in allen musikalischen Dingen sein direkter Ansprechpartner. Bemerkenswert ist, dass Leopold Mozart unter Fürsterzbischof von Schrattenbach von 1762 bis 1771 insgesamt sechs Jahre und neun Monate bezahlten Urlaub [!] bewilligt bekommen hatte, vgl. Volkmar Braunbehrens, Mozart in Wien, a. a. O., 38.

[389] Mit dem Ruf „Fort mit Dir nach Paris!" reagierten Mozarts Eltern auf W. A. Mozarts Pläne am künstlerischen Fortkommen von Aloisia Weber, der er selbstlos helfen wollte, in einem Brief v. 12. Februar 1778, vgl. MBA II, 277. Vgl. weiterführend Ingo Reiffenstein (Hg.), Fort mit Dir nach Paris! Mozart und seine Mutter auf der Reise nach Paris, Wien 2005.

nachdem Mozart an der französischen Grenze für seine Partituren Zoll gezahlt hatte, trafen die beiden dort ein. Die französische Hauptstadt war damals ein kultureller Knotenpunkt, das Pariser Musikleben zog Künstler*innen aus ganz Europa in seinen Bann. Dazu kam: Wer etwas auf sich hielt, sprach selbstverständlich Französisch, vor allem in Kreisen der europäischen Aristokratie. Mozart sollte am Hof von Versailles vorsprechen, um, so der Plan seines Vaters, endlich eine Anstellung zu finden, die seinem Talent entsprach. Zuvor mussten Mutter und Sohn noch ihre Kutsche verkaufen, um angesichts ihrer knappen Reisekasse die Reise finanzieren zu können, wobei Mozarts Freund Otto Heinrich von Gemmingen[390] sein Vorhaben mit einigen Louisdor zusätzlich unterstützte. Es wurde für Mozart eine „Reise in die Männlichkeit"[391], die am 23. September 1777 begann und bis in den Januar 1779 dauerte, und die für ihn krisenhafte Erschütterungen mit sich bringen sollte. Erstmals seit zwanzig Jahren stand Mozart zwar unter Beobachtung seiner Mutter, aber zumindest eine Zeitlang nicht unter der väterlichen Kuratel. In einer

---

[390] Der Heilbronner Otto Heinrich von Gemmingen zu Hornberg (1755-1836), Sohn eines Richters am Reichskammergericht, war Aufklärer, Diplomat, Dramatiker, Illuminat, Freimaurer und Mozarts Freund. Als Leiter der Hofkammer (950 Gulden Monatsverdienst plus Zulagen) wohnte er Mitte der 1770er-Jahre aus `Sparsamkeitsgründen´ (!) auch im Schwetzinger Schloss. In Wien wurde er 1799 außerordentlicher Gesandter und bevollmächtigter Minister am Wiener Kaiserhof des badischen Markgrafen (jährliche Bezüge 22000 Gulden). Er unterstützte die Reformpolitik Josephs II. und wurde bald ein bekannter Freimaurer, der regelmäßig seine Schriften veröffentlichte. Für Mozart, den er vermutlich seit 1777 kannte, schrieb er das Melodram `Semiramis´, dessen Text und Musik verschollen ist. Er unterstützte ihn finanziell auf der Reise mit seiner Mutter nach Paris. Durch ihn kam Mozart zur Loge. 1791 zog er aufs Gut Maudach in die Nähe von Mannheim und Schwetzingen, das er für 36000 Gulden gekauft hatte. Um 1795 tauschte von Gemmingen mit seinem Schwager das Schloss gegen Schloss Mühlbach bei Karlstadt und zog mit seiner Familie dort ein. Er wurde außerordentlicher Gesandter und bevollmächtigter Minister des badischen Markgrafen am Wiener Kaiserhof (jährliche Bezüge 22000 Gulden). Später verschuldete er sich hoch (mit über 200000 Gulden), wurde 1817 insolvent und starb völlig verarmt in Heidelberg.
[391] Georg Knepler, Mozart, a. a. O., 56.

billigen Absteige bezogen die beiden Quartier.[392] Mozart spielte aber nicht wie bei seinem ersten Aufenthalt beim Pariser Adel Durchmarsch, sondern musste sich mühsam und wartend tagelang um Termine bemühen.[393] Er holte sich eine Abfuhr nach der nächsten und eine Absage nach der anderen: Seine potentiellen Arbeitgeber erinnerten sich zwar an das ehemalige Wunderkind und würdigten sogar das Talent des inzwischen nicht mehr Sieben-, sondern Zweiundzwanzigjährigen, hielten Mozart aber weder für lebenserfahren noch für redegewandt noch für diplomatisch – also schlichtweg für ungeeignet. Es war kalt in Paris, die Zimmer waren ungeheizt[394], Mozart versuchte, über Klavierstunden und Akademien – so nannte man zu Mozarts Zeiten nicht nur allgemein eine Vereinigung von Kunstliebhabern, sondern öffentliche Konzertveranstaltungen, zu der sich Musikinteressierte im voraus anmeldeten und die in angemieteten Räumen stattfanden, wobei das Spektrum vom kleinen Hinterzimmer einer Gastwirtschaft bis hin zu großen Konzerträumen reichte[395] – sowie durch öffentliche Konzerte Geld zu verdienen.[396] Der Aufwand stand aber in keinem Verhältnis zum Ertrag. Um Geld zu sparen, bezogen die beiden Mozarts ihr Quartier in noch

---

[392] Wolfgang Hildesheimer, Mozart, a. a. O., 78f. ist vernichtend in seinem Urteil über Anna Maria Mozart, wenn er schreibt, dass sich Mutter und Sohn auf der Reise wenig zu sagen gehabt haben müssen: „Die beiden müssen auf ihrer großen Reise viel von Verdauungsfunktionen gesprochen haben, hier, und vielleicht nur hier, hatten sie ein variables gemeinsames Thema."
[393] Vgl. MBA I, 52.
[394] Vgl. dazu den Brief von Anna Mozart, in: MBA II, 330.
[395] Ein Ankündigungsplakat einer musikalischen Akademie Mozarts v. 3. April 1781 ist abgedruckt in: Claudia M. Knispel, Mozart, a. a. O., 63.
[396] Die Bildchronisten der Pariser Rokokozeit, die Brüder Augustin de Saint-Aubin (1736-1807) und Gabriel de Saint-Aubin (1724-1780), haben durch ihre Werke visuell der Nachwelt gesichert, wie ein solches öffentliches Konzert des Adels oder des wohlhabenden Bürgertums ausgesehen hat.

einfacheren Gästezimmern. Mozarts Mutter, des Französischen nicht mächtig und die ärmliche Wohnung auch zum Essen nicht verlassend, bald vereinsamt und todunglücklich, konnte es noch erleben, dass Mozarts Ballettmusik `Les petits riens´ aufgeführt wurde [397] – dann erkrankte sie schwer: Fieber, Schüttelfrost, Durchfall, Kopfschmerzen, Gehörverlust. Sie hatte sich schon seit einiger Zeit nicht ganz wohl gefühlt. Mozart ließ einen Arzt rufen, er wachte an ihrem Bett, hielt ihre Hand, sprach mit ihr – es half alles nichts: Am 3. Juli 1778 starb sie, völlig überraschend, in Gegenwart ihres Sohnes, nur 57 Jahre alt.[398] Seit dem 19. Juni hatte sie das Bett nicht mehr verlassen, sie hatte gebeichtet, die Kommunion und die sog. `letzte Ölung´ erhalten; bis zu ihrem Tod hatte sie phantasiert. Mozart vermutete, dass sie, wie viele, die das verschmutzte Wasser der Seine getrunken hatten, an den Folgen der Ruhr gestorben war.[399] Letzten Endes aber konnten selbst die Ärzte damals nicht sagen, was genau die Todesursache war. Mozart hatte zuvor noch nie einen Menschen sterben sehen. Am 4. Juli musste er, nachdem sie in der dortigen Kathedrale eingesegnet worden war, seiner traurigen Pflicht nachkommen und sie auf dem

---

[397] Das Ballett fehlte in der Barockzeit in keiner Oper, wobei es mit der Handlung nicht unbedingt etwas zu tun haben musste. Mozart versuchte allerdings, das Ballett in die Handlung zu integrieren (beispielsweise der `Fandango´, der Tanz der spanischen Landsleute, im `Figaro´). Es besteht Einigkeit in der Forschung darüber, dass Mozart – anders als Walzerkönig Johann Strauß – als Komponist von Tanzmusik zu vernachlässigen ist. Dennoch wurde Mozart seit den 1990er Jahren von Choreografen aktualisiert.

[398] An dem Haus in der Pariser Rue du Sentier 8, in dem Anna Mozart starb, befindet sich heute eine Gedenktafel, die an sie erinnert. Das Autograph von W. A. Mozarts Brief aus Paris vom 3. Juli 1778, in dem er seinen Vater in Salzburg über die Krankheit seiner Mutter benachrichtigte, ist abgebildet in: C. M. Knispel, Mozart, a. a. O., 53, und Mozart. Experiment Aufklärung, a. a. O., 118 (die Übersetzung befindet sich auf 245). Am 9. Juli 1778 berichtete er seinem Vater brieflich vom Tod der Mutter und schrieb wahrheitsgemäß, dass er aus Rücksicht auf ihn und seine Schwester den Brief am 3.7.1778 verfasste, nachdem seine Mutter schon gestorben war, vgl. dazu MBA II, 390+394.

[399] Vgl. Piero Melograni, Mozart, a. a. O., 139f.

Friedhof Saint-Eustache zur ewigen Ruhe betten – gewissermaßen in `fremder Erde´; wo genau sich ihr Grab befand, ist heute nicht mehr nachvollziehbar.[400] Erhalten geblieben sind Briefe Mozarts, in denen er dem Vater nicht zu schreiben wagte, dass dessen Ehefrau zum Zeitpunkt der Abfassung seines Briefes bereits gestorben war[401], sondern ihn einfühlsam erst darauf vorbereiten wollte. In einem Brief Mozarts an seinen Vater bat er diesen, seine traurige und schmerzhafte Nachricht mit Standhaftigkeit aufzunehmen; er tröstete ihn damit, dass für ihn der Tod der Mutter der Wille des allmächtigen Gottes gewesen war und es die Hoffnung auf ein Wiedersehen geben würde, bei dem man vergnügter und glücklicher sein würde als auf dieser Welt.[402] Doch Leopold Mozart machte seinen Sohn für den Tod seiner Frau verantwortlich und sparte nicht mit Schuldzuweisungen und Vorwürfen – die Reise sei überflüssig gewesen, der Arzt nicht rechtzeitig geholt worden, der Aderlass nicht sorgfältig genug durchgeführt worden

---

[400] Vgl. weiterführend Ingo Reiffenstein (Hg.), Fort mit Dir nach Paris! Mozart und seine Mutter auf der Reise nach Paris, Wien 2005, und Eva Rieger, …denn umsonst ist der Tod, und dieser nicht einmal. Maria Anna Mozart, in: Luise Pusch (Hgin.), Mütter berühmter Männer. Zwölf biographische Portraits, FfM 1994, 71-100.
[401] Vgl. W. A. Mozarts Brief an Abbé Bullinger, in: MBA II, 391; vgl. dazu auch Bernhard Paumgartner, Mozart, a. a. O., 227f., und Detmar Huchting, Mozart, a. a. O., 48f.; sowie Georg Nikolaus Nissen, Biographie W. A. Mozarts, a. a. O., 341-350.
[402] Der Wortlaut des Briefes ist wiedergegeben in: Mozart. Genie am Hof der Habsburger (GEO Epoche, engl.: `In Search of Mozart´), Regie: Phil Grabsky, UK 2005, min. 41:12. Die Frage ist, ob die dramatische Klaviersonate in a-Moll Mozarts Gefühlsleben widerspiegelt und ob er sie vor dem Tod seiner Mutter oder während ihrer Krankheit in Paris geschrieben hat. In der Regel gilt in der Mozart-Forschung im Blick auf Mozarts Musik der Konsens, dass sie *absolut* ist. Sie spiegelt nicht Mozarts jeweiligen Seelenzustand, sondern ist Musik um ihrer selbst willen, frei von jeglichen außermusikalischen Vorgaben, frei von jeglicher musikalischer Gebrauchsfunktion für Bühne oder Ball, auch frei von der emotionalen und psychischen Verfassung seines Komponisten, vgl. dazu grundsätzlich die Ausführungen des deutschen Musikwissenschaftlers Carl Dahlhaus (1928-1989), der sich ausführlich mit dem Phänomen beschäftigte: Carl Dahlhaus, Die Idee der absoluten Musik, Kassel ³1994, und Martin Geck, Mozart, a. a. O., 84. Leopold Mozart gab seinen Sohn für den Tod seiner Frau die Schuld: Die anfangs innige Beziehung von Vater und Sohn ging langsam, aber sicher, in die Brüche.

usw.[403] Paris war W. A. Mozart nun endgültig verhasst geworden. Für die Musik der Franzosen hatte er jetzt und auch in Zukunft nichts übrig.[404] Er wohnte danach drei Monate in der Wohnung seines väterlichen Freundes, des Barons Melchior Grimm, in der Rue de la Chaussée-d´Antin 5, in der auch Joseph Bologne[405] schon seit zwei Jahren lebte. Nicht nur persönlich, sondern auch rein wirtschaftlich und finanziell gesehen war die Parisreise ein Fiasko: keine Aufträge, keine Akademien, keine Anstellung, 700 Gulden Schulden. Einzig die musikalische Ausbeute konnte sich sehen lassen: In Paris entstand u. a. die `Sinfonie D-Dur´, die sog. `Pariser Sinfonie´, uraufgeführt am Fronleichnamstag 1778.[406] Aber der Triumphzug des Jahres 1763 hatte sich nicht wiederholt.

Nur widerwillig trat Mozart die Rückreise nach Salzburg an – durch das Ableben seiner Mutter zu Tode betrübt und traurig, von dem gesamten Aufenthalt enttäuscht und um

---

[403] Vgl. Volker Gebhardt, Schnellkurs Mozart, a. a. O., 71, und aufführlicher Georg Nikolaus Nissen, Biographie W. A. Mozarts, a. a. O., 290-354.
[404] Vgl. weiterführend Alfred Einstein, Mozart, a. a. O., 101f.
[405] Joseph Bologne, Chevalier de Saint-George (1745-1799), geboren als Sohn einer Plantagensklavin in Guadeloupe, war nicht nur ein französischer Geigenvirtuose, Komponist und Dirigent, sondern auch ein bekannter Fechter, Schwimmer und Eiskunstläufer. Zur Zeit der Französischen Revolution tat der später `der schwarze Mozart´ Genannte Dienst als Oberst in der Nationalgarde. Der Freimaurer lebte zwei Monate lang im Appartement von Baron Melchior Grimm und musizierte u. a. mit dem jungen Marie Antoinette. Er leitete das Orchester der Loge `de la Parfaite Estime und Société Olympique´, das größte Orchester seiner Zeit. Nach einem bewegten Leben starb er verarmt in Paris.
[406] KV 297. Den Auftrag zu diesem Werk erteilte der Direktor der Konzertveranstaltungen im Schweizer Saal des Pariser Schlosses, Joseph Legros (1739-1793), der öffentliche `Concerts spirituels´ organisierte. Die Bläserbesetzung mit je zwei Flöten, Oboen, Klarinetten, Fagotten, Hörnern und Trompeten und die in Paris beliebten `Mannheimer Effekte´, mit dem die `Pariser Sinfonie´ ausgestattet war, waren in Deutschland damals noch ungewohnt. In dieser Zeit entstand auch Mozarts Klaviersonate a-Moll (KV 310), die einzige Sonate, die in Moll beginnt und dann weiter in Dur komponiert ist. Über den genauen Kompositionsanlass und die genaue Entstehungszeit dieser Sonate ist nichts bekannt. Sicher ist, dass sie in Paris im Sommer 1778 entstand; sie erschien aber erst 1781 im Druck.

viele Hoffnungen im Blick auf seine berufliche Zukunft ärmer.[407] Fast vier Monate benötigte Mozart für die Heimreise; das kam unter anderem deshalb, weil Baron von Grimm, seines jungen Gastes überdrüssig, diesem keinen flotten, luxuriösen zweirädrigen Einspänner besorgt, sondern ihn gezwungen hatte, mit einer billigen und langsamen Kutsche nach Hause zu reisen. Mozart war verärgert. Er verließ Paris am 26. September 1778 und reiste über Nancy, Straßburg, Mannheim – wo er am 6. November eintraf und einen Monat lang blieb. Die Erfahrungen von Paris verblassten: Mozart liebte Mannheim und Mannheim liebte Mozart! Er komponierte einiges. „Er war nun zweiundzwanzig Jahre alt, und zum erstenmal in seinem Leben genoß er es, sich ein wenig auszuruhen und das zu machen, wonach ihm zumute war, ohne daß ihm ständig jemand zur Seite stand, der ihn kontrollierte."[408] Von Mannheim aus reiste er am 9. Dezember 1778 über Kaisersheim nach München, wo er am ersten Weihnachtstag ankam. Dort besuchte er die Familie Weber, die inzwischen von Mannheim im Gefolge des Hofes von Karl Theodor von der Pfalz mitsamt seiner Hofkapelle in die bajuwarische Metropole mitgezogen war. Er wohnte bei den We-

---

[407] Baron Grimm schrieb an Leopold Mozart über dessen Sohn und seine Misserfolge in der Pariser `haute société´: „Il est zu treuherzig" (zit. n. Max Becker/Stefan Schickhaus, Mozart, a. a. O., 50).
[408] Piero Melograni, Mozart, a. a. O., 156.

bers, die ihn feierten, und er sah seine geliebte, inzwischen siebzehnjährige Aloisia wieder[409], die sich ihm gegenüber jedoch abweisend verhielt und deren Ablehnung seines Heiratsantrags im Dezember 1778 ihn tief verletzte.[410] Es kam also zum Bruch und Mozart bekam schweren Liebeskummer.[411] So seelisch erkrankt, trat er am 13. Januar 1779 die Heimreise nach Salzburg an, wo er wenige Tage später eintraf.[412] Ob Mozart mit oder ohne seine Cousine, dem `Bäsle´, reiste, die inzwischen in München angekommen war, nachdem er sie eingeladen hatte, ist in der Mozart-Forschung ungewiss.[413] In Salzburg eingetroffen, wurde Mozart auf Vermittlung seines Vaters von Erzbischof von Colloredo am 17. Januar für zwei Jahre zum Hof- bzw. Domorganisten[414] ernannt – mit einem jährlichen Lohn von 448 Gulden. Nun war er also wieder in Salzburg und in den Diensten des ihm verhassten Fürsten von Colloredo! Auch der Lohn konnte Mozart nicht darüber hinwegtrösten, dass er wieder seinen lästigen Pflichten bei

---

[409] Für Aloisia Weber hatte Mozart im Sommer 1778 die Arie `Popoli di Tessaglia´ (KV 316) komponiert. Doch die Sängerin, die ihren kometenhaften Aufstieg zur jungen Hofsängerin in München nicht zuletzt Mozarts Kompositionen für sie zu verdanken und dadurch eine gut dotierte Stelle als Hofsängerin erhalten hatte, war an dem 22jährigen mittel- und stellenlosen Musiker nicht interessiert. In der Mozart-Forschung wird dieses Datum als Zäsur interpretiert: Mozarts Musik hätte danach eine neue Tiefe erreicht, wie sie beispielsweise in der `Sinfonia concertante für Violine, Viola & Orchester in Es-Dur´ (KV 364), geschrieben 1779 in Salzburg, zum Ausdruck käme.
[410] Vgl. Michael Lemster, Die Mozarts, a. a. O., 216f.+243. Mozart kam in München in der französischen Trauerkleidung an, die er nach dem Tod der Mutter in Paris gekauft hatte, einen roten Frack mit schwarzen Knöpfen, vgl. Viveca Servatius, Constanze Mozart. Eine Biographie, Wien 2018, 39.
[411] Zur Liebe bei Mozart vgl. weiterführend Dieter Borchmeyer, Mozart oder Die Entdeckung der Liebe, FfM-Leipzig 2005. Der Autor (geb. 1941), emeritierter Theater- und Literaturwissenschaftler an der Universität Heidelberg, Präsident der Bayrischen Akademie der Schönen Künste, vertritt in seinem Buch die These, dass Mozarts Einstellung zur Liebe eine Sache des Augenblicks war. Viele Mozart-Biograph*innen vergessen, dass es sich bei den Protagonisten um sehr junge Leute handelte!
[412] Vgl. Wolfgang Amadeus Mozart, Chronik eines Lebens, a. a. O., 67.
[413] Sicher ist, dass Mozart in Begleitung eines Salzburger Eisenhändlers reiste und sicher ist, dass das `Bäsle´ einige Zeit bei ihrem Onkel wohnte, bevor sie nur wenig später (jedenfalls vor dem 10. Mai 1779) wieder nach Augsburg zurückkäme.
[414] Für den Salzburger Dom schrieb Mozart die meisten seiner Messen, Litaneien und geistlichen Gesänge. Häufig war er an der mit 120 Registern und ca. 10000 Pfeifen ausgestatteten Orgel zu hören.

Hofe nachzukommen hatte.[415] Doch hatte er beträchtliche Schulden abzutragen, die er bei seinem Vater und bei seiner Schwester für die große Reise aufgenommen hatte, und war von einer tiefen Trauer erfüllt. Seine Stimmungen in dieser Zeit wurden im Tagebuch seiner Schwester festgehalten. Vater und Sohn hatten begonnen, sich zu entfremden; Leopold Mozart hatte für das Freiheitsstreben seines Sohnes ab jetzt nur noch begrenzt Verständnis... Und während W. A. Mozart im Tagebuch und in Briefen seinen Emotionen klar Ausdruck verlieh – etwa, wenn er Fürsterzbischof von Colloredo einen Lügner, Pfaffen oder „Erzlimmel"[416] schimpfte –, so spiegelten sich in seiner Musik wenig bis gar nicht seine emotionalen Befindlichkeiten[417]; Mozarts Anspruch war es, seine Stücke vollkommen absolut und nicht von seinem Lebensgefühl abhängig zu komponieren.[418] In vielen seiner Aufzeichnungen aus dieser Zeit kam zum Ausdruck, wie sehr ihn das Leben am Salzburger Hof anödete. Und doch war er musikalisch sehr aktiv: So entstand etwa seine `Krönungsmesse´[419],

---

[415] Fürsterzbischof von Colloredo kürzte, um den Schuldenberg seines Vorgängers abzubauen, ab 1777 die Musikerlöhne seiner Hofkapelle – allerdings nicht den des Hoforganisten: „So verdiente der Salzburger Hofkapellmeister vorher 581 Gulden, jetzt nur mehr 556; der Vizekapellmeister (also Leopold) vorher 420 Gulden, jetzt 354... und der Hoforganist (Mozart von 1779 an) kam jetzt mit 448 Gulden, statt bisher lediglich 276, nach Hause" (Maria Publig, Mozart, a. a. O., 181).
[416] Volkmar Braunbehrens, Mozart in Wien, a. a. O., 32.
[417] Dennoch gibt es immer wieder Versuche, Rückschlüsse von Mozarts persönlicher Befindlichkeit auf seine Musik zu ziehen. Als Beispiel für Mozarts frustrierende Erfahrungen in Paris werden häufig die Sonate für Klavier und Violine e-Moll (KV 304) und die Klaviersonate a-Moll (KV 310), die während Mozarts Parisaufenthalt entstanden sind, herangezogen.
[418] Jörg Lauster schreibt: „Mozart wollte vollendet schöne Musik komponieren. Programme und Weltanschauungen zu vertonen war ihm fremd, und das macht seine Musik so anziehend und ergreifend. Darum sind die Versuche einer biographischen oder psychologischen Erklärung des Besonderen seiner Musik vergeblich. Sie bringt einen tiefen Frieden und eine ruhige, tragende Dankbarkeit zum Klingen, die all die Missklänge, das Fragmentarische, das Zerbrochene und das Uneingelöste des Lebens zu einer Harmonie fügt" (Jörg Lauster, Die Verzauberung der Welt, a. a. O., 575).
[419] KV 317. Bei der `Krönungsmesse´ in C-Dur handelt es sich um eine Messe, die auf den 23. März 1779 datiert ist und vermutlich für den Ostergottesdienst 1779 am Salzburger Dom komponiert wurde. Sie konnte

die Ostern im Salzburger Dom aufgeführt werden sollte. Zwanzig Monate ging es gut – doch das spannungsgeladene Verhältnis zu seinem als despotisch beschriebenen Dienstherrn spitzte sich immer mehr zu. Von Colloredo behandelte Mozart wie einen Domestiken. Er verbot ihm weitere Reisen und untersagte ihm jegliche Nebenbeschäftigungen wie die Veranstaltungen auf eigene Kasse. Er zwang ihn dadurch zur strikten Erfüllung seiner Pflichten als Salzburger Hofkonzertmeister. Eigenmächtig verlängerte Mozart jedoch seinen Urlaub in München und verletzte seine Dienstpflichten. Er hatte seine `Opera seria´ `Idomeneo´[420] vollendet, die als seine große Choroper gilt – eines der interessantesten und farbigsten Werke Mozarts; dafür hatte der 24jährige sechs Wochen Urlaub erhalten und war am 5. November 1780 drei Tage lang per Postkutsche von Salzburg nach München gereist, um bei

---

erstmals 1862 in der Erstauflage des Köchelverzeichnisses schriftlich nachgewiesen werden. Sie wurde nach Mozarts Tod bei Kaiser- und Königskrönungen, ferner bei Dankgottesdiensten, aufgeführt. Nachweislich ist sie bei den Krönungsfeierlichkeiten für Franz II. (1768-1835), dem letzten Kaiser des Heiligen Römischen Reiches Deutscher Nation, im Jahre 1792 erklungen. Als Kaiser Franz I. begründete er 1804 das Kaisertum Österreich, das er bis zu seinem Tod regierte (aus strategischen Gründen gegen Napoleon als erster Doppelkaiser der Geschichte). Die Partitur findet man online hier: http://dme.mozarteum.at/DME/nma/nma_cont.php?vsep=7&gen=edition&l=1&p1=57 (aufgerufen am 18.3.2020).

[420] KV 366. Der Auftrag für das `Dramma per musica´ in drei Akten kam 1780 von Kurfürst Karl Theodor von Bayern (1724-1799), der kurz zuvor von der Pfalz nach München umgezogen war und sich für den kurfürstlichen Hof in München zum Karneval 1781 von Mozart eine Festoper, eine `Seria´, wünschte. Das italienische Libretto stammte von Giambattista Varesco (1735-1805), einem italienischen Priester und Musiker, der 1766 von Fürsterzbischof Sigismund von Schrattenbach als Hofkaplan in Salzburg angestellt worden war und später verschuldet und verarmt starb. Die Übersetzung, die dem Textheft beigegeben worden war, stammte von Mozarts Freund Andreas Schachtner. Inhaltlich ging es in dieser Oper in der Tradition der `Tragédie lyrique´, zu der Mozart auch Ballettmusik schrieb (KV 367), um das Verhältnis von Menschen und Göttern und von Vater und Sohn und handelte von mythischen kretischen König Idomeneus und spielte zur Zeit des Trojanischen Krieges. Der König versprach im Falle seiner Rettung dem Gott Neptun das Erste zu opfern was ihm als erstes begegnen würde – unglücklicherweise seinen eigenen Sohn, vgl. Volker Gebhardt, Schnellkurs Mozart, a. a. O., 82f. Zur Zeit der Abfassung der Oper rebellierte Mozart gegen seinen Vater, der zur Premiere extra zusammen mit Nannerl aus Salzburg angereist war, weshalb einige Mozartkenner in dieser Oper eine insgeheime Auseinandersetzung mit seinem Vater sahen. Während der Proben zu dieser Oper zog Mozart sich eine Infektion der oberen Atemwege zu. Die musikalische Leitung der erfolgreichen Uraufführung hatte dann Christian Cannabich (1731-1798). Die Oper ist übrigens ein gutes Beispiel dafür, wie aktuell manchmal Mozart sein kann: 2006 kam es zu einem Eklat, als im vorauseilenden Gehorsam und aus Angst vor islamischen Fundamentalisten eine `Idomeneo´-Inszenierung an der Deutschen Oper Berlin abgesetzt wurde.

ihrer dreistündigen Uraufführung am 29. Januar 1781 im Münchner Residenztheater mit dabei sein zu können.[421] Mozart überzog seinen Urlaub bewusst und eigenmächtig um ganze drei Monate statt der bewilligten sechs Wochen; er nutzte die Zeit, um ausgiebig Karneval zu feiern und in der Hoffnung, München gegen das verhasste Salzburg eintauschen zu können. Später bezeichnete er diese Wochen in München als die glücklichsten seines Lebens![422] Erzbischof von Colloredo befand sich inzwischen mit Gefolge in Wien – aus repräsentativen Gründen war auch ein Teil des Hofstaates mitgereist, zu dem auch die Hofmusiker gehörten –, um seinem erkrankten 75jährigen Vater, Rudolph Joseph Fürst von Colloredo-Mels und Wallsee[423], einen Besuch abzustatten. Weil er den Wiener Adel mit Privatkonzerten beeindrucken wollte, erließ sein Brotherr von Colloredo Mitte März die Weisung, dass sich Mozart unverzüglich nach Wien zu begeben habe; er brauchte ihn als Pianisten. Mozart kam dem Befehl nach mehrwöchi-

---

[421] Der Entstehungs- und Einstudierungsprozess der Oper ist gut im Briefwechsel zwischen Vater und Sohn Mozart dokumentiert – samt aller Streitigkeiten mit dem Münchner Theaterintendanten Graf Joseph Anton Seeau (1713-1799).
[422] Nach seiner Ernennung zum 'Hofmusikus' 1787 komponierte Mozart einige Deutsche Tänze und Menuette für die Maskenbälle, an denen zunehmend bürgerliches Publikum teilnahm. Kaiser Joseph II. sah in der Öffnung der kaiserlichen Redoutensäle in der Wiener Hofburg für die Maskenbälle, die früher nur dem Adel vorbehalten waren, ein geeignetes Mittel, um zur Annäherung der Stände und zur Bildung eines einheitlichen Untertanenvolkes beizutragen. Bilder davon befinden sich in: H. C. Robbins Landon, Wolfgang Amadeus Mozart. Höhepunkte eines Künstlerlebens, München 2005, 87+103. Mozart selbst feierte gerne Karneval: Es ist überliefert, dass er am Faschingsmontag 1783 als Harlekin verkleidet in einer von ihm komponierten Ballettpantomime (KV 446) aufgetreten ist, vgl. Piero Malegrani, Mozart, a. a. O., 223. Er war ein leidenschaftlicher Tänzer, der die Gesellschaftstänze perfekt beherrschte, vgl. Georg Nikolaus Nissen, Biographie W. A. Mozarts, a. a. O., 531.
[423] Graf Rudolph Joseph Fürst von Colloredo-Mels und Wallsee (1706-1788) war Reichsvizekanzler des Heiligen Römischen Reiches. Maria Theresia hielt ihn politisch für unfähig und kritisierte seinen persönlichen Lebenswandel. Unter Kaiser Joseph II. verlor er an Einfluss. Sein ältester Sohn, Franz de Paula Gundaker I., Fürst von Colloredo-Waldsee-Mels-Man(n)sfeld (1731-1807), der Bruder von Hieronymus von Colloredo, wurde ebenfalls Reichsvizekanzler – der letzte des Heiligen Römischen Reiches, das 1806 endete.

gem Zögern nach. Am 12. März 1781 reiste er aus München per Postkutsche nach Wien: Die Fahrt ging über Altötting, Braunau, Lambach, Linz und Sankt Pölten und am 16. März 1781 traf er in Wien ein.[424] Am selben Tag noch hatte er ein Konzert zu geben.[425] Wie die anderen Hofbediensteten hatte er zu musizieren, wann und wo immer Fürsterzbischof von Colloredo es ihm befahl. Als wollte von Colloredo Mozart ganz unter seiner Kontrolle haben, quartierte er ihn bei sich im Deutsch-Ritter-Orden-Haus in der Singerstraße, in einem Palast mit Prachtsälen ganz in der Nähe des Stephansdoms, ein; öffentliche Auftritte und jegliche künstlerische Betätigung in Wien gestattete er ihm erst nach Rücksprache und nach Fürsprache anderer Adliger, verweigerte ihm also jegliche Selbstdarstellung zu eigenem Nutzen.[426] Mozarts Bericht zufolge saß er beim Essen gemäß der Tischordnung am Tisch des Fürsterzbischofs ganz unten beim restlichen Dienstpersonal, den Kammerdienern, kurz vor den Köchen.[427] Das war an sich nichts Außergewöhnliches – jahrhundertelang sind Musiker, Künstler, Architekten, Ärzte, Maler, Bildhauer und Dichter Diener der Mächtigen gewesen. Doch Mozart empfand es persönlich erniedrigend und herabwürdigend

---

[424] Die 400 Kilometer lange Fahrt kostete 50 Gulden (= ca. 1000 €). In dieser Zeit betrug Mozarts Jahreslohn 450 Gulden. Daran wird deutlich, wie luxuriös das Reisen im 18. Jahrhundert war und dass angesichts dessen viele Menschen zu Fuß selbst weite Strecken zurücklegten. Für Mozart war die Fahrt nach Wien allerdings eine Art Dienstfahrt, so dass er das Geld zurückbekam.
[425] Dieses Extrakonzert brachte Mozart allerdings mehr als ein Monatssalär zusätzlich ein, vgl. Michael Lemster, Die Mozarts, a. a. O., 252, und Volkmar Braunbehrens, Mozart in Wien, a. a. O., 28.
[426] Am 3. April 1781 veranstaltete die Tonkünstler-Societät im Wiener Kärntnertortheater eine musikalische Akademie unter Mozarts Mitwirkung – sein erster öffentlicher Auftritt in Wien seit seiner Zeit als Wunderkind. Mozart brachte selbst als Solist sein Klavierkonzert D-Dur (KV 175) und Klaviervariationen (KV 354) zu Gehör. Es war ein Benefizkonzert; die Veranstalterin unterstützte damit Musikerwitwen und -waisen.
[427] Vgl. Mozarts Brief v. 17. März 1781, in: Georg Nikolaus Nissen, Biographie W. A. Mozarts, a. a. O., 373f., bes. 374.

und schier unerträglich, er fühlte sich behandelt wie ein Leibeigener, und Fürst von Colloredo wurde ihm mehr und mehr verhasst: Mozart, das einstige Wunderkind, in ganz Europa wegen seines Talents und seiner erbrachten Leistung unterwegs und von gekrönten Häuptern nicht wegen seiner Geburt, seines Standes oder seines Eigentums gefeiert sowie von Fürst*innen umjubelt, war erwachsen geworden. Er wollte unabhängig sein, künstlerisch selbstbestimmt arbeiten und respektiert werden. Die dienstlichen Verpflichtungen bei Hofe empfand Mozart als zu eng und nahm sie als lästige Störung seiner künstlerischen Freiheit wahr. So kam, was kommen musste: Am 9. Mai 1781 fand ein heftiger Wortwechsel statt, im Zuge dessen der in Rage befindliche Fürsterzbischof seinem Untergebenen Mozart Dienstpflichtverletzungen vorwarf und ihn `den liederlichsten Burschen, den er kannte´, nannte.[428] Daraufhin reichte Mozart ein `Memorial´, d. h. ein schriftliches Entlassungsgesuch, ein, auf das von Colloredo jedoch nicht reagierte, es also nicht entgegennahm.[429] Damit war Mozart rein formal nicht entlassen, sondern unterstand weiterhin dem fürsterzbischöflichen Befehl. Ganz praktisch bedeutete dies, dass sich Mozart nicht unerlaubt vom Hof des Fürstbischofs entfernen durfte, wollte er nicht eine Haftstrafe oder gar körperliche Züchtigung riskieren. Denn

---

[428] W. A. Mozart berichtet darüber in einem Brief an seinen Vater v. 9. Mai 1781, vgl. MBA III, 111, und v. 12. Mai 1781, vgl. Georg Nikolaus Nissen, Biographie W. A. Mozarts, a. a. O., 378.
[429] Vgl. Georg Nikolaus Nissen, Biographie Mozarts, a. a. O., 378f.

unerlaubtes Entfernen vom Dienstort wurde als Art Deser-
tion gewertet und entsprechend hoch bestraft.[430] Mozart
bedrängte daraufhin immer wieder dessen Kammerherrn,
den für die Disziplin der Dienerschaft zuständigen fürsterzbischöflichen Oberstküchenmeister Carl Joseph Felix Graf
von Arco[431], der Mozarts direkter Vorgesetzter war, ihn zu
von Colloredo vorzulassen, um ihm persönlich sein Abschiedsgesuch zu überreichen – solange, bis dieser die
Nerven verlor, handgreiflich wurde und Mozart angeblich,
so will es die Legende, mit einem Fußtritt vor die Tür des
Deutsch-Ritter-Ordens beförderte! Mozart empfand es als
große Schmach und als Ehrverletzung und sann auf Rache. Vermutlich befand Graf Arco das Ereignis für so un-
bedeutend, dass er es nicht erwähnte. Immerhin war es
nicht selten, dass ein widerspenstiger Diener – und nichts
anderes war Mozart in seinen Augen – körperlich gezüch-
tigt wurde.[432] 25 Jahre alt, interpretierte Mozart diesen Tritt
jedenfalls als definitive Kündigung – die er allerdings formal nie erhielt[433] –, quittierte am 8. Juni 1781 nun fristlos

---

[430] Das Allgemeine Preußische Landrecht von 1794 hatte für Vergehen unterschiedliche Bestrafungen in
seinem Straf-Repertoire, u. a. den `Staupenschlag´, das öffentliche an den Pranger stellen und die körper-
liche Züchtigung mit Zuchtpeitschen, Neunschwänzigen Katzen, Lederriemen oder Birkenreisig.
[431] Der hochfürstlich salzburgische Oberstküchenmeister Carl Joseph Maria Felix Graf von Arco (1743-
1830), Sproß eines Tiroler Adelsgeschlechts, dessen musikliebende Eltern zu den tatkräftigen Gönnern und
Förderern Mozarts zählten und der gut mit Leopold Mozart bekannt war, hatte W. A. Mozart mit einem
Fußtritt aus der Domestikenstellung eines Musikbediensteten in die keineswegs selbstverständliche Posi-
tion eines freien Künstlers hinausbefördert, worüber der junge Mozart seinem Vater in einem Brief erbost
berichtete: „ ...anstatt daß graf Arco meine bittschrift angenommen, oder mir audienz verschafet, oder ge-
rathen hätte selbe nachzuschicken, oder mir zugeredet hätte die sache noch so zu lassen, und besser zu
überlegen, afin, – was er gewollt hätte – Nein – da schmeist er mich zur thüre hinaus, und giebt mir einen
tritt im hintern. – Nun, das heisst auf teutsch, auf gut teutsch, mit der ihm eigenen Arroganz und dem quter
gelegenheit dem hr. grafen wieder ingleichen einen tritt in arsch zu geben, und sollte es auf öffentlicher
gasse geschehen" (W. A. Mozart an Leopold Mozart, Brief v. 13.6.1781). Für den Vorfall gibt es allerdings
nur diese eine Quelle.
[432] W. A. Mozart verstand sich immer mehr als nur ein einfacher Hofmusiker und reagierte oft, so wird es
jedenfalls in den Briefen deutlich, mit der ihm eigenen Arroganz und dem Gefühl der Überlegenheit.
[433] Vgl. Volkmar Braunbehrens, Mozart in Wien, a. a. O., 43.

und endgültig seinen Dienst beim Salzburger Fürsterzbischof von Colloredo und ließ sich allein und auf eigene Faust in Wien nieder.[434] Selbst, wenn es nicht so war – der Tritt in den Allerwertesten steht symbolisch für die fehlende Anerkennung und Wertschätzung seiner Person und seines Werks am Salzburger Hof, für seine Einsamkeit und sein Unglücklichsein. Mit dem Bruch des Erzbischofs ging der Bruch mit dem Vater einher – der Weg für das `Genie´ war nun frei!

---

[434] Nachdem W. A. Mozart sich in Wien niedergelassen hatte, kühlte das Verhältnis zwischen Vater und Sohn merklich ab. In Briefen an seine Tochter nannte Leopold Mozart seinen Sohn nicht mehr namentlich, sondern sprach nur noch von `dein Bruder´. Auch das Verhältnis zu Nannerl, die ihre Schwägerin ebenfalls ablehnte, wurde distanzierter, vgl. https://www.br-klassik.de/themen/klassik-entdecken/mozarts-letzter-brief-an-vater-leopold-was-heute-geschah-1787-100.html (aufgerufen am 23.3.2020).

IV. Mozart in Wien

Ab 1781 lebte Mozart nun als freischaffender Künstler, als Komponist und Musiklehrer in Wien[435] und „lebte nun die Freiheit"[436]. „Freier Künstler zu sein bedeutete im Falle Mozarts etwas grundsätzlich Neues – es stellt den Beginn einer künstlerischen Existenzform dar, die zumindest für den Komponisten in der bürgerlichen Gesellschaft etwas Selbstverständliches geworden ist."[437] Allerdings war Mozart frei in recht bescheidenen Verhältnissen: Mozart-Forscher gehen davon aus, dass Mozart nie wieder so arm gelebt hat wie zur Zeit seines Umzugs in die Habsburgerstadt.[438] Wien, damals das Zentrum der europäischen Aufklärung und in kultureller Hinsicht Mittelpunkt des Deutschen Reiches, hatte eine Einwohnerzahl von ca. 210000, darunter ca. 2600 Adlige, 2000 Geistliche, 3000 Beamte, 12500 Soldaten und 30000 Hausangestellte, hunderte von hauptberuflichen Musikern (Berufsmusiker, Tanzmusiker, Militärmusiker) – für damalige Verhältnisse also eine riesige Stadt![439] Einerseits war das Leben in der Stadt mit ih-

---

[435] Über Mozarts Leben in Wien ist viel geschrieben worden, vgl. exemplarisch Rotraut Hinderks-Kutscher, Wolfgang Amadeus Mozart. Die Jahre in Wien (dtv junior 7215), München 1976; Felix Huch, Mozart in Wien, München ²1952; Mozart. Bilder aus seinem Leben, Stuttgart 1962, und Théodore Wyzewa/Georges de Saint-Foix, Wolfgang Amadeus Mozart. Sa vie musicale et son Oeuvre, Paris 1986.
[436] Bernhard Paumgartner, Mozart, a. a. O., 267.
[437] Volkmar Braunbehrens, Mozart in Wien, a. a. O., 176.
[438] Allerdings ist es falsch, wenn Richardt Petzoldt schreibt: Mozart „war und blieb zeitlebens ein armer Teufel, der Reichtümer weder erarbeiten noch ererben noch erheiraten konnte" (Wolfgang Amadeus Mozart. Sein Leben in Bildern. Das Mozartbild in Musik- und Zeitgeschichte von Richard Petzoldt, a. a. O., 9). Fakt ist, dass Mozart durch seine Kunst wohlhabend wurde, aber das Geld genauso schnell ausgab, wie er es verdiente.
[439] Vgl. dazu GEO Epoche. Das Magazin für Geschichte, Nr. 79: Deutschland um 1800, Hamburg 2016, bes. 11: „Etwa 4000 Städte gibt es um 1800 in Deutschland, doch die meisten von ihnen sind kaum größer

ren hohen Häusern und Palais und ihren Seiten- und Hintertrakten, mit ihren Lichthöfen und Wendeltreppen, ihren bürgerlichen und eleganten aristokratischen Salons und ihren Hofbällen äußerst lebenswert: Kulturell wurde einiges geboten, beispielsweise ein blühendes Konzertleben mit vielen Orchestern und weit über 1000 Musikern, vielen Aufstiegsmöglichkeiten; und künstlerische Freiheit, woanders nicht so leicht zu finden, wurde groß geschrieben.[440] Andererseits war die Kindersterblichkeit in jener Zeit sehr hoch – nur jedes dritte Kind erreichte das dritte Lebensjahr – und die Hygienestandards waren im Allgemeinen niedrig, so dass viele Krankheiten grassierten.[441] 4000 Fiaker, Vorläufer der heutigen Taxis, brachten ihre Passagiere in den staubigen Straßen und Gassen von einem Ort zum anderen und etwa 300 Polizisten sorgten für die Sicherheit innerhalb der Stadt. Die Bevölkerung wohnte mitsamt ihren Haustieren in ca. 5500 Häusern und lebte mehrheitlich von der Landwirtschaft; die Wohnverhältnisse waren größtenteils ärmlich, viele Wohnungen waren unbeheizt, die Mehrheit der Wiener lebte an der Armutsgrenze.[442] Ein Blick in das Sterberegister des Jahres 1800 nennt als Haupttodesursachen Lungen- und Brustwassersucht,

---

als Dörfer. Im Durchschnitt leben dort nur 2000 Einwohner... Einzig Hamburg, Berlin und Wien zählen mehr als 100000 Menschen...“ Vgl. dazu auch H. C. Robbins Landon, 1791, a. a. O., 27ff. Volkmar Braunbehrens geht von 206000 Einwohnerinnen und Einwohnern Wiens aus, vgl. Volkmar Braunbehrens, Mozart in Wien, a. a. O., 460, Anm. 2. Angesichts dieser überzeugenden Zahlen stellt sich die Frage, wie Piero Malegrano – ohne Quellenangabe – auf die Zahl „fünfzigtausend Einwohner“ (Piero Melograni, Mozart, a. a. O., 173) kommt.

[440] Es bildete sich beispielsweise eine besondere Form des Mäzenatentums heraus: Adlige und Bürgerliche stellten Künstlern bestimmte Geldbeträge zur Verfügung, um ihnen eine freie und unabhängige Existenz zu sichern. Mozart hat diese Art Unterstützung auch noch erfahren, ist aber durch seinen frühen Tod nicht mehr persönlich in den Genuss gekommen.

[441] Vgl. Volkmar Braunbehrens, Mozart in Wien, a. a. O., 456, Anm. 6.

[442] Vgl. Volkmar Braunbehrens, Mozart in Wien, a. a. O., 50-57, bes. 53.

Blattern und allgemeine Auszehrung. Wien war wie heute in verschiedene Bezirke unterteilt und wie heute spielte sich das meiste kulturelle Leben im inneren Stadtbezirk ab. Es ging schon damals multikulturell zu: In den engen, stinkenden Gassen und Straßen, in denen Hunderte von Fuhrwerken mit ihren rumpelnden Rädern, klappernden Hufen und dem Gewieher der Pferde zu sehen und zu hören waren, gehörten Dialekte, fremde Sprachen, Uniformen, bunte türkische, siebenbürgische und galizische Nationaltrachten und die neueste ungarische und französische Mode zum Stadtbild dazu – Spiegelbild der Bevölkerung eines Reiches, das sich über halb Europa erstreckte und dessen politisches Zentrum Wien war. Als Mozart in der Stadt des Hofierens und der Eitelkeiten lebte, fanden viele Bürger*innen Wiens Gefallen an aufklärerischen Ideen von Freiheit und Gleichheit – es bestand eine offene und tolerante Gesellschaft, und der auf diese Weise entstehende Mittelstand war für die Werke Mozarts offen und bereit, für seine Dienste zu bezahlen. Mozart passte gut in die Stadt, denn er war ein Stadtmensch. Er fühlte sich wohl in der Stadt. Brieflich versicherte er seinem Vater, „daß hier ein Herrlicher ort ist – und für *mein Metier* der beste ort von der Welt."[443] Als gebürtiger Salzburger brauchte er allerdings ein Einreisevisum für Wien, das er an den Stadttoren, „an der strengen Wiener Hauptmaut"[444], vorzeigen musste: Denn Salzburg verfügte als Teilstaat des Heiligen

---

[443] MBA III, 102.
[444] Volkmar Braunbehrens, Mozart in Wien, a. a. O., 26. Bei seiner ersten Reise hatte der junge Mozart die Zöllner mit seinem Geigenspiel derart verzaubert, dass sie auf die weitere Kontrolle des Gepäcks verzichteten und die Gruppe passieren ließen.

Römischen Reiches über eine eigene Oberhoheit; erst durch den Frieden von Preßburg 1805 und endgültig 1816 kam es zu Österreich. Voller Begeisterung stürzte sich Mozart also ins Wiener Gesellschaftsleben. Kontaktprobleme hatte er keine, er war nicht schüchtern und sein künstlerisches Selbstbewusstsein spiegelte sich in seiner Kleidung. Gern kleidete er sich so wie modebewusste Zeitgenoss*innen, die damals das Bild der Stadt prägten.[445] Am 1. oder 2. Mai 1781 musste Mozart aus dem Haus des Deutschritterordens, des erzbischöflichen Wohnsitzes, ausziehen und zog ins Haus der Familie Weber namens `Zum Auge Gottes´ am Wiener Petersplatz 1226 (heute Nr. 11) ein – als Untermieter bei der gerade verwitweten Maria Caecilia Weber[446] und ihren Töchtern.[447] Mozarts Vater forderte ihn auf, eine andere Bleibe zu suchen, doch Mozart gefiel es gut bei `den Weberschen´. Er genoss den

---

[445] So gibt es in Mozarts Musik – anders als beispielsweise in der von Joseph Haydn – wenig Bezüge zur Natur. Grundsätzlich wandte sich der Klassizismus gegen die Überbetonung des Natürlichen im Barock. Vgl. weiterführend zur schnellen Orientierung GEO Epoche Edition. Die Geschichte der Kunst, Nr. 1: Barock. Das Zeitalter der Inszenierung, 1600-1750, Hamburg 2010, bes. 52f.+60f.+116f.

[446] Caecilia Weber (1727-1793) wurde in Mannheim als Tochter eines Sekretärs der kurfürstlichen Regierung geboren. 1756 hatte sie Franz Fridolin Weber (1733-1779), den Onkel des Komponisten Carl Maria von Weber (1786-1826) geheiratet und war zu ihm nach Zell im Wiesenthal gezogen, wo ihre vier Töchter Josepha, Aloisia, Constanze, Sophie und ihr Sohn Johann Nepomuk geboren wurden (in Mannheim kamen zwei weitere Söhne zur Welt, die aber wie Johann Nepomuk das Erwachsenenalter vermutlich nicht erreichten, vgl. Viveca Servatius, Constanze Mozart, a. a. O., 29f.). Sie selbst starb in Wieden/Wien. Ihre Silhouette anonymer Herkunft befindet sich bei Volker Gebhardt, Schnellkurs Mozart, a. a. O., 88. Vgl. dazu auch den Artikel von Johanna Gräfin Hartenau, Mozarts Schwiegermutter, in: Mozarteums Mitteilungen Heft 1 v. November 1918, 9-12, online zugänglich über: http://digibib.mozarteum.at/download/pdf/2468482?name=1%20191819 (aufgerufen am 26.5.2020).

[447] Die Familie Weber war im September 1779 nach Wien gezogen und wohnte nun `Am Peter 11´. Die Tatsache, dass Caecilia Weber auch drei Söhne gebar, ist meistens kaum einer Erwähnung wert. Als Mozart in Wien ankam, lebten bei Cäcilia Weber noch ihre 23jährige Tochter Josepha, Constanze (19 Jahre) und Sophie (18 Jahre). Aloisia Weber die wegen ihres sagenhaften Stimmumfangs zu den erfolgreichsten und bestbezahlten Sopranistinnen Wiens gehörte, hatte zwischenzeitlich den Schauspieler Lange geheiratet. Fridolin Weber war in Wien nur einen Monat nach der Ankunft der Familie gestorben. Caecilia Weber kämpfte nun mit ihrer kleinen Witwenrente und der Unterstützung ihrer Tochter Aloisia darum, die restliche Familie ernähren zu können. In diesem Zusammenhang hatte sie begonnen, in ihrer Wohnung Zimmer unterzuvermieten, vor allem an Gastmusiker, und war unterdessen, vermutlich aus Kummer über den Tod ihres Mannes verbunden mit berechtigten Existenzängsten, zur Alkoholikerin geworden. Mozart beschönigte dies allerdings, vgl. MBA III, 200.

Familienanschluss und die Vollpension, die er dort bekam.[448] Nachdem es allerdings Gerede wegen seiner Beziehung zu ihrer Tochter gegeben hatte und immer mehr
Gerüchte auftauchten, bat auch Caecilia Weber Mozart
aus Gründen von Anstand und Ehre um einen Wohnungswechsel; so zog Mozart in eine Wohnung ganz in der
Nähe.[449]

Permanent war W. A. Mozart als Freiberufler in Wien auf
der Jagd nach Aufträgen und Auftraggebern – was nicht
ganz einfach war, da der Kaiser durch eine rigorose Spar-
politik dafür sorgte, dass Adel und Bürgertum tiefer als bisher in die Taschen greifen mussten, wollten sie die Feste
so feiern wie in der Vergangenheit.[450] Die Anlässe für höfische Feste verringerten sich. So blieb als festes Stand-
bein der Musikunterricht: Klavierschüler*innen sorgten bei
Mozart für regelmäßige Einnahmen. Und unablässig komponierte er, mit Vorliebe zu Hause und mit Vorliebe nachts.
Die Kompositionen entstanden aber auch im Wirtshaus,
beim Kegeln oder beim Billard. Mehrfach ist in der Literatur
die Rede davon, dass Mozart kein Instrument zum Komponieren benötigte, sondern die Musik in seinem Kopf

---

[448] Volkmar Braunbehrens, Mozart in Wien, a. a. O., 62, erinnert daran, wie schwierig im 18. Jahrhundert das Leben für einen Junggesellen war – dies reichte von einer Bedienung, die man in Gesellschaft zu haben pflegte, bis zur Reinigung der Wäsche, die schließlich nicht einfach in die Reinigung gegeben werden konnte.
[449] Vgl. Maynard Solomon, Mozart. A Life, New York 1995, 255.
[450] Ein Blick in die Subskribentenliste aus jenen Jahren zeigt, dass sich unter Mozarts Zuhörerinnen und Zuhörern seiner Konzerte viele Angehörige des Hofes, des Adels und des gehobenen Bürgertums befanden, vgl. H. C. Robbins Landon, Mozart, a. a. O., 248-250, wo eine Liste in Mozarts Schrift von 1784 abgebildet ist und die Subskribenten in alphabetischer Reihenfolge transkribiert und erläutert werden. Auch Mozarts Schülerinnen und Schüler kamen aus diesem Umfeld. Sie brachten ihm einen Teil seines Einkommens. Dadurch, dass er bei seinen Konzerten meist selbst mit auftrat, festigte sich sein Ruf als Lehrer. Zu Spitzenzeiten hatte er ein Jahreseinkommen von 3000 Gulden; das entspricht (2020) umgerechnet über 60000 Euro! Erhalten ist ein Unterrichtsheft Mozarts von seiner Klavierschülerin Maria Anna Barbara von Ployer (1765-um 1810), für die er die Klavierkonzerte KV 449 und KV 453 schrieb, das in der Musiksammlung der Österreichischen Nationalbibliothek in Wien aufbewahrt wird.

schon fertig hatte, bevor er sie meistens in einem Guss zu Papier brachte. Schon drei Monate nach seiner Ankunft in Wien, am 30. Juli 1781, bekam er den Auftrag, für das von Kaiser Joseph II.[451] gegründete Deutsche Nationaltheater ein Singspiel zu schreiben.

Mit Joseph II. war ein Aufklärer auf den Kaiserthron gelangt, der sich ganz der Vernunft verschrieben hatte. Er hatte 1780 als alleiniger Regent die Nachfolge seiner verstorbenen Mutter Maria Theresia über den Vielvölkerstaat angetreten. Er war natürlich ein Despot, galt aber als Menschenfreund, frei von jeglicher Prunksucht und Eitelkeit. „Er… lebte spartanisch und kleidete sich für gewönlich in eine grüne oder weiße Uniform. Seine einzige Schwäche scheint Schokoladenkonfekt gewesen zu sein, den er immer in seiner Westentasche mit sich führte und von dem er ständig aß."[452] Seine aufklärerischen Reformen, die als

---

[451] Joseph II. (1741-1790), geboren in Schloss Schönbrunn, ältester Sohn von Kaiser Franz I. Stephan (1708-1765) und Maria Theresia (1717-1780), war nach dem Tod seines Vaters im Alter von 23 Jahren am 3. April 1764 zum Kaiser des Heiligen Römischen Reiches gekrönt worden. Er regierte von 1765 bis 1780 gemeinsam mit seiner dominanten konservativen Mutter Maria Theresia, die schon zu Lebzeiten ihres Ehemannes die Regierungsgeschäfte geführt hatte. Er heiratete die 18jährige Isabella von Bourbon-Parma (1741-1763), eine Enkelin des französischen Königs – schön, gebildet, sensibel. Dieser war das Leben bei Hofe, ähnlich wie später Elisabeth von Österreich-Ungarn (Sisi), ein Graus. Sie war todunglücklich, erkrankte psychisch und interessierte sich auch nicht für den sie liebenden Gatten, sondern liebte dessen intelligente, temperamentvolle Schwester Marie Christine (1742-1798) – wie 200 erhaltene Briefe zeigen, in denen die beiden queeren Frauen sich ihrer gegenseitigen Liebe versichern. Isabella brachte zwei Kinder zur Welt, die das Erwachsenenalter nicht erreichten, und starb nach dreijähriger Ehe im Alter von 22 Jahren an den Pocken. Joseph II. heiratete auf Druck seiner Mutter ein zweites Mal, seine Cousine zweiten Grades, Maria Josepha von Bayern (1739-1767), Tochter Kaiser Karls VII. (1697-1745). Die Ehe galt als unglücklich; der Kaiser mied das gemeinsame Schlafzimmer und tat alles, um seine Frau nicht sehen zu müssen. Als auch sie an den Pocken starb, blieb er dem Begräbnis fern. Mit seinen Versuchen, aus Österreich einen Einheitsstaat mit Hochdeutsch als Amtssprache zu machen, scheiterte er. Als er mit nur 48 Jahren an einer offenen Lungentuberkulose starb, die er sich vermutlich im Türkenkrieg zugezogen hatte, lehnte er die bei den Habsburgern praktizierte ʾgetrennte Bestattungʿ für sich persönlich ab: Er verzichtete auf den üblichen Prunksarkophag, sondern ließ sich in einem schmucklosen Sarg bestatten. Mit seinem Tod war auch das Zeitalter des Rokoko zuende gegangen. Die Kaiserwürde ging danach auf seinen Bruder Leopold II. über. Gegenüber Mozart war Leopold II. nicht so wohl gesonnen wie sein Bruder, sondern „hatte aus unerfindlichen Gründen… offenbar eine Aversion gegen Mozart…" (Maria Publig, Mozart, a. a. O., 315).
[452] Viveca Servatius, Constanze Mozart, a. a. O., 42.

`Josephinismus´[453] in die Geschichte eingingen, setzte er politisch in die Tat um. Dabei war er alles andere als ein Demokrat: Er versuchte, einen zentralistischen Staat mit einer straffen Verwaltungsstruktur zu etablieren. Seiner Auffassung nach sollte der Fürst zum Wohle eines solchen funktionierenden Staates uneingeschränkte Macht haben; daran kann man erkennen, dass es ihm weniger darum ging, der bürgerlichen Emanzipation Vorschub zu leisten, sondern vielmehr darum, seine absolutistische Macht und damit den Staat zu stärken. Konkret beinhalteten seine Reformen eine Lockerung der Zensur und eine Aufhebung der Pressebeschränkungen, eine Einschränkung der Stände- und Adelsprivilegien, Steuererhöhungen, den Beschluss von Einsparungsmaßnahmen, die Auflösung der kontemplativen Orden und Verstaatlichung aller Klöster, die nicht der Krankenpflege und dem Unterricht bzw. dem

---

[453] Am 10. März hatte die letzte öffentliche Hinrichtung des Raubmörders Franz de Paula Zaglauer von Zahlheim durch Rädern vor ca. 30000 Zuschauerinnen und Zuschauern stattgefunden: https://www.bmi.gv.at/magazinfiles/2012/11_12/files/kriminalgeschichte.pdf (aufgerufen am 4.4.2020). Noch heute (!) ist von Zahlheims mumifizierter Kopf im Leopoldstädter Kriminalmuseum zu sehen: https://www.meinbezirk.at/alsergrund/c-lokales/die-wieder-in-betrieb-genommene-hinrichtungsstaette-am-schlickplatz_a2392028 (aufgerufen am 5.4.2020). Joseph II. hatte 1787 das `Josephinische Strafgesetz´ erlassen, das die `Constitutio Criminalis Theresiana´ ablöste und die Abschaffung der Folter und der Todesstrafe im ordentlichen Strafverfahren in den habsburgischen Erblanden zur Folge hatte und nur mehr im Standrecht vorgesehen war (http://www.koeblergerhard.de/Fontes/Strafgesetz1787.pdf). Den Fakt, dass Joseph II. im Bereich der Strafjustiz noch mittelalterlichen Vorstellungen verhaftet war, zeigen Strafen wie Gefängnishaft bei Wasser und Brot, verbunden mit Zwangsarbeit wie Schiffziehen, Pranger, öffentliche Stock- und Rutenstreiche. Zu den politischen Hintergründen vgl. ausführlich und weiterführend Volkmar Braunbehrens, Mozart in Wien, a. a. O., 290-292+232-242, und Helmut Perl, Der Fall Mozart. Aussagen über ein missverstandenes Genie, Zürich und Mainz 2005, ²2006, 19-51.

Allgemeinwohl dienten[454], ferner die Brechung des Glaubensmonopols der katholischen Kirche[455], die Abschaffung kirchlicher Feiertage, die Zuführung kirchlichen Vermögens an allgemeine Waisen- und Krankenhäuser[456], Steuer-, Schul- und Justizreformen[457], die Verbesserung des Armenwesens und die Bekämpfung der Bettelei, die Aufhebung der Leibeigenschaft der Bauern, die Abschaffung der Verstümmelungsstrafen, die Abschaffung der strengen Etikette und zahlreicher Hofzeremonien, die Legalisierung der Freimaurerei[458] sowie die öffentliche Zugänglichmachung der kaiserlichen Gartenanlagen für alle und jeden.[459] Ziel dieser und vieler anderer Maßnahmen

---

[454] Vgl. dazu Volkmar Braunbehrens, Ein Kaiserreich für das Genie, in: DIE ZEIT Geschichte Nr. 4, a. a. O., 41.

[455] Das regelte das `Toleranzpatent´ vom 13. Oktober 1781: Nicht-katholischen Christinnen Christen, vor allem Protestanten und Griechisch-Orthodoxen, wurden alle bürgerlichen Rechte und die freie Religionsausübung gewährt. Gleichzeitig wurde daran festgehalten, dass die katholische Konfession im öffentlichen Leben bevorzugt blieb. Nicht-katholische Kirchen durften keinen Turm, keine Glocken und keinen Eingang haben, der über die Hauptstraße zu erreichen war. Diese Veränderungen führten Papst Pius VI. (1717-1799) im Jahr 1782 nach Wien, um persönlich mit dem Kaiser zu verhandeln und ihn dazu zu bewegen, von seinem Reformkurs abzulassen – was ihm aber nicht gelang. Auffällig ist, dass Mozart nichts anlässlich dieses Besuchs komponiert hat – ohnehin entstanden im Unterschied zu seiner Salzburger Zeit wenig kirchliche Kompositionen. Die Strukturen der römisch-katholischen Kirche in Österreich wurden durch den Kaiser grundlegend geändert. Am 2. Januar 1782 erließ Joseph II. auch ein `Toleranzpatent´ für die jüdische Bevölkerung: Juden erhielten das Recht auf private Religionsausübung und rechtliche Gleichstellung im bürgerlichen Leben. Dies trug zum wirtschaftlichen und kulturellen Aufstieg der Juden bei: Juden durften nun jedes Gewerbe erlernen und ausüben, ihre Kinder auf christliche Schulen schicken, Dienstboten anstellen und eigene Wohnungen in der Stadt mieten. Noch Josephs Mutter Maria Theresia hatte Juden, mit denen sie verhandelte, hinter einem Wandschirm Platz nehmen lassen, damit sie ihnen nicht in die Augen schauen musste!

[456] Im Zusammenhang der Verbesserung der medizinischen Versorgung der Bevölkerung kam es in Wien u. a. zur Errichtung des `Allgemeinen Krankenhauses´ mit 111 Zimmern und 5000 Betten, das am 16.8.1784 eröffnet wurde.

[457] Das `Josephinische Gesetzbuch´ wurde 1812 modifiziert und durch das bis heute gültige ABGB abgelöst.

[458] Mit seinem `Freimaurerpatent´ erließ der Kaiser 1785 ein Gesetz, das die Freiheit der Logen beschränkte: Ab jetzt mussten Mitgliederlisten vorgelegt, Versammlungen angemeldet und kleinere Logen mit anderen zusammengelegt werden. Das Gesetz, das ursprünglich zum Schutz der Logen gedacht war und ihrer Überschaubarkeit dienen sollte, führte dazu, dass sich die Freimaurer nur noch geduldet fühlten, einige Mitglieder aus Angst vor Repressalien austraten und einige Logen sich auflösten.

[459] So wurde der kaiserliche Augarten zum `Erlustigungsort´ für alle und jeden deklariert. Das allgemeine Glückspiel, das bis auf das Lottospiel bereits unter Maria Theresia verboten war, sowie die Prostitution wurden unter Zuchthausstrafe gestellt. Gefangene wurden zu allgemeinen Arbeiten herangezogen und auf diese Weise zu billigen Arbeitskräften. Vgl. dazu das Bild von Carl Schütz, Die Züchtlinge in Wien, Welche zum gassen-kehren verurtheilt worden sind, nach 1780, in: Mozart. Experiment Aufklärung, a. a. O., 150. Das Bild zeigt Prostituierte, die öffentlich verurteilt und geschoren werden.

des Kaisers war es, Gleichheit zwischen den Ständen zu schaffen.[460]

Joseph II. schaffte das prunkvolle Hofleben mit höfischen Zeremonien, großen Festen und Feuerwerken, wie es noch unter seiner Mutter stattgefunden hatte, ab und beschränkte sich persönlich auf wenige Bedienstete. Für einen Kaiser relativ bescheiden lebend und bei seinen Spaziergängen mit seinem Diener in den Straßen Wiens jederzeit von jedermann ansprechbar, demonstrierte er leutselig Bürgernähe, verhielt sich aber dem Hofe gegenüber schroff und galt dort als Geizhals und Sparfuchs. Doch Musikern gegenüber zeigte er sich immer als großzügig; Mozart förderte und protegierte er zeitlebens.[461]

Das kam vielleicht daher, dass er selbst ein Musiker war oder sich Seelenverwandte getroffen hatten, denn Joseph war sehr reisefreudig, unermüdlich, rastlos und ständig in Bewegung: Wie alle Habsburger hatte er eine ausgezeichnete musikalische Bildung genossen, so dass er selbst des Cello- und Spinettspiels mächtig war; außerdem konnte er vom Blatt singen. Er musizierte täglich zu seinem eigenen Vergnügen in einer kleinen Runde angestellter Musiker und hörte so, sofern es seine Zeit zuließ, die neuesten kammermusikalischen Werke aus ganz Europa.

---

[460] Die Tatsache, dass er über das Ziel hinausschoss, indem er bis in kleinste Bereiche seiner Untertanen eingriff (er untersagte z. B. das Miedertragen, weil er es als gesundheitsschädlich einstufte), das Glockengeläut bei Gewitter, da er es für Aberglauben hielt, und Prozessionen und Wallfahrten, die er für überflüssig hielt), machte ihn bei diesen allerdings nicht gerade beliebt.
[461] Vgl. H. C. Robbins Landon, Mozart, a. a. O., 97. Dennoch war es aufgrund der Josephinischen Kirchenmusik-Reformen zwischen 1783 und 1790 keinem österreichischen Komponisten möglich, größer besetzte Kirchenmusik aufzuführen, was daran lag, dass der Kaiser die Kirchenmusik für zu kompliziert hielt und den Gemeindegesang mehr einbezogen haben wollte, vgl. H. C. Robbins Landon, Mozart, a. a. O., 52f.

Am Weihnachtsabend des Jahres 1781 arrangierte Joseph II. in der Hofburg ein Klavierwettspiel zwischen W. A. Mozart, einem „der größten Klaviervirtuosen seiner Zeit"[462], und Muzio Clementi[463], einem ebenso gefeierten Klaviervirtuosen und Komponist, weil er den russischen Zarensohn Paul I.[464] und seine Gemahlin, die musikbegeisterte russische Großfürstin Maria Fjodorowna[465], zu Gast hatte und den beiden Gästen etwas Besonderes bieten wollte.[466] Weder Mozart noch Clementi ahnten, dass es zu einem Wettstreit am Klavier coram publico kommen sollte. Doch die geladenen Gäste wussten Bescheid und hatten bereits Wetten abgeschlossen; die meisten, u. a. auch das russische Zarenpaar, hatten auf Clementi gesetzt. Zwischen Mozart und Clementi kam es nun zu einem spannungsreichen Dialog an zwei Klavieren, in dem

---

[462] So Mozart-Biograf Alfred Einstein, Mozart, a. a. O., 253.

[463] Der italienische Komponist, Pianist, Musikpädagoge, Dirigent, Klavierbauer und Musikverleger Muzio Clementi (1752-1832), Sohn eines angesehen römischen Silberschmieds und wie Mozart ein musikalisches Wunderkind, der schon mit neun Jahren eine Organistenstelle hatte, lebte ab 1773 in London, wo er als Leiter des King´s Theatre wirkte. Er konzertierte regelmäßig und begab sich 1802 auf eine achtjährige Tournee. 1804 heiratete er und bekam einen Sohn; seine Frau starb kurz nach der Geburt. 1811 heiratete er in London zum zweiten Mal und bekam vier Kinder. Sein Grab befindet sich in Westminster Abbey. Die `Sonatinen´ gehören noch heute zum Repertoire von Klavierschülerinnen und -schülern, die mit dem Klavierspiel beginnen (`Der junge Pianist´, 1+2).

[464] Paul I. (eigentlich Pawel Petrowitsch, 1754-1801), Sohn von Katharina der Großen (1729-1796), einer Repräsentantin des aufgeklärten Absolutismus, und Urenkel von Zar Peter dem Großen (1672-1725), war von 1762-1773 Herzog von Holstein-Gottorf und von 1796-1801 Zar von Russland. Der von seiner Mutter zeitlebens gedemütigte Thronfolger übernahm den Kaiserthron am Tag ihres Todes und erließ vermutlich aus Rache kurz darauf ein Dekret, das nur noch männliche Thronfolger zuließ. Aus seiner zweiten Ehe mit Sophie Dorothee von Württemberg (1759-1828), die nach Annahme des russisch-orthodoxen Glaubens Maria Fjodorowna hieß, gingen zehn Kinder hervor. Beobachter seiner Politik zweifelten an dem Verstand Pauls I.; 1801 wurde er ermordet.

[465] Bei dem Wettstreit soll auch die jüngere Schwester der Zarin, Prinzessin Elisabeth Wilhelmine von Württemberg-Mömpelgard (1767-1790) dabei gewesen sein, die Tochter Herzogs Friedrich Eugen von Württemberg (1732-1797) und seiner Frau, Dorothea von Brandenburg-Schwedt (1736-1798). Sie heiratete Erzherzog Franz, den späteren Kaiser Franz II. (I., 1768-1835), einen Enkel Maria Theresias (1717-1780) und Neffen von Kaiser Joseph II., dessen Ziel es war, durch die Vermählung die österreichische Bündnispolitik zu unterstreichen, vgl. dazu Maria Publig, Mozart, a. a. O., 206, die jedoch fälschlicherweise als eigentlichen Grund für die Anwesenheit des Kaisers nicht den musikalischen Wettstreit, sondern die Prinzessin nennt. Diese starb mit 22 Jahren an den Folgen einer Fehlgeburt.

[466] Joseph II. schloss 1781 ein Defensivbündnis mit der Zarin, bei der möglicherweise ihre Schwiegertochter Maria Fjodorowna eine Rolle gespielt haben könnte. Sie hatte ihn am 3. Juli 1780 auf ihrem Sommersitz Pawlowsk bei Sankt Petersburg den Grundstein zu einem `Tempel der Freundschaft´ legen lassen.

sie ihr Können unter Beweis stellen sollten. Beide glänzten durch ihren von Temperament und Leidenschaft geprägten Klaviervortrag[467], so dass Joseph II. – er hatte auf Mozart gesetzt –, ganz im Sinne der Diplomatie das Duell für unentschieden erklärte. Clementi erhob sich, ging auf Mozart zu und gratulierte ihm; denn für ihn und auch für die Mehrheit der anwesenden Zuhörer*innen hatte Mozart ganz klar gesiegt. Die beiden Interpreten sahen sich nie wieder.[468] Mozart wurde von dem begeisterten Kaiser fürstlich entlohnt: Er erhielt für seine Darbietung fünfzig Dukaten, also 225 Gulden – das entsprach damals dem Jahresgehalt eines Pfarrers!

Am 16. Juli 1782 fand im Wiener Burgtheater, dem sog. `Theater nächst der Burg´, von Anfang an ein Zentrum der italienischen Oper und der französischen Komödien und Tragödien in Wien, die Uraufführung von Mozarts Singspiel `Die Entführung aus dem Serail´[469] statt. Joseph II.

---

[467] Berühmt war W. A. Mozart für sein `Rubato´: So wurde eine von Mozart kultivierte und perfektionierte Eigenart seines Klaviervortrages genannt, wobei sich die Zuhörenden nie ganz sicher waren, ob Mozart nun improvisierte, phantasierte oder bereits von ihm Komponiertes zur Aufführung brachte. Es war eine Eigenart Mozarts, dass er auch bei veröffentlichten Klavierauszügen die Noten für die linke Hand meistens nicht notierte, sondern die Stimme improvisierte hinzufügte.

[468] In einem Brief an seinen Vater v. 12. Januar 1782 äußerte sich W. A. Mozart abfällig über Clementi: „... übrigens hat er um keinen kreutzer gefühl oder geschmack. mit einem Wort ein blosser Mechanicus" (MBA III, 191. Das Zitat findet man in abgewandelter Form auch bei Alfred Einstein, Mozart, a. a. O., 253). Laut seinem persönlichen Urteil in seinem Brief vom 7. Juni 1783 hielt er Clementi für einen „ciarlattano" (MBA III, 272), d. h., für einen Scharlatan. Allerdings nahm Mozart zehn Jahre später eine Melodie aus Clementis Klaviersonate B-Dur 24, Nr. 2, die er bei dem Wettstreit gehört hatte, in die Ouvertüre zu seiner `Zauberflöte´ auf – wodurch Clementi verbittert war und sich um sein Recht an der musikalischen Tonfolge betrogen sah. Sein Werk wurde durch den russisch-US-amerikanischen Jahrhundert-Pianisten Vladimir Horowitz (1903-1989) wiederentdeckt. Alfred Einstein schreibt zu Recht, dass Clementi Mozart des Plagiats hätte bezichtigen können, vgl. Alfred Einstein, Mozart, a. a. O., 249.

[469] KV 384. Das Libretto von Mozarts Singspiel in drei Akten, der erfolgreichsten Oper zu Mozarts Lebzeiten, stammte von Johann Gottlieb Stephanie (1741-1800), einem aus Breslau stammenden österreichischen Schauspieler, Dramatiker und Opernlibrettisten. Musikalisch verarbeitete Mozart (z. B. in der Ouvertüre) Vorstellungen von `türkischer Musik´, die man im 18. Jahrhundert hatte. Dazu setzte er Instrumente wie die Große Trommel, Becken, Piccoloflöte und Triangel ein. Schon zuvor hatte er mit seinem noch heute populären `Türkischen Marsch´ oder `Alla Turca´ Aspekte seiner türkischen Musik gezeigt, wie hier zu hören ist:

wollte die Hofoper als Ort höfischer Repräsentanz ab-schaffen und in ein National-Hoftheater umwandeln. Dafür wollte er jetzt ein `Nationalsingspiel´ als Gegenstück zur dominierenden italienischen Hofoper initiieren – mit dem Ziel, eine Oper für alle Schichten zu schaffen. Das Projekt scheiterte zwar nach wenigen Jahren, aber die Premiere der `Entführung aus dem Serail´[470] unter der Leitung des Komponisten wurde in dem vergnügungssüchtigen und musikenthusiastischen Wien für Mozart ein voller Erfolg! Mozart hatte gezeigt, dass das Singspiel der italienischen Oper künstlerisch in Nichts nachstand. Dieses Singspiel, das heute als erste deutsche Oper gilt, machte Mozart schlagartig in ganz Deutschland bekannt.[471] Am 1. Mai 1786 folgte, ebenfalls in Wien, am Burgtheater Mozarts

---

https://www.youtube.com/watch?v=quxTnEEETbo (aufgerufen am 28.3.2020). Mozart nimmt den Stoff ei-nes Fragment gebliebenen Singspiels von 1780 auf, sein erstes Stück gegen die Sklaverei, vgl. Italo Cal-vino/Quint Buchholz, Mozarts Zaide. Eine Geschichte von Liebe und Abenteuern. Aus dem Italienischen von Burkhard Kroeber, Wien 1991. Bemerkenswerterweise trägt die Hauptdarstellerin denselben Namen wie Mozarts Frau: Constanze, so dass die Mozart-Expert*innen sich fragen, ob es zwischen dem spanischen Edelmann Belmonte, der dem Gefühl der Liebe folgt, und Mozart Parallelen gegeben haben könnte. Die Partitur der `Entführung´ gelangte im Zuge des Zweiten Weltkriegs nach Krakau und ist heute in der dortigen `Berlinka´, einer umfangreichen Sammlung deutscher Originalhandschriften der `Jagiellonischen Biblio-thek´, zu sehen. Unter den 300000 wertvollen Bänden befinden sich u. a. Autographen von Luther und Goethe, der Brüder Grimm und Heinrich von Kleist, Schillers Doktorarbeit, sowie Originalpartituren von Bach, Beethoven und Mozart. Die Bestände der `Berlinka´ sind zu Forschungszwecken einsehbar. Das Libretto ist online zugänglich unter: http://opera.stanford.edu/iu/libretti/entfuehr.htm (aufgerufen am 14.3.2020), die Partitur befindet sich hier: http://dme.mo-zarteum.at/DME/nma/nma_cont.php?vsep=56&gen=edition&l=1&p1=-99 (aufgerufen am 14.3.2020).
[470] Vgl. dazu weiter Martin Geck, Mozart, a. a. O., 257-266. Legendär geworden sind das Zitat von Kaiser Franz Joseph II., der nach der Premiere geklagt haben soll: `Zu schön für unsere Ohren und gewaltig viel Noten, lieber Mozart´, und Mozarts darauf antwortete: `Gerade so viel Noten, Euer Majestät, als nötig sind.´ Damit griff der Kaiser eine damals gängige Kritik an Mozart auf, derzufolge das Orchester gegenüber dem Gesang zu dominant war.
[471] Mozarts Oper galt als Vorbild für Komponisten wie Carl Maria von Weber (1786-1826), dessen vielleicht populärstes Werk heute die romantische Oper `Der Freischütz´ (op. 77) ist, deren Uraufführung am 18. Juni 1821 in Berlin gefeiert wurde; sie gilt als `erste deutsche Nationaloper´.

Oper `Le nozze di Figaro´[472]. Die Oper hatte einen system-
kritischen Inhalt und soziale Sprengkraft, sie war ein Fron-
talangriff auf den Adel und enthielt freimaurerische Ideen;
die französische Vorlage war zuvor jahrelang von der Zensur verboten worden.[473] Doch Kaiser Joseph II. persönlich
erlaubte den `Figaro´: Denn die in ihm geäußerte Adelskri-
tik entsprach dem Verständnis des Kaisers vom absolutistischen Herrscher gegenüber der Macht der Adligen und
dem aufstrebenden Bürgertum.[474] Mozart hatte dem Kaiser auch später noch viel zu verdanken: Er wurde viele
Jahre lang vom Kaiser protegiert, denn dieser war ein großer Bewunderer Mozarts. Er gab ihm auch durch seine Anwesenheit bei einigen `Akademien´ die Ehre und machte
sowohl aus seiner Begeisterung für das Gehörte als auch
für den Komponisten keinen Hehl.

In Prag, im Blick auf die Einwohnerzahl etwa um zwei Drittel kleiner als die Donaumetropole, hatte sich das kultu-

---

[472] KV 492. Die `Opera buffa´ `Le nozze die Figaro´ in vier Akten (dt.: `Figaros Hochzeit´), in der Mozart
Kriterien der `Opera seria´ auf die `Opera buffa´ übertrug und so Komödie und Tragödie miteinander verband, komponierte er zwischen Oktober 1785 und April 1786. Ihre Uraufführung fand am 1. Mai 1786 am
Wiener Burgtheater statt, vgl. dazu Martin Geck, Mozart, a. a. O., 267-279, und zum Inhalt vgl. Volker Gebhardt, Schnellkurs Mozart, a. a. O., 123ff. Mozart – Le nozze di Figaro (Wiener Philharmoniker/Karl Böhm,
Hermann Prey/Dietrich Fischer-Dieskau), 2 DVDs, 2005, und auf YouTube hier die Ouvertüre in einem Mit-
schnitt des Wiener Neujahrskonzerts aus dem Jahr 2006: https://www.youtube.com/watch?v=SvyA2t8A2uk
(aufgerufen am 21.4.2020). Die ganze Oper ist hier in einer Aufnahme der Konzertvereinigung Wiener
Staatsopernchor und der Wiener Philharmoniker unter Claudio Abbado aus dem Jahr 2011 zu hören:
https://www.youtube.com/watch?v=dj2zU20yyqM (aufgerufen am 17.4.2020).
[473] Es handelte sich um die Komödie von Pierre Augustin Baron de Beaumarchais (1732-1799) mit dem Titel
`La Folle journée ou Le Mariage de Figaro´ von 1781, deren Aufführung nicht nur in Frankreich lange Zeit
verboten war, sondern auch in Österreich. Mozart war sich der politischen Dimension des Stücks bewusst
– es ist seine politischste Oper: Mit Duldung des Kaisers siegten die bürgerlichen Bedienten über adligen
Machtmissbrauch. Zeitgenössischen Berichten zufolge wurde die Uraufführung durch laute `St!- und Pst!-
Zwischenrufe gestört. Das Wiener Publikum reagierte verhalten – im Unterschied zum Prager Auditorium,
das Mozart und sein Werk frenetisch feierten. Während der `Figaro´ in Wien bald wieder vom Spielplan
abgesetzt wurde, war in Prag die Oper in aller Munde.
[474] Mozart-Expert*innen sehen in der Figur des Figaro das Alter Ego von W. A. Mozart, der angeblich in
dieser Oper mit dem ihm verhassten Adel (von Colloredo & Co.) abrechnete – was aber schwer zu belegen
ist, vgl. Volker Gebhardt, Schnellkurs Mozart, a. a. O., 124f.

relle Leben liberaler entfaltet als in Wien, wo sich der gesamte musikalische Betrieb den Bedürfnissen des kaiserlichen Hofes unterzuordnen hatte. Mozart wurde deshalb seit seinem erstmaligen Erscheinen am 11. Januar 1787 in der böhmischen Metropole bewundert, geliebt und mit offenen Armen empfangen.[475] Auch Angehörige des Bürgertums, Handwerker und Bedienstete waren hier Freunde der Opernmusik, denn die Opernhäuser und Theater waren auf Eintrittsgelder angewiesen und hatten sich allen Bevölkerungsgruppen geöffnet. Das Prager Publikum feierte dann Mozarts `Figaro´ nur sieben Monate nach seiner Uraufführung euphorisch.[476] Es interpretierte die Oper als ein Aufbegehren gegen die Unterdrückung des Adels – immerhin war Böhmen seit 1620 eine von den Habsburgern unterworfene und von Wien verwaltete Provinz. Die Folge dieses Erfolges war der sich anschließende Kompositionsauftrag für Mozarts `Don

---

[475] Das war auch noch nach Mozarts Tod spürbar. Während Mozarts Tod in Wien relativ wenig Emotionen hervorrief, wurde er am 14. Dezember 1791 in der Prager St.-Nikolauskirche mit dem Requiem von Antonio Rosetti (1750-1792) geehrt: 120 Musiker spielten vor 4000 Zuhörer*innen und Glocken wurden geläutet. In der Zeit danach fanden Benefizkonzerte für die Angehörigen statt. 1794 wurde ein Gedenkkonzert zu Ehren des seit drei Jahren verstorbenen Komponisten veranstaltet, an dessen Ende die `Prager Sinfonie´ (KV 504) aufgeführt wurde.

[476] Mozart brach am 8. Januar 1787 mit sieben Begleitpersonen – vorschriftsgemäß in zwei Kutschen – zur Stadt an der Moldau auf. Zu der Reisegesellschaft gehörten seine Frau Constanze, der Diener Joseph, der Geiger Franz de Paula Hofer, der Bratscher Kaspar Ramlo (vor 1774-1830), der Klarinettist Anton Stadler (1753-1812) sowie die junge, vierzehnjährige Geigerin Marianne Crux (1772-nach 1807) und ihre Tante samt Mozarts Hund. Nach der langen und beschwerlichen Fahrt bei frostigen Temperaturen, die die Reisenden über Znaim, Mährisch-Budweis, Iglau, Tschaslau (Caslav) und Kolin führte, traf die kleine Gesellschaft in Prag ein. Gewohnt wurde im Palais der Grafenfamilie Thun, in dem heute (2020) die britische Botschaft untergebracht ist. Noch am selben Abend nahm Mozart an einem Ball im Zentrum Prags teil, den Baron Franz Joseph Bretfeld (1729-1820), Rektor der Prager Universität, ausrichtete, vgl. dazu weiterführend Daniel E. Freeman, Mozart in Prague, Minneapolis 2013. Man weiß viel über diesen Aufenthalt und die Aufführungen, weil die `Prager Oberpostamtszeitung´ darüber entsprechend berichtete. Mozart nahm wahr, dass sich die ganze Stadt im `Figaro´-Taumel befand und fühlte sich dadurch geehrt, dass alle Welt seine Melodien sang und pfiff. Er hielt sich gern in Prag auf: Zum einen, weil ihn in Wien Geldnöte plagten und ein Umzug aus seiner Wohnung hinter dem Stephansdom in ein billigeres Quartier bevorstand; zum andern, weil er hier Geld verdiente (1000 [!] Gulden allein für die `Prager Sinfonie´, die einen Tag nach dem `Figaro´ unter Mozarts Leitung uraufgeführt wurde) und es in Prag weniger Günstlingswirtschaft und weniger Intrigen als in Wien gab, die W. A. Mozart in letzter Zeit das Leben schwer gemacht hatten.

146

Giovanni'[477], dessen Uraufführung dann in Prag am 29. Oktober 1787, stattfand.[478] Mozart dirigierte selbst und wiederum feierte ihn das Prager Publikum frenetisch. Es gibt Spekulationen darüber, dass es u. a. an dem Ohrwurm `Viva la libertà´ lag, dass das Publikum die Rolle des Frauenverführers Don Giovanni zwei Jahre vor der Französischen Revolution politisch interpretierte. `Freiheit´ war natürlich in dem von Wien unterdrückten Böhmen, das durch den Siebenjährigen Krieg verwüstet und ausgezehrt war und dessen Bevölkerung hungerte und rebellierte, ein Schlüsselwort! Bald pfiffen die Spatzen die Melodien der Oper von den Dächern. Die Stimmung war so gut, das Mozart über sein vereinbartes Honorar hinaus die gesamten

---

[477] KV 527. Das `Dramma giocoso´ in zwei Akten, dessen vollständiger Titel `Il dissoluto punito ossia il Don Giovanni´ (dt.: `Der bestrafte Wüstling oder Don Giovanni´) lautet, war auch bekannt unter dem Kurztitel `Don Juan´. Das Libretto stammte von Lorenzo Da Ponte, der eng mit Mozart zusammenarbeitete. Das Thema ist ein klassisches Thema der Komparatistik: Don Giovanni ist der Archetypus des Frauenhelden – eines Mannes, der der Versuchung nicht widerstehen kann und in seinem Leben ca. 2000 Frauenherzen erobert. Das maßlose Schwelgen im Lebensgenuss wird in der Oper aber moralisch verurteilt – was natürlich zu Mozarts Zeiten sozialkritisch direkt auf den Adel und seine Libertinage zielte, vgl. zum Inhalt Volker Gebhardt, Schnellkurs Mozart, a. a. O., 133-135. 1791 genehmigte der Kurfürst persönlich gegen die Zensur die deutsche Aufführung der Oper. Mozarts ca. zwei Stunden 45 Minuten dauerndes Werk, mit seinem düsteren, dramatischen und leidenschaftlichen Grundton in d-Moll (Don Giovanni fährt wegen seiner Untaten zur Hölle), das um das Tempo `Andante alla breve´ kreist und erstaunlicherweise lange zur Gattung `Opera buffa´ gezählt wurde, wird heute zu den Meisterwerken der Oper gerechnet. Der Romantiker E. T. A. Hoffmann (1776-1822) rühmte das Werk als die `Oper aller Opern´. Das Publikum liebte damals seine `dämonische´ Musik. Mozart, der vermutlich im Frühjahr 1787 mit seiner Arbeit begonnen hatte, dirigierte die Prager Uraufführung am 29. Oktober 1787 im Nostitzschen Theater selbst. Er erhielt für das Werk von dem Impresario Pasquale Bondini (1731-1789), der damit an seine Aufführungserfolge von Mozarts `Figaro´ anknüpfen wollte, ein Honorar von 450 Gulden. Mozart wohnte während seines Aufenthalts in Prag in der komfortablen Stadtwohnung am Kohlmarkt der ihm befreundeten Familie Dušek und in ihrem idyllisch gelegenen Landhaus, der Villa Bertramka, in der er seine Oper beendete. Da Constanze Mozart ihn begleitete, geht man davon aus, dass ihr Sohn Carl vermutlich schon jetzt zur Pflege ins wenig reputierliche Heegersche Knabeninternat (`Privaterziehungsinstitut´) in Perchtoldsdorf gegeben worden war, das 400 Gulden jährlich kostete (im Herbst 1791 kam er erneut dorthin). Der `Don Giovanni´ ist oft eingespielt worden: Bis 2009 sind fast 200 Aufnahmen bekannt; die Oper ist auch oft verfilmt worden. Hier eine Aufnahme der Ouvertüre, gespielt von den Wiener Philharmonikern unter Zubin Mehta (geb. 1936) aus dem Jahre 1991: https://www.youtube.com/watch?v=cNJKeBEzWC0 (aufgerufen am 18.3.2020). In Wien gibt es ein `Don Juan-Archiv´: http://www.donjuanarchiv.at/ (aufgerufen am 19.3.2020).

[478] Der deutsche Lyriker und evangelische Pfarrer Eduard Mörike (1804-1875) hat, daran anknüpfend, eine von ihm völlig frei erfundene Begebenheit an einem Tag aus dem Leben Mozarts im Herbst 1787 geschildert. Die Novelle erschien erstmals 1855, im Vorfeld von Mozarts 100. Geburtstag 1856, vgl. Eduard Mörike, Mozart auf der Reise nach Prag, Stuttgart-Augsburg 1856, online zugänglich unter: http://www.deutschestextarchiv.de/book/show/moerike_mozart_1856 (aufgerufen am 21.3.2020). Zum Hintergrund vgl. auch Albrecht Goes, Mit Mörike und Mozart, FfM 1991, ³1999, bes. 43-50+171-189 (Lit.: 302-304).

Einnahmen der vierten Vorstellung erhielt – zwischen 700 und 1000 Gulden! Am 26. Januar 1790 kam es in Wien zur Uraufführung von Mozarts `Opera buffa´ `Così fan tutte´[479]. Die Libretti der drei letztgenannten Opern stammten von dem italienischen Dichter und Schriftsteller Lorenzo Da Ponte[480], eine der schillerndsten Personen in Mozarts Umfeld, ein geweihter katholischer Priester, Frauenheld, Höfling, Opportunist und ein Intrigant, der sich im realen Leben so verhielt, als wäre er gerade selbst einer seiner Opern entsprungen. Er verfasste ca. dreißig Opernlibretti, die deshalb als `Da-Ponte-Opern´ bezeichnet werden, und war genau der Mann, nach dem Mozart gesucht hatte. Mit ihm konnte er eng zusammenarbeiten. Wer genau war er?

Eigentlich hieß er Emmanuele Conegliano (1749-1838). Weil sein Vater 1763 vom Judentum zum Katholizismus konvertiert war, änderte sein Sohn seinen Namen und

---

[479] KV 588. Der Titel des Werks, das für eine `bürgerliche Oper´ wegweisend wurde, lautet vollständig: `Così fan tutte, ossia La scuola degli amanti´ (= `So machen es alle oder Die Schule der Liebenden´). Die Story in nuce: Don Alfonso, der Protagonist, will seinen Freunden beweisen, dass auch ihre Verlobten Dorabella und Fiordiligi ihren Männern untreu sind, sobald sich die Gelegenheit ergibt. Da Pontes Libretto war seine letzte Zusammenarbeit mit Mozart. Dieser arbeitete an der Oper ca. drei Monate lang, nämlich von Herbst 1789 bis zum Jahresbeginn 1790. Die Uraufführung erfolgte am 26. Januar 1790 im `alten´ Wiener Burgtheater am Michaelerplatz. Bis August gab es zehn Vorstellungen. Kurz darauf starb jedoch Kaiser Joseph II. und alle Theater wurden wegen der Hoftrauer geschlossen. Erst 1794 wurde das Stück im `Theater an der Wien´ wieder aufgenommen. Das Werk war lange umstritten; der Text, so die Kritiker, sei albern und frivol, vgl. weiterführend Volker Gebhardt, Schnellkurs Mozart, a. a. O., 146f. Constanze Mozart datierte die – von Leopold Mozart stilisierte – Feindschaft Salieri/W. A. Mozart auf die Zeit der Entstehung genau dieser Oper. Erst im 20. Jahrhundert akzeptierte man die Oper mit ihrem aufklärerischen Charakter gleichberechtigt neben `Figaro´ und `Don Giovanni´. Hier die Partitur: http://dme.mozarteum.at/DME/nma/nma_cont.php?vsep=306&gen=edition&l=1&p1=-99 (aufgerufen am 17.3.2020).
[480] Zu seinen Memoiren vgl. Lorenzo Da Ponte, Mein abenteuerliches Leben. Die Erinnerungen des Mozart-Librettisten. Aus dem Italienischen von Eduard Burckhardt. Mit einem Nachwort von Wolfgang Hildesheimer, Zürich 1991, bes. 95-147, wo er von seiner Zeit in Wien und seiner Zusammenarbeit mit Mozart berichtet. Da Pontes Werke sind in der `Deutschen Digitalen Bibliothek´ zugänglich: https://www.deutsche-digitale-bibliothek.de/person/gnd/118678841 sowie im `Projekt Gutenberg´: https://www.projekt-gutenberg.org/autoren/namen/daponte.html (beide Links aufgerufen am 14.3.2020).

nahm den Namen des Bischofs seiner Geburtsstadt Ceneda an, Lorenzo Da Ponte, und schlug die Priesterlaufbahn ein. 1772 brachte es der begabte und gebildete Kenner der italienischen Literatur zum stellvertretenden Direktor des Priesterseminars. Doch brach er den Zölibat und wurde u. a. wegen Ehebruchs und des Konkubinats mit einer verheirateten Frau aus der Republik Venedig verbannt (später wurde wegen einer Affäre ein Säureanschlag auf ihn verübt, der ihn sechzehn Zähne kostete). Antonio Salieri[481] vermittelte ihm eine Stelle am Hofe von Kaiser Joseph II., wodurch sein abenteuerliches Leben zeitweilig zur Ruhe kam. Nach anfänglichen Misserfolgen wurde Da Ponte durch seine Kooperation mit Mozart berühmt. Er gilt als Mozarts bester Librettist. Nachdem er nach dem Tode Joseph II. bei dessen Nachfolger Leopold II. – ähnlich wie Mozart – in Ungnade gefallen war und keine Aufträge vom kaiserlichen Hof mehr erhielt, lebte er eine Zeitlang als Buchhändler in London, kam dort in finanzielle Schwierigkeiten und floh vor seinen Gläubigern nach Amerika. 1805 ließ er sich in New York nieder. Er versuchte sich als Tabak- und Branntweinhändler sowie als Italienischlehrer.

---

[481] Der italienisch-österreichische Komponist der Klassik, Kapellmeister und Musikpädagoge Antonio Salieri (1750-1825) war das achte Kind eines vermögenden Kaufmanns aus Legnago (Republik Venedig). Er wurde als Kind in Geige, Cembalo und Gesang zunächst von seinem Bruder unterrichtet und zog nach dem Tod seiner Eltern nach Padua und Venedig, wo er Gesangunterricht erhielt. 1766, also bereits als Jugendlicher, kam er nach Wien, wo er sich u. a. mit Christoph Willibald Gluck anfreundete. 1774 wurde er kaiserlicher Kammerkompositeur und Kapellmeister der italienischen Oper in Wien. Er heiratete 1775, wurde Vater von acht Kindern und war ab 1788 als Nachfolger von Guiseppe Bonno (1711-1788) Kapellmeister der kaiserlichen Hofmusikkapelle. Im Alter geistig umnachtet, starb er an den Folgen einer arteriellen Verschlusskrankheit; sein Grab befindet sich heute am Wiener Zentralfriedhof. Salieri war ein erfolgreicher gefeierter Komponist, der mit Joseph Haydn zusammenarbeitete und u. a. Ludwig van Beethoven (1770-1827), Carl Czerny (1791-1857), Franz Liszt (1811-1886), Giacomo Meyerbeer (1791-1864) und Franz Schubert (1797-1828) unterrichtete, ferner als ausgezeichneter Gesangslehrer galt. Er war der Verfasser einer Geigenschule und veröffentlichte über vierzig musiktheatralische Werke, dazu Kirchenmusik, Lieder, Kanons, gesellige Gesänge und Instrumentalmusik, und wurde vielfach geehrt, vgl. dazu Volker Gebhardt, Schnellkurs Mozart, a. a. O., 97.

Schließlich wurde er 1825 zum Professor für italienische Literatur am Columbia College in New York ernannt. Ab 1830 verhalf er in Amerika der Oper zum Durchbruch: Mit Hilfe von Sponsoren baute er das erste Opernhaus in New York. Er musste leider noch erleben, dass das Gebäude 1836 ein Raub der Flammen wurde, bevor er zwei Jahre darauf völlig verarmt starb und unter großer Anteilnahme der Bevölkerung beigesetzt wurde. Wäre Mozart am Leben geblieben – hätte er seinen Freund zu sich an den Hudson geholt? Wo Da Pontes Grab ist, ist nicht bekannt; man vermutet es unter der 11. Street, weil sich dort einst ein katholischer Friedhof befand.

Mozart veranstaltete auch Konzerte in Eigenregie, die sog. `Akademien´. Mozart war dabei sein eigener Impresario: Er fragte befreundete Musikerkollegen an, ob sie mitspielen wollten, und stellte ein eigenes Orchester zusammen. Er war verantwortlich für die Räumlichkeiten, wobei er als Veranstalter dafür zu sorgen hatte, dass sein Konzertflügel in die gemieteten Säle kam. Er kümmerte sich um den Druck der Tickets und verteilte schließlich selbst die Programme. Die Konzerte wurden dann in der Zeitung ausgeschrieben und der Veranstalter hoffte, über Subskribenten dann so viel Publikum herbeizulocken, dass er kein Minus, sondern Gewinn machte.[482] Mozart leitete dann in der Regel die Proben und gab das Konzert. Auf diese Weise schuf Mozart eine komplett neue Konzertkultur in Wien.

---

[482] Eine typische, erhalten gebliebene `Einlass-Karte zum Concert von W. A. Mozart´ ist abgebildet in: Max Becker/Stefan Schickhaus, Mozart, a. a. O., 104.

Die Akademien zählten für ihn zu den wichtigsten Einnahmequellen. Seine erste Akademie veranstaltete er im Burgtheater am 23. März 1783, in Anwesenheit von Kaiser Joseph II. Zur Aufführung gelangten Mozarts `Posthorn-Serenade´[483] und seine `Haffner-Sinfonie´[484], er selbst spielte zwei seiner Klavierkonzerte in D-Dur und C-Dur[485] und improvisierte über Themen von Kompositionen von Kollegen. Zeitgenossen berichteten, dass an diesem Abend 1600 Gulden zusammenkamen – ein Vielfaches von Mozarts Jahresgehalt![486] Mozart lebte schnell, dachte schnell, komponierte schnell, legte ein unglaubliches Arbeitstempo vor, war beherrscht von einer atemlos-kreativen Rastlosigkeit. Kein anderer Künstler hatte in seinen Wiener Jahren so viele Konzerte wie er.[487] Generell entstanden im Winter 1782/83 in Wien viele seiner großen

---

[483] KV 320. Mozart schrieb die Serenade in D-Dur 1779 in Salzburg. Sie ist den Studenten der Salzburger Universität gewidmet, ihre Aufführungsdauer beträgt ca. 45 Minuten: https://www.youtube.com/watch?v=MS5YCVdPxCk (aufgerufen am 25.3.2020). In vielen Kompositionen stellt Mozart dem Horn reizvolle Aufgaben, vor allem aber in den Hornkonzerten. Das Horn, muss man wissen, war zur Zeit Mozarts noch ventillos, d. h., es war in schnellen und hohen Passagen schwer zu spielen. Erst mit dem heute gebräuchlichen Ventilhorn konnte dem Spielenden die gesamte Tonskala eröffnet werden. Vermutlich mit Ausnahme von KV 447 waren die Hornkonzerte für den Freund der Familie, den Waldhornisten der Salzburger Hofkapelle, Joseph Leutgeb (1732-1811) maßgeschneidert. 1777 half ihm Leopold Mozart mit einem Darlehen, damit er Geschäftsinhaber des Käseladens seines Schwiegervaters in Wien wurde. Zehn Jahre später nahm er allerdings wieder eine Stelle als Waldhornist an. W. A. Mozart trieb mit dem langjährigen guten Freund allerlei Schabernack (vgl. KV 412).
[484] KV 385: https://www.youtube.com/watch?v=mZTsKujnmls (aufgerufen am 25.3.2020). Die Sinfonie in D-Dur ist nicht zu verwechseln mit der `Haffner-Serenade´ (KV 250) aus dem Jahr 1776, die der zwanzigjährige Sigmund Haffner (1756-1787), Sohn eines Handelsmagnaten, Mäzens und Bürgermeisters Salzburgs, der laut Testament ein sagenhaftes Vermögen von über einer Million Gulden besaß und selbst Humanist und Wohltäter war, bei Mozart in Auftrag gegeben hatte. Während er die `Haffner-Serenade´ für den Polterabend seiner Lieblingsschwester Maria Elisabeth (1753-1781) bestellte, entstand die `Haffner-Sinfonie´ anlässlich seiner Nobilitierung. Sein Grab befindet sich in Salzburg (Petersfriedhof, Gruft 39). Das Geschlecht der Haffner ist ausgestorben.
[485] KV 175 und KV 415, auf YouTube hier zu hören: https://www.youtube.com/watch?v=Ng2uubWSETU und https://www.youtube.com/watch?v=GTkqZDJ3COU (interpretiert und auch dirigiert von der britischen Pianistin japanischer Herkunft, Mitsuko Uchida [geb. 1948], beide Links aufgerufen am 10.4.2020).
[486] Vgl. Volkmar Braunbehrens, Mozart in Wien, a. a. O., 199. 1000 Gulden brachten drei Akademien ein, die Mozart im März 1784 gab. Mozarts Einnahmen aus Konzertakademien beliefen sich zwischen 1782 und 1791 auf durchschnittlich 2000 Gulden im Jahr. Mozart-Biograf Alfred Einstein zitiert eine Zeitungsmeldung vom 22. März 1783, in der die Rede von 1600 Gulden Einnahmen bei einer solchen Akademie ist, vgl. Alfred Einstein, Mozart, a. a. O., 316.
[487] Vgl. Martin Geck, Mozart, a. a. O., 127.

Klavierkonzerte – dreisätzige Konzerte für Klavier und Orchester, von denen Mozart siebenundzwanzig komponierte. Einige Interpreten sehen darin die Krönung und den Gipfel seines kompositorischen Schaffens[488] – reine, friedvolle Musik; andere empfinden sie als zu nervös.[489] Vier Wochen vor seinem 18. Geburtstag hatte Mozart in Salzburg das Konzert in D-Dur[490] komponiert, das die Reihe der großen Konzerte einläutete, dem bis zu seinem Umzug nach Wien fünf weitere folgten; zu ihnen gehörte das Klavierkonzert Nr. 9 in Es-Dur[491]. In Wien entstanden dann 1782/83 weitere, wie das Konzert in d-Moll[492], in c-Moll[493],

---

[488] Vgl. Alfred Einstein, Mozart, a. a. O., 302.

[489] Hinzu kamen zwei Konzertrondos in D-Dur (KV 382) und A-Dur (KV 386). Er hielt in einem Brief an seinen Vater fest, dass er KV 382 für sich geschrieben habe und ausschließlich seine Schwester es außer ihm spielen durfte. Denn nur sie verstand es W. A. Mozart zufolge, seine Kompositionen nach allen Regeln der Kunst nachzuspielen, vgl. MBA III, 199.

[490] KV 175.

[491] KV 271. Es ist das sog. `Jeunehomme-Konzert´ in Es-Dur, das der Pianistin Louise Victoire Jenamy (1749-1812), der Tochter des von Mozart bewunderten Tänzers und Ballettmeisters Jean Georges Noverre (1727-1818) zugeeignet war. In diesem Konzert – das als Schwellenwerk Mozarts gilt, weil es vor der Reise 1777/78 entstand, in der Mozart in eine Krise geriet und die aus ihm einen Künstler machte – setzt das Klavier schon im zweiten Takt solistisch ein. Das Andante in c-Moll gehört zu den langsamsten Sätzen, die Mozart je geschrieben hat, hier zu hören in einer Aufführung des Mozarteum-Orchesters unter der Leitung von Jeffrey Tate mit Mitsuko Uchida am Klavier https://www.youtube.com/watch?v=mAwZBnuDrc0 (aufgerufen am 26.3.2020).

[492] KV 466. Die Molltonart dieser Komposition hebt sich von den meisten anderen Konzerten, die in Dur sind, ab. Leopold Mozart schreibt in einem Brief an seine Tochter 1785, dass Mozart „das Rondeau noch nicht einmahl durchzuspielen Zeit hatte…" (MBA III, 373).

[493] KV 491. Dieses Konzert ist zusammen mit dem Klavierkonzert d-Moll (KV 466) das einzige, das von Mozart in einer Moll-Tonart komponiert wurde. Es entstand in Wien im März 1786 – damals war Mozart dreißig Jahre alt – und ist voller Dramatik, ähnlich einer Mozart-Oper: stellenweise düster-verzweifelt (Septimsprung fis-e in den Anfangstakten), stellenweise nervös, stellenweise gefährlich, manchmal friedlich.

C-Dur[494], A-Dur[495], C-Dur[496], D-Dur[497] und das letzte Konzert in B-Dur[498], das im Januar 1791 den Abschluss bildete. Bei den meisten dieser Konzerte handelt es sich um Kompositionen, die keine Auftragsarbeiten waren, sondern die Mozart für den eigenen Gebrauch schrieb.[499] Er schrieb für Freunde, er führte seine Klavier- oder Kammermusik auf – in jedem Fall war er damit beschäftigt, Musik zu komponieren und sie zu veröffentlichen. Die Jahre 1782 bis 1785 zählten vielleicht zu den Glücklichsten in seinem kurzen Leben. Dabei kann man sagen, dass sich sein Wiener Jahrzehnt einteilen lässt „in eine Zeit von Aufstieg, Etablierung und Beliebtheit und in eine Zeit des Abstiegs."[500]

Am 28. Mai 1787 starb Mozarts Vater – die Person, die ihm 24 Jahre lang am nächsten gewesen war. Mozart-Bio-

---

[494] KV 467. Das Andante dieses Konzerts fand in der Vergangenheit gerne Verwendung als Filmmusik, ähnlich dem Klarinettenkonzert in A-Dur (KV 622). Der aus ihm stammende 2. Satz wurde durch seine Interpretation des Jahrhundert-Klarinettisten Jack Brymer (1915-2003) in dem Film `Jenseits von Afrika´ (nach dem Roman von Karen Blixen [1885-1962], `Afrika – dunkel lockende Welt´) einem breiten Publikum bekannt. Auch andere Kompositionen wurden immer wieder gerne in Filmen zitiert, wie in `Babettes Fest´ (1986/87), `Harry and Sally´ (1989), Green Card (1990) oder `Last Action Hero´ (1993).
[495] KV 488. Hier ist das tiefgründig-lyrische fis-Moll-Adagio besonders hervorzuheben.
[496] KV 503. Hier zu hören in einer Interpretation von Friedrich Goulda mit dem Wiener Philharmonischen Orchester: https://www.youtube.com/watch?v=QFMusgge2kU (aufgerufen am 10.5.2020).
[497] KV 537. Hier noch einmal Friedrich Goulda, vom Klavier aus dirigierend, mit dem Münchner Philharmonischen Orchester (1986): https://www.youtube.com/watch?v=4kT6iP6Jkt8 (aufgerufen am 10.5.2020).
[498] KV 595. In diesem Werk verarbeitet Mozart in seinem Finalrondo das Volkslied `Komm, lieber Mai, und mache die Bäume wieder grün´. Die Botschaft ist, dass das Leben nicht im Winter endet, es vom Dunkel ins Licht geht und das Kommen des Frühlings mit neuer Hoffnung verbunden wird.
[499] Mit einer Ausnahme: Das 7. Konzert für drei Klaviere F-Dur (KV 242), 1776 in Salzburg entstanden, schrieb Mozart für die zweite Frau des Erblandmarschalls Ernst Maria Lodron (1716-1779), einem Salzburger Mäzen, Gräfin Antonia Lodron (1738-1780) und ihre beiden Töchter Aloisia und Josepha. Das Konzert mit der ungewöhnlichen Anzahl von drei Klavieren wird deshalb häufig auch `Lodron-Konzert´ genannt. Mozart berücksichtigte dabei im Schweregrad die technischen Möglichkeiten der Mutter und ihrer beiden Töchter. In einer berühmten Aufnahme aus dem Jahr 1981 spielte Bundeskanzler Helmut Schmidt (1918-2015), der bekannt war für seinen Zigarettenkonsum und sein Klavierspiel, die dritte Stimme: https://www.youtube.com/watch?v=XRQ2pivhb4M (aufgerufen am 26.3.2020).
[500] Max Becker/Stefan Schickhaus, Mozart, a. a. O., 122.

graph*innen wiesen darauf hin, dass dieser Tod traumatisch für Mozart gewesen sein musste.[501] An seiner Beerdigung nahm er nicht teil. Mit seiner Schwester, von der er
sich inzwischen entfremdet hatte, musste er sich über das
väterliche Erbe einigen.[502] Im November desselben Jahres starb auch der kaiserliche Hofkomponist Christoph
Willibald Gluck[503] und im April 1788 der Kapellmeister der
Wiener Hofmusikkapelle, Guiseppe Bonno[504]. Joseph II.
bestimmte Antonio Salieri zu dessen Nachfolger als `kai-
serlichen Hofopernkapellmeister´ und Mozart wurde zum
`kaiserlich-königlichen Kammerkompositeur´ (mit 800 Gul-
den Jahreslohn) als Nachfolger Glucks ernannt (allerdings
mit weniger Lohn als jener). Als solcher hatte er die Pflicht,

---

[501] Vgl. Piero Melograni, Mozart, a. a. O., 273f.

[502] Das Eigentum Leopold Mozarts wurde zwischen dem 25. und 28. September 1787 in Salzburg versteigert (324 Gegenstände für 1507 Gulden, die übrigen 265 Gegenstände behielt Nannerl). Mozart einigte sich mit seiner Schwester darauf, dass sie 1000 Gulden aus der Erbmasse erhielt. „Maynard Solomon zufolge vermachte Leopold Mozart in seinem Testament der Tochter sein gesamtes Hab und Gut, mit Ausnahme seiner persönlichen Habe, die dann versteigert und zu gleichen Teilen zwischen ihr und dem Bruder aufgeteilt wurde" (Piero Melograni, Mozart, a. a. O., 275). Darüber kam es zum Konflikt mit der Schwester; Mozarts letzter Brief an sie datiert vom 2. August 1788; in ihm deutete er an, dass er ihr nie mehr schreiben würde – und so geschah es.

[503] Christoph Willibald Gluck (1714-1787), deutscher Komponist der Vorklassik, gilt als erster international anerkannter Starkomponist, der die Grundlagen für eine moderne Bühnenmusik legte. Schon in jungen Jahren feierte er mit der italienischen Oper Erfolge auf den Bühnen. Zu den bekanntesten Werken des ehemaligen Gesangslehrers von Marie Antoinette zählen u. a. die Opern `Demetrio´ (1742), `Demofoonte´ (1743) und `Ipermestra´ (1744). Nach Reisen in Europa ließ er sich Anfang der 1750er Jahre in Wien nieder und wurde dort Kapellmeister. 1761 begann er dort sein musikalisches Reformwerk. Mozart und Gluck, der wie jener vom Papst zum `Ritter des Goldenen Sporns´ erhoben worden war, im Unterschied zu jenem den Titel `Chevalier´ jedoch führte (`Ritter von Gluck´), pflegten persönliche Kontakte. Später komponierte Gluck Ballettmusik und komische Opern. Seine Oper `Orfeo ed Euridice´ (1762) ist der Beginn einer Opernreform (statt vom Generalbass gestützten Seccorezitativen verwendete Gluck durchgängig `Accompagnati´, das heißt, vom ganzen Orchester begleitete Rezitative). Gluck, der fünfzig Opern hinterließ, äußerte sich anlässlich einer Akademie am 11.3.1783 lobend über W. A. Mozarts Werke und lud ihn zu sich ein. Leopold Mozart jedoch machte Gluck für Intrigen gegen seinen Sohn, der 1787 sein Nachfolger als `K. K. Hofkammer-Compositeur´ wurde, verantwortlich – was heute als Irrtum gewertet wird. Glucks Grab befindet sich auf dem Wiener Zentralfriedhof, vgl. dazu Volker Gebhardt, Schnellkurs Mozart, a. a. O., 69.

[504] Der österreichische Komponist Guiseppe Bonno (1711-1778), Sohn eines in kaiserlichen Diensten stehenden Italieners, wurde zunächst als Sängerknabe am Stephansdom musikalisch ausgebildet und ging dann zum Musikstudium nach Italien. Nach zehn Jahren kehrte er zurück nach Wien. Von 1774 bis zu seiner Pensionierung 1788 war er Kapellmeister der Wiener Hofkapelle. Er war eine wichtige Persönlichkeit des Wiener Hoflebens, dessen Werke – Oratorien und Messen – oft zur Aufführung gebracht wurden. Stilistisch stehen sie zwischen dem venezianischen Spätbarock und der Wiener Klassik.

154

für die der Hoftheaterdirektion unterstehenden Maskenbälle im Redoutensaal der Hofburg Tänze zu schreiben,
weswegen Mozart in diesen Jahren eine große Anzahl von
Kontertänzen, Menuetts, Ländlern und deutschen Tänzen
komponierte. In der Karnevalszeit waren Maskenbälle allen Bevölkerungsschichten bei völliger Maskenfreiheit geöffnet. Mozarts Bezahlung war verhältnismäßig gut. Sie
bildete einen verlässlichen Grundstock, reichte Mozart
aber natürlich für seinen luxuriösen Lebenswandel nicht.
Er geriet in finanzielle Schwierigkeiten. Über die Türken-
bedrohung und den Krieg gegen das Osmanische Reich[505]
wurde das Geld in Wien außerdem zunehmend knapper
und die Zeiten zunehmend magerer, so dass das Konzert-
wesen in Wien schon ein Jahr später fast vollständig zum
Erliegen kam. Händler, Gewerbetreibende und die Bauern
wurden für das Militär abgezogen, die Teuerungsrate
stieg, das Brot wurde knapp, die Stimmung im Volk war
entsprechend schlecht. Die arme Bevölkerung litt Hunger
– in Böhmen, dem Herzstück der Monarchie, starben infolge der Hungersnot 600000 von vier Millionen Einwohner*innen –, es kam zu Lebensmittelplünderungen. Die
Wirtschaft brach ein, das gesellschaftliche Leben kam na-
hezu zum Erliegen, die Theater kämpften ums Überleben,

---

[505] Der Eintritt der Habsburger in diesen Russisch-Österreichischen Krieg (1787-1792), deren Ursache die
Annexion der Krim war, war mehr den Bündnisverpflichtungen gegenüber Russland und der Zarin Katharina
geschuldet als der Verfolgung eigener staatlicher Interessen. Joseph II. hatte sich – auch persönlich – in
diesen Krieg gestürzt, obwohl es zu dem Zeitpunkt auch innenpolitisch im Habsburgerreich brodelte (in den
Niederlanden beispielsweise wehrten sich Stände und Klerus gegen seine Reformen). Die Schlacht vor
Belgrad endete für die österreichischen Truppen in einem Desaster. Erst nach einem Waffenstillstand im
November 1788 konnte Joseph II. von der Front nach Wien zurückkehren. 80000 Soldaten waren gestorben
oder in die türkische Sklaverei gekommen. Joseph II., der neuneinhalb Monate von Wien abwesend gewesen war, war an Tuberkulose erkrankt und verließ Wien nicht mehr. Sein Bruder Leopold II. versuchte danach mit Blick auf die diplomatischen Beziehungen zu retten, was noch zu retten war.

die Oper war von der Schließung bedroht, den Musikern ging es schlecht: Die Verdienstmöglichkeiten für alle Kulturschaffenden waren mehr als gering. Die Adligen, die nicht im Heer dienten, mieden Wien und zogen sich lieber auf ihre Landsitze zurück.[506] Folglich brachen Mozarts Abonnenten seiner Konzerte weg und die Subskriptionslisten blieben leer. 1789 hielt ihm nur ein Mensch die Treue: der Diplomat, Beamte, Komponist und ausgewiesene Musikkenner Baron Gottfried van Swieten[507]. Mozarts Stern war gesunken – es konnte an seinem `Figaro´ gelegen haben oder an seinem als unmoralisch und ausschweifend empfundenen Lebenswandel, der sich in den Kreisen des höchsten Adels und der höchsten Staatsämter, in denen Mozart sich bewegte, inzwischen herumgesprochen und seinen Ruf in Wien ruiniert hatte.[508]

Am 6. September 1791 wurde die `Opera seria´ `La Clemenza di Tito´[509] – anlässlich der Krönung Kaiser Leo-

---

[506] Die Türken, die von Maria Theresia noch als Verbündete angesehen worden waren, hatten bereits in Mozarts `Entführung aus dem Serail´ (1782) eine Rolle gespielt: Denn das Thema von Mozarts Singspiel war die in der Türkei praktizierte Sklaverei, besser: der Verkauf von Christinnen als Sexsklavinnen in die Serails türkischer Würdenträger. Dabei wird jedoch ein differenziertes Bild der Türken vermittelt, indem der Haremswächter Osmin als grausam und der Pascha Selim als menschlich gezeichnet wurde.

[507] Der aus dem niederländischen Leiden stammende Freiherr Gottfried van Swieten (1733-1803), Sohn des Leibarztes von Maria Theresia und Diplomat in Diensten der Habsburger sowie Förderer und Gönner mehrerer klassischer Komponisten wie Haydn (er war dessen enger Mitarbeiter bei seiner `Schöpfung [1798] und seinen `Jahreszeiten´ [1801]), Mozart und Beethoven (er ermöglichte dessen frühe Karriere), war ab 1745 in Wien ansässig und begann seine diplomatische Laufbahn 1755. 1777 war er Präfekt der kaiserlichen Hofbibliothek, der heutigen Österreichischen Nationalbibliothek, in deren Räumen er regelmäßig Sonntagskonzerte von Händel und Bach veranstaltete, bei denen aber auch Mozart ab 1782 zu hören war. Gottfried van Swieten war im Besitz von Manuskripten der Barockkomponisten Johann Sebastian Bach und Georg Friedrich Händel, die er in seiner Berliner Diplomatenzeit (1770-1777) gesammelt hatte und Mozart zeigte. Mozart bearbeitete vier Werke Händels: die Pastorale `Acis und Galathea´ (KV 566), den `Messias´ (KV 572), das `Alexanderfest´ (KV 591) und die `Cäcilienode´ (KV 592).

[508] Dazu könnte auch gehört haben, dass er seine Schulden nicht zurückzahlte, was gegen den damals herrschenden Ehrencodex verstieß (gegen Wolfgang Hildesheimer, Mozart, a. a. O., 294f.).

[509] KV 621. Der deutsche Titel von Mozarts letzter Oper, die er bei ihrer Uraufführung am 6. September 1791 in Prag, also drei Monate vor seinem Tod, selbst dirigierte, lautete: `Die Milde des Titus´ (Dramma serio in

polds II. zum König von Böhmen im Auftrag der böhmischen Stände entstanden – im Gräflich Nostitzschen Nationaltheater Prag[510] uraufgeführt. Es war Mozarts letzte Oper.[511] Mozart war in Begleitung seiner Frau und ihres Freundes Franz Xaver Süßmayr[512] in die `Goldene Stadt´ gereist, die schon damals zu den schönsten Städten Europas zählte. Die Tatsache, dass die 29jährige Constanze

zwei Akten). Das Libretto schrieb der italienische Dichter Caterino Tommaso Mazzolà (1745-1806), von 1780 bis 1799 Hofpoet in Dresden. Wurde die Oper nach Mozarts Tod von Constanze Mozart noch im Zuge von Benefizvorstellungen für sie und ihre Kinder zur Aufführung gebracht, führte sie in weiten Teilen des 19. und 20. Jahrhunderts ein Schattendasein und geriet fast völlig in Vergessenheit – was nicht nur daran lag, dass die Partie des Sextus für einen Kastraten, d. h. für einen männlichen Sopran oder Alt, geschrieben war und diese Sänger in den Opernhäusern kurz nach Erscheinen der Oper von der Bildfläche verschwunden (vgl. dazu Albrecht Goes, Das Duettino ex A. Sechzig Takte Titus, in: ders., Mit Mörike und Mozart, a. a. O., 284-289), sondern auch, weil man Mozart vorwarf, dieses er mit diesem Werk `Fürstenpropganda´ und `Speichelleckerei´ betrieb und „zu einer Zeit, als die Morgensonne der Französischen Revolution aufging, Europas finsterer Aristokratie noch einmal die Perücke gepudert" (Thomas Assheuer, Der Versöhner. `La Clemenza di Tito´ ist kein feiges Herrscherlob, sondern ein politisches Lehrstück über die Macht der Ohnmacht, in: DIE ZEIT Nr. 2. v. 5.1.2020, 43) habe. Heute wird dieses Werk Mozarts, das er in nur 18 Tagen u. a. während der Reise in Gasthöfen fertig stellte und u. U. in Prag beendet haben könnte, zu seinen großartigsten Werken gezählt. Allein von 1951 bis 2008 erschienen 38 Einspielungen!
[510] Das von 1781 bis 1783 im klassizistischen Stil erbaute Theater, das heute wieder Ständetheater (Stavovské divadlo) heißt, liegt in der Prager Altstadt und ist bis heute (2020) im fast ursprünglichen Zustand erhalten geblieben. Es ging durch die Uraufführungen der Opern `Don Giovanni´ (1787) und `La Clemenza di Tito´ (1791) in die Musikgeschichte ein. Das Theater, in dem immer noch regelmäßig `Don Giovanni´ auf dem Spielplan steht, ist heute Teil des Nationaltheaters: www.opera.cz und www.narodni-divadlo.cz (beide Links aufgerufen am 28.5.2020).
[511] Vgl. Georg Nikolaus Nissen, Biographie W. A. Mozarts, a. a. O., 605ff., der meinte, dass „Mozart´s Geist beim Schreiben dieser Oper schon im Abschiednehmen begriffen war…" (Zitat auf 605).
[512] Der österreichische Komponist Franz Xaver Süßmayr (1766-1803), Schüler von Antonio Salieri, hatte Mozart vermutlich 1788 kennengelernt und wurde 1791 sein Assistent. Mit ihm soll er angeblich auch in seinen letzten Tagen sein `Requiem´ diskutiert haben, so dass sich Süßmayr in der Lage sah, Mozarts Arbeit zuende zu führen. Er komponierte bzw. instrumentierte die letzten fünf Teile. Ab 1792 war er Dirigent am Wiener Nationaltheater, ab 1794 Kapellmeisteradjunkt von Joseph Weigel am Kärntnertortheater und konnte Erfolge als Komponist feiern. Süßmayr war mit ausdrücklicher Zustimmung Mozarts, der anscheinend von dem Verhältnis der beiden wusste, als unentgeltlicher Reisebegleiter von dessen Frau Constanze ins niederösterreichische Baden, fünf Meilen oder ca. 26 km von Wien entfernt, zur Kur gefahren. Woran die gesund lebende, schlanke Nichtraucherin litt, bleibt unklar (vgl. Volkmar Braunbehrens, Constanze in Wien, a. a. O., 114) – vermutlich an offenen Geschwüren an Fuß und Bein, genannt wird meistens `offenes Bein´ (= `ulcus cruris´). Jedenfalls erholte sie sich des Öfteren von einem chronischen Venenleiden, verbunden mit Durchblutungsstörungen, an dem sie infolge von sechs Geburten in neun Ehejahren litt. Ist dieses Leiden auch heute medizinisch in den Griff zu bekommen, so konnte das schmerzhafte Erkrankung damals, verbunden mit einer Sepsis und einer Thrombose, durchaus tödlich sein. In Baden besuchte Mozart seine Constanze – zuletzt eifersüchtig (so in den Sommermonaten 1790 und 1791). Bis heute hält sich die Vermutung, dass Franz Xaver Süßmayr der Vater von Franz Xaver (!) Wolfgang Mozart war – er wurde am 26.7.1791 geboren -, da Mozart zu dem in Frage kommenden Zeitpunkt der Zeugung auf einer längeren Konzertreise zwischen Mannheim und München unterwegs gewesen war, vgl. Max Becker/Stefan Schickhaus, Mozart, a. a. O., 123+127, und Martin Geck, Mozart, a. a. O., 191f. Diese These wurde von prominenter Stelle auch von Wolfgang Hildesheimer, Mozart, a. a. O., 346ff., vertreten. Überzeugend ist hingegen das Argument: „Welche Frau wäre so dumm, ihr nebeneheliches Kind ausgerechnet nach dem Nebenvater zu benennen?" (Eva Gesine Baur, Mozart-ABC, a. a. O., 139). Süßmayr starb im Alter von 37 Jahren an den Folgen von Syphilis (`Lues´). Sein Grab befindet sich auf dem St. Marxer Friedhof in Wien.

157

Mozart bei der Reise mit dabei war, ist insofern bemerkenswert, als dass sie kurz zuvor im Juli ihr sechstes Kind entbunden hatte und dieses Kind nun im Alter von vier Wochen in Wien in Pflege zurückließ – ähnlich wie beim ersten Kind 1783, als sie ihren Schwiegervater in Salzburg besuchten.[513] Dazu muss man aber wissen, dass W. A. Mozart nur zwei Reisen, nämlich die nach Berlin und die nach Frankfurt am Main, ohne die Begleitung seiner Frau unternommen hat. Die Reise nach Prag jetzt war aber für alle nicht ganz unbeschwerlich: Obwohl im Spätsommer die Landschaft lieblich war, brauchte die mit vier Pferden bespannte Postkutsche für die Strecke doch immerhin drei Tage und einundzwanzig Poststationen. Am 28. August 1791 kam die Gruppe in der wegen der Krönungsfeierlichkeiten völlig überfüllten Stadt an – in der kurz zuvor auch Antonio Salieri und viele Mitglieder der Hofkapelle aus Wien eingetroffen waren. Mit ihnen hielten sich viele Künstler in Prag auf. Sie sollten für die Belustigung des Volkes zuständig sein: Theatertruppen, Einzeldarsteller, ein Zirkus. „Der Adel veranstaltete Bankette, Gartenfeste, Maskenbälle und musikalische Soireen. Am Krönungstag gingen in der ganzen Altstadt Feuerwerke hoch."[514] Die Krönungsfeierlichkeiten fanden im St.-Veits-Dom[515] statt:

---

[513] Über diesen Salzburg-Besuch ist wenig bekannt, vgl. Volkmar Braunbehrens, Mozart in Wien, a. a. O., 212.
[514] H. C. Robbins Landon, 1791, a. a. O., 131. Howard Chandler Robbins Landon (1926-2009) war ein ausgewiesener US-amerikanischer Musikwissenschaftler, der über Mozart, Beethoven, Haydn und Vivaldi Arbeiten veröffentlichte.
[515] Der Veitsdom ist die Kathedrale des Erzbistums Prag, die ab 1344 errichtet wurde, und Nationaldenkmal. In dem größten Kirchengebäude Tschechiens wurden die böhmischen Könige gekrönt. Heute ist der Veitsdom Teil des UNESCO-Welterbes `Historisches Zentrum von Prag´.

Leopold wurde zum König von Böhmen gekrönt.[516] Am selben Abend fand die Uraufführung von Mozarts `La Clemenza di Tito´ im Nationaltheater statt; der Eintritt war an diesem Abend frei, die Reaktion des Wiener Hofes darauf mehr als mäßig.[517] Mozart, der für sein Werk zweihundert Dukaten Lohn und fünfzig Dukaten Reisekosten erhalten hatte, kehrte nach Wien zurück. Er verfolgte weiter sein Ziel, eine gut dotierte Stelle am Wiener Hof zu bekommen. Am 30. September 1791, also nur wenige Monate vor Mozarts Tod, fand die Uraufführung seiner Oper `Die Zauberflöte´[518] statt. Emanuel Schikaneder hatte dazu das Lib-

---

[516] „Bei den Prager Krönungsfeierlichkeiten verschlang die Hofküche 115000 Gulden, die Kosten für die Ausstattung der kaiserlichen Suite betrugen 43000 Gulden, und der Oberste Hofpostamtsverwalter bekam 18337 Gulden" (H. C. Robbins Landon, Mozart, a. a. O., 244, Anm. 27). Das war an sich nichts Ungewöhnliches: Schon bei der Kaiserkrönung Josephs in Frankfurt am Main hatten Franz I. und seine beiden Söhne Joseph II. und Leopold II. so viel Gefolge, dass an jeder Poststation 450 Pferde bereitstehen mussten, um eine zügige Reise zu gewährleisten.

[517] Maria Ludovica von Spanien (1745-1792), konservative Gattin Leopolds II., kommentierte Mozarts Werk mit den – allerdings unverbürgten – Worten: „Una porcheria tedesca" („eine deutsche Schweinerei"), vgl. Detmar Huchting, Mozart, a. a. O., 71. Über die Ereignisse berichtete damals der österreichische Staatsmann Graf Karl Johann Christian von Zinzendorf (1739-1813), Neffe des Herrnhut-Gründers Nikolaus Graf von Zinzendorf (1700-1760), der für seine minutiösen Tagebuchaufzeichnungen bekannt war, und heute eine wichtige Quelle österreichischer Geschichte ist. Er bewertete die Oper als „überaus langweilig" (zit. nach Maria Publig, Mozart, a. a. O., 318).

[518] KV 620. Mozart hatte sein Meisterwerk zwischen Ende Juni und dem 28. September 1791 komponiert – angeblich in einem `Zauberflötenhäuschen´ (seit 1873 änderte es mehrfach seinen Standort; es befindet sich heute im Garten der Stiftung Mozarteum in der Schwarzstraße 26/28). Textlich gesehen ist `Die Zauberflöte´ eine `teutsche Oper in zwei Aufzügen´, bestehend aus 22 Stücken; rein formal ist sie ein `Singspiel´, ganz ähnlich Mozarts `Entführung aus dem Serail´. Als Textgrundlage diente Emanuel Schikaneders Story u. a. ein Märchen des Aufklärers Christoph Martin Wieland (1733-1813) namens `Lulu oder die Zauberflöte´ aus dessen Sammlung `Dschinnistan´ (1786-1788), Wielands `Oberon´ von 1780 und der Roman `Séthos´ von Jean Terrasson (1670-1750) aus dem Jahre 1731. Die ca. drei Stunden dauernde bunte Geschichte kreist um die Liebesgeschichte der Prinzessin Pamina und des Prinzen Tamino, die Königin der Nacht in ihrer eisigen Sternenwelt, den gnadenlosen Zauberer Sarastro, den durchtriebenen Diener Monostatos sowie den aufschneiderischen, lustigen Vogelhändler Papageno mit seinem silbernen Glockenspiel und seiner `Freundin Papagena – und `Zauberflöte´, dem Zeichen der Liebe, mit der Prinz Tamino alle Prüfungen besteht und Pamina gewinnt, vgl. dazu kurz zusammengefasst Max Becker/Stefan Schickhaus, Mozart, a. a. O., 115. `Die Zauberflöte´ erscheint zunächst im Gewand der Zauberposse, um im Verlauf der Handlung immer mehr die Ideale der Freimaurer zu verkünden. Geschrieben zwischen dem Ausbruch der Französischen Revolution 1789 und der Zeit des Terrors 1793/94 (Stichwort: `Jakobiner´ und `Sansculottes´ [= `ohne Kniebundhose´, die typische Beinbekleidung der Adligen]), vereinigt sie Musik- und Theaterstile der `Opera seria´, der `Opera buffa´ und der `Tragédie lyrique´. In Erinnerung geblieben ist der Bühnenbildentwurf von Karl Friedrich Schinkel (1781-1841) aus dem Jahre 1816 für die Berliner Aufführung: `Die

159

retto geschrieben, eine fantasievolle Geschichte, eine Mischung von traditionellen Elementen des Wiener Kasperl- und Zaubertheaters, altägyptischer Mythologie, Freimaurer-Ideen und Gedankengut der Aufklärung.[519] Dabei reichte das musikalische Spektrum der `Zauberflöte´ vom Volkslied bis zur großen Arie und sorgte dafür, dass sie bis heute auf den Spielplänen der großen internationalen Bühnen steht. Vermutlich wurde das Stück deshalb in Schikaneders Theater im Freihaus auf der Wieden, einem großen Wohnhauskomplex im 4. Wiener Bezirk, uraufgeführt.[520] Der Schauspieler und Theaterdirektor Schikaneder war seit 1780 mit Leopold Mozart befreundet und hatte deshalb auch schon früh mit dessen talentiertem Sohn Bekanntschaft geschlossen. Bei der Uraufführung hatte Schikaneder keine Kosten und Mühen gescheut, um in großer Pracht die Dekoration für die `Zauberflöte´ auf die Bühne zu bringen – die besten Handwerker waren dafür angestellt worden, Spiegel, ägyptische Pyramiden, sogar echte Möwen (!) gehörten zum Bühnenbild. Schikaneder selbst spielte bzw. sang die Rolle des Vogelfängers Papageno

Sternenhalle der Königin der Nacht´ – blau mit weißen Sternen mit der Königin der Nacht als kosmischer, auf der Mondsichel stehender Herrscherin, vgl. Claudia M. Knispel, Mozart, a. a. O., 88, und Wolfgang Amadeus Mozart. Nichts als Musik im Kopf, a. a. O., 151. Erhalten geblieben ist ein Theaterzettel der Uraufführung, zu sehen in: Mozart. Experiment Aufklärung, a. a. O., 182. Zur Inhaltsangabe vgl. Volker Gebhardt, Schnellkurs Mozart, a. a. O., 160-163. Zu den einzelnen Gestalten der `Zauberflöte´ vgl. Joachim Kaiser, Mein Name ist Sarastro. Die Gestalten in Mozarts Meisteropern von Alfonso bis Zerlina, München ⁴1985; zur facettenreichen Interpretation der `Zauberflöte´ vgl. weiterführend Jan Assmann, Assmann, Die Zauberflöte. Oper und Mysterium, München 2005, und ders., Die Zauberflöte. Ein literarischer Opernbegleiter. Mit dem Libretto Emanuel Schikaneders und verwandten Märchendichtungen, München 2012. Beethoven, Hegel, Herder und Goethe zählten zu den Fans der `Zauberflöte´.
[519] Über all diejenigen, denen der Komponist seine Texte zu verdanken hat, vgl. kenntnisreich Hanjo Kesting, Der Musick gehorsame Tochter. Mozart und seine Librettisten, Göttingen 2005.
[520] Vgl. dazu Paul Barz, Mozart. Prinz und Papageno, München 2005 (Lit.: 239f.), der die Entstehungsgeschichte von Mozarts letzter Oper erzählt und von dort aus in fiktiven Dialogen und in Rückblenden das Leben des Komponisten Revue passieren lässt.

(auch weitere Mitglieder seiner Familie waren bei der Aufführung mit einbezogen). Die Königin der Nacht sang Mozarts Schwägerin Josepha Hofer[521], den Tamino sein Freund Benedikt Schack[522], die Pamina Anna Gottlieb[523] und den Sarastro Franz Xaver Gerl[524]. Papagenos `Der Vogelfänger bin ich ja´ (I/2), Taminos `Dies Bildnis ist bezaubernd schön´ (I/3), Sarastros[525] `O Isis und Osiris´ (II/10) bis hin zur berühmten Arie der `Königin der Nacht´ mit dem Titel `Der Hölle Rache kocht in meinem Herzen´ (II/14) kennt heute vermutlich jeder[526], u. a. auch deshalb,

---

[521] Josepha Hofer (um 1758-1819) war die erste Interpretin von Mozarts `Königin der Nacht´ in seiner `Zauberflöte´. Sie hatte in erster Ehe den Geiger Franz de Paula Hofer (1755-1796) im Stephansdom geheiratet (1788) und nach dessen Tod den Sänger und Regisseur Sebastian Mayer (1773-1835), der u. a. nach Franz Xaver Gerl die Rolle des Sarastro in der `Zauberflöte´ sang. Josepha Mayer, für die Mozart u. a. die Arie `Schon lacht der holde Frühling´ (KV 580) geschrieben hatte, starb mit 58 Jahren an den Folgen eines Schlaganfalls.
[522] Benedikt Emanuel Schack (1758-1826), der zunächst Medizin und Philosophie studiert hatte und dann Kapellmeister geworden war, war ein österreichischer Opernsänger, Flötist, Komponist und Mitglied des Ensembles von Emanuel Schikaneder, vgl. weiterführend Georg Nikolaus Nissen, Biographie Mozarts, a. a. O., 22, Anm. 2.
[523] Die österreichische Opernsängerin Maria Anna Josepha Francisca Gottlieb (1774-1856), österreichische Sopranistin, war mit 17 Jahren die erste Pamina in Mozarts `Zauberflöte´. Sie hatte bereits mit zwölf Jahren die Barbarina in Mozarts `Figaros Hochzeit´ gespielt. Das Grab der zeitlebens Unverheirateten, die mit 82 Jahren starb, befindet sich auf dem St. Marxer Friedhof in Wien (Grab Nr. 4032).
[524] Franz Xaver Gerl (1764-1827), Sohn eines Dorfschulmeisters und Organisten, vielleicht Schüler von Leopold Mozart, war ein österreichischer Opernsänger (Bass), Komponist und ab 1787 Mitglied des Ensembles von Emanuel Schikaneder. Schon 1786 soll er erstmals mit der Rolle des Osmin in der `Entführung aus dem Serail´ geglänzt haben. 1791 sang er bei der Uraufführung der `Zauberflöte´ die Rolle des Sarastro. Mozart, der mit ihm eng befreundet war, komponierte für ihn die Arie `Per questa bella mano´ (KV 612). In seinen letzten Lebensjahren trat er mit Sprechrollen aus Schillers Werken hervor.
[525] Sarastro, in der `Zauberflöte´ die Weisheit personifizierend, ist die italienische Form des iranischen Priesters und persischen Religionsstifters `Zarathustra´. Sein Priesterrat und vertreten das humanistische Gedankengut. Die ernsthaften Priesterszenen, die Bedeutung der vier Elemente, ferner die Überzeugung von Prinz Tamino, Prüfungen auf sich nehmen zu müssen, daraus zu lernen und selbst den Tod nicht zu scheuen, lassen die Mitgliedschaft des Komponisten in einer Freimaurerloge erahnen. In einem Brief an seine Frau berichtet Mozart allerdings von einem Zuschauer, der über alle feierlichen Szenen lachte. Die Wiener Geheimpolizei diffamierte die Zauberflöte als Allegorie auf die Französische Revolution.
[526] Bekannte Arien daraus sind `Der Hölle Rache kocht in meinem Herzen´. Die bekannteste Interpretation der `Königin der Nacht´ stammt vermutlich von Diana Damrau (geb. 1971) aus dem Jahr 2008, online zugänglich unter: https://www.youtube.com/watch?v=JzFi-7H9TKs (aufgerufen am 30.3.2020) und https://www.youtube.com/watch?v=YuBeBjqKSGQ&feature=youtu.be (aufgerufen am 31.3.2020). Eine weitere großartige zeitgemäße stimmliche Darbietung stammt von der französischen Sopranistin Sabine Devielhe (geb. 1985): https://www.youtube.com/watch?v=41mE3kapPgc (aufgerufen am 30.3.2020). Legendär ist auch die `Königin der Nacht´, gesungen von der US-amerikanischen Mäzenin Florence Foster Jenkins (1868-1944): https://www.youtube.com/watch?v=quQHNriV-Q&feature=youtube (aufgerufen am 31.3.2020). Das Leben der `Diva der falschen Töne´, deren Verdienst es ist, vielen Leuten, die vermutlich ansonsten keine Klassik gehört hätten, durch die Art ihrer Interpretation einen Zugang zur Musik Mozarts

weil `The magic flute´, wie der Titel auf Englisch lautet, lange schon im Lehrplan der Schulen in Deutschland, von Grundschule bis Gymnasium, verankert ist.[527] Die `Zauberflöte´ traf von Anfang an den Geschmack des Publikums: Sie war ein Plädoyer für die Ideale der Aufklärung, für Toleranz, Vernunft und Menschlichkeit vor dem Hintergrund einer scharf einsetzenden Wiener politischen Reaktion unter Kaiser Leopold II.[528] mit ihrer politischen Zensur – von Mozart als Pamphlet und Mittel musikalischer Publizistik eingesetzt.[529] Das Wiener Publikum verstand diese brisante politische Parabel auf Anhieb und besuchte eifrig das Theater. Mozart freute sich besonders, wie er in einem Brief v. 7. Oktober 1791 schrieb, über den `stillen Beifall´. Als zweite Stadt, in der die Oper nachgespielt wurde, folgte Lemberg am 21. September 1792, wozu das Libretto auf Polnisch gedruckt wurde, und am 25. Oktober 1792 dann im Gräflich Nostitzschen National-Theater in Prag.[530]

---

verschafft zu haben, ist 2015 mit Meryl Streep (geb. 1949) in der Hauptrolle verfilmt worden. Hier der Trailer: https://www.youtube.com/watch?v=gil2uxwFRJg&feature=youtu.be (aufgerufen am 31.3.2020). Ein Zusammenschnitt aller Arien der `Königin der Nacht´ befindet sich zu einem Vergleich hier: https://www.youtube.com/watch?v=KNYws1PNCH8 (aufgerufen am 31.3.2020).

[527] Vgl. Renate Kerner, Die Zauberflöte. Mehr als nur ein Drehbuch für die Schulspielgruppe, Donauwörth 2000, die die `Zauberflöte´ kindgerecht für eine Aufführung in der Grundschule aufarbeitete.

[528] Erzherzog Leopold II. (1747-1792) aus dem Haus Habsburg-Lothringen (neuntes Kind der Maria Theresia) war von 1765 bis 1790 Großherzog der Toskana und von 1790 bis 1792 Kaiser des Heiligen Römischen Reiches (Krönung am 9.10.1790 in Frankfurt am Main, bei der `Die Entführung aus dem Serail´ inszeniert wurde) sowie König von Ungarn (Krönung am 15.11.1790), Kroatien und Böhmen (Krönung am 6.9.1791). Bei den Krönungsfeierlichkeiten hatten 1493 Reiter, 1336 Mann zu Fuß und 104 Kutschen und Wagen ihren Einzug gehalten. Leopold II., der nur 17 Monate die Kaiserkrone trug, starb vermutlich eines natürlichen Todes, obwohl es auch Spekulationen über einen Giftmord gab. Wie seine Eltern, so erhielt auch er eine `getrennte Bestattung´. Vgl. dazu GEO Epoche Nr. 70, Karl der Große und das Reich der Deutschen 800-1806: Das Heilige Römische Reich Deutscher Nation, Hamburg 2014, 148f. (wobei nicht Leopold II. als `Philosoph auf dem Thron´ galt, wie die Autorin und der Autor des Artikels fälschlicherweise meinen, sondern mit diesem Prädikat Joseph II. bzw. Friedrich II. [der Große] von Preußen bedacht wurde).

[529] Vgl. dazu näher Fritz Hennenberg, Mozart, a. a. O., 134ff.

[530] Es ist falsch, wenn Kurt Soldan schreibt, dass die zweite Stadt, in der die `Zauberflöte´ aufgeführt wurde, Prag war, vgl. Kurt Soldan, Die Zauberflöte. Zur Geschichte der Oper, in: Wolfgang Amadeus Mozart. Die Zauberflöte/The Magic Flute. Oper in zwei Aufzügen/Opera in two acts. Nach dem Autograph/Based on the autograph, hg. v./edited by Kurt Soldan, KV 620, Klavierauszug/Vocal Score (Edition Peters, EP 71), Leipzig-London-New York 1960, 6.

Dann trat eine Pause ein und erst am 16. Januar 1794 begann mit einer Aufführung im Weimarer Hoftheater unter Goethes Leitung der Siegeszug des Werkes in Deutschland und in der Welt.[531] Das etwa dreistündige Werk wurde aber auch als `volkstümliches Spektakel´, als `Posse´ oder als `Mozarts Operette´ bezeichnet. Aber „unter dem Deckmantel der Symbolik war die `Zauberflöte´ ein Werk der Auflehnung, des Trostes, der Hoffnung."[532] Keine Oper von Mozart war so widersprüchlicher Kritik ausgesetzt, erfuhr auf der einen Seite so viel Lob und auf der anderen Seite so viel Ablehnung. Oft wurde in der Vergangenheit Schikaneders Libretto als misslungen bewertet – u. a. waren Frauenfeindlichkeit und Rassismus die Gründe für eine vernichtende Kritik.[533] Die `Zauberflöte´ war aber so erfolgreich beim Publikum, dass Schikaneder innerhalb kurzer Zeit ein neues Theater auf der anderen Seite des Wienflusses, das Theater an der Wien[534], bauen lassen konnte; das Theater auf der Wieden wurde 1801 geschlossen und in Mietwohnungen umgewandelt. Noch heute ist die `Zauberflöte´

---

[531] Goethe inszenierte die `Zauberflöte´ selbst und hatte auch das Bühnenbild für den Auftritt der `Königin der Nacht´ (Alfred Einstein zufolge war damit Maria Theresia von Österreich, Leopolds Mutter, gemeint, vgl. Alfred Einstein, Mozart, a. a. O., 479) entworfen – auf einer Mondsichel vor einem klassizistischen Tempel mit ionischem Portikus. Goethes Schwager, der Schriftsteller Christian August Vulpius (1762-1827), hatte das Libretto für die Inszenierung bearbeitet und Goethe selbst versuchte, das Libretto weiterzuschreiben; es blieb aber ein Fragment, vgl. W. A. Mozart, Die Zauberflöte. Oper in zwei Aufzügen, hg. und eingeleitet von Wilhelm Zentner (Reclams Universalbibliothek Nr. 2620), Stuttgart 1962, 1979, 71-80. Ich habe mich mit Mozarts `Zauberflöte´ erstmals 1980 während meiner Schulzeit am Gymnasium an der Liebigstraße in Holzminden im Musikunterricht beschäftigt.
[532] Alfred Einstein, Mozart, a. a. O., 479.
[533] In modernen Aufführungen wurde u. a. Sarastro mit einem Diktator verglichen, die Priester als seine faschistische Hilfstruppe angesehen und die Königin der Nacht und die Drei Damen im Halbweltmilieu angesiedelt.
[534] Das Theater an der Wien im 6. Wiener Gemeindebezirk Mariahilf besteht noch heute und wird im Verbund der `Vereinigten Bühnen Wien´ betrieben; es verfügt über mehr als 1000 Plätze. Das Theater ist seit 2006 eine wichtige Spielstätte von Opern Mozarts und der Wiener Klassik. Hier geht es zur Webpräsenz: https://www.theater-wien.at/de/home (aufgerufen am 14.4.2020).

nicht nur die bekannteste Oper Mozarts, sondern die am meisten aufgeführte Oper der Welt überhaupt. „Die Oper zeigt, in das bunte Gewand des Märchens gekleidet, ein Bild der Welt, wie sie Mozart als geistige Idee vorschwebte, ein Gleichnis von den Beziehungen der Menschen untereinander, ein Bekenntnis zum Leben… Dieser tiefe Sinn der Zauberflöte macht sich jedem verständlich, der ihn zu ergründen strebt, der schlichten Einfalt des Herzens ebenso wie einer höchste Ansprüche stellenden Geistigkeit."[535] In dieser Zeit komponierte Mozart auch seine ˋGroße Messe in c-Moll[536]. Formal zählt sie zum Typus der ˋMissa solemnisˊ. Sie wird u. a. wegen ihrer stilistischen Vielfalt zu den herausragenden Messvertonungen der europäischen Musikgeschichte gerechnet. Bereits vorher waren die ˋSechs Streichquartetteˊ[537], die Mozart Joseph Haydn gewidmet hatte, entstanden: Mozart verglich sie in seiner Widmung, auf Italienisch und sehr persönlich gehalten, mit seinen ˋsechs Kindernˊ. Drei der im September 1785 erstmals publizierten Kompositionen wurden in Mozarts Wohnung in der heutigen Domgasse 5 am 15. Januar 1785 im Rahmen eines Hauskonzerts in Anwesenheit des Widmungsträgers uraufgeführt.[538] Haydn bemerkte

---

[535] So Wilhelm Zentner in seiner Einleitung zu: Wilhelm Zentner (Hg.), Wolfgang Amadeus Mozart, Die Zauberflöte. Oper in zwei Aufzügen, Stuttgart 1962, 1979, 3. Zwanzig Jahre nach den Wirren des Zweiten Weltkriegs wurde die ˋZauberflötenˊ-Partitur der damaligen DDR zurückgegeben; sie befindet sich heute in der Staatsbibliothek zu Berlin.

[536] KV 427. Sie blieb unvollendet und wurde zu Mozarts Lebzeiten vermutlich nicht aufgeführt, was an den Josephinischen Kirchenmusik-Reformen gelegen haben könnte. Die Partitur ist online zugänglich: http://dme.mozarteum.at/DME/nma/nma_cont.php?vsep=9&gen=edition&l=1&p1=-99 (aufgerufen am 19.3.2020).

[537] Die zwischen 1782 und 1785 entstandenen ˋSechs Streichquartetteˊ, op. X, die sog. ˋHaydnquartetteˊ, waren KV 387, 421, 428, 458, 464 und 465.

[538] An der Uraufführung beteiligt waren damals neben den Leopold und Wolfgang A. Mozart auch Carl Ditters von Dittersdorf (1739-1799) und Johann Baptist Vanhal (1739-1813).

danach gegenüber Leopold Mozart: „…ich sage ihnen vor gott, als ein ehrlicher Mann, ihr Sohn ist der größte Componist, den ich von Person und den Nahmen nach kenne: er hat geschmack, und über das die größte Compositionswissenschaft."[539] Damals entstanden auch die `Linzer Sinfonie´[540], die `Prager Sinfonie´[541] und die Serenade `Eine kleine Nachtmusik[542] sowie die Trias der Sinfonien in Es-

---

[539] MBA III, 373. Das Zitat befindet sich in leicht abgewandelter Form auch bei Franz Xaver Niemetschek, Mozart, a. a. O., 64). Leopold Mozart griff diese Äußerung Haydns in einem Brief auf: „Ihr Sohn ist der größte Komponist, den ich von Person und dem Namen nach kenne; er hat Geschmack, und über das die größte Kompositionswissenschaft" (Brief Leopold Mozarts v. 16. Februar 1785).

[540] KV 425. Mozarts 36. Sinfonie in C-Dur entstand im November 1783 in Linz innerhalb von fünf (!) Tagen. Mozart hatte sich auf eine Reise nach Salzburg begeben, um seinem Vater, seiner Schwester und Freunden seine Frau vorzustellen. Die Begegnung verlief anscheinend kühl. Auf der Rückreise folgten Constanze und er einer Einladung des Grafen Johann Joseph Anton Thun-Hohenstein (1711-1788) nach Linz. Er hatte Mozart in sein Palais am Minoritenplatz eingeladen, damit dieser dort ein Konzert gab. Mozart komponierte jenseits aller Vorstellungskraft innerhalb von ein paar Tagen seine `Linzer Sinfonie´ in C-Dur, die am 4. November 1783 im Wassertheater unter seiner Leitung uraufgeführt wurde. Zur Partitur geht es hier: http://dme.mozarteum.at/DME/nma/nma_cont.php?vsep=109&gen=edition&l=1&p1=3 (aufgerufen am 19.3.2020).

[541] KV 504. Mozarts im Jahr 1786 komponierte 38. Sinfonie in D-Dur heißt `Prager Sinfonie´. Sie könnte auf Mozarts Reise nach Prag entstanden sein, wobei auch der Anlass ihrer Entstehung unklar ist. Ihre Uraufführung, die Mozart in einer Akademie am Prager Theater dirigierte, fand am 19. Januar 1787 statt. Hier die Partitur: http://dme.mozarteum.at/DME/nma/nma_cont.php?vsep=109&gen=edition&l=1&p1=63 (aufgerufen am 23.3.2020).

[542] KV 525. Der Name der anspruchsvollen Serenade Nr. 13 für Streicher in G-Dur, einer der populärsten Kompositionen Mozarts, deren Partitur erst 1883 im Druck erschien, stammt von Mozart selbst, der das Wort `Serenade´ einfach ins Deutsche übersetzte. Er beendete sie am 10. August 1787 in Wien – nur ein paar Monate, nachdem sein Vater gestorben war. Es ist seine letzte Serenade. Manche Mozart-Expert*innen deuten die `Nachtmusik´ als Korrektur des `musikalischen Spaßes´ (KV 522), dem ersten Stück, das Mozart nach dem Tod seines Vaters komponiert hatte und das mit Absicht grell und stümperhaft klang, weil Mozart gegen alle Gesetze der Komposition verstieß. Dem stellte er ein Stück von reinster Schönheit gegenüber. Es ist unklar, zu welchem Anlass die `kleine Nacht musick´ entstand und ob sie zu Mozarts Lebzeiten aufgeführt wurde. Das Manuskript befindet sich heute in Privatbesitz, vgl. Ulrich Konrad, Warum ist die `Kleine Nachtmusik´ so berühmt?, in: DIE ZEIT Nr. 2 v. 5.1.2006, 39. Die sprühend-beschwingte und eingängige Komposition ist noch heute oft in der Werbung und in den Massenmedien zu hören. Vgl. dazu weiterführend Joachim Brügge (Hg.), Zwischen `Cultural Heritage´ und Konzertführer. W. A. Mozart, Eine Kleine Nachtmusik in den Medien, Freiburg 2016. Hier die Partitur: http://dme.mozarteum.at/DME/nma/nma_cont.php?vsep=125&gen=edition&l=1&p1=43 (aufgerufen am 19.3.2020). Die Nachtmusik wurde oft auch für andere Instrumente arrangiert, wie z. B. für Metal-Gitar: https://youtu.be/zLa5sOkyzqs. Bemerkenswert auch die Aufnahme mit dem Geiger Roman Kim, der die `Nachtmusik´ vielstimmig auf seiner Violine alleine spielt: https://www.youtube.com/watch?v=KsxY3WL1cP8 (aufgerufen am 18.5.2020).

Dur[543], g-Moll[544] und in C-Dur[545]. Durch seine Bekanntschaft mit Gottfried van Swieten – Beethoven widmete ihm seine Erste Symphonie – erhielt Mozart in dieser Zeit neue Impulse für sein Schaffen.

Am 4. August 1782 hatten W. A. Mozart und Constanze Weber[546] im Wiener Stephansdom katholisch geheiratet[547] – gegen den ausdrücklichen Willen von Mozarts Vater, der befürchtete, dass sein Sohn unter die Räder kommen könnte bzw. von der Familie Weber ausgenutzt werden würde. Leopold Mozart war, wie auch schon seine verstorbene Ehefrau, gegen diese Heirat seines Sohnes und

---

[543] KV 543. Das Werk entstand innerhalb weniger Wochen im Sommer 1788 in Wien – in einer Krise, die durch Geldsorgen und Depressionen geprägt war. An seinen Vater schrieb er schon 1778 in ähnlicher Stimmung aus München: „Heute kann ich nichts als weinen – ich habe gar ein zu empfindsames Herz." Hier die Partitur: http://dme.mozarteum.at/DME/nma/nma_cont.php?vsep=111&gen=edition&l=1&p1=1 (aufgerufen am 20.3.2020).

[544] KV 550. Das Werk, ebenfalls im Sommer 1788 in Wien entstanden, wurde zu Mozarts Lebzeiten in dessen Anwesenheit uraufgeführt, wobei die Kritik schlecht ausfiel.

[545] KV 551. Ihren Namen erhielt die `Jupiter-Sinfonie´ (1788) nach Mozarts Tod vom Londoner Konzertunternehmer Johann Peter Salomon (1745-1815). Mozart schrieb sie in sechzehn Tagen! Zu einer Aufführung zu Lebzeiten Mozarts kam es nicht, so dass er sie genau wie KV 543 und KV 550 vermutlich weder dirigiert noch gehört hat. Zum Gesamtverzeichnis der Sinfonien Mozarts vgl. online: https://de.wikipedia.org/wiki/Liste_der_Sinfonien_Mozarts (aufgerufen am 27.3.2020).

[546] Constanze Mozart, geb. Weber (1762-1842), nach einem zeitgenössischen Porträt schlank, mit dunklen Locken und dunklen Augen, nach zeitgenössischen Berichten temperamentvoll, kultiviert, musikalisch und polyglott, war die Tochter von Franz Fridolin Weber (1733-1779) aus Zell im Wiesenthal und Maria Cäclia Cordula Weber, geb. Stamm (1727-1793) aus Mannheim. Sie hatte drei Schwestern und einen Bruder. Fridolin Weber war Amtmann in Zell, der sich später dem Theater und der Musik zuwandte und als Bassist arbeitete. Als solcher verdiente er nur 200 Gulden im Jahr, mit denen er eine fünfköpfige Familie versorgen musste (zum Vergleich: Ein Dienstmädchen verdiente damals ca. 12 Gulden jährlich, ein Grundschullehrer ca. 22 Gulden, ein Universitätsprofessor ca. 300 Gulden, vgl. Martin Geck, Mozart, a. a. O., 174). Weber arbeitete außerdem als Souffleur und Notenkopist – das war jemand, der mehr schlecht als recht vom Verkauf handgeschriebener Noten lebte. Sein jüngerer Bruder war Franz Anton von Weber (1734-1812), der Vater des Komponisten Carl Maria von Weber (1786-1826). Constanze Webers Taufpatin war die in Waldshut geborene Maria Anna Constantia Kilian. Nach ihr hatte sie ihren Taufnamen erhalten, vgl. Südkurier v. 17.1.2007. Von Zell zog die Familie 1763 oder 1765, nach Konflikten mit seinem Dienstherrn von Schönau, in das kulturell blühende Mannheim, die Heimat ihrer Mutter, um, vgl. detaillierter Viveca Servatius, Constanze Mozart, a. a. O., 25f. In Mannheim lernte Constanze 1777 Wolfgang A. Mozart kennen. Sowohl für sie als auch für ihre Schwestern Aloisia Lange und Josepha Hofer schrieb Mozart einige Gesangspartien, vgl. weiterführend Heinz Gärtner, Frauen um Mozart, a. a. O., 119-148. Anfang 2014 fand die Einweihung der Constanze-Mozart-Bibliothek im Hotel `Löwen´ in Zell statt.

[547] Ein zeitgenössisches Bild des Stephansdoms, ein Stich von Carl Schütz aus dem Jahre 1792, befindet sich in: H. C. Robbins Landon, Mozart, a. a. O., 41. Ein Bild der Heiratsurkunde ist dort (vgl. 83) ebenfalls zu sehen. Die Trauzeremonie wurde von Kurat Ferdinand Wolf geleitet.

machte aus seiner abweisenden Haltung gegenüber seiner zukünftigen Schwiegertochter auch keinen Hehl. Für ihn war die Familie Weber halb kriminell – verächtlich sprach er von den `Weberischen´, die es auf seinen Sohn abgesehen hätten, und erhoffte sich insgeheim für ihn eine bessere Partie.[548] Über seine Trauung schrieb Mozart 1782 in einem Brief an Leopold Mozart: „Als wir zusamm verbunden wurden fieng so wohl meine frau als auch ich an zu weinen; – davon wurden alle, sogar der Priester, gerührt. – und alle weinten, da sie zeuge unserer gerührten Herzen waren.“[549] Erst im Sommer 1783 kam es zu einer persönlichen Begegnung von Leopold Mozart und seiner Schwiegertochter.[550] „Stanzerl“[551], wie Mozart sie liebevoll

---

[548] Mozart hatte ihm am 15.12.1781 geschrieben, dass es wohl nicht in Leopold Mozarts Sinne sein konnte, dass er `ein unschuldiges Mädchen´ verführen oder sich gar mit `hurren herum balgt´ und sich `die krankheiten holt´. Constanze Weber, so W. A. Mozart über seine zukünftige Ehefrau, sei `nicht hässlich, aber auch nichts weniger als schön´, wobei ihre ganze Schönheit in zwei kleinen schwarzen Augen und einem schönen Wachstum bestünde; sie hätte zwar keinen Witz, aber genügend gesunden Menschenverstand zur Erfüllung ihrer Frauen- und Mutterpflichten, vgl. Wolfgang Hildesheimer, Mozart, a. a. O., 257ff. Im Vorfeld der Hochzeit war es zu Spannungen zwischen Constanze und ihrer Mutter gekommen; Constanze zerriss eine Art Ehevertrag mit Mozart, der auf Initiative von Caecilia Weber zustande gekommen war – „ein schriftliches Eheversprechen mit formulierter Vertragsstrafe“ (Volkmar Braunbehrens, Mozart in Wien, a. a. O., 83). Bei der Hochzeit der beiden waren nur Constanzes Mutter Caecilia Weber, ihre jüngste Schwester Sophie Weber (1763-1846), der Vormund Constanzes, der `k: k: theatl. Hof Direct: Revisor´, der Verwaltungsleiter des Hoftheaters, Johann Thorwart, sowie zwei Trauzeugen anwesend. Mozarts Schülerin und Patronin, die Baronin Waldstätten, „eine durchweg emanzipierte Frau“ (Maria Publig, Mozart, a. a. O., 218), hatte Mozarts Heirat gefördert, für den Abbau bürokratischer Hochzeits-Hürden gesorgt, das Hochzeitsmahl ausgerichtet und die Braut bzw. das Brautpaar seelisch gestützt. Sie war es auch, die Mozart den roten Rock (`frok´ = `Frack´) schenkte, den er sich so sehnlich gewünscht hatte (MBA III, 232f.), vgl. Martin Geck, Mozart, a. a. O., 114f.). Das Ehepaar Mozart hielt sich mindestens zweimal, 1783 und 1785, zu Besuch auf ihren Besitzungen auf. Während fast die gesamte Vater-Sohn-Korrespondenz bzw. der ganzen Familie Mozart aus Salzburger Zeiten erhalten ist, existiert kein einziger Brief, den Leopold Mozart an seinen Sohn aus dessen Wiener Jahren geschrieben hat. Der Vater-Sohn-Konflikt taucht in der Regel auch in den Mozart-Verfilmungen auf, vgl. dazu weiterführend Florian Langegger, Mozart – Vater und Sohn. Eine psychologische Untersuchung, Zürich 1986.

[549] MBA III, 219.

[550] Piero Melograni irrt, wenn er schreibt, dass diese Reise im Sommer 1782 stattfand; auch der Sohn stirbt nicht 1782, sondern im Sommer 1783, vgl. Piero Melograni, Mozart, a. a. O., 340.

[551] Das Bild eines Ölgemäldes, das Constanze Mozart, geb. Weber im Jahr 1782 zeigt und von ihrem Schwager Joseph Lange stammt, findet man in: Claudia M. Knispel, Mozart, a. a. O., 69 (zum Vergleich ein Ölgemälde von Hans Hansen [1769-1828], das sie im Jahr 1802 zeigt, in: Claudia M. Knispel, Mozart, a. a. O., 97). Vgl. weiterführend http://www.constanze-mozart.de/html/constanze_mozart.html (aufgerufen am 20.3.2020).

nannte, oder sein „herzallerliebstes Weibchen"[552], war die jüngere Schwester seiner großen Liebe, Aloisia Weber, und stammte ursprünglich aus Zell im Wiesental[553], dem kleinen Heimatdorf ihres Vaters im Südschwarzwald; ihre Mutter war aus Mannheim. Dorthin war sie in einer Zeit wirtschaftlicher Unsicherheit aus beruflichen Gründen ihres Vaters mit ihrer Familie umgezogen und hatte als Fünfzehnjährige 1777 Mozart kennengelernt. Constanze Weber war dann 1781 mit ihrer Familie von Mannheim über München nach Wien gezogen, wo Mozart sie, inzwischen 19 Jahre alt, wiedergetroffen hatte und kurzerhand bei ihr mit eingezogen war.[554]

Constanze Mozart hat in der Mozart-Sekundärliteratur – ähnlich wie Goethes Lebensgefährtin und spätere Ehefrau Christiane Vulpius[555] in der Goethe-Sekundärliteratur – einen miserablen Leumund, kommt meistens schlecht weg und wird meistens unterschätzt: Folgt man Mozart-Bio-

---

[552] Diese Anrede verwendete Mozart in seinen Briefen an sie öfters, vgl. beispielsweise seinen Brief v. 30.9.1790, in: Albrecht Goes (Hg.), Mozart Briefe, a. a. O., 150. Daneben nannte er sie `Spitzbub´, `Spitzignas´, `Herzens-Weibchen´, `Znatsnoc´ (Palindrom) und `mein andertes Ich´.

[553] Im südlichen Schwarzwald gelegen, stand Zell unter dem Lehensbann der Herren von Schönau und gehörte ca. 450 Jahre zu Österreich. Danach gelangte die Ortschaft durch Napoleon 1806 zur Markgrafschaft Baden. Heute gibt es in Zell eine `Mozart Stube´ im Hotel Löwen sowie zahlreiche Informationen über Constanze Mozart. Im Juli 2010 wurde in Zell der Constanze Mozart Boulevard eingeweiht: Das sind zwölf in das Pflaster der Gehsteige eingelassene Steinplatten in der Innenstadt, die vom Leben der Constanze Mozart, geb. Weber, erzählen.

[554] Mozart schreibt über die vier Weber-Töchter in einem Brief v. 15.12.1781 an seinen Vater. In ihm bezeichnet er Josepha als faul, grob und falsch, Aloisia als falsch und schlecht denkend, Sophie als gut und zu leichtsinnig, Constanze hingegen als gutherzig und geschickt, „nicht hässlich, aber auch nichts weniger als schön", vgl. H. C. Robbins, 1791, a. a. O., 242f., Zitat auf 243. Dazu muss man allerdings wissen, dass sich Mozart in der Regel über Frauen, insbesondere verflossene Lieben, abwertend äußerte, während man über Männer keine entsprechenden Bemerkungen findet.

[555] Christiane von Goethe, geb. Vulpius (1765-1816), Mutter seines Sohnes August von Goethe (1789-1830) lebte lange mit Johann Wolfgang von Goethe zusammen, bevor beide 1806 heirateten. Christiane von Goethe wurde auch nach ihrer Heirat aus Standesdünkel von der Weimarer Gesellschaft nur widerstrebend akzeptiert. In der Goethe-Sekundärliteratur sind abfällige Bemerkungen von Zeitgenossen über sie überliefert.

graph Wolfgang Hildesheimer, dann war Constanze Mozart ausschließlich für die sexuelle Bedürfnisbefriedigung Mozarts zuständig, „eine leichtlebige, dabei triebhafte Natur."[556] Andere warfen Constanze Mozart vor, dass sie Mozarts Genie nicht begriff, außerdem, dass sie zu leichtsinnig und oberflächlich war und die Größe ihres Mannes nicht erkannte.[557] Mozart-Expert*innen nannten sie eine „resolute Frau..., die... mit Mut und Entschlossenheit... daran ging, wann immer sie konnte, aus der Musik ihres verstorbenen Gatten Geld zu schlagen..."[558], andere unterstellten ihr „keinen Geist"[559], wiederum andere, dass die „Biedermeiermatrone"[560] nicht in der Lage war, „einen soliden Haushalt zu führen" und Mozart „mancherlei Kummer bereitete"[561]. Fakt ist: Constanze Mozart „dürfte die unpopulärste Frau der Musikgeschichte sein. Während der letzten hundert Jahre ist sie einer zunehmend verleumderischen Reihe von Angriffen ausgesetzt gewesen: Sie war ein Flittchen, sie war eine oberflächliche, törichte Frau, unfähig, Mozart Verständnis entgegenzubringen, sie verwirtschaftete das Haushaltsgeld und verleitete ihn dazu, ein

---

[556] Wolfgang Hildesheimer, Mozart, a. a. O., 253.
[557] Vgl. dazu exemplarisch das fiktionale Buch Renate Welsh, Constanze Mozart. Eine unbedeutende Frau, Wien-München 1990, bes. 14f., und Hanns Maria Lux, Wolfgang und die Kaiserin, Reutlingen 1956, 80. Vernichtend in seinem Urteil und historisch falsch ist das Bild, das Mozart-Biograph Paumgartner von ihr zeichnet: „Was ihr abging, war die Sehnsucht nach einer höheren geistigen Ebene. Sie hat wohl erst lange nach Mozarts Tod erfahren, mit wem sie verheiratet gewesen war. (...) Sie liebte ihn in ihrer Art, als sein williges Spielzeug. (...) Die trockenen Dokumente ihrer Hand... verraten Nüchternheit und Beengtheit des Geistes. (...) Niederschläge musikalischer Eindrücke fehlen... gänzlich – ein Zeichen, daß Constanze, von mittelmäßigen gesanglichen Anlagen, bescheidenen pianistischen Kenntnissen und einer dazugehörigen musikantischen Kinderunschuld abgesehen, ein tieferes Verhältnis zur Tonkunst nie besessen hat. (...) Konstanze hat sich ... als munteres Objekt seiner menschlichen Bedürfnisse in jeder Beziehung bewährt" (Bernhard Paumgartner, Mozart, a. a. O., 279f.).
[558] H. C. Robbins Landon, 1791, a. a. O., 87f.
[559] Heinrich Eduard Jacob, Mozart oder Geist, a. a. O., 435.
[560] Bernhard Paumgartner, Mozart, a. a. O., 17.
[561] Erich Valentin, Mozart, a. a. O., 86.

wirres, wenn nicht gar liederliches Leben zu führen…"[562] Erst als der deutsche Musikwissenschaftler und Mozart-Experte Volkmar Braunbehrens schrieb, dass über Constanze Mozart aus der Zeit ihrer Ehe mit W. A. Mozart heute zu wenig bekannt ist, um weder zu einem umfassenden Bild ihrer Persönlichkeit zu gelangen noch um abschätzig über sie zu urteilen, änderte sich das Bild.[563] Constanze gebar in den neun Jahren dieser Ehe, die von außen als „höchst affektive Beziehung"[564] eingeschätzt wurde, sechs Kinder.[565] Von diesen sechs Kindern starben vier – nur ihre beiden Söhne Carl Thomas und Franz Xaver Wolfgang Mozart überlebten das erste Jahr und erreichten das Erwachsenenalter.[566] Carl Thomas Mozart, zweiter Sohn Mozarts und der ältere der beiden überlebenden Kinder, wurde österreichischer Staatsbeamter.[567] Mit seinem Bruder wuchs er nach dem Tod seines Vaters in der Nähe von Prag auf. Er erhielt Klavierunterricht und Unterricht in Komposition, musste aber auf Drängen seiner Mutter eine Kaufmannslehre in Livorno absolvieren. Auf Vermittlung Joseph Haydns begann er in Mailand ein Musikstudium, brach es jedoch im dritten Studienjahr ab und schlug eine Beamtenlaufbahn ein. Er förderte das Andenken seines

---

[562] H. C. Robbins Landon, 1791, a. a. O., 225.
[563] Vgl. Volkmar Braunbehrens, Mozart in Wien, a. a. O., 104-110 und Detmar Huchting, Mozart, a. a. O., 74f. („Constanze Mozart – Eine Ehrenrettung"), der beispielsweise meint, dass es heutzutage für Frauen, die anstrengende Lebensumstände haben, völlig normal sei, sich hin und wieder eine Auszeit zu nehmen.
[564] Volkmar Braunbehrens, Mozart in Wien, a. a. O., 113.
[565] Die Kinder hießen: Raymund Leopold (17.6.-19.8.1783), Carl Thomas (21.9.1784-31.10.1858), Johann Thomas Leopold (18.10.-15.11.1786), Theresia Constanzia Adelheid Friederike Maria Anna (27.12.1787-29.6.1788), Anna Maria (16.11.1789, geb. und gest.) und Franz Xaver Wolfgang (26.7.1791-29.7.1844) – er war erst viereinhalb Monate alt, als Mozart starb. Es schien so, dass weder Lebensweise noch Lebensplanung Mozarts durch die Geburt der Kinder beeinträchtigt wurden.
[566] Zu einer zeitgenössischen Beschreibung vgl. Nerina Medici di Marignano/Rosemary Hughes (Hg.), Eine Wallfahrt zu Mozart, a. a. O., 188, Fußnote 53.
[567] Vgl. Georg Nikolaus Nissen, Biographie Mozarts, a. a. O., 14, Anm. 6.

Vaters und vermachte 1841 dem Mozarteum testamenta-risch neben Noten und Büchern u. a. den Flügel seines Vaters, den ihm seine Mutter geschenkt hatte. Er blieb un-verheiratet und starb mit 74 Jahren ohne Nachkommen. Sein Grab gilt als verschollen. Mit ihm starb die unmittel-bare Linie aus. Die anderen Linien setzten sich bis ins 20. Jahrhundert fort.

Mozarts jüngster Sohn Franz Xaver Wolfgang Mozart, gen. `Wowi´, der im selben Jahr geboren wurde, in dem sein berühmter Vater starb, war das sechste Kind der Ehe-leute. Er wurde im Stephansdom, der Pfarrkirche der Mo-zarts, getauft. Der Bestimmung seiner Mutter folgend wurde er wie sein Vater Komponist und Klaviervirtuose. Er hatte u. a. Unterricht bei Salieri, der ihn nicht nur kostenlos unterrichtete, sondern ihm Talent attestierte und eine große Karriere voraussagte. Er ließ sich 1813 in Lemberg nieder und wirkte dort als Pädagoge und Komponist. Zu-letzt lebte er in Wien; er erlag während einer Kur in Karls-bad einem Krebsleiden; dort befindet sich auch sein Grab.[568] Der Freimaurer, dessen Werk heute nahezu ver-gessen ist, blieb wie sein Bruder unverheiratet und hinter-ließ ebenfalls keine Nachkommen. Auch er vermachte dem `Mozarteum´ den Nachlass seines Vaters und die Porträts aus seinem Besitz.

Die Schwangerschaften und Geburten gingen an Constanze Mozarts Substanz: Immer wieder war sie ans

---

[568] Vgl. Georg Nikolaus Nissen, Biographie Mozarts, a. a. O., 14, Anm. 7.

Bett gefesselt. Die kluge, gebildete, musikalische und später auch geschäftstüchtige Frau, der es zu verdanken ist, das musikalische Erbe ihres ersten Ehemannes für die Nachwelt gesichert zu haben – sie machte ihn dadurch zum berühmtesten Komponisten aller Zeiten –, erholte sich von ihren Strapazen, von dem Tod ihrer vier Babys und von dem anstrengenden Alltag, mit einem Genie zusammenzuleben, in zahlreichen kostspieligen Kuraufenthalten, die letztlich auch mit für die chronische Geldknappheit im Hause Mozart verantwortlich waren.[569]

Wolfgang Amadé Mozart und seine 22jährige Gattin Constanze lebten in Wien ein ausgesprochenes Bohème-Leben: Zeiten des Erfolges und des Wohlstandes wechselten sich ab mit Zeiten größter materieller Unsicherheit und Not. Heute besteht in der Mozart-Forschung der Konsens: Constanze Mozart gab ihrem Mann anscheinend all das, wonach er so lange gesucht hatte – Wärme, Liebe, Harmonie, Geborgenheit und eine Familie. Mozart selbst schilderte in seinen Briefen seine Ehe als glücklich. Constanze Mozart hatte offenbar ein großes Verständnis für die „kleinen Sünden"[570] und auch für die Musik ihres Mannes: Anscheinend brachte er ihr jede fertige Oper und bat sie, sie mit ihr zu proben.[571] Ihr sind einige, allerdings Fragment gebliebene, Werke gewidmet; das Sopransolo

---

[569] Vgl. weiterführend Arthur Schurig (Hg.), Konstanze Mozart. Briefe, Aufzeichnungen, Dokumente, Bremen 2013, sowie die Website: http://www.constanze-mozart.de/ (aufgerufen am 3.2.2020).

[570] Georg Nikolaus Nissen, Biographie W. A. Mozarts, a. a. O., 530.

[571] Erst allmählich kam es in der Mozart-Sekundärliteratur zu einer Korrektur in der Einschätzung Constanze Mozarts, vgl. Eva Gesine Baur, Mozart-ABC, a. a. O., 19ff., ferner weiterführend Gesa Finke, Die Komponistenwitwe Constanze Mozart, Wien 2012, und Viveca Servatius, Constanze Mozart. Eine Biographie, a. a. O., 12. Die Autorin würdigt in ihrer Biographie die verdienstvollen Leistungen Constanze Mozarts und räumt mit einigen Vorurteilen auf.

in der c-Moll-Messe (KV 427) ist von ihm vermutlich für sie geschrieben worden. Von Mozart sind zahlreiche Briefe an sie erhalten.[572] „Mozart selbst hat nie über Constanze geschimpft und war ihr, wie aus den erhalten gebliebenen Briefen hervorgeht, vorbehaltlos zugetan."[573] Wie groß ihr Einfluss auf die Frauenfiguren Mozarts gewesen sein muss, lässt sich heute nur erahnen.

Der 27jährige Mozart, ein gefeierter Popstar im damaligen Wien, zog in Wien, wie bereits erwähnt, viel um – in seinen zehn Wiener Jahren von 1781 bis 1791 elfmal![574] Nach seinem Auszug als Untermieter bei der Familie Weber zog er in ein kleines Zimmer in unmittelbarer Nachbarschaft – am `Graben 1175´[575], einem repräsentativen vierstöckigen Bau, bezog Mozart ein Zimmer. Der Graben war wie heute das Zentrum Wiens, wo sich zahlreiche Geschäfte befanden und es ein hektisches Leben tagsüber sowie ein reges Nachtleben gab. Von dort aus zog Mozart nur wenig später in eine Wohnung im Haus `Zum roten Säbel´ in der Wipplingerstraße 387 (heute Nr. 19). Von dort wiederum ging es nur ein paar Monate später, im Dezember 1782, in den dritten Stock im `Klein-Herbersteinischen Haus´ in der

---

572 Vgl. Briefe Mozarts. Mit einem Geleitwort von Max Mell, Wiesbaden 1956; Stefan Kunze (Hg.), Wolfgang Amadeus Mozart, Briefe (Universal-Bibliothek Nr. 8430), Stuttgart 1987; und Silke Leopold (Hg.), Guten Morgen, liebes Weibchen! Mozarts Briefe an Constanze, Kassel 2005.
573 Maarten ´t Hart, Mozart und ich, a. a. O., 47.
574 Zu Mozarts Wohnungen vgl. Helmut Kretschmer, Mozarts Spuren in Wien, Wien 1990, und online: https://www.geschichtewiki.wien.gv.at/Mozart-Wohnungen (aufgerufen am 19.3.2020) und https://vonortzu-ort.reisen/oesterreich/wien/mozart-in-wien/ (aufgerufen am 19.3.2020).
575 Vgl. dazu Mozarts Brief v. 5.9.1781, in: Briefe und Aufzeichnungen, Bd. 3, hg. von Wilhelm A. Bauer/Otto Erich Deutsch, Kassel 2005, 154. Mozart wohnte im Graben an der Ecke Habsburgergasse 1175 (heute Nr. 17) in der Nähe vom `Auge Gottes´ – fast ein ganzes Jahr lang. Er beendete dort sein Singspiel `Die Entführung aus dem Serail´ und besuchte von hier aus die „Webers regelmäßig und ließ sogar seine Post an sie senden" (Viveca Servatius, Constanze Mozart, a. a. O., 54).

173

Wipplingerstraße 412 (heute Nr. 14), in eines der Miets-häuser des wohlhabenden Immobilienbesitzers und Mu-sikfreundes Baron Raymund Wetzlar von Plankenstern[576]. Dieser wurde bald ein enger Freund Mozarts, der das junge Paar von Dezember 1782 bis Februar 1783 mietfrei in seiner Wohnung wohnen ließ. Er bezahlte den Umzug und auch die Miete, als ein erneuter Wohnungswechsel erfolgte: im Februar 1783 ins Haus am Kohlmarkt 1179 (heute Nr. 7). Bereits drei Monate später, im April 1783, erfolgte der Umzug `Zum englischen Gruß´ auf dem Ju-denplatz 3, wo Raymund Leopold[577] geboren wurde. Neun Monate wohnten die Mozarts hier, bevor sie zu Beginn des Jahres 1784 in eine neue, kleinere Wohnung im Trattner-hof[578] am Graben 29 wechselten – in einen neuerbauten,

---

[576] Baron Raymund Wetzlar von Plankenstern (1752-ca. 1810) – nicht „Plankenstein", wie M. Publig irrtüm-lich schrieb (Maria Publig, Mozart, a. a. O., 219, 241 u.ö.) – zahlte Mozart auch den Umzug in eine andere Wohnung. Schon Plankensterns Vater Karl Abraham Wetzlar Freiherr von Plankenstern (1715-1799), ein wohlhabender Financier, der 1776 vom Judentum zum Katholizismus konvertiert war, hatte Mozart als Mä-zen unterstützt. Zur Beschreibung des Interieurs von Mozarts Wohnung vgl. Ludwig Meinardus, Mozart. Ein Künstlerleben, Berlin-Leipzig 1883, 266. Ludwig Meinardus (1827-1896) war ein deutscher Komponist und Musikschriftsteller; seine Beschreibung von Mozarts Wohnung ist vermutlich ein Produkt seiner Fantasie.

[577] Das erste Kind Raymund Leopold, nach eben diesem Freund und nach Mozarts Vater benannt, wurde am 17. Juni 1783 geboren und, wie damals üblich, einen Tag später getauft (Taufpate des Erstgeborenen war Wetzlar von Plankenstern). Mozart zufolge war der dem Vater wie aus dem Gesicht geschnitten, vgl. MBA III, 277f. Mozart war damals der weit verbreiteten Meinung, dass Stillen durch die Mutter unfein und eines besseren Standes unangemessen war. Die Kinder wurden mit Gersten- und Haferschleim ernährt – Mozart nannte es `Wasser´; in Wien konnte man ihm diese Ideen angesichts der dortigen hygienischen Zustände erfolgreich ausreden, vgl. MBA III, 274. Raymund Leopold, der bei einer Amme im Oberneustift in 250 (heute Mariahilfer Straße 94) in Wien in Pflege gegeben worden war, weil man es für zu gefährlich erachtete, mit einem Neugeborenen zu reisen, starb am 19. August 1783 an der `Gedärmfrais´, während sich Mozart und seine Frau Ende Juli 1783 in schlimmer Sommerhitze auf eine viermonatige Reise begeben hatten, bei der sie Mozarts Vater und seine Schwester in Salzburg besuchten. In Mozarts Briefen wird merkwürdigerweise der Tod dieses ersten Kindes kaum erwähnt, was in der Mozartforschung zu der ver-breiteten Annahme führte, dass damals der Tod eines Kindes weniger traumatisch erlebt wurde als heute – quod erat demonstrandum! Wahrscheinlicher ist m. E., wie Mozart-Biograph Volkmar Braunbehrens schreibt, dass die Eltern erst nach ihrer Rückkehr nach Wien Ende November von dem Tod ihres Erstgebo-renen erfuhren, vgl. Volkmar Braunbehrens, Mozart in Wien, a. a. O., 112.

[578] Benannt war das Gebäude nach seinem Bauherrn, dem bedeutenden österreichischen Medienunterneh-mer Johann Thomas von Trattner (1717-1798). Trattner, aus einfachen Verhältnissen stammend und evan-gelisch, war von Maria Theresia zum Hofbuchdrucker ernannt worden und hatte dadurch das Privileg erhal-ten, alle in Österreich verwendeten Schul- und Lehrbücher zu drucken. Mit der Zeit wurde aus der Trattner-schen Druckerei ein Konzern, zu dem Papiermühlen, Bleigießereien und Buchbindereien in der gesamten

zu den besten Adressen Wiens zählenden riesigen repräsentativen klassizistischen Gebäudekomplex zwischen
Stephansdom und Peterskirche. Dort erblickte Mozarts
zweites Kind, Carl Thomas, das Licht der Welt.[579] Das Gebäude beheimatete auch ein Spielcasino und einen Konzertsaal – was Mozart sehr zupass kam. Jeden zweiten
Monat gab Mozart dort eine Akademie – zum Preis von
500 Gulden (was in etwa dem Jahreslohn von Leopold Mozart entsprach!). Nur wenige Monate später fand Mozart
schließlich im ersten Stock in der Großen „schullerstrasse
No 846"[580], direkt hinter dem Stephansdom in der heutigen
Domgasse 5, eine Wohnung, die ihm gefiel. Es war die
vornehmste, größte und teuerste Wohnung, die Mozart je
hatte.[581] Die Miete betrug über das Dreifache der Miete,
die die Mozarts im Trattnerhof gezahlt hatten. Dieser Umzug spiegelt Mozarts Erfolge in der Zeit wider. In keiner
Wohnung sind er und seine Frau so lange geblieben wie
in dieser – nämlich zweieinhalb Jahre! Mozart war in die-

Habsburgermonarchie gehörten. 1764 wurde Trattner von Kaiser Franz I. in den Reichsritterstand erhoben
und hieß jetzt `Edler von Trattnern´. Mozart widmete dessen über vierzig Jahre jüngeren Ehefrau Therese
von Trattnern zwei seiner gefühlstiefsten Klavierwerke, nämlich die `Große Fantasie in c-Moll´ und die `c-
Moll-Klaviersonate´ (KV 457). 1773 ließ von Trattnern den Trattnerhof erbauen, der bis 1911 bestand. 1912
wurde zwischen den beiden Neubauten, die anstelle des abgerissenen Gebäudes errichtet wurden, die
Gasse `Trattnerhof´ angelegt, vgl. weiterführend Michael Lorenz, Mozart in the Trattnerhof, Wien 2013. von
Trattner, dessen Tochter Maria zu den ersten Klavierschülerinnen Mozarts gehörte, übernahm die Paten-
schaft von vier Kindern der Mozarts, was auf eine sehr enge Beziehung beider Familien hinweist, vgl. Volkmar Braunbehrens, Mozart in Wien, a. a. O., 126, und ausführlich online über den Artikel von Michael Lorenz,
Mozart in the Trattnerhof: http://michaellorenz.blogspot.com/2013/09/mozart-in-trattnerhof.html (aufgerufen
am 24.4.2020).
[579] Der Trattnerhof Stadt Nr. 591 ist heute I. Bezirk, Graben 29/Goldschmiedgasse 9, vgl. Georg Nikolaus
Nissen, Biographie Mozarts, a. a. O., 14, Anm. 6.
[580] MBA III, 372.
[581] Sie gehörte dem Graubündner Barock-Stuckateur Alberto Camesina (1675-1756), der in Salzburg und
in Wien tätig war, viele Paläste und Kirchen ausgestaltet hatte und als Meister der Illusion galt. Die Miete
für diese Wohnung war mit 460 Gulden im Jahr verhältnismäßig hoch. Die Zeit in dieser Wohnung gehörte
zu Mozarts produktivster Zeit in seinem Leben – mit einer hohen Arbeitsbelastung und einem hohen Termindruck.

sen Jahren ein Großverdiener, der vor allem für seine Auftritte als Pianist Stargagen ausgezahlt bekam; hinzu kamen Einkünfte als Komponist und Privatlehrer.[582] Um es
mit Mozart-Biograph Volkmar Braunbehrens zu sagen:
„Von Armut war Mozart... weit entfernt."[583] Mozart schef-
felte viel Geld, aber seine Frau und er gaben das Geld
auch wieder großzügig aus.[584] Er war in dieser Zeit so aktiv, dass sein Vater bei seinem Besuch in Wien[585] über die
Geschäftstüchtigkeit seines Sohnes erstaunt war – wobei
sich W. A. Mozart oft nicht die Zeit nahm, soeben von ihm
fertiggestellte Kompositionen vor ihrer Aufführung noch
einmal durchzuspielen.[586] Von dem Ausnahmetalent entstanden in den zweieinhalb Jahren, in denen er hier
wohnte, durchschnittlich sechs (!) druckreife Notenblätter
pro Tag. In der Domgasse 5 entstanden, das ist sicher belegt, Mozarts Oper `Die Hochzeit des Figaro´ und weitere

---

[582] Mozart-Biograph Volkmar Braunbehrens untersuchte m. W. als erster Mozartexperte ausführlich und minutiös Mozarts Einkommensverhältnisse ab 1782. Er fand heraus, dass Mozarts durchschnittliches jährli-
ches Einkommen bei 3000 bis 4000 Gulden lag. Angesichts der heutigen Musikindustrie mit ihren Umsätzen
erscheint das vergleichsweise wenig; für damalige Verhältnisse entsprach die Summe aber in etwa dem
Vermögen einer mittelgroßen adligen Grundherrschaft, vgl. dazu ausführlich Volkmar Braunbehrens, Mozart
in Wien, a. a. O., 137-156, bes.150-152.
[583] Volkmar Braunbehrens, Mozart in Wien, a. a. O., 156.
[584] Mozarts Porträt zierte die 2-Schilling-Münze 1931, die 25-Schilling 1956 und die Österreichische 1-
EURO-Münze 2003. Außerdem war es von 1988 bis 2002 auf der 5000-Schilling-Banknote, dem gesetzli-
chen Zahlungsmittel der Republik Österreich, abgebildet. Der langjährige deutsche Finanzminister Theo
Waigel (geb. 1939) widmete Mozart 2005 einen Vortrag, in dem er u. a. Mozart schlechtes Schuldenma-
nagement attestierte: https://www.focus.de/kultur/buecher/mozart/der-popstar_aid_18369.html (aufgerufen
am 1.5.2020). Zu Mozarts Verhältnis zum Geld vgl. http://www.mozart.com/de/timeline/leben/mozart-und-
das-geld/ (aufgerufen am 11.5.2020).
[585] Vgl. dazu detaillierter als hier möglich, Piero Melograni, Mozart, a. a. O., 238-243.
[586] Einen Eindruck, wie oft Mozart in der Zeit spielte, kann man sich bei Joseph Heinz Eibl verschaffen,
Wolfgang Amadeus Mozart, Chronik eines Lebens, a. a. O., 81-89. Man kann Mozart deshalb durchaus als
wohlhabend bezeichnen. Er war nach damaligen und auch nach heutigen Maßstäben ein Großverdiener:
Für ein Engagement als Pianist erhielt er eigenen Angaben zufolge 1000 Gulden, seine Klavierstunden
kosteten 2 Gulden pro Stunde. Für drei Schüler verlangte er jährlich 800 Gulden – was dem Jahresgehalt
eines Oberarztes im Wiener Krankenhaus entsprach, vgl. Viveca Servatius, Constanze Mozart, a. a. O., 88.
Zusammen mit den Einkünften aus Konzerten und Auftritten entsprach sein Jahreseinkommen nach heuti-
ger Kaufkraft ca. 125000 Euro.

Kompositionen.[587] Mit Constanze und ihm wohnten hier sein Sohn und seine Entourage, d. h. mindestens drei Diener[588], sowie Logiergäste wie auswärtige Kompositionsschüler[589], durchreisende Musikerfreunde – namentlich bekannt sind etwa Joseph Fiala[590] – und auch Mozarts damals 66jähriger Vater, Leopold Mozart, der seinen Sohn Anfang 1785 zehn Wochen lang besuchte und sich davon überzeugte, dass es seinem Sohn und seiner Familie gut ging. Er empfand tiefe Befriedigung über die Anerkennung und Wertschätzung, die diesem in Wien, insbesondere auch durch Joseph Haydn, zuteil wurde.[591] Hinzu kamen Haustiere.[592] Weitere Umzüge folgten, was mit entsprechendem Stress verbunden war, etwa im April 1787 in die

---

[587] Den Klavierunterricht bei seinen adligen Schüler*innen, der ihm ein verlässliches Einkommen garantierte (12 Lektionen bei ihm kosteten 6 [!] Dukaten, wie er einmal schrieb), legte er gewöhnlich auf den Vormittag, vgl. Michael Stegemann, Mozart für die Westentasche, a. a. O., 70f., und Piero Melograni, Mozart, a. a. O., 188. Häufig komponierte er auch am Vormittag. Der Nachmittag war meistens reserviert für das Spiel: Entweder im Prater, dessen heiteres Treiben und Volksbelustigungen er liebte, für das Billardspiel oder für andere Spiele im Caféhaus. Es kam aber vor, dass Mozart auch nach Mitternacht noch am Stehpult stand und schrieb.

[588] Bis heute ist nicht geklärt, welche Räume für das Dienstpersonal, neben dem Lakaien vermutlich eine Köchin und ein Stubenmädchen (`Lorl'), vorgesehen waren. Es wird vermutet, dass Mozarts treuer Kammerdiener Joseph Deiner, gen. Bebbi, sein Bett – ein `ordinäres Dienstbothenbett' ist im Nachlassverzeichnis aufgeführt – irgendwo in der Wohnung aufstellte und morgens wieder wegräumte. Das Jahreseinkommen eines Dienstmädchens bzw. einer Magd betrug damals ca. 12 Gulden im Jahr, also ein Gulden (= ca. 20 €) im Monat, vgl. Michael Lemster, Die Mozarts, a. a. O., 315.

[589] So wohnte hier über einen längeren Zeitraum Mozarts siebenjähriger Kompositionsschüler Johann Nepomuk Hummel (1778-1837), dem Mozart von 1785/86 bis zum Herbst 1787 kostenlos Unterricht erteilte. Er wirkte ab 1819, also noch zu Goethes Lebzeiten, als Pianist, Dirigent und Komponist in Weimar.

[590] Joseph Fiala (1748-1816), Mitglied der Hofkapelle von Colloredos und Solocellist bei Mozarts Salzburger Uraufführung von `Die Entführung aus dem Serail', war Mozarts gern gesehener Gast.

[591] In Briefen an seine Tochter Nannerl blieben diese Eindrücke erhalten. Es war das letzte Mal vor seinem Tod, der zwei Jahre später am 28. Mai 1787 eintrat, dass er seinen Sohn sah. Seit dessen Weggang aus Salzburg hatte Leopold Mozart ihn nur noch zweimal gesehen. Er hatte dessen Vorschlag abgelehnt, sich von Salzburg loszureisen und mit ihm zusammen nach Wien zu gehen. Und auch seine Bitte, dass seine Schwester ihn zur Übersiedlung überreden sollte, weil der Vater nach ihrer Hochzeit alleine im großen Tanzmeisterhaus leben würde, blieb erfolglos. Leopold Mozart blieb in Salzburg wohnen. Mozart sah seinen Vater nach diesem Besuch nie mehr wieder; an dessen Beerdigung nahm er nicht teil. Seinen Erbanteil – 1000 Gulden – ließ er sich von Salzburg nach Wien schicken, vgl. H. C. Robbins Landon, Mozart, a. a. O., 189, und zu Leopold Mozart weiterführend: Internationale Stiftung Mozarteum (Hg.), Leopold Mozart. Musiker – Manager – Mensch, Salzburg 2019.

[592] So ist u. a. bekannt, dass Mozart im Mai 1784 für 34 Kreuzer einen Vogel käuflich erstand, den er `Starhl'/`Staarl' nannte und drei Jahre lang hielt. Der gelehrige Vogel war imstande, so wird berichtet, das

Landstraße Nr. 224, wo es ein Gartenhäuschen gab und der Garten genutzt werden konnte; nach sieben Monaten, im Dezember 1787, erfolgte der nächste Umzug in Unter den Tuchlauben 27/Ecke Schultergasse, und von dort ging es im Juni 1788 wieder zurück in die Stadt, in die Währinger Straße 26. Nach vier Monaten wurde diese Wohnung wieder mit einer Wohnung am Judenplatz 4 getauscht, im Haus `Zur Mutter Gottes´ – der vierte Umzug in anderthalb Jahren. Die Familie Mozart blieb dort fast zwei Jahre.[593] Die Krankheit von Constanze Mozart begann in dieser Wohnung, auch Mozarts Geldsorgen, vielleicht verbunden mit den medizinischen Ausgaben für die Erkrankten, begannen nun. Ein letzter Umzug erfolgte dann am 29. September 1790 in die Innere Stadt 970, die heutige Rauhensteingasse 8 in Wien I.[594]

Rondothema aus dem Klavierkonzert Nr. 17 in G-Dur (KV 453) für Barbara Ployer (1765-1811) nachzupfeifen, vgl. Martin Geck, Mozart, a. a. O., 133. Andere Forscher sind der gegenteiligen Meinung, dass der Vogel das Thema vorgab und Mozart die Melodie von ihm übernommen hätte (!), vgl. Eva Gesine Baur, Mozart-ABC, a. a. O., 124. Nachdem der Vogel kurz nach dem Tod von Mozarts Vater gestorben war, war Mozart tieftraurig. Am 4. Juni 1787 inszenierte er eine Trauerprozession für den toten Vogel: Mozart, seine Frau und Freunde hüllten sich in Trauerkleidung und bestatteten den Vogel unter Absingen von Trauerhymnen und Beerdigungsliedern hinterm Haus. Mozart widmete ihm einen eigenen – fatalistischen – Nachruf, vgl. Mozarts `Gedicht auf einen toten Vogel´ v. 4.6.1787. 1787 kam Mozart auf den Hund; er rief ihn `Gauckerl´ oder `Schamanuzky´ – allerdings ist nicht bekannt, wie er ausgesehen hat (man vermutet eine Foxterrier-Dame, weil ein erster Hund in Kinderzeiten namens `Pimperl´ ebenfalls ein solcher gewesen war), vgl. dazu weiterführend Elisabeth-Joe Harriet, Wolfgang Amadé. Fiction and Truth. What you always wanted to know about Mozart. With Mozart´s dog „Gaukerl" from his first to his last appearance in Vienna, Klosterneuburg 2006.. Später hatte Mozart auch ein Reitpferd, da ihm sein Arzt Dr. Barisani wegen seiner überwiegend sitzenden Tätigkeit mehr Bewegung verordnet hatte; so ritt er seit 1787 in den frühen Morgenstunden regelmäßig aus. Er verkaufte das Pferd erst zwei Monate vor seinem Tod für 63 (!) Gulden.
[593] Mozart lebte das genaue Gegenteil des Liedes `Zufriedenheit´, das er vermutlich noch in München vor seinem Umzug nach Wien vertont hatte (KV 349). Hier eine Einspielung des Liedes auf YouTube: https://www.youtube.com/watch?v=M9nr5ITOYdQ (aufgerufen am 27.4.2020). Zu den vielen Umzügen vgl. weiterführend Volkmar Braunbehrens, Mozart in Wien, a. a. O., 123-132.
[594] In der Wohnung in diesem Haus, damals das `Kleine Kayserhaus´, Innere Stadt 970 (später 992, 934), starb W. A. Mozart, vgl. Georg Nikolaus Nissen, Biographie W. A. Mozarts, a. a. O., 534, Anm. 1. Das Haus existiert seit 160 Jahren nicht mehr. An seiner Stelle steht heute der Glastempel des Kaufhauses Steffel, wo im 7. Stock „zwischen der Sky-Bar und den Toiletten... ein Mozart-Winkel eingerichtet" (Christof Siemes, Essen, tanzen, schießen, spielen wie er, in: DIE ZEIT Nr. 2 v. 5.1.2006, 37) ist.

Das 18. Jahrhundert war die große Zeit der Freimaurer. Die beliebten Logen mit ihren fünf Grundpfeilern Freiheit, Gleichheit, Brüderlichkeit, Toleranz und Humanität vereinten ihre Mitglieder über alle Standesgrenzen hinweg, dienten dem Ideen- und Meinungsaustausch und machten sie zum Motor der Aufklärung in Europa. Ihre Mitglieder waren zu strenger Verschwiegenheit verpflichtet.[595] Am 14. Dezember 1784 trat Mozart in die Freimaurerloge `Zur Wohlthätigkeit´[596] ein. Zusätzlich war er Mitglied in einer zweiten Wiener Loge namens `Zur wahren Eintracht´[597]:

---

[595] Dadurch wurden sie kirchlichen und weltlichen Autoritäten verdächtig: 1738 hatte Papst Clemens XII. (1693-1769) die Freimaurer verboten – ein Verbot, das von Papst Benedikt XIV. (bürgerlich Prospero Lorenzo Lambertini [1675-1758], Papst von 1740-1758) bestätigt worden war: Teilnahme an der Freimaurerei wurde mit Exkommunikation bedroht! Bedeutende Freimaurer waren u. a. die Briten Alexander Pope (1688-1744) und William Hogarth (1697-1764), der Franzose Jean Baptiste le Rond d´Alembert (1717-1783), die Deutschen Gotthold Ephraim Lessing (1729-1781), Johann Wolfgang von Goethe und Christoph Martin Wieland.

[596] Die kleine Loge mit – wie alle Logen – ausschließlich männlichen Mitgliedern hatte nur 32 Mitglieder. Stuhlmeister war Mozarts Freund Otto Heinrich von Gemmingen-Hornberg. Mozart erhielt nach seiner Aufnahme die Nummer 20 und den Grad eines Gesellen. Damals gab es in der Stadt ca. 600 bis 800 Freimaurer. Durch restriktive Maßnahmen von Kaiser Joseph II. schloss sich die Loge mit zwei anderen Logen zusammen und wurde im Januar 1786 unter dem Namen `Zur neugekrönten Hoffnung´ wiedereröffnet, vgl. weiterführend Hans-Josef Irmen, Mozart als Mitglied geheimer Gesellschaften, Zürich 1991, und Harald Strebel, Der Freimaurer Wolfgang Amadé Mozart, Stäfa/CH 1991.

[597] In der größten Wiener Loge war der Mineraloge, Geologe, Malakologe und Illuminat Ignaz Edler von Born Stuhlmeister (1742-1791), aus Siebenbürgen stammend und in Wien als Hofrat im Münz- und Bergwesen tätig. Er war einer der bedeutendsten Aufklärer und Freimaurer seiner Zeit. Er nahm 1781 den ehemaligen afro-österreichischen freigelassenen Sklaven, Kammerdiener und Prinzenerzieher von Erbprinz Alois I. von Liechtenstein (1759-1805), Angelo Soliman (um 1721-1796), ursprünglich aus Nordostnigeria stammend und eine in Wien bekannte und geachtete Persönlichkeit, in die Loge auf. Während der hochgebildete Soliman ein gern gesehener Gast am Hof von Kaiser Joseph II. war, ließ Kaiser Franz II. (I.), dem der aufgeklärte Freimaurer verhasst war, Soliman nach seinem Tod gegen die Proteste des Wiener Erzbischofs und Solimans Tochter präparieren, ausstopfen und bis 1806 im k. k. Hofnaturalienkabinett (dem heutigen Naturhistorischen Museum), halbnackt zusammen mit einem Warzenschwein in Stammeskleidung ausstellen. 1848 verbrannte die mumifizierte Körperhülle, während über den Verbleib von Skelett und Schädel heute nichts weiteres bekannt ist, vgl. Volkmar Braunbehrens, Mozart in Wien, a. a. O., 97-99. Mozart wurde in derselben Loge von Ignaz von Born am 7. Januar 1785 in den zweiten Grad eines Gesellen befördert; bereits zuvor hatte er ihm die Kantate `Die Maurerfreude´ (KV 471) gewidmet. Auch Mozarts Freund Joseph Haydn war Mitglied dieser Loge. Mozart erhielt den Meistergrad und schlug seinen Vater Leopold zur Aufnahme vor, der ebenfalls durch von Born aufgenommen wurde. Born, ein Kenner der altägyptischen Mythologie, gilt als Vorbild für den Sarastro in Mozarts `Zauberflöte´. Später erkrankte Born so schwer, dass er alle seine Ämter niederlegte, Opium zur Schmerzstillung nahm und an einer schleichenden Medikamentenvergiftung starb. Um 1845 wurde das Mineral Kupfereisensulfid nach ihm benannt: `Bornit´. Die gegenwärtige österreichische Nationalhymne stammt nicht, wie lange angenommen, von Mozart, sondern vermutlich von dessen Logenbruder Johann Baptist Holzer (1753-1818). Vgl. weiterführend Hans-Josef Irmen, Die Protokolle der Wiener Freimaurerloge `Zur wahren Eintracht´ (1781-1785), FfM 1994.

Der „Individualist und Freigeist"[598] wurde überzeugter Freimaurer – freimaurerischen Ideen, Lehren und Philosophien verbunden und nun auf Augenhöhe mit seinen adligen Freunden. Im Zentrum der Freimaurerlehre standen die Ideale der Aufklärung: Das Weltgeschehen sollte natürlich, ohne die Eingriffe von Göttern oder bösen Mächten, erklärt werden. Die Menschheit sollte sich klar werden über die wahre Beschaffenheit der Dinge – sowohl im religiös-philosophischen als auch im naturwissenschaftlichen und kulturgeschichtlichen Gebiet. Und das Individuum, sich seiner Unvollkommenheit bewusst werdend, habe sich mit seinen Kräften für das Wohl des menschenumgreifenden Ganzen zu engagieren – den Lichtern Weisheit, Stärke und Schönheit folgend, aus geistiger Dunkelheit ins selbstbestimmte Licht. Ähnliche Gedanken finden sich sowohl in Mozarts ´Zauberflöte´ und in ´Le nozze di Figaro´ als auch in der ´Schöpfung´[599] von Joseph Haydn und seinen ´Jahreszeiten´ sowie in Beethovens einziger Oper ´Fidelio´.[600] Auch eigene Kantaten für die Freimaurer

---

[598] Maria Publig, Mozart, a. a. O., 277.

[599] Joseph Haydn schrieb sein Werk von 1796-1798 als Drittes seiner vier Oratorien. Es thematisiert die Erschaffung der Welt, wie sie in der Genesis beschrieben ist. ´Die Schöpfung´ wurde am 29./30. April 1798 unter der Leitung des 66jährigen Haydn uraufgeführt. Für seine Bezahlung sorgte eine aristokratische Vereinigung unter Gottfried van Swieten. Der Text ist online zugänglich unter: http://opera.stanford.edu/iu/libretti/schoepf.htm, eine Einspielung des Werks findet man in einer live-Einspielung aus dem Jahr 2010 hier: https://www.youtube.com/watch?v=8BQ2szN8Tkw (aufgerufen am 22.5.2020).

[600] Zu den speziellen Vorstellungen der Freimaurer gehört auch das Verhältnis zum Tod, wie sie in Mozarts berühmtem letzten Brief an seinen Vater vom 4. April 1787 zum Ausdruck kommt. In ihm interpretiert Mozart den Tod als den wahren Endzweck des menschlichen Lebens, vor dem er sich nicht mehr fürchte, sondern der für ihn etwas Beruhigendes und Tröstendes habe: „…und ich danke meinem Gott, daß er mir das glück gegönnt hat mir die gelegenheit… zu verschaffen, ihn als den schlüssel zu unserer wahren Glückseeligkeit kennen zu lernen. – ich lege mich nie zu bette ohne zu bedenken, daß ich vielleicht (so Jung als ich bin) den andern Tag nicht mehr seyn werde – und es wird doch kein Mensch von allen die mich kennen sagn können daß ich im Umgange mürrisch oder traurig wäre – und für diese glückseeligkeit danke ich alle Tage meinem Schöpfer und wünsche sie von Herzen Jedem meiner Mitmenschen…" (W. A. Mozart an seinen Vater Leopold Mozart v. 4.4.1787, zit. nach H. C. Robbins Landon, 1791, a. a. O., 80f.). Mozart übernahm hier fast wörtlich Gedanken aus Moses Mendelssohns ´Phaedon oder Über die Unsterblichkeit der Seele´ (1767), dessen Buch sich in Mozarts Nachlass befand.

komponierte Mozart in dieser Zeit, wie die `Maurerische Trauermusik´[601] und `Eine kleine Freymaurer-Kantate´[602]. Alles, was Rang und Namen in der Kaiserstatt hatte, strebte danach, in eine der Logen aufgenommen zu werden. Mozarts gesellschaftliches Leben in Wien spielte sich vor diesem freimaurerischen Hintergrund ab.[603] Aber das gefeierte Genie, zu diesem Zeitpunkt (1790) sehr berühmt und selbst seit sechs Jahren Freimaurer, hatte keine so rechten Erfolge mehr.

Insbesondere nach der Uraufführung von `Le nozze di Figaro´ hatte sich das Publikum bereits von Mozart merklich zurückgezogen. Dies führte dazu, dass sich seine wirtschaftliche Situation dramatisch verschlechterte. Trotz seines früheren Wohlstandes hatte er keinerlei Ersparnisse gebildet und musste sich von Freunden Geld leihen.[604] Da

---

[601] KV 477. Der Hintergrund für dieses erhaben-düsteres Werk aus dem Jahre 1785 war nicht Mozarts persönliche Betroffenheit oder Trauer, sondern der Tod zweier Logenbrüder Mozarts. Seine Komposition erklang deshalb zuerst bei der Trauerfeier für Herzog Georg zu Mecklenburg (1748-1785) und den kurz zuvor verstorbenen ungarischen Adligen, Graf Ferenc (Franz) Esterházy de Galántha (1715-1785). Das Orchesterwerk verleiht bis heute Trauerfeierlichkeiten einen tröstlich-stimmungsvollen Hintergrund, wie z. B. bei der Gedenkstunde für Herbert von Karajan in Salzburg 1989: https://www.youtube.com/watch?v=NYy8BjKDlLg (aufgerufen am 25.3.2020). Hier die Partitur: https://dme.mozarteum.at/DME/nma/nma_cont.php?vsep=113&gen=edition&l=1&p1=11 (aufgerufen am 25.3.2020).

[602] KV 623. Diese Kantate war Mozarts letzte vollendete Komposition. Ihr Autograph befindet sich im Archiv der `Gesellschaft der Musikfreunde Wien´. Sie ist 19 Tage vor seinem Tod entstanden und nichts deutet in der Handschrift auf die nur kurze Zeit später ausbrechende und zum Tode führende Krankheit Mozarts hin.

[603] Einige von Mozarts Sängern, Freunden und Bekannten – sein Vermieter, sein Buchdrucker und einige seiner Verleger, darunter Johann Thomas Edler von Trattnern (1719-1798), in dessen `Trattnerhof´ im Graben, einer Flaniermeile im Wiener Stadtzentrum, Mozart mehrere Konzerte veranstaltete, von Januar bis September 1784 wohnte und der drei seiner Kinder aus der Taufe hob, ferner sein Schwager Joseph Lange (1751-1831), Mozarts Mäzene Karl Alois von Lichnowsky (1761-1814) und Gottfried van Swieten (1733-1803), auch sein Geldgeber Michael Puchberg (1741-1822), seine Musikerkollegen Joseph Haydn und Anton Stadler, sein Librettist Emanuel Schikaneder (1751-1812) – waren Freimaurer.

[604] Einen Prozess gegen seinen einstigen Gönner, den Fürsten Karl Alois von Lichnowsky, verlor Mozart am 9. November 1791, also kurz vor seinem Tod. Er hatte geklagt, weil Mozart ihm geliehenes Geld (1435 Gulden und 32 Kreuzer) nicht zurückgezahlt hatte – daraufhin ordnete das Gericht gegenüber dem Kämmerer des kaiserlichen Hofs als Arbeitgeber an, die Hälfte von Mozarts Gehalt von jährlich 800 Gulden zu pfänden, vgl. dazu Piero Melograni, Mozart, a. a. O. 310. Lichnowsky wurde später übrigens der Förderer von Beethoven: Er sicherte ihm nicht nur ein jährliche Zahlung von 600 Gulden zu, ließ ihn ab 1794 eine Zeitlang bei sich wohnen, aß mit ihm regelmäßig zu Mittag und veranstaltete Akademien, sondern schenkte ihm auch ein Klavier und einen Satz Streichinstrumente. 1806 kam es auch hier zum Zerwürfnis zwischen beiden.

kam es gerade recht, dass auf ausdrücklichen Wunsch von Kaiser Joseph II. Mozart per Dekret vom 7. Dezember 1787 zum `k. k. Kammermusicus´ ernannt wurde und er ein Jahresgehalt von 800 Gulden erhielt – was der Gehaltsstufe eine Kammerkompositors entsprach. Am 9. Mai 1791 wurde Mozart zudem zum unbesoldeten Adjunkten des Domkapellmeisters des Stephansdoms, Leopold Hofmann[605], ernannt. Mozart zog sich aus der Öffentlichkeit weitgehend zurück und komponierte. Mit Reisen nach Prag (1787 und 1791) über Dresden[606] und Leipzig[607] nach Potsdam bzw. Berlin zum Hofe des preußischen Königs Friedrich Wilhelm II. (1789)[608] sowie auf eigene Kosten zur Krönung von Kaiser Leopold II. in Frankfurt am

---

[605] Der österreichische Komponist der Wiener Klassik, Leopold Hofmann (1738-1793), war von 1772 bis zu seinem Tod Domkapellmeister am Stephansdom. Hofmann hat neben Sakralmusik u. a. zahlreiche Instrumentalkonzerte, Kammermusik, Divertimenti und 67 Symphonien komponiert. Hofmanns bekanntestes Werk ist von seinen zwölf Flötenkonzerten das – irrtümlich Joseph Haydn zugeschriebene – Flötenkonzert in D-Dur. Hofmanns Stelle war mit 2000 Gulden p. a. dotiert und Mozart erhoffte sich, dessen Nachfolge als Kapellmeister anzutreten. Bei einem Besuch seiner Frau, die sich zur Kur in Baden aufhielt, entstand am 17. Juni 1791 die mystische Fronleichnams-Motette `Ave verum corpus´ (KV 618) für vier Stimmen, Streicher und Orgel, vermutlich komponiert für den mit ihm befreundeten Badener Chorleiter Anton Stoll (um 1747-1805).
[606] In Dresden entstand am 16. oder 17. April 1789 im Hause der musikliebenden Familie des Oberkonsistorialrates und Freimaurers Christian Gottfried Körner (1756-1831), Freunden Friedrich Schillers (1759-1805), das bekannte kleine Mozart-Silberstiftporträt mit der Profilansicht von Dora Stock (1759-1832). Die Malerin war eine Schwägerin Körners. Ihr Bild ist eines der wichtigsten authentischen Porträts, die zu Lebzeiten Mozarts entstanden. Mozart hielt sich vom 12.-18. April 1789 in Dresden auf, wo er am Hof des musikliebenden Kurfürsten Friedrich August III. (1750-1827) ein Konzert gab. Zu ihrem und auch zu weiteren Porträts von Mozart vgl. das dreisprachige Buch von Johannes Jansen, Mozart, Köln-London-Los Angeles-Madrid-Paris-Tokyo 1999, 2005, 7, 23, 25, 27, 29, 53, 69, 75 und 76.
[607] In Leipzig spielte Mozart u. a. nachweislich Mitte April in Anwesenheit des Thomaskantors und -organisten auf der Orgel der Thomaskirche und hörte einen musikalischen Vortrag, den der Thomanerchor ihm zu Ehren gab. Er selbst gab am 12. Mai eine musikalische Akademie im Gewandhaussaal, wobei die Karte einen Gulden kostete. Mozart folgte mehreren privaten Einladungen, u. a. des Medizinprofessors und damaligen Rektors der Universität, Hofrat Ernst Platner (1744-1818). In Leipzig entstand die `Leipziger Gigue´ in G-Dur (KV 576).
[608] Friedrich Wilhelm II. (1744-1797) regierte von 1786 bis zu seinem Tod als König von Preußen. Zuvor war der Hohenzoller und Neffe Friedrichs II. (1712-1786) Markgraf von Brandenburg und Kurfürst des Heiligen Römischen Reiches. Mozart spielte vor Königin Friederike Luise von Preußen (1751-1805); ob der König anwesend war, lässt sich nicht belegen. Gesichert ist, dass Mozart mit 1300 Gulden aus Berlin nach Wien zurückkehrte.

Main (1790)[609] – dem Ort, an dem sich alle Potentaten des Deutschen Reiches und potentielle Auftraggeber versammelt hatten – versuchte der 34jährige vergeblich, nützliche Kontakte zu knüpfen, um eine Änderung seiner wirtschaftlichen Situation herbeizuführen.[610] Doch diese dringend erwarteten nützlichen Kontakte und erforderlichen Einnahmen blieben aus, eine Erreichung früheren Wohlstands war nicht in Sicht. Seiner Oper `Cosi fan tutte´, einer Auftragsarbeit des Kaisers, an der er das ganze Jahr 1789 gearbeitet hatte, war nur wenig Erfolg beschieden[611]; ebenso der Uraufführung von `La Clemenza di Tito´ Mitte September 1791 in Prag, bei der Mozart anwesend war. Erst `Die Zauberflöte´, die, bereits den Geist der musikalischen Frühromantik atmend, weniger beim Adel als vielmehr bei der `einfacheren´ Bevölkerung ankam, versetzte Mozart in eine euphorische Aufbruchsstimmung und füllte seine leeren Kassen wieder.

---

[609] Joseph II. war am 20. Februar 1790 gestorben, sein Bruder Leopold folgte ihm auf dem Thron nach. Es war bekannt, dass dieser weniger Sinn für Musik hatte als sein verstorbener Bruder. Mozart wurde zu den Thronbesteigungsfeierlichkeiten nicht eingeladen, sondern fuhr auf eigene Kosten hin. Um herrschaftlich mit Diener und eigener Kutsche vorfahren zu können, verpfändete er vorher sein gesamtes Mobiliar (vgl. Martin Geck, Mozart, a. a. O., 184) in Höhe von 1000 Gulden (vgl. Volker Gebhardt, Schnellkurs Mozart, a. a. O., 150); andere Mozart-Biograph*innen sprechen von der Verpfändung des Tafelsilbers (vgl. Maria Publig, Mozart, a. a. O., 307). In Frankfurt war Mozart zusammen mit dem mit ihm befreundeten österreichischen Schauspieler und Theaterdirektor Johann Heinrich Böhm (1740-1792) im `Backhaus´ in der Kalbächer Gasse 10 untergebracht. Seine Rückreise nach Wien führte ihn über Mannheim und München.
[610] Wie so häufig, so gehörten auch Wettbewerbe zu Mozarts Auftritten auf dieser Reise, beispielsweise am 15.4.1789 nach dem Mittagessen bei dem kaiserlich-russischen Gesandten Fürst Alexander Michailovič Fürst Belosselski (1752-1809), in dessen Palais am Nachmittag der Orgelwettstreit Mozarts mit dem Erfurter Komponisten, Organisten und späteren russischen Hofkapellmeister Johann Wilhelm Häßler (1747-1822) stattfand. Schon als Kind hatte sich Mozart solchen Wettbewerben gestellt, beispielsweise als er sich 1766 auf der Rückkreise seiner Europatournee nach Salzburg mit dem zwölfjährigen hochbegabten Joseph Sigmund Eugen Bachmann (1754-1825), dem Enkel des Biberbacher Organisten, musikalisch auf der Orgel maß. Veranstalter des Wettbewerbs war der Graf Christoph Moritz Bernhard Fugger von Kirchberg-Weißenhorn (1733-1777). Bachmann trat später in den Prämonstratenserorden Obermarchthal ein, legte die Profess ab, ließ sich zum Priester weihen und wurde Theologieprofessor; das Musizieren und Komponieren behielt er allerdings sein Lebtag bei.
[611] Kaiser Joseph II. konnte bei der Uraufführung dieser Karnevalsoper nicht dabei sein, weil er zu diesem Zeitpunkt bereits schwer erkrankt war. Die Kritik nahm die Oper unterschiedlich auf. Mozart erhielt für dieses Werk 800 Gulden.

V. Mozarts Tod

Nur neun Wochen, nachdem Mozarts `Zauberflöte´ am 30. September 1791 in Wien uraufgeführt worden war, erkrankte Mozart schwer. Am 20. November wurde er plötzlich bettlägerig.[612] Ärzte wurden gerufen, Mozarts 28-jährige Schwägerin Sophie Haibl[613], fungierte als Krankenschwester, kühlte ihm die Stirn und hielt an Mozarts Sterbebett Wache.[614] Am 28. November 1791 versammelten sich die Ärzte Dr. Thomas Franz Closset, Mozarts Hausarzt, und Dr. Matthias von Sallaba, Chefarzt am Wiener Allgemeinen Krankenhaus und ein ausgewiesener Spezialist für Gifte und Vergiftungen, an seinem Krankenbett im `Kleinen Kayserhaus´ Nr. 970 in der Rauhensteingasse, in dem er – verhältnismäßig luxuriös – in seinen letzten beiden Lebensjahren gewohnt hatte.[615] Mozart hatte hohes

---

[612] Noch wenige Tage zuvor, am 18. November 1791, hatte er die Uraufführung seiner Kantate `Laut verkünde unsre Freude´ (KV 623) anlässlich der Einweihung des neuen Tempels der Loge `Zur gekrönten Hoffnung´ geleitet. Der Text der Kantate stammt vermutlich von Emanuel Schikaneder.

[613] Die Sängerin Maria Sophie Haibl, geb. Weber (1763-1846), jüngste von vier Schwestern von Mozarts Frau Constanze, hatte am 7. Januar 1807 ein Mitglied aus Emanuel Schikaneder Freihaus-Theater-Truppe geheiratet, den österreichischen Komponisten Jakob Haibl (1762-1826). Er war Tenor und hatte einige Singspiele geschrieben. Für ihn war es die zweite Ehe. Als er starb, war er Chormeister in Djakovar in Slavonien (im heutigen Kroatien); nach seinem Tod zog seine Witwe zu ihrer Schwester nach Salzburg. Sophie Haibl war in der Vergangenheit „fast immer zur Stelle, und Constanze und sie standen sich ihr Leben lang nahe. Auch Wolfgang gewann die Schwägerin sehr lieb..." (Viveca Servatius, Constanze Mozart, a. a. O., 69).

[614] Ihr ist ein Bericht zu verdanken, der Mozarts letzte Stunden wiedergibt, online zugänglich unter: https://mozartist.blogspot.com/2008/10/sophies-account-of-mozarts-death-in_28.html (aufgerufen am 28.3.2020).

[615] Die Familie Mozart wohnte in diesem vornehmen Haus mit einer ansehnlichen Fassade und einem großen Tor für die Kutschen, und zwar im ersten Stock mit schöner Aussicht. Die Häuser in Wien trugen damals keine Hausnummern, sondern besondere Namen. Die Wohnung war 145 m² groß und bestand u. a. aus Wohnzimmer, Billard-Zimmer, Musik- und Arbeitszimmer, Schlafzimmer, Küche mit Nebenräumen, Keller und Dachkammer. Eigentümerin des Hauses war von 1775 bis 1795 Elisabeth Dabokur. Auf einem Teil des Grundstücks, auf dem sich heute das Kaufhaus `Steffl´, Kärntner Straße 19 im 1. Wiener Gemeindebezirk Innere Stadt, befindet, das seinen Namen nach dem Stephansdom in der Nähe erhielt, komponierte Mozart in seinem letzten Lebensjahr die `Zauberflöte´ und sein `Requiem´. E. Schikaneder hatte ihm parallel seinen Gartenpavillon auf der Wieden, das sog. `Zauberflötenhaus´ (heute im Mirabellgarten in Salzburg zu sehen), zum Schreiben zur Verfügung gestellt, damit er aus der dunklen Rauhensteingasse herauskam. Zu einer

Fieber, litt Schmerzen an Leib und Gliedern, seine Extremitäten schwollen extrem an.[616] Er war dünnhäutig und gereizt: Weil er das Tirilieren seines geliebten Kanarienvogels nicht mehr ertrug, ließ er ihn aus dem Zimmer bringen.[617] In der zweiten Krankheitswoche kamen zu den Symptomen Erbrechen und Durchfall hinzu. Sein Körper war so angeschwollen, dass ihm seine Kleider nicht mehr passten. Anscheinend, sein nahes Ende fühlend, soll er gesagt haben: „Ich habe ia schon den Todten scheschmack auf der Zunge..."[618] Am 4. Dezember wurde Dr. Closset zum letzten Mal gerufen: Er verordnete kalte Umschläge für den Kopf. Kurz vor seinem Tod fiel Mozart in ein Koma, aus dem er nicht mehr erwachte. Bis zu dem Zeitpunkt war Mozart, dem Bericht seiner damals 29jährigen Frau Constanze zufolge, bei vollkommen klarem Verstand oder, in ihren Worten, „bey vollkommenem Bewusstseyn bis an sein Ende..."[619] Am 5. Dezember 1791 um 0.55 Uhr[620] starb Mozart im Alter von 35 Jahren, zehn Monaten und acht Tagen – in Constanze Mozarts Worten

---

Beschreibung der Wohnung Mozarts vgl. Nerina Medici di Marignano/Rosemary Hughes (Hg.), Eine Wallfahrt zu Mozart, a. a. O., 129ff., und ausführlich H. C. Robbins Landon, 1791, a. a. O., 249-255. Eine Gedenktafel erinnert heute daran, dass Mozart in diesem Haus, das bis 1849 stand, am 5. Dezember 1791 verstarb. Zur Geschichte der Rauhensteingasse vgl. Maria Mustapic/Günter Fuhrmann, Die Geheimnisse der Inneren Stadt. Verborgene Orte im Alten Wien, Wien 2017, 67-86.

[616] Vgl. ausführlich Hartmut Gagelmann, Mozart hat nie gelebt, a. a. O., 19-82.

[617] Vgl. Georg Nikolaus Nissen, Biographie W. A. Mozarts, a. a. O., 467, und Bernhard Paumgartner, Mozart, a. a. O., 459.

[618] MBA IV, 464. Vgl. dazu auch in anderer Orthographie Georg Nikolaus Nissen, Biographie W. A. Mozarts, a. a. O., 465, sowie Volkmar Braunbehrens, Mozart in Wien, a. a. O., 427ff.

[619] Georg Nikolaus Nissen, Biographie W. A. Mozarts, a. a. O., 461.

[620] Die genaue Uhrzeit von Mozarts Tod geht auf einen biographischen Bericht von Nannerl, Mozarts Schwester, vom April 1792 zurück. Der aus Gotha stammende Historiker und Bibliothekar Friedrich Schlichtegroll (1765-1822), der ab 1807 in München lebte, wo er Direktor der Münchner Hofbibliothek war, hatte sich mit einem Fragebogen an sie gewandt und sie hatte seine Fragen mit bestem Wissen und Gewissen beantwortet. Die Daten werden in der Mozart-Forschung als seriöse authentische Quelle gewertet, vgl. Friedrich Schlichtegroll, `Johannes Chrysostomus Wolfgang Gottlieb Mozart´, in: Nekrolog auf das Jahr 1791, Gotha 1792, Kassel 1954 (Neudruck). Darin findet man auch die Aussage Nannerls, dass ihr Bruder

„zwar gelassen, doch sehr ungern."[621] Bei seinem Sterben anwesend waren Constanze Mozart, ihre Schwester Sophie Haibl und Dr. Closset. Mozart hatte bis zuletzt an seinem `Requiem in d-Moll´[622] gearbeitet. Dieses `Requiem´, vermutlich die berühmteste Totenmesse der Musikgeschichte[623], war, wie man heute weiß und was Mozart damals nicht wusste, eine Auftragsarbeit des exzentrischen Grafen Franz von Walsegg[624],

weder zum Komponieren noch zum Musizieren jemals gezwungen wurde, sondern man ihn, im Gegenteil, davon abhalten musste, sollte er dies nicht den ganzen Tag lang tun.

[621] Georg Nikolaus Nissen, Biographie W. A. Mozarts, a. a. O., 461. In der Ausgabe der `Wiener Zeitung´ v. 7. Dezember 1791 befindet sich in der Rubrik `Inländische Begebenheiten´ eine authentische Nachricht zum Tod W. A. Mozarts: „In der Nacht vom 4. zum 5. d. M. verstarb allhier der K.K. Hofkammerkomponist Wolfgang *Mozart*. Von seiner Kindheit an durch das seltenste musikalische Talent schon in ganz *Europa* bekannt, hatte er durch die glücklichste Entwicklung seiner ausgezeichneten Naturgaben und durch die beharrlichste Verwendung die Stufe der größten Meister erstiegen; davon zeugen seine allgemein beliebten und bewunderten Werke, und diese geben das Maß des unersetzlichen Verlustes, den die edle Tonkunst durch seinen Tod erleidet."

[622] KV 626. In den letzten Jahren hatte sich Mozart immer mehr auf die Kirchenmusik konzentriert, da er im April 1791 erfolgreich die unbezahlte Stelle als Adjunkt des Domkapellmeisters erhalten hatte. Nun machte er sich Hoffnung auf den lukrativen Posten des Kapellmeisters. Während Mozart viele Stücke in D-Dur komponierte – die Tonart steht allgemein für strahlende Lebenskraft und dynamische Jugend -, ist sein `Requiem´ in d-Moll gehalten: Durch diese Molltrübung erreichte Mozart eine Verdunkelung in Richtung Tod. Ob es eine Quartettprobe an Mozarts Krankenbett gab, wird in der Sekundärliteratur zwar öfters kolportiert, kann jedoch nicht überprüft werden, vgl. Volker Gebhardt, Schnellkurs Mozart, a. a. O., 166. Die Uraufführung des Gesamtwerks fand am 2. Januar 1793 im Saal der Restauration in Wien statt, in dem Mozart seinen letzten Auftritt als Pianist hatte. Am 14. Dezember 1793 kam es in der Stiftskirche des Zisterzienserklosters in der Wiener Neustadt zur Aufführung als Seelenmesse für die verstorbene Gräfin Walsegg. Zur Entstehung vgl. H. C. Robbins Landon, 1791, a. a. O., 91-104. Das Manuskript ist erhalten: Während der Brüsseler Weltausstellung 1958 wurde ein Stückchen aus der Partitur säuberlich herausgetrennt und gestohlen!

[623] Überall auf der Welt wurde am 11. September 2002 im Gedenken an die Opfer der Terroranschläge am 11.9.2001 auf das World Trade Center in New York City Mozarts Requiem aufgeführt, weil es der „Klang der Trauer" (Christoph Keller, Kein Requiem für Mozart, in: Südkurier v. 13.9.2002, 10) ist.

[624] Die Ehefrau des österreichischen Adligen und wohlhabenden Großgrundbesitzers Franz de Paula Anton Reichsgraf von Walsegg-Stuppach (1763-1827), Maria Anna Gräfin Walsegg, geb. Prenner Edle von Flammberg, die der knapp 24jährige geheiratet hatte, als sie 16 Jahre alt war, war am 14. Februar 1791 im Alter von 20 Jahren gestorben. Anlässlich ihres ersten Todestages gab Walsegg anonym über einen Mittelsmann, vermutlich sein Gutsverwalter Franz Anton Leitgeb oder sein Anwalt Johann Nepomuk Sortschan, bei W. A. Mozart die Komposition des `Requiems´ anonym in Auftrag, mit der Absicht, es als sein eigenes Stück auszugeben. Es wurde tatsächlich unter seinem Namen am 14. Dezember 1793 im Neukloster der Wiener Neustadt aufgeführt, wobei es zuvor allerdings am 2. Januar 1793 ohne Wissen des Grafen unter der Regie von Gottfried van Swieten im Wiener Jahn-Saal als Benefizkonzert für Constanze Mozart und ihre beiden Söhne uraufgeführt worden war (Mozarts Witwe hatte dafür 300 Dukaten erhalten). Die Uraufführung des `Requiems´ fand am 2. Januar 1793 in Wien statt, vgl. dazu detailliert Konrad Küster, Mozart, a. a. O., 396-415. Zur mysteriösen Geschichte des Requiems vgl. fantasievoll den Thriller von Reinhard Zellinger, Verfluchte Sieben, Hamburg 2018, und weiterführend online: http://www.mozartschloss.com/ (aufgerufen am 21.3.2020).

der einer der reichsten Adelsfamilien des südlichen Niederösterreichs angehörte. Der enthusiastische Musik- und Theaterliebhaber sowie auch selbst komponierende Graf hatte schon des Öfteren Kompositionen bei anderen Musikern bestellt, um sie dann unter seinem Namen aufführen zu lassen. In Mozarts Fall vermutet man, dass Mozarts Gläubiger, der Kaufmann Michael Puchberg[625], der in Wien in Walseggs Haus wohnte, Mozart den Auftrag vermittelt hatte, um diesem Geld zu verschaffen, damit er seine Schulden bei ihm zurückzuzahlen in der Lage war. Ein unbekannt bleibender Bote hatte angefragt und Mozart hatte eingewilligt – der Stoff, aus dem Legenden gemacht sind, war geboren. So wurde vielfach der ominöse graue bzw. schwarze Bote, der das Requiem bei Mozart bestellte, als *der Tod* mystisch interpretiert, der bei Mozart an die Tür klopfte, um ihm sein nahes Ende zu verkünden.[626] Das Requiem blieb Mozarts letzte, unvollendete Komposition.[627] Während des Kompositionsprozesses wurde er vom Tod überrascht: Das vielleicht „größte Genie der bekannten Menschheitsgeschichte"[628] starb gewissermaßen über der Partitur in Anwesenheit des herbeigerufenen Arztes und seiner Ehefrau in den Armen seiner Schwägerin

---

[625] Michael Puchberg (1741-1822) war der Inhaber einer Haushaltswarengroßhandlung und ein Freund Joseph Haydns. Er war seit 1773 Freimaurer, ein Logenbruder Mozarts. Ab 1787 taucht in Mozarts Briefen der Name Puchberg immer wieder auf, denn Puchberg war der Adressat von Mozarts Bettelbriefen. Im Jahr 1800 ging sein Unternehmen infolge der napoleonischen Wirren Konkurs, Puchberg verlor sein gesamtes Hab und Gut und starb verarmt.
[626] Vgl. Georg Nikolaus Nissen, Biographie W. A. Mozarts, a. a. O., 455+623ff.
[627] Das Manuskript – die Originalpartitur - des `Requiems´ befand sich bis kurz nach dem Tod Walseggs auf dessen Sitz, Schloss Stuppach bei Gloggnitz in Niederösterreich. Heute befindet es sich in der Österreichischen Nationalbibliothek, wo es das wertvollste Exponat der Sammlung ist.
[628] Wolfgang Hildesheimer, Mozart, a. a. O., 376.

Sophie Haibl. [629] Der Arme hatte, wie er gegenüber Constanze Mozart zuvor schon vermutet hatte, an seiner eigenen „Todesfeyer" geschrieben![630] Allerdings stammte diese Messe, nur zu ca. zwei Dritteln von ihm, weil er sie nicht beenden konnte; sie wurde von Mozarts Schülern Joseph von Eybler[631] und Franz Xaver Süßmayr, der sich am Bett des sterbenden Mozart aufgehalten haben und mit ihm besprochen haben soll, wie das Werk zu vollenden sei, im Auftrag von Constanze Mozart abgeschlossen[632] – vermutlich deshalb, weil Mozart die Hälfte des Lohnes bereits als Vorschuss erhalten hatte und seine Witwe nach

---

[629] Das erwähnen zeitgenössische Berichte, vgl. Nerina Medici di Marignano/Rosemary Hughes (Hg.), Eine Wallfahrt zu Mozart, a. a. O., 178. Ein Aufenthalt in London für 1792 war schon organisiert; außerdem hatte Mozart Aussichten auf die Stelle des ersten Kapellmeisters am Stephansdom. Nicht auszudenken, welche Oratorien und Messen noch entstanden wären, geschweige denn all die Opern und Quartette, die er noch geschrieben hätte! Kaiser Leopold empfing die Witwe in der Hofburg und bewilligte ihr im März 1792 eine Witwenpension von 266 Gulden jährlich. Auch wurden Benefizkonzerte für die Mozart-Familie gegeben, vgl. näher H. C. Robbins Landon, 1791, a. a. O., 225-247, und Martin Geck, Mozart, a. a. O., 202, sowie Georg Nikolaus Nissen, Biographie W. A. Mozarts, a. a. O., 470ff. Das gab der Witwe die Möglichkeit, die Schulden und Verbindlichkeiten Mozarts – neben ohnehin 1000 Gulden noch einmal zusätzlich 900 Gulden für offene Rechnungen bei Kaufleuten, Ärzten und Apotheken – zu begleichen und die Lebenshaltungskosten für sich und die Kinder – Carl war sieben Jahre und Franz Xaver 3 Monate alt – eine Zeitlang zu decken. Baron van Swieten finanzierte die Ausbildung ihrer Söhne. Parallel dazu entwickelte sie einen gewissen Geschäftssinn: Sie vermarktete sich erfolgreich als Witwe Mozarts und verkaufte Kopien von Mozarts Werken an Freunde und Verleger, u. a. kaufte auch Preußenkönig Friedrich Wilhelm II. Noten für 5000 Gulden! Dadurch war es ihr nicht nur möglich, Mozarts Schulden abzutragen, sondern sie selbst gelangte zu einigem Wohlstand. Zum Hintergrund vgl. Werner Ogris, Mozart im Familien- und Erbrecht seiner Zeit. Verlöbnis, Heirat, Verlassenschaft, Wien 1999.
[630] Georg Nikolaus Nissen, Biographie W. A. Mozarts, a. a. O., 623. Laut Mozart-Biograph Nissen, Constanze Mozarts zweitem Ehemann, hatte Mozart dies zu Beginn seiner Arbeit am Requiem selbst vorausgesagt. Vgl. dazu H. C. Robbins Landon, 1791, a. a. O., 190, und Nerina Medici di Marignano/Rosemary Hughes (Hg.), Eine Wallfahrt zu Mozart, a. a. O., 107. Volkmar Braunbehrens hält den Anfang des `Lacrimosa´ aus dem `Requiem´ für die letzen von Mozart geschriebenen Noten. Allerdings gibt es heute anderen Mozartforschern zufolge auch Hinweise, dass Mozart seine letzten Noten in der Freimaurerkantate zu Papier brachte, weil sie unleserlich und verkritzelt sind.
[631] Der mit Mozart befreundete österreichische Komponist Joseph Leopold Edler von Eybler (1765-1846) erhielt zuerst von Mozarts Witwe Constanze den Auftrag zur Beendigung des Fragments. Nachdem er es nicht geschafft hatte, wurde es von Franz Xaver Süßmayr fertiggestellt. Eybler wurde 1804 zum Vizehofkapellmeister neben Antonio Salieri ernannt und übernahm nach dessen Pensionierung das Amt des Hofkapellmeisters. Während einer Aufführung des `Requiems´ erlitt Eybler einen Schlaganfall, der zu einer bleibenden Lähmung führte. Er wurde 1835 geadelt und starb im Alter von 81 Jahren in Wien. Er wurde am Allgemeinen Währinger Friedhof beerdigt, nach dessen Schließung 1923 in ein Familiengrab auf dem Zentralfriedhof umgebettet; 1935 wurden seine sterblichen Überreste erneut am Pfarrfriedhof in Schwechat, seinem Geburtsort, begraben. Das heutige Grabmal stammt aus dem Jahre 1953.
[632] Nur Introitus und Kyrie waren fertig, das Gerüst des Chorsatzes, Teile der ersten Geigenstimme und der Bass, ferner nur Skizzen für Chor, Violinen und Bass. Die ersten Takte aus dem `Introitus´ und die acht Takte des `Lacrimosa´ gelten als authentischer Mozart, sind vielleicht die letzte Komposition Mozarts.

dem Tod ihres Mannes auf das Geld angewiesen war.[633] Im ´Requiem´ „verbinden sich gregorianische Melodik, barocke Fugentechnik und opernhafte Chöre zu einer Epochen und Stile übergreifenden Architektur"[634], das seine Hörer*innen bis heute in seinen Bann zieht. Es wird angenommen, dass die von Mozart fertiggestellten Teile tatsächlich bei seiner Seelenmesse erklangen[635], zusammen mit einem Requiem von Johann Michael Haydn.[636] Als Todesursache Mozarts wurde ´hitziges Friesel Fieber´[637] ins Bestattungsbuch der Pfarrer St. Stephan zu Wien eingetragen. Das Fieber schien mit einem sichtbaren Hautausschlag einhergegangen zu sein – vermutlich eine

---

[633] Anscheinend hatte Mozart für den Auftrag 100 Dukaten zugesichert bekommen. Constanze Mozart stellte die Entstehungsgeschichte widersprüchlich dar und gab dadurch Anlass zu wilden Spekulationen über Mozarts Tod. Außerdem steigerte sie dadurch den ´Mythos Mozart´ ins Übermenschliche.

[634] Max Becker/Stefan Schickhaus, Mozart, a. a. O., 127.

[635] Michael Lemster erinnerte an eine Entdeckung, die im Mozartjahr 2006 der in Berlin lebende Bratschist Oliviero Hassan-Saavedra (geb. 1978) machte: In der auf Latein gesungenen Schlussfuge ´Cum Sanctis tuis in aeternum´ verbergen sich, wenn man genau hinhört, die drei deutschen Wörter ´Mozart ist tot´. „Hat Süßmayr, der den Satz letztlich schrieb, etwa bewusst eine Botschaft in die Fuge versteckt? Hatte er vielleicht gar dazu Mozarts Anweisung…?" (Michael Lemster, Die Mozarts, a. a. O., 373, Anm. 23. Lemster zitiert hier allerdings falsch: Es heißt nicht ´Cum sancto spiritu´, sondern ´Cum sanctis tuis…´), vgl. dazu auch den Berliner Tagesspiegel v. 30.12.2006. Hier vergleichsweise drei Aufnahmen der betreffenden Schlussfuge mit dem sog. ´Süßmayr´schen Vokaldiskretiv´ auf YouTube: https://www.youtube.com/watch?v=Jk_-xMdMl-U, https://www.youtube.com/watch?v=-vymNT6KdLE und https://www.youtube.com/watch?v=qCrHsqpGFDo (alle Links aufgerufen am 19.5.2020).

[636] Das Requiem wurde in der Folgezeit als besonders repräsentative, monumental-pathetische Trauer- und Gedenktagsmusik aufgeführt, u. a. bei der Feier für Napoleon anlässlich der Überführung seiner Leiche in den Invalidendom, bei der Feier zum 100. Geburtstags Mozarts im Salzburger Dom, bei der Feier für ´die Gefallenen der Revolution´ im Petersburger Winterpalast am 1. Mai 1918, anlässlich des 100. Geburtstages von Karl Marx und eines ersten Jahrestag der Oktoberrevolution.

[637] Dieser Begriff spiegelt dem ´Deutschen Ärzteblatt´ zufolge eine Verlegenheitsdiagnose gegenüber medizinischen Laien wider, weil er beispielsweise bei keinem anderen der 656 im November und Dezember in Wien im selben Jahr Verstorbenen und auch ansonsten nicht auftaucht, vgl. den erhellenden Beitrag von Reinhard Ludewig, Wolfgang Amadeus Mozart (1756-1791): Genaue Todesursache bleibt unbekannt, in: Deutsches Ärzteblatt 2006, online zugänglich unter: https://www.aerzteblatt.de/archiv/49961/Wolfgang-Amadeus-Mozart-%281756-1791%29-Genaue-Todesursache-bleibt-unerkannt (aufgerufen am 24.3.2020). Mozarts Tod bleibt geheimnisumwittert. Mal wurde ´Schwindsucht´ als Ursache angeführt, mal ´Katharr´, ferner waren ´Basedow´, ´Syphilis´, ´Hirnhautentzündung´, ´Harnvergiftung´ und schließlich eine selbst verabreichte Überdosis Quecksilber im Gespräch, zuletzt ´chronisches Nierenleiden nach langem Siechtum und urämischem Koma´ und ´Rheuma inflammatorium´, einer akuten, nicht ansteckenden fiebrigen Erkrankung mit Gelenkentzündungen und -schmerzen, vgl. dazu H. C. Robbins Landon, 1791, a. a. O., 213-224. 79 verschiedene mögliche Ursachen kamen in die nähere Auswahl, vgl. Klaus Umbach, Mozart in der Giftküche, online zugänglich unter: https://www.spiegel.de/spiegel/print/d-31900183.html (aufgerufen am 21.3.2020).

akute exanthemische Infektionskrankeit, doch was immer es war, es ist bis heute ein Rätsel geblieben.[638] Seit seinem Tod jagt deshalb eine Hypothese die andere: Von einer Gehirnentzündung Mozarts war die Rede[639], auch die Grippe wurde ins Spiel gebracht.[640] Neben einer Infektionserkrankung kamen andere mögliche Gründe für seinen Tod ins Spiel, etwa bakterielle und parasitäre Infektionskrankheiten. Einige Fachleute sprachen von einer perakuten Verlaufsform einer rheumatischen Gelenkentzündung, die dafür sorgte, dass das Fieber bei dem Todgeweihten rapide anstieg und Mozart binnen weniger Tage an einer Lähmung der Hirnzentren starb. Andere gingen von einem akuten rheumatischen Fieber aus: Es könnte durch Streptokokken ausgelöst worden sein, was in einer Kreuzreaktion zu einer Aortenklappeninsuffizienz und mangels Antibiotika zum Tod geführt haben könnte, so dass Mozart an Herzversagen gestorben wäre. Wiederum andere zogen Pharyngitis, eine schwere Rachenentzündung, die mit Krämpfen, Fieber, Ausschlag und Schwellungen am Hals in Form einer kleinen Epidemie in Wien damals umherging, in Erwägung. Wenige Forscher hielten auch Scharlach nicht für ausgeschlossen. Die Mehrheit

---

[638] Vgl. dazu Ralf Weigel und Joachim K. Kraus im Deutschen Ärzteblatt v. 2006: https://www.aerzteblatt.de/archiv/51024/Wolfgang-A-Mozart-Ergaenzungen (aufgerufen am 5.4.2020), sowie von Rolf Klimm im Deutschen Ärzteblatt v. 2006: https://www.aerzteblatt.de/archiv/51546/Wolfgang-A-Mozart-Schoenheitsfehler (alle Links aufgerufen am 5.4.2020).
[639] Diese These vertritt Carl Bär in seiner Studie `Mozart. Krankheit – Tod – Begräbnis´, Kassel 1966, 1972, wobei er an die gelenkrheumatischen Erkrankungen Mozarts 1763/1766 als Prädisposition erinnert. Bär errechnete, dass die Ärzte, den damaligen medizinischen Erkenntnissen des gesundheitsfördernden Aderlasses folgend – die `bösen Säfte´ sollten dem Körper entzogen werden -, dem ohnehin schon geschwächten kleinen Körper Mozarts in den letzten zwölf Tagen seines Lebens zwei bis drei Liter Blut abzapften! Im Anschluss an Bär gehen viele Mozart-Expert*innen von Gelenkrheumatismus verbunden mit einer Herzinsuffizienz/akutem Herzversagen aus, vgl. Volkmar Braunbehrens, Mozart in Wien, a. a. O., 434ff.
[640] Heinrich Eduard Jacob, Mozart oder Geist und Geist, a. a. O., 431f. Die Abbildung von Mozarts Totenschein befindet sich beispielsweise in: Michael Levey, Leben und Sterben des Wolfgang Amadé Mozart, a. a. O., 256.

der Autoren aber geht heute von akutem Nierenversagen als Todesursache aus, eine Minderheit von Herzversagen. Neuesten Erkenntnissen zufolge kann auch eine Lebensmittelvergiftung nicht ausgeschlossen werden. Schweinekotelett, wie in Wien üblich, gehörte mit zu Mozarts Leibspeise: So wurde spekuliert, dass Mozart an einer Fleischvergiftung durch trichinenverseuchtes Schweinefleisch gestorben war. Denn werden bei solchem verseuchten Fleisch die Keime nicht ganz abgetötet, d. h. das Schweinefleisch zu wenig erhitzt, dann können die Trichinen beim Verzehr auf den Menschen übertragen werden. „Die Symptome einer Trichinellose ähneln durchaus denen, die uns von Mozarts letzter Krankheit überliefert sind: Schwäche, Muskelschmerzen, Ödeme, Fieber, Erbrechen. Wird der Herzmuskel befallen, endet die Trichinenvergiftung tödlich. Zu Mozarts Zeit wurde sie oft als Typhus fehlgedeutet. Auch der zeitliche Verlauf von Mozarts tödlicher Krankheit stimmt überein mit dem einer Trichinellose, die eine Inkubationszeit von bis zu 46 Tagen haben kann."[641] Vierundvierzig Tage bevor ihn seine tödliche Krankheit ereilte, teilte er in einem Brief Constanze Mozart mit, wie gern er doch Schweinekotelett – Carbonadeln – aß.[642] Hinzu kam, dass gegen Ende des 18. Jahrhunderts Trichinose als eine bis dato unbekannte Epidemie auftrat. Auch

---

[641] Eva Gesine Baur, Mozart-ABC, a. a. O., 24f. Die Autorin reproduziert eine These des Mediziners Jan Hirschmann aus Seattle, der seine Diagnose erstmals 2001 im `Archives of Internal Medicine´ publizierte: Bei einer Trichinose, einer Wurmerkrankung, fressen sich die Würmer durch das Muskelgewebe, vgl. den Bericht im SPIEGEL v. 11.6.2001: „Trieben Schweinekoteletts Mozart in den Tod?", online zugänglich unter: https://www.spiegel.de/wissenschaft/mensch/trichinose-trieben-schweinekoteletts-mozart-in-den-tod-a-138911.html (aufgerufen am 16.5.2020).
[642] In seinem letzten Brief an Constanze Mozart, die damals zur Kur in Baden weilte, schrieb er darüber, wie sehr ihm die `Carbonadeln´ schmeckten und `aß´ auf ihre Gesundheit, vgl. Wolfgang Hildesheimer, Mozart, a. a. O., 344.

Aderlass durch die Ärzte, letztmals am 3. Dezember 1791 durchgeführt und infolge massiven Blutverlusts für Mozart unter Umständen tödlich endend, gehörte zu den in Frage kommenden Optionen[643], genau wie eine *„bakterielle Sepsis...* im Sinn eines systemischen entzündlichen *Response Syndroms (SIRS).* Ist die Ursache infektiöser Genese, wird der Zustand als Sepsis definiert, die zum septischen Schock mit hoher Sterblichkeit führen kann."[644] Aber auch das bleibt eine Hypothese.

Schnell verbreitete sich auch das Gerücht, dass eine Vergiftung im Zusammenhang mit Mozarts Tod stand, weil sich Mozarts Gesicht im Tode bläulich verfärbt hatte und der herbeigerufene Arzt auf Vergiftungen spezialisiert war – klare Hinweise auf einen Giftmord.[645] Mozart selbst hatte sich einige Wochen vor seinem Tod gegenüber seiner Frau, wie diese später überlieferte, dahingehend geäußert, vergiftet worden zu sein.[646] Es kam nach seinem Tod

---

[643] Vgl. dazu beispielsweise Carl Bär, Mozart, a. a. O., der in seinem Buch die These vom übermäßigen und letztlich tödlichen Aderlass vertrat (an dem auch Hölderlins Vater gestorben war), ferner auch rheumatisches Fieber als Todesursache nicht ausschloss.

[644] Vgl. Andreas Otte/Konrad Wink, Kerners Krankheiten großer Musiker, a. a. O., besonders 51-75, Zitat auf 74.

[645] Ende Dezember 1791 hieß es darum im Berliner `Musikalischen Wochenblatt´: „(...) Weil sein Körper nach dem Tode schwoll, glaubt man gar, dass er vergiftet worden" (zit. nach Max Becker/Stefan Schickhaus, a. a. O., 124). Seither ist die Gift-Hypothese nicht mehr wegzudenken. Sie reproduzierte auch noch Georg Knepler, Wolfgang Amadeus Mozart. Annäherungen, Berlin ²2005, 19 (Lit.: 444-454). Der österreichische Pianist, Dirigent und Musikwissenschaftler Georg Knepler (1906-2003) begleitete Ende der zwanziger Jahre Karl Kraus (1874-1936) bei dessen Auftritten am Klavier, wirkte u. a. als Dirigent an der Wiener Staatsoper und war Anfang der dreißiger Jahre der pianistische Begleiter von Helene Weigel (1900-1971) in Berlin. Der überzeugte Marxist überlebte das Nazi-Regime in England. 1950 gründete er die Deutsche Hochschule für Musik Berlin, die er als Rektor bis 1959 leitete (die heutige `Hochschule für Musik Hans Eissler Berlin´). 1962 erhielt er u. a. den `Nationalpreis der DDR´ und 1976 den `Vaterländischen Verdienstorden in Gold´.

[646] Bald nach Mozarts Tod zirkulierte das Gerücht, dass Mozarts neidischer Kollege Antonio Salieri (1750-1825) der Initiator für Mozarts frühen Tod war, zumal auch Beethoven in seinen `Konversationsheften´ das Gerücht eines Giftmordes überlieferte. Es taucht in der gängigen Mozart-Literatur bei Nerina Medici di Marignano/Rosemary Hughes (Hg.), Eine Wallfahrt zu Mozart, a. a. O., 79 und Fußnote 54, 188, auf oder bei Wolfgang Hildesheimer, Mozart, a. a. O., 364ff., vgl. dazu DER SPIEGEL v. 11.4.1956, online zugänglich unter: https://www.spiegel.de/spiegel/print/d-43061940.html (aufgerufen am 23.5.2020). 1984 wurde die Giftmord-These von Miloš Formans `Amadeus´-Film, in dem Mozart als göttlich begabter Trunkenbold mit

auch zur Legendenbildung, etwa der, dass Mozarts vermeintlicher Konkurrent Salieri, die letzten zehn Jahre wegen des Stellenpokers am Wiener Hof für Mozart ein Ärgernis, ihn mit Quecksilber vergiftet hätte.[647] Im Unterschied zu Mozart war Salieri ein etablierter Liebling am Hofe Joseph II.[648] und damit auch des adligen Publikums, das sich für Opern und klassische Musik interessierte.[649] Salieri, der mit Mozart zu den „spektakulären Opernkomponisten in Wien"[650] gehörte – wobei Salieri außerhalb von Wien erfolgreicher war als Mozart – gelangte darüber zu einer eher traurigen Berühmtheit.[651] Er selbst litt unter diesem Tötungsvorwurf und wollte sich 1823, an Syphilis im Endstadium erkrankt und geistig völlig verwirrt, selbst töten, was allerdings misslang.[652] Überzeugende Beweise,

---

einem wirren Lachen dargestellt wird, der von einem als mittelmäßigen Komponisten, neidischen Intriganten, gotteslästerlichen und skrupellosen Ehrgeizling und rachedürstigen Salieri verfolgt wird, unhinterfragt übernommen. Der britische Dramatiker Peter Shaffer (1926-2016) hatte 1979 mit seinem Theaterstück `Amadeus´ die Vorlage für das Drehbuch für diesen erfolgreichen Film geliefert – der zwar mit acht Oscars ausgezeichnet wurde, aber mit der historischen Wahrheit im Blick auf Mozart wenig zu tun hat, vgl. dazu Peter Shaffer, Amadeus, FfM 1982, 1988, 11-128, und Volkmar Braunbehrens, Mozart in Wien, a. a. O., 432.

[647] Der Roman des russischen Nationaldichters Alexander Puschkin (1799-1837), `Mozart i Saljeri´ (1831), in Aufnahme von Mozarts Verdacht, sowie die spätere Vertonung durch Nikolai Rimski-Korsakow (1844-1908), waren vermutlich der Grund für den postmortalen Rufmord, der Salieri verhältnismäßig schnell nach seinem Tod 1825 ereilte: „Die Geschichte ist eine boshafte, lächerliche Erdichtung" (Peter Gay, Mozart, a. a. O., 131). Zu den Spekulationen um Mozarts Tod, vgl. weiterführend das Kapitel XII `Legenden und Theorien´ bei H. C. Robbins Landon, 1791, a. a. O., 213-224, und Alon Schmuckler, Requiem für Theophil. Das zweite Leben des Wolfgang Amadeus Mozart, Hamburg 1990, bes. 7-18.

[648] Vgl. ausführlich Volkmar Braunbehrens, Salieri, a. a. O., 55-77 („In der Gunst des Kaisers").

[649] Vgl. dazu Volkmar Braunbehrens, Salieri. Ein Musiker im Schatten Mozarts, München-Zürich 1989, der nochmal klar macht, dass Salieri „einer der bedeutendsten Opernkomponisten des ausgehenden 18. Jahrhunderts" (7) war.

[650] Volkmar Braunbehrens, Salieri, a. a. O., 217.

[651] In Erinnerung ist er heute nur noch als Gegenspieler und Neider Mozarts, nachdem Mozart sich mehrfach negativ in Briefen über Salieri geäußert hatte. Allerdings war das Verhältnis der beiden eher durch Kollegialität als durch Neid bestimmt; so komponierten beide zusammen und besuchten auch gemeinsam eine Aufführung der `Zauberflöte´, von der sich Salieri, in Begleitung der Wiener Primadonna Caterina Cavalieri, begeistert zeigte, wie Mozart in dem letzten erhaltenen Brief an seine Frau am 14.10.1791 schrieb. Salieri hielt Mozarts Andenken in Ehren, wie viele Aufführungen von Mozarts Werken nach seinem Tod beweisen. Mozarts Sohn Franz Xaver gab er Kompositionsunterricht und stellte ihm ein hervorragendes Zeugnis aus. Politische Gegensätze zwischen Österreich und Italien begünstigten das vor allem im 19. Jahrhundert verbreitete Gerücht der Feindschaft Mozart/Salieri. Salieri selbst wies die Giftmordanschuldigung auf dem Totenbett gegenüber seinem Schüler Ignaz Moscheles (1794-1870) zurück.

[652] Vgl. Volkmar Braunbehrens, Salieri, a. a. O., 15f.

dass Salieri, der viele Jahre in Vergessenheit geriet[653], irgendetwas mit Mozarts Tod zu tun gehabt haben könnte, gibt es bis heute nicht. Ich halte diese Hypothese für wenig überzeugend. Aber auch andere Gerüchte tauchten auf, weshalb Mozart gestorben sein könnte: So hätte der Hofbeamte Franz Hofdemel Mozart aus Eifersucht getötet, weil dieser mit seiner Ehefrau Maria Magdalena ein Verhältnis gehabt hätte. Er hätte seine Frau schwer verletzt, bevor er sich selbst im Anschluss tötete; ein weiteres Gerücht war, dass Mozart an der Geschlechtskrankheit Syphilis gelitten hätte und ihm von Gottfried van Swieten zu ihrer Behandlung möglicherweise eine Überdosierung Quecksilbers verabreicht worden sein könnte, was zu Mozarts Tod geführt hätte. Diese `Medizin´ hätte sich deshalb in van Swietens Besitz befunden, weil sein Vater, Gerard van Swieten, als Leibarzt von Maria Theresia viele Patienten, die an dieser damals verbreiteten Krankheit litten, mit der Gabe von Quecksilber geheilt hatte.[654] Der Großteil

---

[653] Vgl. Volkmar Braunbehrens, Salieri, a. a. O., 276. Dies änderte sich erst in den letzten zwanzig Jahren. So wurden Arien Salieris beispielsweise von der italienischen Mezzosopranistin Cecila Bartoli (geb. 1966) und von der deutschen Sopranistin Diana Damrau (geb. 1971) eingespielt. Seit dem Jahr 2000 gibt es in Salieris Heimatstadt das `Salieri Opera Festival´ und auch auf der Bühne erlebte Salieri eine Renaissance. Einzelne seiner Kompositionen fanden Eingang in die Filmmusik, wie z. B. in dem US-amerikanischen Filmdrama `Die letzte Festung´ (2001) und in dem Science-Fiction-Film `Iron Man´ (2008).

[654] Der letzte, der diese Hypothese aufstellte, war der Kölner Mathematiker Ludwig Köppen (1943-2012). Ludwig Köppen fragte berechtigterweise weiter, warum Dr. Closset den dahinsiechenden Mozart nicht ins Krankenhaus überwiesen und warum er ausgerechnet einen ausgewiesenen Spezialisten für Gifte und Vergiftungen zurate gezogen hatte? Warum organisierte der wohlhabende Baron Gottfried van Swieten für seinen Freund nur ein Begräbnis dritter Klasse? Warum schalteten sich die Freimaurer nicht in die Begräbnisorganisation ein? Kam der Leichnam Mozarts etwa in ein Massengrab, um eventuelle Spuren eines unnatürlichen Todes zu verwischen? Warum ist das Grab bis heute unauffindbar? Warum half die Stadt Wien nicht bei der Klärung der Todesumstände ihres populären Bürgers?

dieser Hypothesen ist allerdings m. E. den Verschwörungstheorien zuzurechnen.[655]

Fakt ist: Dem Sterbenden, der als katholischer Organist tätig war, wurden *nicht* zum letzten Mal die Krankensakramente durch einen Priester, der zwar gerufen wurde, aber nicht kam, gereicht;[656] eine amtsärztliche Untersuchung des Leichnams fand nicht statt. So bleibt bis heute die offene Frage im Raum stehen: Warum nicht?[657]

Zum Zeitpunkt von Mozarts Tod lagen Hunderte unvollendeter Kompositionen in seiner Wohnung; sie wurden später zerschnitten und als `Reliquien´ von Constanze Mozart, ähnlich wie es die Witwe Friedrich von Schillers mit den nachgelassenen Manuskripten ihres Mannes gehandhabt hatte[658], an Mozart-Fans verschenkt, um ihnen damit eine Freude zu machen.[659] Mozart starb keineswegs in Armut,

---

[655] Ein Gerücht war, dass Mozart wegen des Verrats maurerischer Geheimnisse in seiner `Zauberflöte´ umgebracht worden wäre (`Geheimnisverrat´), vgl. dazu, ausführlicher als hier möglich, Helmut Perl, Der Fall `Zauberflöte´. Mozart und die Illuminaten, Zürich und Mainz 2000, 2006, Mainz 2016, online zugänglich: https://books.google.de/books?id=scd2DwAAQBAJ&printsec=frontcover&dq=helmut+perl&hl=en&sa=X&ved=0ahUKEwiZt-rjkYLqAhXKjqQKHTvsDxUQ6AEIMzAB#v=onepage&q=helmut%20perl&f=false (aufgerufen am 9.5.2020). Diese und noch mehr offene Fragen befinden sich in dem Buch von Ludwig Köppen, Mozarts Tod. Ein Rätsel wird gelöst, Köln 2004; vgl. dazu auch die Rezensionen in: DER SPIEGEL 35/2004, 128f., und FR v. 31.1.2006, 23.

[656] Vgl. Piero Melograni, Mozart, a. a. O., 327, der Mozarts Freimaurerei dafür verantwortlich macht, dass damals kein Priester bei dem sterbenden Mozart aufkreuzte.

[657] Einige Mozart-Expert*innen gehen davon aus, dass der katholischen Kirche Mozarts persönliche Lebensführung nicht gefiel: „Die Geistlichkeit verweigerte Mozart das kirchliche Begräbnis. Künstler waren Außenseiter, sie lebten und lebten freier, galten jedoch vielfach für die Kirche als sündig. Mozarts Ruf war belastet, man sprach von Ausschweifungen, Spielschulden und ehelicher Untreue (Viveca Servatius, Constanze Mozart, a. a. O, 84, hat eingewandt, dass die Quellen „eigentlich nichts" (84) über Mozarts Untreue sagen. Aus kirchlicher Sicht hätte er vor seinem Tod für diese `Sünden´ Abbitte leisten müssen. Doch er ließ keinen Priester rufen" (Max Becker/Stefan Schickhaus, Mozart, a. a. O., 125). Sie erklären sich dadurch auch die Geschwindigkeit der Bestattung: Eine Beisetzung auf dem `Schinderanger´ des in Unfrieden mit der Kirche Gestorbenen galt es zu vermeiden. Das würde auch erklären, warum kein Kreuz oder Grabstein errichtet wurde, denn auf keinem Friedhof wurden Denkmäler für verstorbene Persönlichkeiten geduldet, die sich von der römisch-katholischen Kirche als dem `Heil´ getrennt hatten. Vgl. weiterführend Martin Geck, Mozart, a. a. O., 200ff.

[658] Vgl. dazu https://www.theomag.de/123/tka02.htm (aufgerufen am 30.5.2020).

[659] Immer wieder tauchen noch heute in den großen Auktionshäusern der Welt Originalmanuskripte von Mozarts Hand auf, wie beispielsweise im Wiener `Dorotheum´ (www.dorotheum.com). Eine der größten privaten Mozart-Sammlungen befindet sich in den Händen des Hamburgers Jürgen Köchel (geb. 1925), vgl. Volker Hagedorn, Und auf dem Küchentisch die Zauberflöte, in: DIE ZEIT Nr. 2 v. 5.1.2006, 36.

wie es in der Sekundärliteratur seit der Romantik gerne und oft verbreitet wurde[660], sondern als wohlhabender Mann mit vergleichsweise hohen Einkünften, aber auch hohen Schulden. Vergleicht man Mozart mit einem Grafen oder einem Fürsten der damaligen Zeit, so hält sich sein Reichtum in Grenzen – vergleicht man ihn allerdings mit einem Bürgerlichen, so kann man Mozart, auch gemessen nach heutigen Maßstäben, durchaus als wohlhabend bzw. reich bezeichnen. Dennoch schien das Geld bei ihm vorne und hinten nicht zu reichen. Mozart konnte Zeit seines Lebens nicht mit Geld umgehen und so kam es, dass er bei seinem Tod einige Verbindlichkeiten hatte.[661] Nachdem ihm der herbeigerufene Graf Joseph Deym[662] auf dem To-

---

[660] Die Romantik sah in Mozart ein der Welt entrücktes Genie – sein „Werk wurde... als etwas gleichsam vom Leben Abgekoppeltes, Reines, Abstraktes betrachtet, das nur eine apollinische Lichtgestalt geschaffen haben konnte" (Volker Gebhardt, Schnellkurs Mozart, a. a. O., 174). Die Widrigkeiten des Lebens, denen Mozart ausgesetzt war, hatten in dieser Rezeption keinen Platz.

[661] Mozart `pumpte´ seine Freunde häufig an, wie z. B. seinen Logenbruder Johann Michael Edler von Puchberg (1741-1822), ein Tuchhändler, dem in Wien das Glück hold gewesen war (vgl. Brief Mozarts an ihn v. 12.7.1789). Die Briefe zeugen von großem Druck, aber auch von mangelnder Selbstachtung. Aus den Jahren 1788-1791 sind mindestens 21 Bettelbriefe von Mozart bekannt, vgl. dazu http://wwwg.uni-klu.ac.at/kultdoku/kataloge/31/html/2536.htm (aufgerufen am 16.3.2020). Puchberg kam Mozarts Bitten zwar nach, lieh ihm aber stets geringere Summen Geldes als dieser wünschte bzw. forderte: insgesamt 1415 Gulden! Als Dank widmete ihm Mozart u. a. sein `Divertimento Es-Dur für Violine, Viola und Violoncello´ (KV 563). 400 Gulden zahlte ihm Mozart zu Lebzeiten zurück; den Rest der Schulden beglich vermutlich Constanze Mozart. Ob der Klarinettist Anton Stadler, für den Mozart fast alle seine Werke für Bassetthorn – ein ca. 1770 von Anton Mayrhofer (1738-1794) in Passau erfundenes Instrument – und Klarinette komponierte, sein Klarinetten-Quintett (KV 581) und sein Klarinettenkonzert A-Dur (KV 622) geschrieben hatte (Mozart hatte ihn einst scherzhaft `Notschibikitschibi´ genannt, vgl. Alfred Einstein, Mozart, a. a. O., 98), bei Mozarts Tod mit 500 Gulden für die Komposition `Stadlers Rondo´ (KV 622), in der Kreide stand, ist bis heute ungeklärt. Worin sich die Expert*innen einig sind, ist, dass Mozart, wenn er zu Geld gekommen war, es beispielsweise großzügig auch an Freunde verlieh. Grundsätzlich pflegte er einen recht lockeren Umgang mit Geld, vgl. Volkmar Braunbehrens, Mozart in Wien, a. a. O., 41.

[662] Der böhmische Standesherr und Mäzen Joseph Nepomuk Franz de Paula Graf von Deym Freiherr von Střítež, alias Joseph Müller war Wachsbildner und Gründer einer eigenen Kunstgalerie, eines Kuriositäten- und Wachsfigurenkabinetts. Mozart hatte extra für die Musikautomaten in diesem Kabinett, wie bereits erwähnt, Kompositionen geschrieben. Der für seine lebensechten Arbeiten berühmte Deym fertigte u. a. Wachsbildnisse der Kaiserfamilie an und nahm nach dem Tod Kaiser Joseph II. diesem eine Totenmaske ab.

tenbett die Totenmaske abgenommen hatte, wurde Mozarts Leichnam zunächst in der Wohnung aufgebahrt.[663] Dann wurde er *vermutlich* am 6. Dezember bei der über dem Abgang zu den Katakomben errichteten Kruzifixkapelle[664] am Stephansdom ein- bzw. ausgesegnet. Als alle kirchlichen Zeremonien beendet waren und Verwandte und Freunde die Gelegenheit gehabt hatten, in kleinem Kreise Abschied zu nehmen, waren damals damit, anders als heute, die Begräbnisfeierlichkeiten abgeschlossen und die Trauergesellschaft löste sich auf. Die Überführung erfolgte dann entweder noch in den Abendstunden des 6. Dezember – im Sterberegister der Domkanzlei von St. Stephan ist dieses Datum als Bestattungsdatum vermerkt[665] –, wahrscheinlich aber erst am Vormittag des darauffolgenden Tages auf den vier Kilometer entfernten, in einer der Vorstädte Wiens gelegenen Sankt Marxer Friedhof.[666]

---

[663] Es ist mehrfach bezeugt, dass eine Totenmaske Mozarts existierte. In der Literatur ist die Rede von drei Abdrücken - zwei Gipsabdrücke, von denen einen Constanze Mozart erhielt, und ein Bronzeabdruck, vgl. dazu Hans Bankl/Johann Szilvassy, Die Reliquien Mozarts: Totenschädel und Totenmaske, Wien 1992. Der Verbleib der Abdrücke der Totenmaske ist bis heute ungeklärt, vgl. Wolfgang Hildesheimer, Mozart, a. a. O., 61, und weiterführend http://www.wienmozart.de/raume/joseph-deym-alias-muller und http://www.mozart.com/de/blog/kategorien/veranstaltungen/die-gesichtszuge-des-meisters/ (beide Links aufgerufen am 20.5.2020).

[664] Heute befindet sich dort eine Gedenktafel für Mozart mit der Inschrift: „An dieser Stätte wurde des unsterblichen W. A. MOZART Leichnam am 6. Dezember 1791 eingesegnet."

[665] Vgl. Mozart. Die Dokumente seines Lebens, gesammelt und erledigt von Otto Erich Deutsch, Kassel 1961., 367.

[666] Dieser Friedhof ist der einzige erhaltene von fünf Biedermeierfriedhöfen in der Habsburger Hauptstadt und der letzte Biedermeierfriedhof der Welt. Er steht heute unter Denkmalschutz. Der Kaiser hatte im Zuge seiner josephinischen Reformen für Seuchen- und Hygieneverordnung alle kirchlichen Grüfte und Friedhöfe im Stadtgebiet und in den Vorstädten schließen lassen, mit Ausnahme der Kapuzinergruft, der Stephansgruft und dem Salesianerkloster. In den ersten Jahren war es verboten, Leichenwagen über die Stadtmauer hinaus zum Friedhof zu begleiten und Gräber zu kennzeichnen. Dieses Verbot wurde später aufgehoben, weil der Widerstand des Klerus und der Bevölkerung zu groß war. Doch der Kaiser hielt an seinem Projekt fest: Es sollten neue, kommunale `Leichenhöfe´ außerhalb geschaffen werden, auch um die Toten möglichst weit weg von den Lebenden zu halten, und einer davon war der St. Marx-Friedhof, auf dem die ersten Gräber aus seinem Eröffnungsjahr 1784 stammen. Die letzten Gräber wurden 1873 ausgehoben; zu diesem Zeitpunkt wurde der Wiener Zentralfriedhof errichtet. Der St. Marx-Friedhof steht heute unter Denkmalschutz. Noch 5600 der einst 8000 Gräber sind erhalten, Bestattungen finden dort keine mehr statt. Der rund 60000 Quadratmeter große Friedhof wurde 1937 für die Bevölkerung als Nah-Erholungsort, der Friedhof,

An dem Totenacker eingetroffen, wurde Mozarts Sarg mit seinem Leichnam vermutlich zunächst in der Leichenkammer untergebracht, da seit 1763 eine Beerdigungsfrist von 48 Stunden gesetzlich vorgeschrieben war, um Scheintode zu verhindern. Vermutlich wurde Mozart dann am 8. Dezember[667] bestattet: schnörkellos und `ohne Gepränge´ in einem billigen Sarg[668] und in einem `allgemeinen einfachen Grab´, einem `Schachtgrab´ – aber nicht in einem Massen- oder Armengrab[669], wie lange in der Sekundärliteratur kolportiert wurde. Es war ein milder, trockener Tag und es herrschte kein kaltes Schneetreiben, wie es ebenfalls tradiert wurde, um Mozarts Tod einen mysteriösen Touch zu verleihen, als der Sarg in die Erde gesenkt

---

Gedenkstätte, Kulturdenkmal und Parkanlage miteinander verbindet, freigegeben. Vgl. weiterführend Hans Veigl, Der Friedhof zu St. Marx. Eine letzte biedermeierliche Begräbnisstätte in Wien, Wien 2006, und Alexander Glück, Mozarts letzte Ruhe. Der Biedermeierfriedhof von Sankt Marx, Halle 2012.

[667] Volkmar Braunbehrens, Mozart in Wien, a. a. O., 441, datiert die Bestattung auf den 7. Dezember.

[668] In diesem Zusammenhang stand übrigens auch die Einführung eines wiederverwendbaren Klappsargs durch Joseph II., der sog. `Josephinische Gemeindesarg´. Dieser `Sparsarg´ sollte das egalitäre Mittel sein, um alle auf dieselbe Weise unter die Erde zu bringen. Per Hofdekret v. 23.8. und 13.9.1784 hatte Joseph II. angeordnet, dass die Leichen in einer speziellen `Todtentruhe´ auf den Gottesacker gebracht werden sollten. Ein Leichnam wurde in einen Leinensack eingenäht und in einem Sarg zum offenen Grab gebracht. Ein Öffnungsmechanismus sorgte dafür, dass der Boden des Sarges geöffnet werden konnte und der Leichnam ins Grab fiel. Der Sarg wurde sodann für weitere Bestattungen verwendet. Eine Abbildung eines solchen Sarges für Kinderbegräbnisse befindet sich in: Mozart. Experiment Aufklärung, a. a. O., 174. Wegen des massiven Widerstands der Bevölkerung ließ der Kaiser den gesetzlichen Zwang zum josephinischen Gemeindesarg bald revidieren.

[669] Das konnte Volkmar Braunbehrens überzeugend nachweisen, vgl. Volkmar Braunbehrens, Mozart in Wien, a. a. O., 441-448. Für einen Angehörigen des vierten Standes der Bürger war es eine damals übliche, dem Regelfall der josephinischen Begräbnisordnung entsprechende Bestattungsform. „Die Bestattungsgepflogenheiten entsprechen denen der Zeit im Wien um 1791" (Annette Kreutziger-Herr/Winfried Bönig [Hg.], Klassische Musik, a. a. O., 48). Es gibt allerdings die These, dass die Beerdigung aus Rücksicht auf die Witwe so günstig wie möglich ausfiel: „So zahlte sie für eine Beerdigung dritter Klasse: 4fl,36 kr Gemeindeumlagen, 4fl,20 kr Kirchenumlagen; das Fahrzeug, das den Leichnam von der Rauhensteingasse zum Stephansdom und von dort zum Friedhof von St. Marx brachte, kostete 3 Gulden" (H. C. Robbins Landon, 1791, a. a. O., 210). 1990 wurde im Kollegarchiv in St. Michael ein handschriftlicher Beleg über die Exequien für W. A. Mozart in der Wiener Michaelerkirche am 10.12.1791 entdeckt. Die Kosten für diese gesungene Seelenmesse (`Seelenamt´), die von Emanuel Schikaneder und Joseph von Bauernfeld bestellt worden war, beliefen sich auf 12,09 Gulden. Dies entsprach nach der Stolordnung von 1782 einer Messe 2. Klasse. Das Grab wurde nach zehn Jahren neu belegt.

wurde.[670] Ein `allgemeines Grab´ auf einem kommunalen Friedhof war gemäß der josephinischen Begräbnisordnung[671] eine für alle Bevölkerungsschichten ohne Ansehen des Stands übliche Grabstätte.[672] Es war eine durchaus moderne Vorstellung des aufgeklärten Kaisers, der zufolge im Tode alle gleich waren, ohne Berücksichtigung von Standesunterschieden und Vermögen und ohne das dem Adel bis heute vorbehaltene Privileg, ihre Angehörigen in speziellen privaten Grüften bestatten zu dürfen. Da das Grab zehn Jahre später eingeebnet wurde, um erneut belegt werden zu können, lässt sich der *genaue* Bestattungsort Mozarts heute nur noch schwer bestimmen; es wurde kein Kreuz, Grabstein oder andere Kennzeichnung errichtet. Gottfried van Swieten organisierte damals Mozarts Beerdigung.[673] Constanze Mozart war – ähnlich der

---

[670] Den zeitgenössischen Erinnerungen von Salieri, Gall und den Brüdern Aschenbrenner zufolge herrschte am Tag von Mozarts Beisetzung schlechtes Wetter, die Rede war gar von Schnee. Das übernimmt auch völlig unkritisch Mozart-Biograph Heinrich Eduard Jacob, Mozart oder Geist, a. a. O., 432. Die Schlechtwetter-Theorie stimmt allerdings nach Prüfung in keiner Weise mit den meteorologischen Aufzeichnungen und auch nicht mit anderen zeitgenössischen Berichten, wie den minutiösen Tagebuchnotizen des Grafen Zinzendorf, überein. Zu den hartnäckigen Gerüchten, die sich hielten, gehörte auch, dass Mozart am Matzleinsdorfer Friedhof beigesetzt worden sein sollte. Alon Schmuckler schrieb einen fantasievollen Roman, der davon handelt, dass Mozart 1791 gar nicht starb, sondern lediglich `untertauchte´ und erst 1842 starb, vgl. Alon Schmuckler, Requiem für Theophil, Hamburg 1990, 27, 52f., 179. Noch heute sind in Wien ähnliche Grüfte und Massengräber zu besichtigen, beispielsweise unter dem Stephansdom oder unter der Michaelerkirche, einer Filialkirche des Stephansdoms. Zu weiterführenden Infos vgl. die Websites: https://der-schwarze-planet.de/die-wiener-unterwelt/?related_post_from=10253 und https://hofkultur.hypotheses.org/241 (aufgerufen am 4.4.2020).
[671] Diese Ordnung reglementierte die Art und Weise der Begräbnisse. Es gab mehrere Begräbnisklassen: Die erste war dem Adel und den hohen Geistlichkeit vorbehalten, die zweite, sehr teure, war auch für Bürgerliche gedacht, und die dritte war die Standard-Beerdigung, vgl. weiterführend und erhellend Volkmar Braunbehrens, Mozart in Wien, a. a. O., 436-452. Braunbehrens räumt endgültig mit der „rührseligen Legende" (436) auf, dass Mozart in einem Armengrab bestattet wurde.
[672] Volkmar Braunbehrens schreibt: „Zur josephinischen Zeit war das Reihen- oder Schachtgrab aber kein Ausdruck von Schäbigkeit und Achtlosigkeit, sondern entsprach einer nüchtern-rationalistischen Denkweise, die die damals modernsten Erkenntnisse der Hygiene… besonders hochhielt" (Volkmar Braunbehrens, Mozart in Wien, a. a. O., 445).
[673] Man wundert sich heute in der Tat, dass der vermögende van Swieten eine Beerdigung dritter Klasse organisiert hatte – während Mozarts Kollege und Vorgänger, Christoph Willibald Ritter von Gluck, vier Jahre zuvor mit allem Pomp im kaiserlichen Wien bestattet worden war. Es wäre ein Leichtes für ihn gewesen, eine dem Genius und der Bekanntheit Mozarts geschuldete Beerdigung auszurichten. Selbst das Bargeld,

Witwe Friedrich von Schillers oder ähnlich auch Johann Wolfgang von Goethes – psychisch und physisch nicht in der Verfassung, an der Beerdigung teilzunehmen. Schwer traumatisiert, besuchte sie erst 17 (!) Jahre nach Mozarts Tod das Grab ihres geliebten Mannes – was sich als nicht ganz einfach erwies, da der Leichnam inzwischen exhumiert und in ein Einzelgrab verlegt worden war – wobei man auf eine Bezeichnung des Grabes verzichtet hatte. Kein Kreuz, kein Grabstein, nichts, wies auf das Grab hin. 1855 versuchte man, das Grab so gut wie möglich zu bestimmen und errichtete erst 1859, also 68 Jahre nach Mozarts Tod, an der Stelle, an der Mozarts sterbliche Überreste *vermutet* werden, ein Denkmal für ihn.[674] 1891 wurde das Grabdenkmal anlässlich des 100. Todestags des Komponisten auf den Wiener Zentralfriedhof transferiert.[675] An der ursprünglichen, alten Grabstelle wurde 1899 eine Gedenktafel angebracht, die an Mozart erinnern

---

das Mozart hinterlassen hatte, hätte gereicht, um eine entsprechende Beerdigung zu bezahlen. Oft wurde auch die Frage gestellt, warum sich denn eigentlich die Freimaurer nicht in die Organisation der Begräbnisfeierlichkeiten einschalteten, vgl. Heinrich Eduard Jacob, Mozart oder Geist, a. a. O., 431. Diese Frage bleibt ebenfalls unbeantwortet. Gottfried van Swieten wurde einen Tag nach Mozarts Tod aus den staatlichen Diensten entlassen. Er wurde der Teilnahme an einer freimaurerischen Verschwörung beschuldigt – oder wollte der Hof mit ihm Umständen von Mozarts Tod nichts zu tun haben? Zu allen kritischen Punkten im Kontext der Beerdigung vgl. Klaus Umbach, Art. Genius in der Giftküche v. 23.8.2004, online zugänglich unter: https://www.spiegel.de/spiegel/print/d-31900183.html (aufgerufen am 22.3.2020). Zu dem Komplex einer freimaurerischen Verschwörung im Jahr 1791 vgl. H. C. Robbins Landon, Mozart, a. a. O., 225ff.
[674] Das Mozart-Denkmal wurde am 6. Dezember 1859 enthüllt. Sein Architekt war Hanns Gasser (1817-1868), der u. a. auch als Professor an der Akademie der bildenden Künste in Wien wirkte und `klassizistische´ Formen mit romantischen Empfindungen´ miteinander verband. Am 5. Dezember jeden Jahres kommen zur Todesstunde um 0.50 Uhr Mozart-Verehrerinnen und -verehrer aller musikalischen Sparten, um einen Kranz für den Meister niederzulegen – ohne Musik, ohne Ansprachen, rein zum Gedenken. Sie ehren damit den lebendigen Komponisten und Musiker Mozart – und nicht das, was und wo zweifelhaft von seinen sterblichen Überresten blieb.
[675] Es befindet sich dort im Ehrengräberhain, Gr 32A, Nr. 55, ganz in der Nähe der Ehrengräber für Beethoven, Schubert, Brahms und Johann Strauß (Sohn). Der Wiener Zentralfriedhof, herausragend unter den Wiener Verstorbenenstätten – nur halb so groß wie Zürich, aber doppelt so lustig! – entstand im Zuge der josephinischen Reformen: Auf ihm sollte einmal Platz sein für vier Millionen Verstorbene!

sollte und mit Spolien, also mit Überresten anderer Gräber, zu einem schlichten Grabdenkmal ausgebaut wurde; dieses wurde im Kriegsjahr 1945 schwer beschädigt, so dass das Denkmal erst nach 1950 sein heutiges Aussehen erhielt und im Jahre 2005 restauriert wurde. Das eigentliche Mozart-Grab ist aber heute als Musiker-Ehrengrab am Wiener-Zentralfriedhof eine viel besuchte touristische Sehenswürdigkeit – doch *wo sich genau* die sterblichen Überreste des Genies aus Salzburg befinden, ist bis heute nicht klar. Damit bleiben Mozarts Tod wie seine Bestattung bis in die Gegenwart hinein geheimnisumwittert.[676]

Wie ging es mit Constanze Mozart weiter? Nach Mozarts Tod musste sie ihre Kinder allein durchbringen. Sie musste schauen, wie sie mit den hinterlassenen Schulden ihres Ehemannes – ca. 2500 Gulden – zurechtkam. Sie erwies sich als kluge Geschäftsfrau und handelte schnell: Sie stellte ein Gnadengesuch an den Kaiser; dieser gewährte ihr eine jährliche Pension von 266 Gulden aufgrund der Tätigkeit ihres verstorbenen Ehemannes als `K. K. Kammer-Compositeur´. Wenig später boten ihr zudem ungarische und niederländische Adlige finanzielle Unterstützung an. Am 26.6.1809 heiratete sie, 18 Jahre nach Mozarts Tod und inzwischen 47jährig, auf Drängen ihrer Söhne im Dom zu Pressburg (Bratislava) erneut, und zwar den Legationssekretär in der dänischen Gesandtschaft in

---

[676] Immer wieder sind die letzten Monate Mozarts bis zu seinem Tod auch Gegenstand von fantasievollen Romanen, vgl. exemplarisch, Jörg G. Kastner, Mozartzauber, München 2001.

Wien, Georg Nikolaus Nissen[677], mit dem sie bereits einige Jahre – aus dem Briefwechsel der Söhne geht der Zeitraum 1797-1809 hervor – zusammengelebt hatte.[678] Ein Biograph meinte, der dichtende Diplomat Nissen, ein Verehrer Mozarts, mochte sie „wohl aus einem rührenden Enthusiasmus für den Meister selbst geheiratet haben"[679]. Georg *von* Nissen – viele Historiker halten die Nobilitierung für eine Erfindung Constanze Mozarts[680] –, der mit ihr 17 Jahre lang bis zu seinem Tod verheiratet blieb, unterstützte seine Frau darin, Mozarts handschriftlichen musikalischen Nachlass, der sich zum Zeitpunkt seines Todes noch in Familienbesitz befand, zu veräußern. Zwei Verlage zeigten Interesse: Breitkopf & Härtel[681] in Leipzig – genau jener Verlag, dem Leopold Mozart jahrelang immer wieder erfolglos Werke seines Sohnes angeboten hatte – und der Komponist und Musikverleger Johann Anton

---

[677] Georg Nikolaus Nissen (1761-1826) war ein Kaufmannssohn aus Hadersleben (Haderslev) in Schleswig. Nach dem Studium der Rechtswissenschaften an der Universität Kopenhagen wurde er Bevollmächtigter des Generalpostamts Kopenhagen, wechselte dann jedoch in den diplomatischen Dienst: Zunächst war er dänischer Gesandter beim Reichstag in Regensburg (1791), dann Legationssekretär in Wien (1792), ab 1802 Legationsrat und später Geschäftsträger der dänischen Gesandtschaft in Wien. Der Träger des `Dannebrog-Ordens´ (1809) hatte Constanze Mozart kennengelernt, als er bei ihrer Mutter zur Untermiete wohnte.
[678] Vgl. Georg Nikolaus Nissen, Biographie Mozarts, a. a. O., 1.
[679] Bernhard Paumgartner, Mozart, Zürich 1986, 17.
[680] Vgl. Georg Nikolaus Nissen, Biographie Mozarts, a. a. O., 1, und Erich Valentin, Mozart, a. a. O., 87.
[681] Breitkopf & Härtel ist der älteste Musikverlag der Welt. Er wurde 1719 von Bernhard Christoph Breitkopf (1695-1777) in Leipzig gegründet und verlegte im 18. Jahrhundert fast alle namhaften Komponisten im deutschsprachigen Raum. Nach finanziellen Problemen ging Breitkopf eine Sozietät mit Gottfried Christoph Härtel (1763-1827) ein, der nach Breitkopfs Tod den Verlag übernahm. Seit 1796 firmiert der Verlag bis heute unter beider Namen. Ab 1798 erschien die 16-bändige Ausgabe mit Mozarts Werken für Klavier, Kammermusik und Liedern (wie z. B. der Kanon KV 231, der allerdings in `Lasst froh uns sein´ geändert wurde, bis in Harvard 1991 ein Druck mit handschriftlichen Originaltexten entdeckt wurde), darunter einige Erstdrucke. Im Nationalsozialismus spielte der Verlag, der heute (2020) seinen Sitz in Wiesbaden hat, eine unrühmliche Rolle. Zu seiner Website geht es hier: https://www.breitkopf.com/ (aufgerufen am 19.5.2020).

André[682] in Offenbach. André machte das Rennen: Er erwarb fast den gesamten Bestand von Mozarts musikalischen Handschriften für 3150 Gulden. Die Sammlung von über 270 Autographen enthielt u. a. die Partituren von Mozarts Opern `Figaro´ und `Zauberflöte´, einige von Mozarts Streichquartetten und -quintetten, einige Klavierkonzerte und die Serenade `Eine kleine Nachtmusik´. Constanze Mozart, die geschäftstüchtig verhandelte, ermöglichte dadurch die Erstausgabe wesentlicher Werke im Verlag Johann André. André katalogisierte Mozarts Nachlass sorgfältig; er bildete die Grundlage für seinen Verlag, der nach und nach 79 originalgetreue Erstausgaben von Kompositionen Mozarts veröffentlichte. Nach dem Tod des Verlegers 1842 wurde der Handschriften-Corpus Mozarts in alle Welt verstreut. Heute besitzt die `Internationale Stiftung Mozarteum´[683] in Salzburg, eine 1925 gegründete Non-Profit-Organisation, die sich der Person und dem Werk W. A. Mozarts in den Bereichen Konzerten, Museen und Mozartforschung widmet, ca. 190 Originalbriefe von Mozart und einige Mozart-Porträts; dort ist die `Bibliotheca Mozartiana´, die umfangreichste Mozart-Sammlung der Welt, beheimatet.

---

[682] Johann Anton André (1775-1842) stammte aus einer aus Frankreich ins damalige Fürstentum Isenburg-Birstein eingewanderten und durch Seidentuchfabrikation wohlhabend gewordenen evangelisch-reformierten Hugenottenfamilie. Der Verlag in Offenbach, in dem beispielsweise Mozarts Klavierkonzerte erstmals gedruckt erschienen, befindet sich noch heute in Familienbesitz. Im historischen Archiv des Verlages werden früheste Druckausgaben aufbewahrt, die nach den Handschriften in den Druck gelangten.
[683] Die `Internationale Stiftung Mozarteum´ (ISM) richtet als Verein u. a. alljährlich die Mozartwochen aus und hat ihren Sitz im der Schwarzstraße 26-28 in Salzburg; dort befinden sich die Verwaltung (sie verwaltet die Salzburger Mozart-Museen), Büroräume und Unterrichtsräume, die von der `Universität Mozarteum´ (die Salzburger Kunsthochschule für Musik, Schauspiel und verwandte Fächer, die aus der 1880 gegründeten Musikschule Mozarteum hervorging) genutzt werden, die `Bibliotheca Mozartiana´ sowie der `Wiener Saal´ und der `Große Saal´, in denen Konzerte, u. a. auch im Rahmen der Salzburger Festspiele, veranstaltet werden. In regelmäßigen Abständen finden wissenschaftliche Tagungen statt, über die u. a. im jährlich erscheinenden `Mozart-Jahrbuch´ berichtet wird.

1810 zog das Ehepaar Nissen nach Kopenhagen, in Nissens Heimat, wo Georg Nikolaus Nissen als Zensor für eine konservative Zeitung und Staatsrat (1810) wirkte. Nach Ende seiner Dienstzeit zog das Ehepaar 1824 nach Salzburg, wo beide mit journalistischem Eifer zusammen an der ersten Mozart-Biografie arbeiteten.[684] Nissen bemühte sich, alles über Mozart Geschriebene zu dokumentieren und aus der Korrespondenz eine sachlich-neutrale Darstellung des Lebens Mozarts zu liefern. Constanze Nissen als „Hagiographin"[685] ihres ersten Mannes sorgte allerdings dafür, dass einige Stellen in Mozarts Korrespondenz geglättet wurden; außerdem hatte sie einige Briefe des ihr verhassten Schwiegervaters Leopold Mozarts, der zeitlebens gegen die Verbindung von ihr und seinem Sohn gewesen war, vernichtet. Nissen erlebte die Veröffentlichung ihres Buches nicht mehr; er starb 1826 im Alter von 65 Jahren.[686] Ihre fast tausendseitige Mozart-Biographie kam erst 1828 posthum heraus.[687] Wie ihr Mann, so fand auch Constanze Nissen, verw. Mozart, ihre letzte Ruhestätte in Salzburg. Sie wurde achtzig Jahre alt, überlebte Mozart um gut fünfzig Jahre und starb als gut situierte Witwe am 6. März 1842 an den Folgen einer Lungenlähmung; auf dem St. Sebastiansfriedhof in dem Geburtsort

---

[684] Georg Nikolaus Nissen, Biographie Mozarts, a. a. O., 1.
[685] Volker Gebhardt, Schnellkurs Mozart, a. a. O., 171.
[686] Sein Grab befindet sich auf dem Friedhof von St. Sebastian in Salzburg, Erdgrab Nr. 216.
[687] Vgl. Georg Nikolaus von Nissen, Biographie W. A. Mozart´s, nach dessen Tod herausgegeben von Constanze, Wittwe von Nissen, früher Wittwe Mozart, Leipzig 1828. Der digitalisierte Text befindet sich hier: http://www.zeno.org/Musik/M/Nissen,+Georg+Nikolaus+von/Biographie+W.+A.+Mozart%27s (aufgerufen am 27.3.2020).

ihres ersten Mannes befindet sich ihr Grab – ein Familiengrab, auf dem Gedenksteine an ihre Tochter Jeanette
Berchtold zu Sonnenburg und an ihre Schwiegereltern Mozart erinnern.[688]

---

[688] Während es von W. A. Mozart lediglich stilisierte Porträts gibt (vgl. https://www.deutsche-digitale-biblio-thek.de/item/5NN5JEBPSAUZC4LZDLWCT6HTW3NG2JEP?isThumbnailFiltered=true&query=mo-zart&rows=20&offset=0&viewType=list&firstHit=AZ24KXLLNYP36DSTDTYQ7CQVIEKG-OHBX&lastHit=lasthit&hitNumber=11, aufgerufen am 18.3.2020), vermuten Mozart-Forscher, dass es von der älteren Constanze eine frühe Fotografie gibt: Es könnte sein, dass jene 2005 aufgetauchte Daguerroty-pie echt ist, die Constanze Nissen angeblich im Jahre 1840 zeigt. Vgl weiterführend online: http://www.constanze-mozart.de/html/constanze_mozart.html (aufgerufen am 18.3.2020).

Nachwort

September 2004. Die `Stiftung Mozarteum´ lässt Mozarts angeblichen Schädel, der sich schon lange in ihrem Eigentum befindet, zusammen mit dem Österreichischen Rundfunk ÖRF und dem Kulturkanal Arte mit großem finanziellem Aufwand untersuchen. Die Wissenschaftler wollen wissen, an welcher Krankheit Mozart gestorben ist. Sie hoffen, mit Hilfe des Schädels endlich das Rätsel um den Tod des berühmten Komponisten lösen zu können. Doch weshalb existiert dieser angebliche Schädel Mozarts überhaupt?

Hintergrund für das Auftauchen von `Mozarts Schädel´ war, ganz ähnlich wie für `Schillers Schädel´ oder `Haydns Schädel´, die pseudowissenschaftliche Phrenologie [689] des Pathologen und Arztes Franz Joseph Gall[690]. Dieser

---

[689] Der Begriff stammt aus dem Altgriechischen: φρήν, φρενός (phren, phrenós) = `Geist, Gemüt, Seele´ und λόγος (lógos) = `Lehre´. Ein Gegenentwurf zu dieser Lehre war die Äquipotentialtheorie, die auf den französischen Mediziner Marie Jean Pierre Flourens (1794-1867) zurückging. Sie ging davon aus, dass alle Teile des Gehirns gleichberechtigt an seinen Aufgaben beteiligt waren. Beide Theorien gelten heute als widerlegt.

[690] Der aus Pforzheim stammende Arzt und Hirnanatom Franz Joseph Gall (1758-1828) war der Begründer der Phrenologie. Er studierte in Wien Medizin, wurde dort 1785 promoviert und blieb dort bis 1805. Er spezialisierte sich auf die damals brandaktuelle Gehirnanatomie. Er begründete die Lehre, dass das Gehirn das Zentrum für alle geistigen Funktionen war. Er war auch ein Anhänger der heute kurios anmutenden Physiognomie, der zufolge persönliche Charakterzüge bzw. Eigenschaften im Gesicht über die Mimik zum Ausdruck kommen. Über die pseudowissenschaftliche Kranioskopie erarbeitete er die später höchstproblematische Kraniometrie, durch die er Schlüsse auf die Gehirnform zog und derer sich später rassistische Ideologen bedienten. Gall traf – ähnlich Johann Caspar Lavater (1741-1801) in Zürich, der mit seinen vier Bänden `Physiognomische Fragmente, zur Beförderung der Menschenkenntniß und Menschenliebe´ (1775-1778) eine Anleitung geschrieben hatte, verschiedene Charaktere anhand der Gesichtszüge und Körperformen zu erkennen – den Nerv der damaligen Zeit, im systematisiert und kategorisiert wurde und eine neue Kategorie der Individualität herauskristallisierte. Gall sammelte im Zuge seiner Untersuchungen in Wien viele Schädel und wurde zum gefeierten Popstar. 1801 ließ Kaiser Franz II. jedoch Galls Privatvorlesungen in Wien als `wider die Moral und Religion´ verbieten, weil Gall sie anscheinend mit obskuren okkulten Handlungen verbunden hatte. 1805 wurde er aus Österreich ausgewiesen. 1809 ließ er sich als praktischer Arzt in Paris nieder und verbreitete von dort aus seine Lehren weiter. Um 1820 zog er sich aufs Land zurück, wo er bis an sein Lebensende als Arzt praktizierte. Eines seiner Werke, nämlich seine `Philosophisch-medizinische Untersuchungen über Natur und Kunst im kranken und gesunden Zustand des Menschen, Wien

versuchte, die Geniefrage zu lösen und propagierte, Geistesgröße an der Schädelform erkennen zu können: Geistige Eigenschaften sollten ganz klaren Regionen im Gehirn zugeordnet und ein Zusammenhang zwischen der Schädel- und der Gehirnform sowie dem Charakter und den Geistesgaben hergestellt werden. Wien entwickelte sich zu einem Zentrum der Phrenologie: Hohe Staatsbeamte, Gelehrte, Priester, Künstler, Ärzte und Studenten zählten zu Galls Anhängern. Jeder wollte wissen, wie man an Erhebungen des knöchernen Schädels, die man äußerlich ertasten konnte, Diebe, Mörder, Kluge, Geizige, Maler, Dichter oder Philosophen erkennen konnte. 1801 wurde von Kaiser Franz II.[691] die Phrenologie-Diskussion durch ein Lehrverbot beendet. Aber der allgemeine Hype dauerte noch eine Zeitlang an: Grabräuber und -schänder öffneten im angeblichen Dienst der Wissenschaft scharenweise Gräber und Köpfe von Leichen.

Auch andernorts trieben Gall-Anhänger ihr Unwesen: So hatte 1826 der damalige Weimarer Bürgermeister und Sachsen-Weimarische Hofrat Carl Leberecht Schwabe (1778-1851), ein Anhänger Galls, drei Nächte lang einen

---

1791´, ist digitalisiert zugänglich unter: http://www.deutschestextarchiv.de/book/show/gall_untersuchungen_1791 (aufgerufen am 4.4.2020). Galls Schädelsammlung überließ er in Wien seinem Freund, dem Landgerichtsarzt Anton Rollet (1778-1842) aus Baden/Niederösterreich, der ebenfalls eine Schädelsammlung besaß. Dort kann seine Sammlung, zu der nach Galls Tod auch dessen eigener Schädel dazukam und die sich heute im Eigentum der Stadt Baden befindet, besichtigt werden: http://rollettmuseum.at/ (aufgerufen am 4.4.2020). Seine Theorie gilt heute als widerlegt.
[691] Kaiser Franz II. (I., 1768-1835) war bis 1806 Kaiser des Heiligen Römischen Reiches. Er war ein Enkel Maria Theresias und wurde als ältester Sohn von Kaiser Leopold II. (1747-1792) und Maria Ludovika von Spanien (1745-1792) in Florenz geboren. Er folgte seinem kinderlosen Onkel Kaiser Joseph II. (1741-1790) nach dem Tod seines Vaters und Josephs Tod als Kaiser nach. 1804 begründete er das erbliche Kaisertum in Österreich und legte mit dem Ziel, Napoleon Bonaparte (1769-1821) an der Nachfolge zu hindern, 1806 die deutsche Kaiserkrone nieder. Er war viermal verheiratet und hatte mit seiner zweiten Ehefrau, Maria Theresia von Neapel (1772-1807) zwölf Kinder. Sein Grab befindet sich in der Kapuzinergruft in Wien.

Totengräber und drei Tagelöhner unter absolutem Still-
schweigen im Massengrab im Kassengewölbe des Weimarer Jakobsfriedhofs zwischen morschen Särgen und
verwesenden Leichen nach den Gebeinen des von ihm
verehrten Friedrich von Schiller (1759-1805) suchen lassen.[692] Als er dreiundzwanzig skelettierte Schädel zusammen hatte, zog Schwabe den noch lebenden Sargtischler
sowie Schillers Diener Rudolf zur Beratung hinzu, verglich
den Schädel mit Schillers Totenmaske und wählte am
Ende den größten Kopf. Er erklärte ihn als Schillers Schädel und übergab ihn am 24. September 1826 dessen
Freund Goethe. Denn dieser war ebenfalls von Galls Ideen
beeindruckt, seit er ihn persönlich in Halle getroffen hatte.
Goethe bewahrte den vermeintlichen Schädel seines
Freundes auf blauem Samt unter Glas auf und schrieb das
Gedicht `Bei Betrachtung von Schillers Schädel´[693]. Im De-
zember 1827 wurden die angeblichen sterblichen Überreste Schillers in die Fürstengruft zu Weimar überführt,
1832 wurde Goethe, wie es sein Wunsch war, in einem
Sarkophag neben dem seines Freundes und Dichterkolle-
gen beigesetzt. Bereits 1883 wurde die Echtheit des Schädels von dem Hallenser Anatom Hermann Welcker[694] hin-
terfragt und ein Gelehrtenstreit brach aus. 1911 tauchte
plötzlich, veranlasst durch den Tübinger Anatomen August

---

[692] Vgl. dazu Hans Bankl, Woran sie wirklich starben. Krankheiten und Tod historischer Persönlichkeiten, Wien 1992, Wien-München-Berlin ⁴1999, 9-29.
[693] Text und Wort ist online zugänglich unter: https://www.deutschelyrik.de/bei-betrachtung-von-schillers-schaedel-1826.html (aufgerufen am 4.4.2020).
[694] Der deutsche Anatom und Universitätsprofessor Hermann Welcker (1822-1897) war von 1876 bis 1897 Leiter des Anatomischen Instituts der Universität Halle. Der Geheime Medizinalrat war der Entdecker der Daktyloskopie (Abnahme des Fingerabdrucks). Er meldete erste Zweifel an, weil der von Schwabe geborgene Schädel nicht zu den Totenmasken Schillers passen würde – wobei bei der Gesichtsweichteilrekonstruktion 2008 erstaunlicherweise das Ergebnis fast perfekt mit bekannten Schillerporträts übereinstimmte.

von Froriep[695], der ebenfalls im `Kassengewölbe´ gegraben und 63 Schädel ans Licht befördert hatte, ein zweiter Kopf auf, der für Schillers Schädel ausgegeben wurde, sowie ein zweites Schiller-Skelett. Erneut bricht ein Streit unter Wissenschaftlern um die Echtheit der Knochen aus. Im Zweiten Weltkrieg wurden die Särge nach Jena ausgelagert und bereits im Mai 1945 zurück in die Fürstengruft gebracht.[696] Anfang der sechziger Jahre versuchte letztmalig ein international besetztes Team von Anthropologen, die Echtheitsfrage zu klären. Ähnlich wie bei der genetischen Bestimmung von Mozarts Schädel im Jahr 2004, so wurde 2008 von der Klassik Stiftung Weimar und dem Mitteldeutschen Rundfunk eine Studie in Auftrag gegeben. Sie gelangte zu dem Ergebnis, dass keiner der beiden Schädel von Schiller stammte, ebenso wenig wie die Knochen, die viele Jahre im Sarg neben dem von Goethes in der Fürstengruft in Weimar lagen. Schillers Sarg ist heute leer; er ist zu einem Kenotaph geworden.[697]

---

[695] Der Tübinger Anatom August von Froriep (1849-1917) stammte aus einer Medizinerfamilie; schon sein Vater war Anatom. 2008 tauchte der Verdacht auf, dass sein Großvater, Ludwig Friedrich von Froriep (1779-1847), der eine 1500 Exponate umfassende Schädelsammlung sein Eigen nannte, ein Anhänger Galls war und Schillers echten Schädel gezielt ausgetauscht haben könnte. Er war der Leiter der ärztlichen Kommission, die den Schädel Schillers aus der Fürstengruft als Schillers Schädel vorgestellt hatte. Der von seinem Enkel 1911 ausgemachte Schädel Schillers war in Wirklichkeit weiblich und konnte 2008 eindeutig der Ersten Hofdame der Herzogin Anna Amalia von Sachsen-Weimar-Eisenach (1739-1807), Luise von Göchhausen (1752-1807), zugeordnet werden.

[696] Ganz ähnlich wie bei Mozart wurde gemutmaßt, dass auch Schiller von Freimaurern umgebracht und seine Leiche spurlos beseitigt wurde. Goethe wäre diesem Gerücht zufolge in die Mordpläne eingeweiht gewesen, hätte seinen Freund aber nicht gewarnt und habe aus seinem schlechten Gewissen heraus nicht an der Beerdigung teilgenommen. Das verstorbene Opfer sei anonym in einem Armengrab versenkt worden. Der Erste, der diese Idee in die Welt setzte, war Ernst Hellwig in seiner Erzählung `Schillers Ende´ (1911). Die Verschwörungstheorie wurde Mitte der 1930er Jahre von Mathilde Ludendorff (1877-1966), Ärztin, Schriftstellerin und als Gattin des berüchtigten Militärs Erich Ludendorff (1865-1937) prominente Vertreterin der völkischen Bewegung und eine der furchtbarsten rassistischen Ideologinnen, neu aufgelegt. Sie postulierte in ihren Schriften ein politisches Wirken der `überstaatlichen Mächte´ des Judentums, der Jesuiten und der Freimaurer. Schiller, jahrelang chronisch krank, starb jedoch mit hoher Wahrscheinlichkeit an den Folgen von Tuberkulose.

[697] Die Untersuchung leitete, wie die Analyse von Mozarts Schädel im Jahr 2004, Prof. Walther Parson (geb. 1966) vom gerichtsmedizinischen Institut der Universität Innsbruck.

Auch Joseph Haydn (1732-1809) wurde zum Opfer der von einer abstrusen Idee besessenen Grabräuber: Seine sterblichen Überreste wurden in Zeiten der französischen Besatzung Wiens in Begleitung von fünfzehn Personen auf dem Hundsturmer Friedhof, dem heutigen Haydnpark in Meidling, zunächst beigesetzt. Der ehemalige Angestellte des Fürsten Esterházy[698], Josef Carl Rosenbaum (1770-1829), zum engsten Bekanntenkreis des Komponisten zählend, war ein glühender Anhänger Galls, ebenso wie zwei Wiener Magistratsbeamte und der Verwalter des niederösterreichischen Strafhauses. Sie wollten Haydns Genialität anhand seines Schädels beweisen und ihn deshalb gründlich untersuchen lassen. Deshalb bestochen sie vermutlich den Totengräber, der den Leichnam acht Tage nach der Beisetzung heimlich wieder ausgrub, Haydns Kopf vom Rumpf abtrennte und den Schädel aus dem Grab stahl. Rosenbaum führte penibel Buch über das Geschehen.[699] In seinem Tagebuch hielt er fest, dass er sich bei der Übernahme des Schädels angesichts des Leichengeruchs übergeben musste. Er hielt auch fest, wie er mit dem geraubten Kopf seelenruhig ins Krankenhaus in die Abteilung `Sektion und Präparation´ spazierte und mit da-

---

[698] Joseph Haydn wurde 1766 von Fürst Nikolaus I. von Esterházy (1714-1790) als Erster Kapellmeister am Hof der Familie Esterházy, damals eine der wohlhabendsten und mächtigsten Magnatenfamilien im Königreich Ungarn, angestellt. Haydn folgte der Familie an deren drei Hauptresidenzen: nach Eisenstadt, ca. 50 km von Wien entfernt, in den Winterpalast in Wien und nach Esterháza, einem großen Schloss in Ungarn. Rosenbaum wurde aus fürstlichen Diensten entlassen, weil der Fürst seine Beziehung zur Sängerin Therese Gassmann (1774-1837), Mitglied der Wiener Hofoper (sie sang vor allem die `Königin der Nacht´), Tochter des Komponisten und Hofkapellmeisters Florian Gassmann (1729-1774) und Schülerin Salieris, missbilligte; die beiden heirateten später.
[699] J. C. Rosenbaums Tagebücher, die er von 1797-1829 führte und in denen er zahlreiche Ereignisse des Wiener Kulturlebens festhielt, befinden sich heute in der Österreichischen Nationalbibliothek: https://db.adler-wien.eu/adler_rosenbaum_list.php (aufgerufen am 4.4.2020).

bei war, als man das Fleisch von Haydns bereits grün angelaufenem Kopf trennte. Rosenbaum vermaß den Kopf und glaubte, gemäß der Gall´schen Lehre entsprechende Besonderheiten entdeckt und in Haydns Schädel anhand einer Erhebung die Region für den `Thonsinn´ gefunden zu haben. Danach nahm er den inzwischen präparierten Schädel mit in seine Wohnung und ordnete ihm einen Ehrenplatz zu. Der Diebstahl flog erst auf, als Fürst Nikolaus II. von Esterházy[700] zehn Jahre nach dem Tod des Komponisten vom englischen Prinzen Friedrich von Cambridge[701] Besuch bekam, der ihn dafür bewunderte und darum beneidete, dass er einen so berühmten Komponisten bei sich in seinem Haus beherbergt hatte. Der Fürst, der Haydn vergessen hatte, ordnete daraufhin eine sofortige Exhumierung an, um Haydns Gebeine von Wien nach Eisenstadt zu überführen. Als der Sarg geöffnet wurde, lag nur Haydns Perücke im Sarg – der Kopf fehlte! Der Fürst erstattete Anzeige, und bei der polizeilichen Hausdurchsuchung Rosenbaums gelang es dem Kopfjäger und seiner Frau, den echten Schädel zu verstecken – sie hatte ihn bei sich im Bett und stellte sich krank (!) – und den ermittelnden Beamten den Schädel eines jungen Mannes auszuhändigen. Der Schwindel flog auf, Rosenbaum wandte sich mit fadenscheinigen Argumenten aus

---

[700] Fürst Nikolaus II. Esterházy de Galantha (1765-1833), genannt `Il Magnifico´, war ein ungarischer Graf aus der Familie Esterházy. Er war bekannt für seine prachtvolle Hofhaltung, seine Bauten und seine großen Kunstsammlungen.
[701] Prinz Adolph Friedrich von Großbritannien, Irland und Hannover, 1. Duke of Cambridge (1774-1850), Sohn von König Georg III. (1738-1820) und britischer Feldmarschall, der über zwei Jahrzehnte in Hannover regierte, war bei seinen Untertanen beliebt und galt u. a. als trinkfest. An ihn erinnerte lange der plattdeutsche Trinkspruch: `Pitsche, pitsche, pitsche, der Herzog von Cambridsche. Hei kümmt, hei kümmt, hei kümmt, ob hei noch einen nümmt? Hei nümmt noch einen... na denn man prost!´

der Sache heraus und präsentierte zur Beruhigung den Behörden dreist einen weiteren falschen Schädel, diesmal den Kopf eines alten Mannes. Diesmal klappte der Betrug: Haydns sterbliche Überreste samt falschem Kopf wurden elf Jahre nach Haydns Tod 1820 nach Eisenstadt im Burgenland überführt und dort in aller Stille bestattet.[702] Unterdessen befand sich der echte Kopf nach wie vor in der Wohnung Rosenbaums. Er vererbte ihn seinem Komplizen unter der Bedingung, dass dieser ihn an den `Wiener Musikverein´[703] weitergab. Seine Witwe jedoch übergab den Schädel ihrem Hausarzt, dieser 1852 einem berühmten Wiener Pathologen, und als dieser starb, übergaben dessen Erben schließlich Haydns Kopf 1895 der `Gesellschaft der Musikfreunde in Wien´.[704] Diese bewahrte ihn sorgfältig in einem kleinen Museum auf. Nach einigem Hin und Her wurde Haydns Kopf schließlich nach 145 Jahren am 5. Juni 1954 in einer öffentlichen Feier unter den Klängen seiner `Kaiserhymne´ zum Rest der Gebeine in

---

[702] Die römisch-katholische Bergkirche ist heute als Haydnkirche bekannt. Seit 1932 befindet sich dort das von Paul Esterházy (1901-1989) errichtete Haydn-Mausoleum mit dem Sarg Joseph Haydns.

[703] Die `Wiener Musikfreunde´ ist die Kurzform für die `Gesellschaft der Musikfreunde in Wien´, einem traditionellen Wiener Verein, der sich der Förderung der musikalischen Kultur verschrieben hat. Er wurde 1812 nach einem Händel-Konzert in der Wiener Hofreitschule, der Winterreitschule, gegründet. Zu den Gründern gehörte Johann Andreas Streicher (1761-1833), ein Pianist, Komponist und Klavierbauer, Studienfreund Friedrich Schillers, der die Tochter des Klavierbauers Johann Andreas Stein, Nanette Stein (1769-1833) geheiratet hatte. Erste Choraktivitäten des Musikvereins lassen sich auf die Initiative von Antonio Salieri, der ebenfalls zu den Gründern zählte, zurückführen. So unterschiedliche Musiker wie Ludwig van Beethoven, Franz Liszt (1811-1886), Johannes Brahms (1833-1897), Antonín Dvořák (1841-1904), Pablo Casals (1876-1973), Paul Hindemith (1895-1963), David Oistrach (1908-1974), Leonard Bernstein (1918-1990), Mstislaw Rostropowitsch (1927-2007) oder Krysztof Penderecki (1933-2020) gehören zu den zahlreichen Ehrenmitgliedern. Das Archiv der `Gesellschaft der Musikfreunde´ gehört heute zu den bedeutendsten Musiksammlungen der Welt; es gibt allerdings keinen öffentlich zugänglichen Katalog. Herbert von Karajan (1908-1989) war der letzte Konzertdirektor. Hier geht es zur Onlinepräsenz des `Musikvereins´: https://www.musikverein.at/ (aufgerufen a 4.4.2020).

[704] Vgl. dazu kenntnisreich und detailliert: https://www.geschichtewiki.wien.gv.at/Haydngrab (aufgerufen am 4.4.2020).

Haydns Sarg gelegt.[705] Haydns echter Kopf war jetzt wieder mit seinen Gebeinen vereint.

Nun also ging es um Mozarts Schädel: Manche Recherchen gehen fälschlicherweise davon aus, dass Joseph Rothmayer[706] der Totengräber war, der im Morgengrauen des 8. Dezember 1791 mit der Bestattung Mozarts begonnen und den Leichnam auf dem Wiener St. Marxer Friedhof bestattet hatte, und der sich zehn Jahre später anscheinend des Mozartschen Schädels bemächtigt hatte. Denn Mozarts Grab war nach zehn Jahren eingeebnet worden, um wieder belegt werden zu können. Manchmal wird es in der Mozartliteratur so dargestellt, als ob Rothmayer Mozarts Schädel rettete, weil nur er die genaue Stelle des Grabes, in dem Mozart beigesetzt worden war, kannte und sie sich gemerkt hatte. Aber in Wirklichkeit hatte Rothmayer mit Mozarts Beerdigung gar nichts zu tun, denn der Totengräber, der Mozart begrub, war der in den Diensten des Wiener Bürgerspitalfonds stehende Simon Preuschl![707] Von Rothmayer gelangte Mozarts angeblicher Schädel dann über Umwege 1842, also über 40 Jahre später, als Geschenk an den Kupferstecher Jakob Hyrtl[708] und dessen Nachlass ging mitsamt Mozarts Schädel an seinen Bruder, den berühmten Anatomen Joseph

---

[705] Erst jetzt hatte Haydn das Begräbnis erster Klasse erhalten, das er sich testamentarisch gewünscht hatte, vgl. weiterführend den Beitrag von Brigitte Biwald, Ein Schädel sucht seinen Körper, in: https://austria-forum.org/af/AEIOU/Haydn-_Grab_ohne_Sch%C3%A4del (aufgerufen am 4.4.2020).
[706] Joseph Rothmayer war zunächst Totengräber-Gehilfe und ab 1802 hauptamtlicher Totengräber. Sein Grab trägt die Nummer 149 auf dem Friedhof.
[707] Vgl. Gustav Gugitz, Die Frage um Mozarts Schädel und Dr. Gall, in: Zeitschrift für Musikwissenschaft, 16. Jg., Leipzig 1934, 32-39.
[708] Das Grab des Kupferstechers Jakob Hyrtl (1799-1868) befindet sich auf dem St. Marxer Friedhof.

Hyrtl[709], über. Dieser bewahrte ihn in seinem Haus auf – zusammen mit den Schädeln von Beethoven[710] und Schubert[711] [!, T.O.H.K] –, und untersuchte ihn zusammen mit Ludwig August Frankl[712]. 1902 übergab Hyrtl den angeblichen Mozart-Schädel der `Stiftung Mozarteum´ in Salzburg, wo er bis 1940, auf einem dunklen Samtkissen ruhend, in Mozarts Geburtshaus ausgestellt wurde. Irgendwann galt diese Zurschaustellung als geschmacklos und der Schädel wanderte in den Tresor der `Stiftung Mozarteum´, wo er nur noch Wissenschaftlern zugänglich

---

[709] Joseph Hyrtl (1810-1894) aus Eisenstadt/damals Ungarn, Sohn eines Oboisten, hatte in Wien Medizin studiert und dort 1835 promoviert. Er wurde im Alter von 26 Jahren ordentlicher Professor für Anatomie an der Karls-Universität Prag. 1845 wurde er Ordinarius in Wien, wo er u. a. 1850 das `Museum für vergleichende Anatomie´ gründete, 1864 ernannte man ihn zum Rektor der Wiener Universität. Zu Lebzeiten vermachte er der Universität 40000 Gulden, mit deren Zinsen jährlich vier Studenten unterstützt werden sollten. Sein Vermögen ließ er nach seinem Tod wohltätigen Zwecken (Kirche, Waisenhaus) zukommen; seine Waisenstiftung besteht noch heute. 2019 gab es Bestrebungen, Joseph Hyrtl seligzusprechen.
[710] Auch der Schädel in Beethovens Grab soll falsch sein. Teile des echten Schädels hatten eine Odyssee in die USA hinter sich: Ein Urenkel des Kaliforniers Paul Kaufmann, der 1863 in Wien an der dortigen Universität tätig war, hatte die von ihm geerbten Schädelfragmente – zwei knapp acht Zentimeter lange Schädelstücke und kleinere Knochenstückchen – dem Beethoven-Institut an der Universität von San José zur Untersuchung übergeben, ohne dem Hinweis zunächst Bedeutung beizumessen, dass es sich um Stücke von Beethovens Schädel handeln könnte. Im Oktober 1863 hatte in Wien eine Exhumierung und anschließend eine zweite Bestattung des Komponisten stattgefunden, bei der die Gebeine vermessen, sein Schädel fotografiert und sein Körper zur besseren Konservierung in einen Metallsarg umgebettet wurde. Die Schädelfragmente gelangten aber nicht in den Sarg und wurden auch nicht als vermisst gemeldet. Sie wurden wie eine Reliquie innerhalb der Familie des Diebes weitervererbt und gelangten über Hawaii und Frankreich in die USA. Die dortige Analyse der Knochen untermauerten die Theorie, dass Beethoven im Alter von 56 Jahren an einer Bleivergiftung und an Leberzirrhose gestorben war. 1888 kam es erneut unter großer öffentlicher Teilnahme zur Umbettung seiner Gebeine auf den Wiener Zentralfriedhof. Eine Theorie besagt, dass Unbekannte schon vor dem ersten Begräbnis seinen Kopf gegen einen anderen ausgetauscht hatten, vgl. dazu Herbert Ullrich, Schädel-Schicksale historischer Persönlichkeiten, München 2004, und Hans Bankl, Woran sie wirklich starben, a. a. O., 29-52, bes. 43ff.
[711] Die sterblichen Überreste des Wiener Frühromantikers Franz Schubert (1797-1828) wurden in der Nähe von Beethovens Grab auf dem Währinger Friedhof zu Wien bestattet. Am 12. September 1888 wurden sie exhumiert, damit sie in ein Ehrengrab auf dem Zentralfriedhof überführt werden konnten. Zu diesem Anlass wurde auch der Schädel Schuberts vermessen und fotografiert und dann in den neuen Sarg gelegt. Jakob Hyrtl u. a. fertigten von Schuberts Schädel Bleistiftskizzen an. Fotos und Skizzen sind online hier zugänglich: https://www.beethoven.de/de/archive/view/6586968968265728/Sch%C3%A4del+Beethovens+und+Schuberts (aufgerufen am 5.4.2020).
[712] Dr. med. Ludwig August Frankl (1810-1894) war ein Wiener Arzt, Schriftsteller, Journalist und Philanthrop; ab 1875 war er Vorsitzender des Vorstands der Israelitischen Kultusgemeinde und Präsident der Schillerstiftung. In seinem Nachlass in Wien tauchte 1991 ein Manuskript auf, betitelt mit `Mozarts Schädel ist gefunden´ (1868), aus dem eine Zusammenarbeit von Frankl und Hyrtl belegt werden kann. Der von ihnen untersuchte Mozart-Schädel hatte sieben Zähne, der in Salzburg aufbewahrte jedoch elf; das bedeutete, dass der in der Internationalen Mozartstiftung aufbewahrte Schädel nicht mit dem Frank-Hyrtlschen Schädel identisch sein konnte.

war. Bereits 1989 gab die Stiftung ein Gutachten in Auftrag, und mittels der Weichteilrekonstruktion des Gesichts und dem Vergleich mit Mozart-Bildern gelangte man zu einem positiven Befund. Im Zuge der genetischen Untersuchung im September 2004 wurden unter großer Anteilnahme der Öffentlichkeit die Gräber von Leopold Mozart, Mozarts Witwe Constanze Nissen, seiner Großmutter Euphrosina Pertl und seiner 16jährigen Nichte Jeanette Berchtold zu Sonnenburg im Salzburger Friedhof St. Sebastian von Archäologen geöffnet.[713] Besonders wichtig bei solchen genetischen Untersuchungen ist die weibliche DNA, denn nur in den Mitochondrien wird die mütterliche DNA unverändert weitervererbt.[714] Dem inzwischen versteinerten Schädel wurden zwei Zähne gezogen und DNA entnommen. Der eine wurde in der Gerichtsmedizin Innsbruck untersucht; der andere wurde, um Eindeutigkeit zu erzielen, parallel dazu genetisch in einem DNA-Labor der US-Armee in Rockwell/Maryland untersucht. Am 15. Januar 2006 lagen die Ergebnisse der DNA-Untersuchung mit einem eindeutigen Ergebnis vor: Der Schädel war *nicht* der Schädel von Mozart bzw. bei den exhumierten Knochen handelte es sich *nicht* um Verwandte des Mannes, von dem der angebliche

---

[713] Forciert wurde die Aktion vom Österreichischen Rundfunk (ÖRF) und dem Kulturkanal Arte, vgl. F.A.Z. v. 16.11.2004, online zugänglich unter: https://www.faz.net/aktuell/gesellschaft/mozart-wolferls-kopf-und-nannerls-gebeine-1194894.html (aufgerufen am 23.5.2020).
[714] Die sterblichen Überreste von Mozarts Mutter in Paris waren nicht mehr auffindbar, die Überreste seiner Schwester in der Kommunalgruft auf dem Salzburger Friedhof St. Peter nicht mehr identifizierbar; deswegen musste DNA-Vergleichsmaterial von weiteren verstorbenen weiblichen Verwandten herangezogen werden.

Mozart-Schädel stammte![715] DNA des Schädels und DNA von Mozarts vermeintlichen Verwandten passten nicht zueinander. Hinzu kam eine weitere Überraschung: Auch die beiden exhumierten Leichen, von denen man dachte, sie seien Euphrosina Pertl und Jeanette Berchtold zu Sonnenburg, waren nicht miteinander verwandt und gehörten nicht zur Familie Mozart. Die Erklärung: Es konnte sein, dass die Skelette bereits bei der Umbettung im Jahre 1801 vertauscht worden waren.[716] Für die Verantwortlichen des Salzburger Mozarteums war das Ergebnis keine Überraschung: Man hielt angesichts der Fundgeschichte des Kopfes mit den vielen historischen Lücken eine Echtheit des Schädels für unwahrscheinlich und begrüßte die Untersuchungsergebnisse, die allerdings nun auch keine hundertprozentige Gewissheit gebracht hatten.[717]

Wolfgang Amadé Mozart: Es gibt keine sterblichen Überreste. Es gibt nur seine geistigen Relikte – seine Musik!

Viele Musiker – Musiker sind in der Regel „anders als normale Menschen"[718] – haben sich von Mozart durch die

---

[715] Die genetische Untersuchung wurde von dem Gerichtsmediziner Prof. Dr. Walther Parson im Erdgeschoss des Pathologischen Instituts der Universität Innsbruck vorgenommen. Sein Labor hatte in der Vergangenheit alle europäischen der Tsunami-Opfer von Sri Lanka identifizieren können, ebenso die menschlichen Überreste, die der italienische Bergsteiger Reinhold Messmer (geb. 1944) vom Mt. Everest mitgebracht hatte und über die er wissen wollte, ob es sich um die seines Bruders handelte. Zur Untersuchung wurden zwei Zähne aus dem angeblichen Schädel Mozarts entfernt. Ein Zahn wurde in Innsbruck untersucht, ein anderer im USA, und zwar von dem führenden Genetiker Tom Parsons, der vor Jahren die Echtheit der Überreste der Zarenfamilie Romanow nachgewiesen hatte. Beteiligt war auch der Wiener Gerichtsmediziner Christian Reiter (geb. 1955), vgl. Hubert Filser, Ein Schädel bereitet Kopfzerbrechen, in: SZ v.17.5.2010, online zugänglich unter: https://www.sueddeutsche.de/panorama/wolfgang-amadeus-mozart-ein-schaedel-bereitet-kopfzerbrechen-1.857476 (aufgerufen am 21.5.2020).
[716] Vgl. dazu weiterführend den Artikel von Reinhard Olt, Wolferls Kopf und Nannerls Gebeine v. 16.11.2004, online zugänglich unter: https://www.faz.net/aktuell/gesellschaft/mozart-wolferls-kopf-und-nannerls-gebeine-1194894.html?printPagedArticle=true#pageIndex_2 (aufgerufen am 5.4.2020).
[717] Vgl. F.A.Z. v. 9.1.2006, online zugänglich unter: https://www.faz.net/aktuell/wissen/leben-gene/dns-analyse-raetsel-um-mozarts-schaedel-bleibt-ungeloest-1306794.html (aufgerufen am 10.6.2020).
[718] Martin Schleske, Herztöne. Lauschen auf den Klang des Lebens, München 2016, 37.

Jahrhunderte hindurch inspirieren lassen[719], auch viele Literaten[720]. Auch in der bildenden Kunst ist Mozart bis heute Thema.[721] Längst ist eine riesige Merchandising-Industrie entstanden, die kräftig an ihm mitverdient. Es gibt Mozart-Devotionalien in jeglicher Form: Mozart-Büsten, Mozart-Pfeifen, Mozart-Weine, Mozart-Liköre, Mozart-Weißbiergläser mit seinem Konterfei, Mozart-Parfum, Mozart-T-Shirts und Mozart-Statuen en miniature.[722] Es gibt Mozart für Kinder[723] – Mozart-Hampelmänner, Mozart-Quietsche-Entchen und Mozart-Papierservietten für Kindergeburtstage – und Mozart für Jugendliche[724]. Es gibt jede Menge Kino- und Fernsehfilme[725], seit 1999 sogar ein

---

[719] Ich denke insbesondere an Felix Mendelssohn-Bartholdy (1809-1847), Frédéric Chopin (1810-1849), Robert Schumann (1810-1856), Franz Schubert (1797-1828), Hermann Levi (1839-1900), Johannes Brahms (1833-1897), Pjotr Iljitsch Tschaikowski (1840-1893), Gustav Mahler (1860-1911) und an Ferrucio Busoni (1866-1924) – sie alle erkannten das Genie und die Erhabenheit Mozarts und äußerten sich überschwänglich über den `Meister´!

[720] Stellvertretend für viele Dichter und Schriftsteller, die Mozart rezipierten, sei an dieser Stelle Hermann Hesse (1877-1962) genannt, der in seinem `Steppenwolf´ (1927) den Protagonisten, sein Alter ego Harry Haller, der einerseits ein Bildungsbürger und andererseits ein vereinsamter Zweifler an der bürgerlichen Gesellschaft ist, u. a. als einen Goethe- und Mozart-Kenner vorstellt, vgl. Hermann Hesse, Der Steppenwolf (stb 175), FfM 141980, 222ff. Darüber hinaus wurde Mozart u. a. aufgenommen in Wolf Wondraschek, Mozarts Friseur, München 2004, und Eva Baronsky, Herr Mozart wacht auf, Berlin 2006.

[721] Vgl. die Übersicht und die Bilder bei Claudia M. Knispel, Mozart, a. a. O., 161-179.

[722] Claudia Diemar, Salut für den Superstar. Salzburg feiert das Genie – 250 Jahre Mozart in der Geburtsstadt des Musikus, in: Südkurier v. 21.1.2006, 9.

[723] Vgl. Ich bin ein Musikus. Mozart für Kinder. Ausgewählt von Peter Härtling. Mit einem Opernführer für Kinder erzählt und gezeichnet von Hans Traxler, FfM-Leipzig 2005.

[724] Vgl. beispielsweise Jean-Jacques Greif, Mozart, München 2003. Greif (geb. 1944) ist ein französischer Journalist und Jugendschriftsteller, der sein Mozartbuch seinem verstorbenen Bruder, dem Pianisten und Komponisten Olivier Greif (1950-2000) gewidmet hat.

[725] Es ist klar, dass Mozart Gegenstand zahlreicher Verfilmungen war seit das Medium Film auftauchte. Schon zur Stummfilmzeit gab es Mozartfilme: Den ersten lieferte Louis Feuillade (1873-1925) mit seinem Stummfilm `La Mort de Mozart´ (1909), während dessen Vorstellung live Mozarts Musik gespielt wurde. 1920 wurde der erste Mozart-Dokumentarfilm des Wiener Filmregisseur Otto Kreisler (1889-1970) mit Josef Zetenius als Mozart und Dora Kaiser als Constanze gedreht. Der erste Mozart-Tonfilm mit dem Titel `Whom the Gods Love´ (und der Musik des London Symphony Orchestra unter Sir Thomas Beecham [1879-1961]) entstand 1936 durch den Briten Basil Dean (1888-1978). Es folgten 1939 `Eine kleine Nachtmusik´ mit Hannes Stelzer unter der Regie von Leopold Hainisch (1891-1979), der Mozart zeichnete als liebenden, leidenden, sterbenden, edlen und guten Musensohn und `Götterliebling´ – ein in Filmen transportiertes Mozartbild, das jahrzehntelang stilbildend war. 1940 erschien `Melodie ewiger´ mit Gino Cervi unter der Regie von Carmine Gallone (1886-1973) sowie 1942 der extrem gefühlsbetonte Schwarzweißfilm `Wen die Götter lieben´ mit Hans Holt (1909-2001) von Karl Hartl (1899-1978). 1955 erschienen `Reich mir die Hand, mein Leben´ mit Oskar Werner als Mozart, ebenfalls von Karl Hartl. 1967 kam `Das Leben Mozarts´ von Hans Conrad

Mozart-Musical[726], dazu etliche fantasievolle Romane[727], inzwischen auch einige Hörspiele[728]. Es gibt Mozart auf Schallplatte und sein Gesamtwerk auf CD[729], es gibt ihn bei Apple, Spotify und bei Amazon Music und man kann seine Werke heute streamen. Es gibt aber heute auch viele Mozart-Gedenkstätten und -Denkmäler – öffentlich soll an den berühmten Komponisten der Wiener Klassik und an seine Familie an vielen zentralen Orten seines Lebens erinnert werden. Eine dieser Gedenkstätten befindet

---

Fischer (geb. 1926), 1975 `Mozart in Love´ von Mark Rappaport (geb. 1954) und ein Jahr später kam `Mozart – Aufzeichnungen einer Jugend´ von Klaus Kirschner (geb. 1933) heraus. 1982 gab es einen französischen Fernsehmehrteiler mit Christoph Bantzer von Marcel Bluwal (geb. 1925); 1984 den italienischen Film `Noi tre´ mit Christopher Davidson von Pupi Avati (geb. 1938), und im selben Jahr `Amadeus´ von Miloš Forman (1932-2018) mit Tom Hulce (geb. 1953) in der Rolle des W. A. Mozart. Dieser Film schaffte es als erster, das herrschende Mozartbild und den Blick auf Mozart grundlegend zu ändern: das Wunderkind wurde als albern, frivol, unreif und schrill-hysterisch lachend dargestellt – ein Genie, der auf das regierende Mittelmaß trifft. 1985 erschien `Vergesst Mozart´ mit Max Tidof von Miroslav Luther (geb. 1945) und Armin Müller-Stahl und Uwe Ochsenknecht in den Hauptrollen, und dann erst zwanzig Jahre später (2005) `Der Wadenmesser oder Das wilde Leben des Wolfgang Mozart´ von Kurt Palm (geb. 1955), das die Spielerfigur Mozart in den Focus nimmt, sowie im selben Jahr die ARD-Produktion: `Mozart.´ „Ich hätte München Ehre gemacht." Bayerischer Rundfunk (Regie: Bernd Fischerauer, in der Rolle des Mozart: Xaver Hutter [geb. 1976]).
[726] Das Musical `Mozart!´ stammt von Sylvester Levay (geb. 1946, Musik) und Michael Kunze (geb. 1943, Text), basiert auf dem Leben von W. A. Mozart und wurde am 2. Oktober 1999 im Theater an der Wien in Wien uraufgeführt. in 53 Liedern werden Musikelemente von Rock, Pop und Klassik miteinander verbunden. Auf YouTube ist es hier zu sehen: https://www.youtube.com/watch?v=narShT7KhEM (aufgerufen am 6.5.2020).
[727] Vgl. Marianne Westerlind, Unsterblicher Mozart. Roman, Hamburg 1949; Karl Röttger, Wolfgang Amadeus Mozart, Stuttgart 1952; Alfons von Czibulka, Reich mir die Hand, mein Leben. Ein Mozart-Roman, Gütersloh 1956; Hanns-Josef Ortheil, Die Nacht des Don Juan, München 2005 (eine Mischung aus Fakten und Fiktionen), oder Louis Fürnberg, Mozart-Novelle, Berlin und Weimar ⁹1989. Immer wieder war und ist also Mozart nicht nur Thema musikwissenschaftlicher Fachliteratur, sondern auch Gegenstand der Literatur von Dichtern und Schriftstellern wie dem Romantiker E. T. A. Hoffmann (1776-1822) – der sich, von Mozart inspiriert, den Namen `Amadeus´ zulegte -, George Bernhard Shaw (1856-1950) oder Hanns-Josef Ortheil (geb. 1951).
[728] Neben jeder Menge an Kinderbuchliteratur gibt es zahlreiche kindgerechte Mozart-Inszenierungen und Hörbücher, u. a. von der `Augsburger Puppenkiste´, dem Salzburger Marionettentheater in Salzburg, dem `Marionettentheater Schloss Schönbrunn Hierzer &Partner OEG´ in Wien oder dem `Nationalen Marionettentheater Prag´, vgl. Eine kleine Zauberflöte. Ein Märchenspiel nach Wolfgang Amadeus Mozart von Graziano Mandozzi (Musik), Wolfgang Bücher (Libretto) und Jürgen Nola (Text), Regie: Horst Thürling, Augsburg 1988; Salzburger Marionettentheater, Wolfgang Amadeus Mozart. Text & Sprecher: Sir Peter Ustinov, 5 DVD-Box: Die Zauberflöte, Don Giovanni, Die Entführung aus dem Serail, Le Nozze di Figaro und Così fan tutte, 2006; Michael Schanze erzählt… Die Kinder- und Jugendjahre von Mozart (CD Wissen Junior), München 2009; Axel Brüggemann, Wer war Mozart? Darmstadt 2011; und Corinna Hesse, Mozart – Leben in der Musik. Das Mozart-Hörbuch. Eine klingende Biografie mit Musik, Karlsruhe 2006.
[729] Vgl. dazu Malte Korff, Wolfgang Amadeus Mozart, a. a. O., 138f.

219

sich in der Augsburger Altstadt: Dort steht das Geburtshaus Leopold Mozarts in der Frauentorstraße 30, ein Haus
aus dem 17. Jahrhundert, die Wohn- und Arbeitsstätte des
Buchbinders Johann Georg Mozart, Wolferls Großvater;
erstmals wurde dort 1858 eine Gedenktafel angebracht.[730]
Ein kleines Museum erinnert heute in Augsburg an die Familie Mozart.[731] Ein anderes Denkmal befindet sich natürlich in der Salzburger Getreidegasse 9, am Geburtshaus
von Wolfgang Amadé Mozart. Nach ihrer Hochzeit hatten
Leopold Mozart und seine Frau hier Ende 1747 die Wohnung im dritten Stock bezogen.[732] Eine erste Mozartaus-
stellung fand in den Räumen, in denen W. A. Mozart auf-
wuchs und in der einige seiner Werke entstanden, im
Jahre 1856 statt. 1880 wurde in dem Haus ein Mozartmu-

---

[730] W. A. Mozarts Urgroßvater Franz Mozart (1649-1694) war Maurermeister und wohnte in der `Fuggerei´.
Die Forschung ist sich nicht ganz sicher, ob das mit einer Verarmung einherging oder ob Franz Mozart als
Stiftungsbaumeister dort vergünstigt wohnte. In der `Mittleren Gasse´ der Fuggerei erinnert heute eine Ge-
denktafel an ihn. Zur `Fuggerei´, der ältesten Sozialsiedlung der Welt, eine Gründung Jacobs des Reichen
(1459-1525), in der bis heute katholische bedürftige Augsburger Bürgerinnen und Bürger für ca. 1 € Jah-
resmiete wohnen dürfen, vgl. weiterführend Martin Kluger, Die Fuggerei. Ein Führer durch die älteste Sozialsiedlung der Welt, Augsburg 2009, und ders., Die Fugger in Augsburg. Kaufherrn, Montanunternehmer,
Bankiers und Stifter, Augsburg 2013.
[731] https://www.augsburg.de/kultur/museen-galerien/mozarthaus/ (aufgerufen am 2.4.2020). 1937 wurde in
dem Haus erstmals ein Gedenkraum zur Geschichte der Familie Mozart eingerichtet, der jedoch wieder zur
Wohnung wurde. 1951 erfolgte erneut die Konzeption einer Gedenkstätte. Immer wieder kam es zu Verän-
derungen, bis 1993 das `Mozarthaus´ nach einer Renovation neu eröffnet wurde. Mit einem Hammerflügel
von Johann Andreas Stein aus dem Jahre 1785, auf dem beide Mozarts spielten, gab es jetzt hier ein zent-
rales Ausstellungsstück. Von 2006 bis 2018 beherbergte das Haus eine neu konzipierte Dauerausstellung
zu Leben und Werk Leopold Mozarts. 2018/19 erfuhr das Museum auf dem Hintergrund der 300. Wiederkehr
von Leopold Mozarts Geburtstag wiederum eine Neukonzeption, in der Mozarts Vater als eigenständige und
schillernde Persönlichkeit mit seiner Tätigkeit als Vizekapellmeister und Komponist, Musikpädagoge, Autor,
Verleger und Notenhändler, Katholik und Humanist, Augsburger und Europäer, Chronist seiner Zeit, lieben-
der Ehemann, Vater, Lehrer, Manager und Reiseleiter zweier Wunderkinder mehr Berücksichtigung geschenkt wurde als vorher. An Exponaten findet man hier u. a. Kleidung Leopold Mozarts und den Nachbau
einer begehbaren Reisekutsche. Die Ausstellung wurde im März 2020 eröffnet, vgl. SÜDKURIER v.
6.3.2020. Neben Briefen, Büchern und Bildern ist sie online zugänglich unter: https://www.augsburg.de/kul-
tur/museen-galerien/mozarthaus/ (aufgerufen am 9.3.2020).
[732] Heute beherbergt das `Hagenauer Haus´ in Salzburg das `Mozarthaus´, das zu den meistbesuchten
Museen Österreichs zählt. In ihm sind u. a. auch Mozarts Originalinstrumente, vier Streichinstrumente und
zwei Tasteninstrumente (sein Hammerflügel und sein Clavichord, die auch heute noch bei besonderen Konzerten gespielt werden) ausgestellt: https://mozarteum.at/ (aufgerufen am 29.2.2020).

seum eingerichtet. Heute finden hier über drei Etagen verteilt Ausstellungen zu Leben und Werk Mozarts und zur Theatergeschichte statt, ferner können Originalinstrumente der Mozarts besichtigt werden. Die Mozarts wohnten sechsundzwanzig Jahre in diesem Haus – bis Vater Leopold auf die Idee kam, 1773 in eine größere Wohnung im `Tanzmeisterhaus´ am Hannibalplatz, dem heutigen Makartplatz 8 gegenüber dem Theater, umzuziehen.[733] Ein Mozart-Denkmal befindet sich auf dem Mozartplatz in Salzburg[734], zwei weitere auf dem Kapuzinerberg[735] und am Ursulinenplatz vor der Markuskirche[736]. In Salzburg ist außerdem das Familiengrab der Familie Mozart ein Besuchermagnet. Es liegt im Gräberfeld außerhalb der Gruftarkaden auf dem Sebastiansfriedhof. Es ist ein `künstliches´ Familiengrab, das der Mozart-Fan Johann Evangelist Engl [737] errichten ließ. In diesem `Schaugrab´ sind

---

[733] Bis 1787 war dieses Haus, heute bekannt als `Mozart-Wohnhaus´, das Zentrum der Familie Mozart. Zur Website geht es hier: https://www.salzburg.info/de/sehenswertes/museen/mozart-wohnhaus (aufgerufen am 10.4.2020).
[734] Anfang des 19. Jahrhunderts war W. A. Mozart in Salzburg relativ unbekannt. Bis 1842: Im September 1842 kam es zur feierlichen Enthüllung des von dem Bildhauer Ludwig Michael Schwanthaler (1802-1848) entworfenen und von dem gefeierten Erzgießer Johann Baptist Stiglmaier (1791-1844) in Bronze gegossenen Mozart-Denkmals auf dem Michaelsplatz, dem heutigen Mozartplatz, unter großer Öffentlichkeit in Anwesenheit beider Mozart-Söhne. Für die Realisation dieses Denkmals hatte Constanze Nissen noch gesorgt, indem sie viel Geld dafür gesammelt hatte; die Enthüllung zu erleben war ihr aber nicht mehr vergönnt. Unterstützt hatten ihre Bemühungen u. a. König Ludwig I. von Bayern (1786-1868). Damals wurde Mozart erstmals lokalpatriotisch österreichisch und darüber hinaus standesübergreifend als kultureller Besitz aller Deutschen verstanden: unter den Spendern befinden sich Kaiser Ferdinand I. von Österreich (1793-1875), die Könige von Preußen und Bayern, zahlreiche Adlige und viele Musiker.
[735] Dieses Mozart-Denkmal geht auf die Initiative von Johann E. Engl zurück und stammt von Edmund Hellmer (1850-1935), ein dem Historismus und Jugendstil zuordnender Bildhauer, dessen bekanntestes erhaltenes Werk das `Denkmal für Johann Strauß Sohn´ im Wiener Stadtpark ist.
[736] Die 2005 errichtete Mozart-Skulptur stammt von dem deutschen Maler, Grafiker und Bildhauer Markus Lüpertz (geb. 1941). Sie ist 2,95 m hoch, besteht aus Bronze und trägt den Titel `Mozart – Eine Hommage´. Gezeigt wird Mozart als nackter weiblicher Torso mit stämmigen Beinen und fehlendem linken Arm sowie mit charakteristischer Perücke – es soll weder als historisches Porträt noch als Allegorie verstanden, sondern ein Sinnbild der Kunst sein, das für das Halbfertige, Verwirrte, Kraftvolle, aber auch für das Verletzliche steht.
[737] Auf die Initiative von Johann Evangelist Engl (1835-1921) geht auch die Gründung der `Internationalen Stiftung Mozarteum´ im Jahre 1880 zurück.

Constanze Mozart und Genovefa Weber[738], die Mutter von Carl Maria von Weber, Constanzes Tante, beerdigt. Gedenksteine erinnern hier an Leopold und Anna Maria Mozart. In St Gilgen, dem Geburtsort der Mutter, gibt es einen `Mozart-Brunnen´ und eine Gedenkstätte im ehemaligen Bezirksgericht; eine Dauerausstellung erinnert dort an Nannerl Mozart.

In Wien befindet sich ein Mozart-Denkmal im Burggarten[739] der Wiener Hofburg, in der Mozart oft zu Gast war: An seiner Vorderfront ist eine Szene aus `Don Giovanni´ erkennbar und an seiner Rückseite wurden die beiden Wunderkinder mit ihrem Vater verewigt. Auf dem St.-Marx-Friedhof in der Leberstraße 6-8 erinnern heute an dem Ort, an dem sich die mutmaßliche Grabstelle Mozarts befinden soll, ein Säulentorso und ein trauernder Engel an das Musikgenie.[740] Die große Wohnung des `Camesina-Hauses´ in der Großen Schulerstraße, der heutigen Domgasse 5, in der die Familie Mozart vom 29. September 1784 bis zum 24. April 1787 lebte,[741] das sog. `Figaro-Haus´, beherbergt, wie eingangs schon erwähnt, ein Mozart-Museum.[742]

---

[738] Die aus dem Allgäu stammende Opernsängerin und Schauspielerin Genovefa Weber (1764-1798) war die Mutter des Komponisten, Dirigenten und Pianisten Carl Maria von Weber, geb. Brenner (1786-1826), und die Tante Constanze Mozarts. Sie war die zweite Frau des Hofkammerrats, Geigers und Bratschers Franz Anton von Weber (1734-1812), dem Halbbruder Franz Fridolin Webers, des Vaters von Constanze Mozart. Aus der ersten Ehe waren acht Kinder hervorgegangen; aus der Ehe mit Genovefa Brenner gingen drei weitere hervor. Genovefa Weber starb im Alter von 34 Jahren an den Folgen von Tuberkulose in Salzburg.

[739] `Burggarten´ heißt die öffentliche Parkanlage an der Wiener Ringstraße, der ursprünglich der Privatgarten des Kaisers war und seit 1919 öffentlich zugänglich ist. Hier befindet sich das 1896 entstandene Mozart-Denkmal von Viktor Tilgner (1844-1896), das sich ursprünglich auf dem Albertinaplatz befand und 1953 in den Burggarten überstellt wurde.

[740] https://www.geschichtewiki.wien.gv.at/Mozart-Grab (aufgerufen am 29.4.2020).

[741] An einigen Häusern erinnern heute Gedenktafeln an Mozart, wie z. B. am Gartenhaus des Hauses `Zu den drei Sternen´ in der Währinger Straße 26.

[742] https://www.mozarthausvienna.at/de (aufgerufen am 29.4.2020).

Auch in anderen Städten wird an Mozart erinnert, beispielsweise in Prag: Dort gibt es seit dem 200. Geburtstag 1956 die Mozart-Gedenkstätte `Villa Bertramka´ im Stadtteil Smichov; es ist das Haus des Ehepaares Dušek, in dem Mozart im Herbst 1787 seinen `Don Giovanni´ beendete.[743] In Mannheim erinnern heute Gedenktafeln an Mozart. Sie befinden sich am Mannheimer Schloss, an der Jesuitenkirche und gegenüber dem Schloss am Palais Bretzenheim[744], das zu einem der wichtigsten historischen Adelshäuser Mannheims gehört. In Mannheim hatte sich Mozart viermal aufgehalten, er hatte eine Reihe bedeutender Werke komponiert, hatte sich in Aloisia Weber und in ihre Schwester Constanze verliebt, hatte 1790 eine Aufführung von `Le nozze di Figaro´ dirigiert, etliche Konzerte am Hof des Kurfürsten gegeben und insgesamt 176 Tage seines Lebens in der Stadt verbracht.

Wurde zwischen 1800 und 1820 selbst in Salzburger Tageszeitungen weder Mozarts Name noch sein Werk erwähnt, so hat sich diese Situation heute geändert. Mozart

---

[743] Josepha Dušek, geb. Hambacher (1754-1824), war ab 1776 mit dem berühmten böhmischen Pianisten, Cembalisten und Komponisten František Xaver Dušek (1731-1799) verheiratet, vgl. weiterführend Georg Nikolaus Nissen, Biographie Mozarts, a. a. O.,30, Anm. 4. Die Ehe blieb kinderlos. Nach Mozarts Tod nahm das Ehepaar Mozarts Kinder zu sich; sie wuchsen in der Villa Bertramka auf. Dort befindet sich heute ein W. A. Mozart und dem Ehepaar Dušek gewidmetes Museum: https://www.bertramka.eu/ (aufgerufen am 13.4.2020). Josepha Dušek geriet nach dem Tod ihres Mannes in finanzielle Schwierigkeiten, musste die Villa und andere Wohnungen verkaufen und starb völlig verarmt in Prag. Die Villa Betramka wurde 1799 von der Bankiers- und Fabrikantenfamilie des Karl Anton Bellabene (1743-1803), der zu einem Viertel die Krönung Leopold II. finanzierte, gekauft. „Das spätere Urteil über ihre Persönlichkeit und ihre Kunst ist schwankend" (Alfred Einstein, Mozart, a. a. O., 379).
[744] Mozart erteilte in dem Haus den vier gemeinsamen außerehelichen, aber legitimierten Kindern von Kurfürst Karl Theodor von der Pfalz und Bayern und seiner Mätresse Josepha Seyffert (1748-1771) Klavierunterricht. Der Name des Palais leitet sich von dem Sohn des Kurfürsten, Karl August (1768-1823), her, der mit der Herrschaft über sein Fürstentum Bretzenheim an der Nahe belehnt wurde.

ist zum Pop- und Hollywoodstar geworden![745] Vielerorts bestehen heute Mozart-Gesellschaften und Mozart-Vereine.[746] Gassen, Plätze und Brunnen wurden nach Mozart benannt.[747] Mozarts Büste wurde in die `Walhalla´[748] aufgenommen und längst wurde sein Porträt auf Münzen, Banknoten und Briefmarken verewigt.[749] Mozart ist längst eine Marke geworden: Es gibt zahlreiche Merchandising-Artikel, allen voran die berühmte `Mozartkugel´[750], und insgesamt kann man sagen, dass Mozarts Name auch heute

---

[745] Dafür hat der Austro-Pop-Musiker `Falco´ (1957-1998, bürgerlich Johann `Hans´ Hölzel) gesorgt, dessen Hit `Rock Me Amadeus´ von 1986 bis heute als einziges deutschsprachiges Lied die US-Billboard-Charts erreichte. Im Jahr 2000 wurde das Musical `Falco meets Amadeus´ in Berlin uraufgeführt. Falco starb an den Folgen eines Autounfalls in der Dominikanischen Republik; sein Ehrengrab befindet sich auf dem Wiener Zentralfriedhof. Einen anderen starken Impuls setzte Helmut Eder (1916-2005) im Jahr 1991 mit seinem Musical `Mozart in New York´, das in Salzburg zur Aufführung gelangte. Der US-amerikanische Theaterregisseur Peter Sellars (geb. 1957) setzte Mozart-Opern `Figaro´ oder `Don Giovanni´ modern und zeitgemäß in Szene und interpretierte sie politisch, vgl. dazu das Interview mit ihm: `Komm, lieber Mai, und mache´, in: DIE ZEIT Nr. 2 v. 5.1.2006, 38.

[746] Schon Franz Liszt (1811-1886), Dirigent des Wiener Mozartfestes 1856, der Mozart in einer Schrift von 1856 Mozart als `Wohltäter der Menschheit´ feierte, hatte die Gründung eines Mozart-Vereins gefordert, deren Ziel die Herausgabe einer kritischen Gesamtausgabe sein sollte. Aber erst 1951 wurde in Augsburg die `Deutsche Mozart-Gesellschaft´ (DMG) gegründet, die sich bis heute der Pflege und des Werkes W. A. Mozarts widmet. Vor allem fördert sie das Erbe Mozarts praktisch und wissenschaftlich, insbesondere das Mozarthaus in Augsburg, in dem sich seit 1996 der Sitz der Geschäftsstelle befindet: http://www.deutsche-mozart-gesellschaft.de/index.php/startseite.html (aufgerufen am 4.4.2020). Der DMG sind siebzehn Mozartvereine in Deutschland angeschlossen, ferner zahlreiche einzelne Mitglieder. Darüber hinaus gibt es auch in Italien, der Schweiz, in den USA, Kanada und in Japan Mozartgesellschaften. In der Zeit der Teilung Deutschlands wurde Mozart nicht nur in Westdeutschland, sondern auch im sozialistischen `Arbeiter- und Bauernstaat´, der DDR, verherrlicht, vgl. Wolfgang Amadeus Mozart. Sein Leben in Bildern. Das Mozartbild in Musik- und Zeitgeschichte von Richard Petzoldt, Leipzig 1959, und Hasso Laudon, Wunderkind und Zauberflöte. Geschichten um Mozart, Berlin/Ost 1987.

[747] 1862 wurde im 4. Wiener Bezirk die `Mozartgasse´ nach ihm benannt, 1899 der `Mozartplatz´, 1905 der `Mozart-Brunnen´, auch `Zauberflötenbrunnen´ genannt, weil er Tamino und Pamina zeigt, den Otto Schönthal entwarf und Karl Wollek anfertigte.

[748] In der Gedenkstätte `Walhalla´ (benannt nach der Halle der Gefallenen in der nordischen Mythologie und entstanden auf dem Hintergrund des Zerfalls des Heiligen Römischen Reiches durch Napoleon), die auf eine Idee des bayerischen Königs Ludwig I. (1786-1868) zurückgeht, werden seit 1842 bedeutende Persönlichkeiten `teutscher Zunge´ in Form von Marmorbüsten und Gedenktafeln gewürdigt. Heute umfasst die Sammlung 131 Büsten und 65 Gedenktafeln, die in der klassizistischen Gedenkstätte im Landkreis Regensburg/Bayern aufbewahrt werden. W. A. Mozart, 1846 in einer Büste von dem Bildhauer F. X. Schwanthaler (1799-1854) verewigt, wird dort als `Tondichter´ bezeichnet. Die letzte Persönlichkeit, deren Aufnahme der bayerische Ministerrat beschloss, war die Widerstandskämpferin gegen den Nationalsozialismus, Sophie Scholl (1921-1943).

[749] Anlässlich Mozarts 200. Geburtstag 1956 brachte die Deutsche Bundespost eine Briefmarke heraus, desgleichen zu seinem 250. Geburtstag. Zu seinem 250. Geburtstag 2006 erschien ebenfalls eine 10-EURO-Silbermünze mit dem Abbild Mozarts.

[750] Die `Mozartkugel´, einst 1890 von dem Salzburger Konditor Paul Fürst (1856-1941) kreiert, ist ein aus Schokolade, Pistazien, Marzipan und Nougat bestehendes Praliné, das ursprünglich `Mozart-Bonbon´ hieß.

(2020) nach wie vor ein bedeutender Wirtschaftsfaktor in der Tourismusbranche ist – wovon auch zahlreiche Festivals, die seinen Namen tragen, zeugen. Ein Asteroid und ein Mineral sind Mozart zu Ehren benannt, ferner ein Gletscher und eine Pflanzengattung[751], auch ein Zug und ein Flughafen.[752] All dies soll an Mozart erinnern – genauso wie all die Biografien, die über ihn erschienen sind, all die musikwissenschaftliche Forschung zu seinem Werk, all die Radio- und Fernsehsendungen, all die vielen musikhistorischen Symposien und wissenschaftlichen Beiträge.[753] Am meisten wird aber dann an Mozart erinnert, wenn

---

Fürst wurde für seine Erfindung bei der Pariser Weltausstellung 1905 mit einer Goldmedaille geehrt. Da er seine Erfindung nicht patentieren ließ, ist der Name `Mozartkugel´ heute nicht rechtlich geschützt, so dass Nachahmerprodukte inzwischen den Markt überschwemmt haben. Die `Original Salzburger Mozartkugel´, blausilbern verpackt, gibt es indes nach einem gewonnenen Rechtsstreit mit der Mozartkugelherstellerfirma Mirabell, die die Kugeln rotgolden verpackt, einzig in der sich heute noch immer in Familienbesitz befindlichen Salzburger Konditorei Fürst: http://www.original-mozartkugel.com/index.php (aufgerufen am 10.4.2020). Mozartkugeln werden in über 50 Staaten exportiert und der erste österreichische Astronaut hatte sie auf seiner Weltraummission mit dabei. 2005 erschien ein kanadischer Film mit dem Titel `Mozart-Kugeln´ (Regie: Larry Weinstein [geb. 1956]), in dem sich auf unterschiedliche Weise dem Phänomen Mozart genähert wurde (u. a. werden eine Mozart-Komposition, die komplett von einem Computer generiert wurde, Mozart-Enthusiasten und die `echte´ Mozartkugel vorgestellt).

[751] Gemeint sind der 1924 entdeckte Asteroid `Mozartia (1034)´, das erstmals 1991 in der norditalienischen Provinz Ligurien entdeckte Mineral `Mozartit´, der ca. 96 km lange und 24 km breite `Mozart-Piedmont-Gletscher´ vor der antarktischen Alexander-I.-Insel und die Pflanzengattung `Mozartia URB´ aus der Familie der Myrtaceae.

[752] Gemeint sind der EuroCity `Mozart´ und der Salzburger Flughafen `Salzburg Airport W. A. Mozart´.

[753] Immer wieder tauchte im Zusammenhang der Werke Mozarts die Frage auf, ob Musik klug machen würde: 1993 sorgte ein Artikel in dem Magazin `nature´ für Furore, in dem stand, dass sich durch das passive Hören klassischer Musik, insbesondere der Werke Mozarts, das räumliche Vorstellungsvermögen signifikant verbessern würde. Musik würde demzufolge dem Menschen zu mehr intellektueller Kompetenz verhelfen (`Mozart-Effekt´). Damit zusammen hingen Fragen wie die, ob man mit musikalischer Unterstützung schneller lernen könne, welche Auswirkungen Musikmachen und Musikhören auf die menschliche Psyche haben oder wie die therapeutischen Auswirkungen von Tönen etwa auf Demenzkranke sind, auch wie das menschliche Gehirn grundsätzlich mit dem Phänomen `Musik´ umgeht, vgl. dazu die Sendung `Sternstunde Philosophie´: https://www.srf.ch/play/tv/srf-wissen/video/musik-ist-balsam-fuers-gehirn?id=fac58926-3b67-4f90-8ec4-f3ef0bff3ec9 (aufgerufen am 9.3.2020). Dr. Lutz Jäncke, geb. 1957, der hier zu Wort kommt, ist einer der renommiertesten deutschsprachigen Neurophysiologen und kognitiver Neurowissenschaftler, der seit 2002 als Ordinarius für Neuropsychologie an der Universität Zürich lehrt. Schon früher hatte es Berichte darüber gegeben, dass Mozarts Musik als Thymoleptikum, als Sedativum und bei Geburten im Kreißsaal eingesetzt wurde, weil sie beruhigend wirkte, vgl. Wolfgang Hildesheimer, Mozart, a. a. O., 44, Anm. 17. Seit längerem schon war die Wirkung der Musik Mozarts auf Tiere Gegenstand der Forschung: Kühe sollen bei Mozartschen Klängen zu einer höheren Milchproduktion stimuliert worden sein und Ratten schienen mit ihrem Nachwuchs liebevoller umzugehen. Vgl. dazu auch Piero Melograni, Mozart, a. a. O., 331ff.

seine Werke aufgeführt werden. Dies geschieht regelmäßig überall auf der Welt – in den Konzertsälen, Kirchen und Opernhäusern, bei Mozart-Festivals, anlässlich von Mozartwochen[754] und Mozartjahren[755]. Bei Musiker*innen ist Mozart bekannt dafür, dass seine Musik das Schwerste ist, was es gibt.[756] Warum? Vor allem deshalb, weil man als Musikerin und Musiker schnell dem Eindruck erliegt, dass Mozarts Musik spieltechnisch leicht zu sein scheint.[757] Sie ist es aber in Wirklichkeit nicht: Denn man kann sich beim Spiel nicht verstecken, der kleinste Patzer fällt auf und stört die Harmonie des Zusammenspiels, und hinter dem, was federleicht und unbeschwert daherkommt, verbergen sich oft wahre komplizierte Abgründe, wenn man sich mit der einfach aussehenden Partitur eingehender befasst.[758] Ich weiß, wovon ich

---

[754] Als wichtigste Mozartfeste seien genannt: die `Salzburger Festspiele´ (1920, bereits 1877 begannen die Vorläufer), das `Mozartfest Würzburg´ (1921), das `Festival d´Aix-en-Provence´ (1948), die `Mozartwoche Salzburg´ (1956), das `Deutsche Mozartfest Augsburg´ (1960er-Jahre), das `Mostly Mozart New York´ (1966) und andere regelmäßig veranstaltete Mozart-Festivals in Overseas, beispielsweise in Texas oder Vermont.

[755] Seit dem 19. Jahrhundert werden in Österreich und in Deutschland zu allen runden Geburtstagen W. A. Mozarts sog. Mozartjahre begangen, d. h. in den Jahren 1856, 1956 und 2006 (anlässlich des 100., 200. und 250. Wiederkehr von Mozarts Geburtstag) sowie 1891, 1941 und 1991 (anlässlich des 100., 150. und 200. Todestages Mozarts). Anlässlich Mozarts 250. Geburtstag im Jahr 2006 wurde vielerorts des Komponisten gedacht, vor allem aber wurde Mozart in Deutschland und Österreich mit Tausenden von Veranstaltungen gefeiert: Es gab zahlreiche Ausstellungen (z. B. in der Albertina in Wien, im Deutschen Freimaurer Museum in Bayreuth, im Bach-Museum in Leipzig, im Holzhausenschlösschen in Frankfurt). Vor allem aber ging es um Mozarts Musik: Viele Konzerte gab es und große Festivals (wie die Salzburger Festspiele, bei der alle Opern aufgeführt wurden) standen im Zeichen des großen Komponisten, vgl. exemplarisch SÜDKURIER v. 30.1.2006 und v. 25.11.2006.

[756] So äußerte sich der italienische Pianist Maurizio Pollini in einem Interview im Blick auf sein Verhältnis zu Mozart, dass Mozarts Sonaten „zu leicht für Amateure und zu schwer für professionelle Musiker" (Maurizio Pollini, Ich glaube, man kommt ihm mit zunehmendem Alter näher, in: DIE ZEIT Nr. 2 v. 5.1.2006, 43) sind.

[757] So werden fälschlicherweise besonders oft Kindern im Geigenunterricht Mozartstücke vermittelt. Der japanische Geigenlehrer und bedeutende Violinpädagoge Shin´ichi Suzuki (1898-1998) erkannte, dass Mozart für Kinder viel zu schwer ist: In seiner Violinschule taucht Mozart deshalb erst in Heft 8 (von acht) auf! Da der Geigenunterricht nach der Suzuki-Methode bereits im Alter von drei Jahren beginnt, sind die Schülerinnen und Schüler, wenn sie Mozart spielen, oft dreizehn bis vierzehn Jahre alt und technisch dann dazu in der Lage. In der bayrischen Stadt Hof befindet sich seit zwanzig Jahren der Sitz der Deutschen Suzuki-Gesellschaft: https://www.germansuzuki.de/ (aufgerufen am 5.6.2020).

[758] „Mozarts Musik ist schön und oft ganz einfach" (DER SPIEGEL Nr. 51 v. 19.12.2005, 154).

rede, denn ich habe in meinem Leben oft genug in verschiedenen Orchestern Mozart auf meinem Instrument,
dem Kontrabass, gespielt. Das beste Beispiel für die
Schwere Mozarts ist die `Kleine Nachtmusik´, die so ein-
fach daherkommt, aber letztlich so schwierig zu intonieren
ist. Oberstes Gebot war für Mozart immer Klarheit und Ge-
radlinigkeit in der Musik: Er duldete beim Spielen keine
Ungenauigkeiten, erst recht keine Nachlässigkeit in der Ar-
tikulation – denn das würde sich gleich fürchterlich rä-
chen.[759]

Die Aufführungspraxis der Werke Mozarts änderte sich übrigens mit der Zeit: Bei den Nazis wurde Mozart gefühlvoll-
pathetisch-schwer aufgeführt und für ihre ideologischen
Zwecke instrumentalisiert.[760] Josef Krips[761], Dirigent in
Wien und Salzburg, favorisierte eine andere Aufführungspraxis nach dem Zweiten Weltkrieg: Er dirigierte Mozart
völlig neu, nämlich schlank im Klang und federnd in den
Tempi. Der österreichische Musikschriftsteller, Cellist und
Dirigent Nicolaus Harnoncourt[762] setzte Anfang der acht-
ziger Jahre eine zweite, gewichtige Zäsur in der Mozart-

---

[759] Vgl. dazu Martin Schleske, Der Klang. Vom unerhörten Sinn des Lebens, München ²2010, 42.

[760] Für Mozartbiographen zur Zeit des Nationalsozialismus seien exemplarisch die Namen der Musikwissenschaftler Erich Valentin (1906-1993), der u. a. 1971 die Mozartmedaille durch die Mozartgemeinde Wien
erhielt, und Egon von Komorzynski (1878-1963), genannt, vgl. Erich Valentin, Mozart, Hameln 1947, sowie
Egon von Komorzynski, Mozart, Berlin 1941. Vgl. dazu weiterführend Ernst Klee, Das Kulturlexikon zum
Dritten Reich. Wer war was vor und nach 1945, 566. Die Mozartbücher der beiden werden bis heute immer
wieder neu aufgelegt, vgl. Erich Valentin, Mozart. Eine Biographie (Focus Edition), München 2006.

[761] Der österreichische Geiger und Dirigent Josef Krips (1902-1974), Sohn eines Wiener Arztes, war nach
seinem Studium und Assistenzzeit an der Wiener Volksoper 1926 Hofkapellmeister an der Badischen Hofkapelle Karlsruhe. Er wurde der jüngste Generalmusikdirektor Deutschlands. Bei der Machtübernahme der
Nazis kehrte er 1933 nach Wien zurück und wurde Hausdirigent an der Wiener Staatsoper. Nach dem Anschluss Österreichs an Nazi-Deutschland arbeitete er als Gastdirigent an der Belgrader Oper.

[762] Nicolaus Harnoncourt (1929-2016) war ein österreichischer Dirigent, Cellist und Musikschriftsteller. Der
einer musikalischen Adelsfamilie entstammende Graf erhielt schon als Kind in Graz Cellounterricht und
wurde Ministrant im Grazer Dom. Nach einem Cellostudium wurde er 1952 Cellist bei den Wiener Sympho-
nikern unter Herbert von Karajan (1908-1989). Der verheiratete Vater von vier Kindern, der beim Dirigieren
keinen Taktstock benutzte, war ein Pionier in der Aufführungspraxis mit historischen Instrumenten.

Interpretation, indem er das vibrato-arme Spiel auf Originalinstrumenten etablierte; die Instrumente wurden jetzt wie zu Mozarts Zeiten gestimmt.

Seither haben sich viele Dirigenten und Interpreten an Mozart versucht. Die wichtigsten sind m. E. neben den bereits Genannten (in alphabetischer Reihenfolge): Claudio Abbado (1933-2014), Gerd Albrecht (1935-2014), Daniel Barenboim (geb. 1942), Karl Böhm (1894-1981)[763], Ivor Bolton (geb. 1958), Frans Brüggen (1934-2014), Sergiu Celibidache (1912-1996), Colin R. Davis (1927-2013), Gustavo Dudamel (geb. 1981), Ádám Fischer (geb. 1949), John Elliot Gardener (geb. 1943), Philippe Herreweghe (geb. 1947), Christopher Hogwood (1941-2014)[764], Paavo Järvi (geb. 1962), René Jacobs (geb. 1946), Carlos Kleiber (1930-2004), Erich Kleiber (1890-1956), Louis Langrée (geb. 1961), James Levine (geb. 1943)[765], Lorin Maazel (1930-2014), Neville Marriner (1924-2016), Kurt Mazur (1927-2015)[766], Riccardo Muti (geb. 1941), Kent Nagano (geb. 1951), Roger Norrington (geb. 1934), Andrés Orozco-Estrada (geb. 1977), Trevor D. Pinnock

---

[763] Der Österreicher Karl Böhm, promovierter Jurist, wurde nach seinem Musikstudium in Wien und Graz Generalmusikdirektor in Darmstadt, Hamburg und Dresden, ab 1943 Direktor der Wiener Staatsoper. Er spielte sämtliche Sinfonien Mozarts ein. 1944 stand er auf der `Gottbegnadetenliste´ der wichtigsten Dirigenten, was einer Freistellung vom Kriegseinsatz gleichkam – ganz ähnlich den Dirigenten Herbert von Karajan, der schon früh Mitglied der NSDAP war, und Wilhelm Furtwängler (1886-1954), dem Berliner Staatsoperndirektor, Leiter des Berliner Philharmonischen Orchesters und Vizepräsidenten der `Reichskulturkammer´.

[764] Christopher Hogwood war der erste, der Mozarts sämtliche Sinfonien auf historischen Instrumenten auf CD einspielte.

[765] Auch James Levine, bekannter US-amerikanischer Dirigent und Pianist, von 1971 bis 2016 Dirigent und mit kurzer Unterbrechung auch künstlerischer Leiter an der New Yorker Metropolitan Opera (`Met´), zusätzlich 1999 noch Chefdirigent der Münchner Philharmoniker, legte die Gesamtaufnahmen von Mozarts Sinfonien vor. Er stand 2019 wegen sexueller Missbrauchsvorwürfe junger Männer in der öffentlichen Kritik, ein Rechtsstreit zwischen ihm und der `Met´ wurde außergerichtlich beigelegt, vgl. BR Klassik v. 7.8.2019, online zugänglich unter: https://www.br-klassik.de/aktuell/news-kritik/james-levine-metropolitan-opera-rechtsstreit-beigelegt-100.html (aufgerufen am 15.5.2020).

[766] Kurt Mazur spielte sämtliche Klavierkonzerte Mozarts ein.

(geb. 1946), Simon Rattle (geb. 1955) und Bruno Walter (1876-1962); sie alle dirigierten Mozart.

Zu nennen sind die Pianist*innen Pierre-Laurent Aimard (geb. 1957)[767], Géza Anda (1921-1976), Martha Argarich (geb. 1941), Alfred Brendel (geb. 1931), Clifford Curzon (1907-1982), Glen Gould (1932-1982)[768], Friedrich Gulda (1930-2000)[769], Karl Engel (1923-2006), Walter Gieseking (1895-1956), Clara Haskil (1895-1960), Vladimir Horowitz (1903-1989), Lili Kraus (1905-1986), Murray Perahia (geb. 1947), Maria João Pires (geb. 1944)[770], Ivo Pogorelich (geb. 1958), Arthur Rubinstein (1887-1982) und Andreas Staier (geb. 1955); sie alle spielten Mozarts Kompositionen auf dem Klavier.

Zu nennen sind ferner die Geiger*innen Willi Boskovsky (1909-1991), Arthur Grumiaux (1921-1989), Reinhard Goebel (geb. 1952), Hillary Hahn (geb. 1979)[771], Daniel Hope (geb. 1973)[772], Gidon Kremer (geb. 1947), Yehudi

---

[767] Pierre-Laurent Aimard erhielt 2017 den `Ernst von Siemens Musikpreis´, der auch als `Nobelpreis der Musik´ bezeichnet wird und mit 250000 Euro dotiert ist. Er erinnert an den Musikmäzen Ernst von Siemens (1903-1990).

[768] Der kanadische Pianist, der durch seine Bach-Interpretationen, bei denen er in der Regel mitsummte, berühmt wurde und an den Folgen eines Schlaganfalls im Alter von 50 Jahren starb, bezeichnete einst Mozart als einen mittelmäßig begabten Komponisten, der eher zu früh als zu spät gestorben sei. Eines seiner Markenzeichen war, vertraute Musik in ungewohnter Weise aufzuführen. KV 284 bezeichnete er einmal als seine Lieblingssonate: https://www.youtube.com/watch?v=WixaBfqVm6g (aufgerufen am 7.4.2020).

[769] Der unkonventionelle österreichische Pianist und Komponist Friedrich Gulda, zu dessen Kennzeichen bunte Käppis bei seinen Klaviervorträgen gehörten, war einer der unvergleichlichen Mozart-Interpreten des 20. Jahrhunderts. Zum Schluss schwer herzkrank, starb der Zeit seines Lebens starke Kettenraucher am Geburtstag des von ihm am meisten verehrten Komponisten: am 27. Jänner 2000.

[770] Legendär ist das Mozart-Konzert von Maria João Pires in Amsterdam im Jahr 1999: Die Pianistin hatte sich auf ein anderes Konzert eingestellt, merkte dies aber erst, als das Orchester unter Riccardo Chailly (geb. 1953) schon spielte! Innerhalb von wenigen Minuten stellte sie sich auf das neue Konzert ein, das sie schon länger nicht gespielt hatte (Mozarts Konzert in d-Moll, KV 466), und meisterte es, ohne sich einmal zu verspielen. Hier geht es zur Aufnahme: https://www.youtube.com/watch?v=fS64pb0Xnbl (aufgerufen am 5.4.2020).

[771] Erwähnenswert ist Hillary Hahns Darbietung von Mozarts Violinkonzert Nr. 3 (KV 216) mit dem Stuttgarter Radio-Sinfonieorchester anlässlich des 80. Geburtstages von Papst Benedikt XVI. (geb. 1927) im Vatikan am 16. April 2007: https://www.youtube.com/watch?v=N-mA9OMP3DE (aufgerufen am 22.4.2020).

[772] Besonders erwähnenswert ist seine `Journey to Mozart´, die er 2018 mit dem Zürcher Kammerorchester (ZKO) aufnahm, dessen musikalischer Direktor er seit 2016 ist.

Menuhin (1916-1999), Anne-Sophie Mutter (geb. 1963), David Oistrach (1908-1974), Itzhak Perlman (geb. 1945), Julian Rachlin (geb. 1974), Vadim Repin (geb. 1971), Andreas Staier (geb. 1955), Isaac Stern (1920-2001), Daniil Trifonov (geb. 1991), Misuko Uchida (geb. 1948), Maxim Vengerow (geb. 1974), Pinchas Zukerman (geb. 1948). Sie setzten und setzen sich intensiv mit Mozarts Kompositionen für Violine auseinander und spielten und spielen viele Werke von ihm ein.[773]

Als bedeutende Orchester, die sich Mozarts Werk angenommen haben, sind das `Mozarteumorchester Salzburg´[774] und die `Camerata Salzburg´[775] besonders zu erwähnen, das `Quartetto Italiano´[776], das `Talich-Quartett´[777], die `Camerata Bern´[778], das `Concentus Musicus

---

[773] Natürlich haben auch andere bedeutende zeitgenössische Geigerinnen und Geiger wie Julia Fischer (geb. 1983), Nigel Kennedy (geb. 1955) oder David Garett (geb. 1980) Mozart in ihrem Repertoire. Joshua Bell (geb. 1967) spielte sogar in der US-amerikanischen Fernsehserie `Mozart in the Jungle´ mit.

[774] Das Orchester von Stadt und Land Salzburg, heute aus 91 Musikerinnen und Musikern bestehend, bestreitet den Opern- und Operettenbetrieb des Salzburger Landestheaters und ist aktiv bei den Salzburger Festspielen: So gelangt seit 1950 jährlich Mozarts `Große Messe in c-Moll´ (KV 427) in der Stiftskirche St. Peter zur Aufführung.

[775] Die `Camerata Salzburg´ ist ein in Salzburg beheimatetes Kammerorchester, das 1952 von Bernhard Paumgartner gegründet wurde und aus Lehrern und Schülern des Salzburger Mozarteums hervorging. Von 1978 bis 1997 war Sándor Végh (1912-1997) Chefdirigent. Zur Website der `Camerata´ geht es hier: https://www.camerata.at/ (aufgerufen am 5.4.2020).

[776] Das `Quartetto Italiano´ war ein italienisches Streichquartett, das von 1945 bis 1985 bestand, seinen Schwerpunkt auf der Wiener Klassik hatte und u. a. Mozarts Sämtliche Streichquartette einspielte. Gründer des bedeutenden Quartetts war der Geiger Paolo Borciani (1922-1985).

[777] Das `Talich-Quartett´ ist ein berühmtes Streichquartett aus Prag, das 1964 von dem Namensgeber Jan Talich (geb. 1945) gegründet wurde. Hier zu hören in einer Aufnahme von Mozarts Streichquartett Nr. 19 in C-Dur (KV 465): https://www.youtube.com/watch?v=HhBwbQxAv8A (aufgerufen am 6.4.2020).

[778] Die `Camerata Bern´ ist ein Anfang der sechziger Jahre von dem heute in Basel lebenden Geiger Alex van Wijnkoop gegründetes Kammerorchester mit Sitz in Bern, vgl. den anlässlich des 50jährigen Bestehens erschienenen Artikel: https://web.archive.org/web/20150225003130/http://www.cameratabern.ch/wp-content/uploads/2014/07/HappyBirthdayBernerZeitung30.09.2012.pdf. (aufgerufen am 6.4.2020). Es besteht aus vierzehn auch solistisch international tätigen Musiker*innen, die im Stehen spielen und ohne Dirigent*in auftreten. Sein Repertoire reicht vom Barock über Mozart und die Wiener Klassik bis in die zeitgenössische Moderne. 2016 hat es Mozarts `Requiem´ zusammen mit dem `Vokalensemble ardent´ in einem unkonventionellen Rahmen in der reformierten Berner Petruskirche aufgeführt. Die künstlerische Leitung des immer zu musikalischen Experimenten aufgelegten Ensembles liegt heute in den Händen der moldauisch-österreichisch-schweizerischen Geigerin Patricia Kopatchinskaja (geb. 1977): https://www.y-outube.com/watch?v=sIThSLcUk0o, https://www.youtube.com/watch?v=onEnLqlSqhl und https://www.y-outube.com/watch?v=HkZ2mag5kQ0&feature=youtu.be (alle drei Links aufgerufen am 6.4.2020). Mozart hätte seine Freude gehabt!

Wien[779], das `Orchestra of the Age of Enlightenment´[780] und das Juilliard String Quartet[781]; und auch die `Wiener Sängerknaben´[782], die seit Jahrzehnten Mozarts Chorwerke im Programm haben, dürfen an dieser Stelle nicht fehlen. Weitere Ensembles und Orchester tragen den Namen Mozart in ihrem Namen, wie das `Amadeus-Quartett´[783] oder die `London Mozart Players´[784]. Hinzu kommen die vielen Künstler*innen, alle jene Musikgrößen, die Mozarts Kammermusik zur Aufführung gebracht haben und noch bringen.[785] Es kommen all diejenigen hinzu, die Mozarts Opern, u. a. mit den Themen Liebe, Erotik und Versöhnung, modern inszenieren[786], um seine Werke zu

---

[779] Das `Concentus Musicus Wien´, 1953 von Nicolaus Harnoncourt gegründet, ist auf die Aufführung Alter Musik spezialisiert, darunter auch Operneinspielungen wie Mozarts `Lucio Silla´ und `Il re pastore´. Zur Website geht es hier: https://www.concentusmusicus.com/ (aufgerufen am 6.4.2020).

[780] Das `OAE´ mit Sitz in London wurde 1986 gegründet und verweist schon in seinem Namen auf das Zeitalter der Aufklärung. Das Orchester konzertiert ausschließlich mit Gastdirigenten, gespielt wird auf historischen Instrumenten: https://oae.co.uk/ (aufgerufen am 27.4.2020).

[781] Das `Juilliard String Quartet´ zählt seit seiner Gründung im Jahr 1947 zu den führenden Streichquartett-Ensembles weltweit: https://www.juilliardstringquartet.org(aufgerufen am 27.4.2020).

[782] Der berühmteste Kinderchor Österreichs steht in der Tradition der Hofsängerknaben, die von Kaiser Maximilian I., `dem letzten Ritter´ (1459-1519) im Sommer 1498 gegründet wurde. Hauptaufgabe der Sänger war damals die musikalische Gestaltung der Heiligen Messe. Bis 1918 musizierte der Chor ausschließlich für Messen, den Hof- und Staatsanlässe. 1924 wurden die Wiener Sängerknaben als Verein gegründet und zu einem professionellen Betrieb ausgebaut. Mozart hat im Unterschied zu Franz Schubert (1797-1828) nicht in dem Chor gesungen, wohl aber mit ihm musiziert. Der Chor, der in Matrosenanzügen auftritt und dessen Sitz sich seit 1948 im Palais Augarten im 2. Wiener Gemeindebezirk Leopoldstadt befindet, ist heute eines der wichtigsten kulturellen Aushängeschilder Österreichs. Hier geht es zu ihrer Website: https://wienersaengerknaben.at/ (aufgerufen am 5.4.2020).

[783] Das `Amadeus-Quartett´ wurde 1947 in London gegründet. Drei der Mitglieder waren aus Österreich vor den Nazis ins Exil gegangen, weil sie Juden waren. In einem Internierungslager hatten sie sich kennengelernt. Das Quartett, das daraus hervorging, gehörte im 20. Jahrhundert zu den bekanntesten Streichquartette der Welt. Nach dem Tod eines Ensemblemitglieds löste sich die Formation 1987 auf.

[784] Die `London Mozart Players´ wurden 1949 als erstes Kammerorchester des Vereinigten Königreiches gegründet: http://londonmozartplayers.com/ (aufgerufen am 5.4.2020).

[785] Ich denke beispielsweise aktuell an die Cellistin Sol Gabetta (geb. 1981), hier zu hören mit einem Trio im Rahmen des Hochrhein Musikfestivals 2017, Mozarts Divertimento in E-Dur (KV 563) von 1788 spielend: https://www.youtube.com/watch?v=E8c83bpOVXo (aufgerufen am 8.4.2020), oder an die Soloklarinettistin Sharon Kam (geb. 1971), deren Mozart-Interpretation von KV 622 im Prager Nationaltheater im Rahmen von Mozarts 250. Geburtstag in 33 Ländern live im Fernsehen übertragen wurde: https://www.youtube.com/watch?v=XdL2AextnHg (aufgerufen am 8.6.2020).

[786] Ich denke etwa an die Berliner `Entführung aus dem Serail´ durch den katalanischen Regisseur Calixto Bieito (geb. 1963), deren Handlung in einem Bordell spielt, in dem Osmin als frauenaufschlitzender Sadist umherläuft; an den `Don Giovanni´ von Marin Kušej (geb. 1961), in dem der Held nicht zur Hölle fährt,

aktualisieren und an die Gegenwart heranzurücken, und diejenigen, die seine Messen gesanglich interpretieren[787], sowie die vielen kleineren Orchester, die Mozart weltweit spielen – ferner auch die vielen kleinen und großen Orte weltweit, an denen Mozart zur Aufführung gebracht wird. Stellvertretend für all diese Interpret*innen seien das Mozarteumorchester[788], die Wiener Philharmoniker[789], die Wiener Staatsoper[790], die Salzburger Festspiele[791] und

---

sondern an den Folgen von Unterkühlung in einer Luxuswelt stirbt; an den `Figaro´ von Christoph Marthaler (geb. 1951), in dem ein trauriger Alleinunterhalter durch den Abend führt; an Doris Dörrie, die 2001 `Così fan tutte´ an der Berliner Staatsoper und 2006 `La finta giardiniera´ bei den Salzburger Festspielen inszenierte; an Peter Konwitschny (geb. 1945), bei dessen `Tito´ dem Herrscher ein Blechherz implantiert wird, bevor er seinen Feinden verzeiht; an Hans Neuenfels (geb. 1941), der 1999 Mozarts `Entführung aus dem Serail´, 2003 `Idomeneo´ auf dem Hintergrund des Vater-Sohn-Konflikts und 2008 `Die Zauberflöte´ inszenierte - nicht zu vergessen der kubanische Intendant und Opernregisseur John Dew (geb. 1944), der britische Opernregisseur Graham Vick (geb. 1953) sowie Jürgen Flimm (geb. 1941), der von 2010 bis 2018 an der Berliner Staatsoper Unter den Linden Werke von Mozart regelmäßig auf die Bühne brachte u. v. m.

[787] Zu nennen sind hier die schweizerische Sopranistin Regula Mühlemann (geb. 1986) und die tschechische Opernsängerin Dagmar Pecková (geb. 1961).

[788] Das `Mozarteumorchester Salzburg´, gegründet 1908, hat seine Wurzeln im 1841 gegründeten `Dommusikverein und Mozarteum´ und wurde u. a. von Constanze Mozart mit gegründet. Seit 1908 trägt es seinen heutigen Namen. Seit 1958 ist es das Symphonieorchester von Stadt und Land Salzburg; es zählt heute zu den führenden Symphonieorchestern Österreichs. Seit 2016 ist sein Chefdirigent der Geiger Riccardo Minasi (geb. 1978). Hier geht es zu seiner Website: https://www.mozorch.at/. Dort befinden sich auch Hörbeispiele.

[789] Die 1842 in Wien gegründeten `Wiener Philharmoniker´ bestehen aus Mitgliedern des Wiener Staatsopernorchesters. Es wurde 2006 und 2007 von führenden Musikkritikern der Welt zum `besten Orchester Europas´ gewählt. Zur Geschichte des Orchesters gehört seine Zusammenarbeit mit Johannes Brahms (1833-1897), Anton Bruckner (1824-1896) und Richard Wagner (1813-1883), zu seinen führenden Dirigenten zählen u. a. Gustav Mahler (1860-1911), Arturo Toscanini (1867-1957) und Bruno Walter (1876-1962). Zur Geschichte gehört ebenso die Verstrickung in den Nationalsozialismus: Ähnlich den Berliner Philharmonikern gehörte in der Hälfte der Musiker der NSDAP an. Seit 2007 werden ähnlich wie bei den `Berlinern´ auch Frauen als Mitglied akzeptiert; Bekannte Kompositionen für das Orchester und den Opernball sind `Wiener Blut´ oder `An der schönen blauen Donau´ von Johann Strauss (Sohn, 1825-1899), dem `Walzerkönig´. Zur Website des Orchesters geht es hier: https://www.wienerphilharmoniker.at/ (aufgerufen am 7.4.2020).

[790] 2002 wurde der japanische Dirigent und Komponist Seiji Ozawa (geb. 1935) zum Musikdirektor der Wiener Staatsoper ernannt.

[791] Die Salzburger Festspiele finden seit 1920 jedes Jahr im Juli und im August in Salzburg statt und gelten als das weltweit bedeutendste Festival der klassischen Musik, u. a. von Werken Mozarts, vor allem seinen Opern, sowie der darstellenden Kunst. Sie haben jährlich über 250000 Gäste. Regelmäßig finden traditionell während der Festspiele samstags vormittags Mozart-Matineen, gespielt vom Mozarteumorchester Salzburg, im Großen Saal des Mozarteums statt, wobei nicht nur Mozart zur Aufführung gebracht wurde und wird, sondern auch Bezüge zu Vorläufern und Zeitgenossen Mozarts sowie zur zeitgenössischen Musik hergestellt wurden und werden. Die Spielstätten der Festspiele sind heute über ganz Salzburg verteilt: https://de.wikipedia.org/wiki/Spielst%C3%A4tten_der_Salzburger_Festspiele (aufgerufen am 14.4.2020).

die Salzburger Mozartwoche[792] genannt, nicht zu vergessen all die Sänger*innen[793], die Mozarts Opern sangen. Es könnten natürlich noch viel mehr aufgezählt werden, aber sie alle an dieser Stelle zu nennen, würde den Umfang dieser Ausführungen bei weitem überschreiten. Man erkennt daran: Mozart war und ist ein Superstar – der erste Komponist in der Musikgeschichte, „der nach seinem Tode mit steigenden Aufführungszahlen (in allen Gattungen), mit einem seitdem nie versiegenden Nachruhm beglückt wurde, ein Phänomen, das es in dieser Form vor Mozart niemals gegeben hatte."[794] Das hat sich natürlich seit der digitalen Revolution noch einmal gesteigert: Seither kursieren jede Menge Ton- und Videomitschnitte von Aufführungen von Mozarts Werken im Internet.[795] Und anlässlich der Wiederkehr von Mozarts 250. Geburtstag sind noch einmal Berge von Büchern, Zeitschriftenbeiträgen[796] sowie Ton- und Videoaufnahmen über den Meister und

---

[792] Die `Mozartwoche´ findet seit 1956 jedes Jahr in der Zeit um Mozarts Geburtstag herum in Salzburg statt und wird von der `Internationalen Stiftung Mozarteum´ veranstaltet. Seit 2017 ist der mexikanisch-französische Opernsänger Rolando Villazón (geb. 1972) für die Leitung verantwortlich.

[793] Exemplarisch genannt seien genannt: die italienisch-österreichische Koloratur-Mezzosopranistin Cecilia Bartoli (geb. 1966), der US-amerikanische Bariton Thomas Walter Hampson (geb. 1955), die bulgarische Mezzosopranistin Vesselina Kasarova (geb. 1965) und die tschechische Mezzosopranistin Dagmar Pecková (geb. 1961).

[794] Volkmar Braunbehrens, Salieri, a. a. O., 18.

[795] Immer wieder treten auch Einzelne mit Werken Mozarts an die Öffentlichkeit, wie etwa 2016/17 der `Musiker des Jahres´, der damals 12jährige norwegische Knabensopran Aksel Rykkvin (geb. 2003), mit Mozarts `Halleluja´ in der Kathedrale von Oslo: https://www.youtube.com/watch?v=7Xyp-ysXGY8 (aufgerufen am 5.4.2020) und ein Jahr später mit Mozarts `Laudate Dominum´: https://www.youtube.com/watch?v=q9rvyvssvul (aufgerufen am 5.4.2020). Sein letztes Konzert als Knabensopran gab Rykkvin im Oktober 2017 in Stockholm. Nur drei Monate später – 2018 – sang der 14jährige – nun Bariton – in Oslo den `Vogelfänger´ aus Mozarts `Zauberflöte´: https://www.youtube.com/watch?v=v4DEKHNiiI0 (aufgerufen am 6.4.2020) und https://www.youtube.com/watch?v=aRZwLvh79As (aufgerufen am 6.4.2020).

[796] Vgl. etwa DIE ZEIT Geschichte Nr. 4/2005 (die Mozart anlässlich seines 250. Geburtstages unter dem Titel `Wer ist Mozart?´ ein Themenheft widmete); DER SPIEGEL Nr. 51 v. 19.12.2005, 154-168 (der Mozart unter dem Titel `Das himmlische Kind´ auf den Mantel genommen hat, online zugänglich unter: https://www.spiegel.de/spiegel/print/d-44851009.html, aufgerufen am 6.4.2020), DIE ZEIT Nr. 2 v. 5.1. 2006, oder mobil. Das Magazin der Bahn Nr. 3/06, 32-38: `Gesucht: Mozart!´

sein Werk erschienen, die dessen herausragende Fähigkeiten und seine Kompositionen von großer Komplexität und Stilhöhe würdigten – darunter zahlreiche Bildbände, einer schöner und informativer als der andere.[797] Bleibt zu hoffen, dass Mozart auch anlässlich der Wiederkehr seines 300. Geburtstages entsprechend gewürdigt werden wird – das wäre dann in 36 Jahren: im Jahr 2056!

---

[797] Vgl. exemplarisch Volkmar Braunbehrens/Karl-Heinz, Jürgens, Mozart. Lebensbilder, Bergisch-Gladbach 2005 (230 Farbfotos von Karl-Heinz Jürgens und Texte von Volkmar Braunbehrens sowie zahlreiche historische Dokumente führen Leserin und Leser nahe an Mozart und seine Umgebung heran), und Gilles Cantagrel, Wolfgang Amadeus Mozart. Eine illustrierte Biografie, München 2005 (ein Prachtband mit Autografen, Bühnenbildern sowie echten und falschen Mozart-Porträts).

Zeittafel

Eine Chronologie der Ereignisse in Mozarts Leben hat detailliert Dr. iur. Joseph Heinz Eibl (1905-1982) vorgenommen, der 1967 in das Zentralinstitut für Mozartforschung der Internationalen Stiftung Mozarteum Salzburg berufen und kurz darauf mit der Vollendung der Gesamtausgabe der Briefe und Aufzeichnungen Mozarts betraut wurde, vgl. Wolfgang Amadeus Mozart. Chronik eines Lebens, zusammengestellt von Joseph Heinz Eibl, München 1977, [2]1991. Eine gute kurze tabellarische Übersicht über Mozarts Leben findet man bei Claudia M. Knispel, Mozart, a. a. O., 192-199. Ich habe eine Kurzbiografie Mozarts ausgewählten Ereignissen der Zeitgeschichte vorangestellt und schildere dann noch einmal ausführlich Ereignisse im Leben Mozarts.

a. Kurzbiografie W. A. Mozarts

1756
27. Januar Geburt in Salzburg.

1760
Vater Leopold Mozart gibt seinem Sohn Klavierunterricht.

1761
Aufzeichnungen erster Kompositionen W. A. Mozarts für Klavier durch Leopold Mozart.

1762
Mit seinem Vater und seiner viereinhalb Jahre älteren Schwester reist Mozart im Januar drei Wochen nach München und im September drei Monate nach Wien, wo die talentierten Kinder vor dem Adel, u. a. auch vor Maria Theresia, auftreten.

1763
Große, dreijährige Westeuropatournee der `Wunderkinder´ Nannerl und Wolferl mit ihren Eltern; erste Sonaten für Geige und Klavier.

1764
Besuch des Hofs in Versailles; Weiterreise von Paris nach London und Audienz beim englischen Königspaar; erste Kompositionen Mozarts erscheinen im Druck; Begegnung mit Johann Christian Bach, dem Sohn Johann Sebastian Bachs.

1765
Weiterreise von London nach Den Haag; schwere Erkrankung der Kinder; erste Sinfonien und weitere Violinsonaten, öffentliche Konzerte.

1766
Weiterreise nach Amsterdam und über Brüssel, Paris, Zürich und München; Rückkehr nach Salzburg. Ende der Westeuropatournee.

1767
Zweite Reise Mozarts mit Vater und Schwester nach Wien; Flucht vor den Blattern (Pocken) nach Brünn und Olmütz; dennoch schwere Erkrankung der Kinder an den Blattern.

1768
Rückkehr nach Wien; Mozart komponiert seine erste Oper *La finta semplice*; Rückreise nach Salzburg.

1769
Mozart wird unbesoldeter dritter Konzertmeister der Salzburger Hofkapelle; im Dezember erste Italienreise mit dem Vater (15 Monate).

1770
Aufenthalt in Italien, Freundschaft mit Thomas Linley und Begegnungen mit führenden Komponisten; Rundreise und Ehrungen in Rom und Bologna; weitere Kompositionen entstehen.

1771
im Februar vierwöchiger Abstecher nach Venedig; Ende März wieder in Salzburg; August bis Dezember zweite Italienreise mit dem Vater; Opernkompositionen; Rückkehr nach Salzburg.

1772
Ernennung W. A. Mozarts zum besoldeten Konzertmeister; die Oper *Lucio Silla* entsteht (erfolgreiche Uraufführung im Dezember); im Oktober dritte, sechsmonatige Italienreise mit dem Vater.

1773
Bemühungen, am Mailänder Hof eine Stelle zu finden, schlagen fehl; Rückkehr nach Salzburg; Juli bis September: Reise mit Leopold Mo-

zart nach Wien, um am Hofe Maria Theresias eine Anstellung zu er-
wirken; Mozart im Dienst beim Salzburger Fürsterzbischof von Colloredo.

1774
im Dezember dreimonatige Reise nach München für den Opernauf-
trag *La finta giardiniera*.

1775
am 13. Januar Aufführung der Oper; im März Rückkehr nach Salzburg;
Oper, Instrumentalmusik, Violinkonzerte.

1776
Klavierkonzerte, Serenaden, Divertimenti, Kirchensonaten, Messen.

1777
Konzerte, Divertimenti; Abschiedsgesuch und Entlassung aus dem
Salzburger Hofdienst; Bewerbungsreise Mozarts in Begleitung seiner
Mutter nach München, Mannheim und Paris; in Mannheim Bekannt-
schaft mit Familie Weber und Aloisia Weber, der Schwester seiner
späteren Ehefrau sowie mit Christian Cannabich und der Mannheimer
Hofkapelle.

1778
Mitte März: Paris; Angebot der Organistenstelle in Versaille; Klaviersonaten, Violinsonaten, Flötenwerke, Ballettmusik; Mozarts Mutter erkrankt und stirbt am 3. Juli in Paris; im September Rückreise über
Straßburg, Mannheim und München; Liebeskummer wg. der Abwei-
sung durch Aloisia Weber.

1779
Ankunft in Salzburg; Wiedereintritt in den erzbischöflichen Dienst als
Konzertmeister und Hoforganist in Salzburg; Orchester- und Kirchen-
werke, unvollendetes Singspiel.

1780
Arbeit an der `Opera seria´ *Idomeneo*; Schikaneder kommt mit seiner
Theatertruppe nach Salzburg; im November Reise nach München, um
den *Idomeneo* zu beenden.

1781

Ende Januar Uraufführung des *Idomeneo*; Reise nach Wien auf Befehl des Fürsterzbischofs; Streit und Bruch mit seinem Arbeitgeber, ohne formale Entlassung aus dem Dienst; Konflikt mit dem Vater; als freier Musiker in Wien (Lehrer, Interpret, Komponist und Konzertveranstalter).

1782

Mitte Juli Uraufführung von *Die Entführung aus dem Serail*. Instrumentalmusik. Heirat von W. A. Mozart und Constanze Mozart, geb. Weber, am 4. August 1782 im Stephansdom.

1783

Geburt und Tod des ersten Kindes, Raymund Leopold; Reise mit Constanze nach Salzburg zum Vater; Rückreise über Linz.

1784

Geburt des zweiten Kindes Carl Thomas; Entstehung erster großer Klavierkonzerte, Klaviermusik und Tänze und zahlreiche Vorträge in eigenen Konzerten (sog. `Akademien´); Aufnahme in die Freimaurerloge `Zur Wohlthätigkeit´.

1785

Februar bis April: Leopold Mozart zu Besuch in Wien; Arbeit am *Figaro* und an der *Maurerischen Trauermusik*; Klavierkonzerte, Klaviermusik, Konzertverpflichtungen und drei Akademien; sechs Joseph Haydn gewidmete *Streichquartette* erscheinen im Druck; Aufnahme des Vaters in die Loge `Zur Wohlthätigkeit´.

1786

Komödie *Der Schauspieldirektor* und *Le nozze di Figaro* im Mai in Wien uraufgeführt; im April Akademie im Burgtheater; *Prager Sinfonie*; Geburt und Tod des dritten Kindes, Johann Thomas Leopold; vier Advents-Akademien im Trattnerhof.

1787

vierwöchige Reise mit Constanze Mozart nach Prag zur *Figaro*-Aufführung und England-Pläne; Rückreise nach Wien; Kammermusik, u. a. *Eine kleine Nachtmusik*; Ende Mai Tod Leopold Mozarts mit 67 Jahren in Salzburg; zweite Pragreise Ende Oktober anlässlich der umjubelten Uraufführung des *Don Giovanni*; Rückkehr nach Wien; im Dezember wird Mozart von Joseph II. zum `k. k. Kammerkompositeur´ am Kaiserhof ernannt; Geburt des vierten Kindes, der Tochter Theresia; erste Geldnöte.

1788
Tod der Tochter Theresia; Komposition der drei letzten Sinfonien, u. a. der *Jupiter-Sinfonie*, innerhalb weniger Wochen; Anfang Mai Wiener Erstaufführung des *Don Giovanni*; erste Bettelbriefe an Michael Puchberg.

1789
April bis Juni Reise nach Dresden, Leipzig, Potsdam und Berlin in Begleitung des Grafen Lichnowsky (mit Konzerten); Rückkehr nach Wien und Arbeit an *Così fan tutte; Klarinettenquintett*; Beginn langwieriger Krankheiten von Constanze Mozart; Mozart besucht seine Frau im Kurort Baden bei Wien; finanzielle Krise; im November Geburt und Tod der Tochter Anna, des fünften Kindes.

1790
Ende Januar Uraufführung von *Così fan tutte* in Wien; wachsende Schulden und wenig Aufträge; im September finanziell erfolglose Reise nach Frankfurt zur Kaiserkrönung Leopolds II.; Konzerte in Frankfurt und Mainz; Besuch der ersten deutschsprachigen Aufführung des *Figaro* in Schwetzingen; Rückkehr über Mannheim und München; Abschied für Joseph Haydn vor seiner Englandreise.

1791
Letztes Klavierkonzert; Mozart wird (unbesoldeter) Stellvertretender Domkapellmeister von St. Stephan; Arbeit an der *Zauberflöte*; im Juli Geburt des Sohnes Franz Xaver Wolfgang; Auftrag zur *Krönungsoper* für Prag; Reise zur Krönung Leopolds II.; *La clemenza di Tito, Die Zauberflöte, Requiem* (unvollendet) u. m.; im September Premiere der *Zauberflöte* im Freihaus-Theater auf der Wieden; im November Einweihung eines neuen Tempels der Loge `Zur neugekrönten Hoffnung´; Mozart dirigiert die *kleine Freymaurer-Kantate;* kurz darauf erkrankt er; Tod Mozarts am 5. Dezember um 1.00 Uhr morgens nach kurzer, schwerer Krankheit; 6. Dezember Aussegnung Mozarts im Stephansdom und Beisetzung zu einem unbekanntem Zeitpunkt (frühestens 48 Stunden danach) an einem unbekannten Ort auf dem Friedhof von St. Marx vor den Toren Wiens.

b. Ausgewählte Ereignisse der Zeitgeschichte zur Lebenszeit von W. A. Mozart

Die Auswahl der folgenden zeitgeschichtlichen Ereignisse ist subjektiv.

1756 Beginn des Siebenjährigen Krieges in Europa und in Nordamerika; Kampf der Kolonialmächte Großbritannien und Frankreich, unterstützt von ihren jeweiligen Verbündeten der First Nations, um die Vorherrschaft in Nordamerika; der preußische König Friedrich II. ordnet den Kartoffelanbau in Schlesien und Pommern an, um der Hungersnöte Herr zu werden; Christian Gottfried Körner, Herausgeber und Freund Friedrich Schillers, geboren.

1757 Robert-François Damien verübt ein fehlgeschlagenes Messerattentat auf den französischen König Ludwig XV. und wird nach schwerer Folter dafür geviertelt – eine der grausamsten Hinrichtungen der Neuzeit; italienischer Barock-Komponist Domenico Scarlatti gestorben.

1758 Der erste Hochofen entsteht in Klosterhardt, aus der sich das Unternehmen MAN entwickelt; die Familie Berentzen gründet eine Kornbrennerei; Carl von Linné begründet die moderne zoologische Nomenklatur; Maximilien de Robespierre geboren.

1759 Friedrich Schiller geboren; Voltaire veröffentlicht unter Pseudonym seine Novelle `Candide oder der Optimismus´, von der Zensur in Frankreich verboten; `The Life and Opinions of Tristram Shandy, Gentleman´ von Laurence Sterne erscheint; Georges Danton geboren; Georg Friedrich Händel gestorben.

1760 Ende des Krieges der beiden Kolonialmächte in Nordamerika; Georg III. wird König von Großbritannien und Irland sowie Kurfürst von Hannover; in Frankreich werden Vorläufer der Postkarte eingeführt; die Lakritze wird erfunden; ein Zehntel von Boston wird bei einem Brand Raub der Flammen; der preußische Generalfeldmarschall und Heeresreformer August Neidhardt von Gneisenau geboren; Anna Magdalena Bach, Sopranistin und Ehefrau Johann Sebastian Bachs, gestorben.

1761 am 8. September Heirat von Sophie Charlotte von Mecklenburg-Strelitz und König George III. von Großbritannien, die sich erst am Tag der Eheschließung persönlich kennenlernen, und am 22. September zur Königin und zum König von Großbritannien gekrönt werden; Jean-Jacques Rousseau veröffentlicht mit `Julie oder Die neue Héloise´ einen der größten Bestseller des 18. Jahrhunderts, der wegen seines sozialkritischen Inhalts sofort von der römisch-katholischen Kirche auf den Index der verbotenen Schriften gesetzt wird; in Portugal und seinen indischen Kolonien wird die Sklaverei abgeschafft, in seiner Kolonie Brasilien jedoch beibehalten; der Dramatiker August von Kotzebue geboren; Marie Tussaud, Gründerin des gleichnamigen Wachskabinetts in London geboren; der niederländische Violinist und Komponist Willem de Fesch gestorben.

1762 Constanze Mozart, geb. Weber, am 5. Januar in Zell im Wiesenthal geboren (ihr genaues Geburtsdatum wurde erst bekannt, nachdem in den 1940er Jahren im Dänischen Reichsarchiv in Kopenhagen eine Kopie der Taufurkunde gefunden worden war); Katharina II., gen. die Große, wird durch einen Putsch gegen ihren Mann Peter III. Zarin von Russland (bis 1796); Jean-Jacques Rousseau veröffentlicht `Emile´ und sein staatstheoretisches Werk `Du Contract Social´ (beides wird sofort in Frankreich und den Niederlanden verboten und ein Haftbefehl gegen den Autor erlassen); in Rom wird der Trevi-Brunnen nach 30jähriger Bauzeit fertiggestellt; Siebenjähriger Krieg in Nordamerika/Franzosen- und Indianerkriege; in Hamburg wird die St. Michaeliskirche eingeweiht; Christoph Martin Wieland beginnt mit seiner einflussreichen Shakespeare-Übersetzung; Christian August Vulpius, Schriftsteller und Schwager Goethes, geboren; Alexandre Dumas geboren; der Philosoph Johann Gottlieb Fichte geboren; Dorothea Christiane Erxleben, erste promovierte deutsche Ärztin gestorben.

1763 Ende des Siebenjährigen Krieges (Hubertusburger Friede zwischen Österreich, Sachsen und Preußen in Schloss Hubertusburg/Sachsen); Jean Paul geboren; Aufstände der First Nations in den nordamerikanischen Kolonien gegen die Briten; erster dokumentierter Versuch biologischer Kriegsführung, als die Briten die First Nations zwecks deren Dezimierung (erfolglos) mit von Pockenerregern verseuchten Decken versorgen; Niederlage der Sklaven in den niederländischen Kolonien; der Verlag C. H. Beck wird gegründet; der Kupferstecher John Spilsbury erfindet Landkartendrucke, die heute als Vorläufer des Puzzles gelten; Gotthold Ephraim Lessing arbeitet an seinem Lustspiel `Minna von Barnhelm´; Augustin Robespierre gebo-

ren; der italienische Komponist und Kontrabassist Domenico Drago-
netti geboren; Joséphine de Beauharnais, französische Kaiserin und
Ehefrau Napoleon Bonapartes geboren; die deutsche Schriftstellerin
Caroline Schelling geboren; hannoverscher Kriegspräsident und Diplomat Friedrich Karl von Hardenberg gestorben.

1764 in Nordamerika tritt Frankreich alle seine Besitzungen östlich des
Mississippi an Großbritannien ab; Benjamin Franklin wird Sprecher
der Abgeordnetenversammlung von Pennsylvania; erneut werden
Kopfprämien für Angehörige der First Nations eingeführt; Joseph II.
wird zum römisch-deutschen König gewählt und in Frankfurt am Main
gekrönt; Zarin Katharina die Große nimmt in den nächsten drei Jahren
30.000 sog. Wolgadeutsche auf; James Hargreaves erfindet die `Spin-
ning Jenny´, ein Meilenstein der industriellen Revolution; James Watt
widmet sich der Dampfmaschine; die deutsche Schriftstellerin und bedeutende Berliner Salonnière Henriette Herz geboren; die Schriftstellerin der Romantik Dorothea Schlegel geboren; mehrere norddeut-
sche Buchhändler boykottieren die katholisch dominierte Frankfurter
Buchmesse und stellen ihre Neuzugänge nur noch auf der Leipziger
Buchmesse vor; König Ludwig XV. verbietet den Jesuitenorden; Madame Pompadour gestorben.

1765 Kaiser Franz I. in Innsbruck plötzlich gestorben; neuer Kaiser
des Heiligen Römischen Reiches und Mitregent Maria Theresias wird
Kaiser Joseph II. (bis 1790); über 100 Kinder, Jugendliche und Frauen
sterben in Südfrankreich durch ein Raubtier, die sog. `Bestie des Gév-
audan´; Goethe beginnt sein Jurastudium in Leipzig; Christiane Vulpius, Goethes spätere Frau, geboren; Georg Christoph Lichtenberg
beginnt mit seinem `Füllhornbuch´; Friedrich Nicolai gibt in seinem
Verlag die `Allgemeine Deutsche Bibliothek´ (ab 1793 unter `Neue allgemeine Deutsche Bibliothek [NADB] bekannt), heraus; Voltaires
`Dictionnaire portatif´ wird in Paris verbrannt; Johann Friedrich Hart-
knoch gründet in Riga einen deutschsprachigen Verlag und gibt u. a.
die Werke Immanuel Kants heraus; Joseph Nicéphore Niépce, der Erfinder der Fotografie (Heliografie), geboren.

1766 Unblutiger Aufstand in Spanien (Madrider Hutaufstand) unter
König Karl III.; das Herzogtum Lothringen wird Teil von Frankreich;
das in London von James Christie gegründete Auktionshaus `Chris-
tie´s´ führt die erste Versteigerung durch; der britische Chemiker
Henry Cavendish entdeckt den Wasserstoff; Wielands Shakespeare-

Übersetzung und sein zweibändiger Roman `Geschichte des Agathon´ erscheinen; Joseph Haydn wird erster Kapellmeister im Haus Esterházy; Gotthold Ephraim Lessing veröffentlicht seine kunsttheoretische Schrift `Laokoon oder über die Grenzen der Mahlerey und Poesie´; der Wiener Prater, bislang Jagdgebiet des kaiserlichen Hofes, durch Joseph II. zur Benutzung für die Allgemeinheit freigegeben; in Frankreich Jean-François Lefèbvre wegen Blasphemie gefoltert und hingerichtet, weil er bei einer Fronleichnamsprozession den Hut zum Gruß nicht abnahm; der Student Goethe lernt in Leipzig die Wirtstochter Anna Katharina Schönkopf kennen; der Rokoko-Baumeister Peter Thumb gestorben; Johanna Schopenhauer geboren.

1767 Spanien verbietet unter König Karl III. den Jesuitenorden in Spanien und seinen Kolonien; der aufgeklärt-absolutistische Markgraf Karl Friedrich von Baden schafft in seinem Herrschaftsgebiet die Folter ab; in Pforzheim wird der Grundstein für die Schmuck- und Uhrenindustrie gelegt; im Zuge von Weltumseglungen sichtet der Brite Samuel Wallis als erster Europäer Tahiti und andere Inseln im Südpazifik; der Regensburger Theologe Jacob Christian Schäffer erfindet den Vorläufer der Waschmaschine; Lessings `Minna von Barnhelm´ erscheint; Moses Mendelssohn `Über die Unsterblichkeit der Seele´ erscheint; Wilhelm von Humboldt geboren; John Quincy Adams, sechster Präsident der USA, geboren; August Wilhelm Schlegel geboren; Maria Josepha von Bayern, Gattin von Kaiser Joseph II., gestorben; Georg Philipp Telemann gestorben.

1768 Cooks erste Weltumseglung mit seinem Segelschiff `Endeavour´; Lawrence Sterne gestorben; der deutsche Archäologe und Schriftsteller Johann Joachim Winckelmann wird ermordet; Franz II. Joseph Karl, Kaiser des Heiligen Römischen Reiches, als Franz I. Kaiser von Österreich , geboren; der Maler August Tischbein geboren; der Philosoph und Theologe Friedrich Schleiermacher geboren; der politische und militärische Führer der Shawnee, Tecumseh, geboren;

1769 Napoleon Bonaparte geboren; Maria Theresia gründet in Ungarn die medizinische Fakultät, aus der sich später die Semmelweis-Universität entwickelt; Lorenzo Ganganelli wird nach dreimonatigem Konklave zum Papst Clemens XIV. gewählt; der Entdecker Alexander von Humboldt geboren; der preußische Dichter Franz Alexander von Kleist geboren; der deutsche nationale Dichter Ernst Moritz Arndt geboren; der deutsche Mystiker Gerhard Tersteegen gestorben; der Ottawa-

Chief Pontiac gestorben; der deutsche Dichter Christian Fürchtegott gestorben.

1770 Ludwig van Beethoven geboren; Georg Wilhelm Friedrich Hegel geboren; Friedrich Hölderlin geboren; James Cook nimmt die Ostküste von Australien für die britische Krone in Besitz; König Ludwig XVI. heiratet in Versailles Marie Antoinette, Tochter Maria Theresias, aus dem Hause Habsburg; in Dänemark impft der Arzt Johann Friedrich Struensee König Christian VII. gegen Pocken; Matthias Claudius redigiert in Hamburg den `Wandsbecker Boten´; in Mainz wird der Musikverlag B. Schott´s Söhne gegründet; Erdbeben in Norddeutschland; Hungersnot in Bengalen; der Dichter Friedrich Hölderlin geboren; der deutsche Philosoph Georg Wilhelm Friedrich Hegel geboren; der deutsche lutherische Theologe Johann Gottfried Lessing, der Vater Gotthold Ephraim Lessings, gestorben; die preußische Schriftstellerin Rahel Varnhagen von Ense geboren.

1771 Klopstocks `Oden´ erscheinen; Ignaz Franz schreibt `Großer Gott, wir loben dich´; Johann Wolfgang Textor gestorben; große Hungersnot in Deutschland, was den Kartoffelanbau deutschlandweit verbreitet; Gustav III. wird König von Schweden; Daskalogiannis, dem Anführer des griechischen Aufstands gegen das Osmanische Reich, wird auf Geheiß des Paschas im Juni bei lebendigem Leib die Haut abgezogen; der deutsch-schwedische Chemiker Carl Wilhelm Scheele entdeckt in Uppsala das Element Sauerstoff; Goethe beendet sein Manuskript des `Götz von Berlichingen´; der Wilderer und Räuber Matthias Klostermayr, eine Art bayerischer Robin Hood, der mit seiner Räuberbande Amtsstuben überfällt und Steuern an die Bevölkerung wieder verteilt, wird gefangengenommen und im September in Dillingen/Donau spektakulär hingerichtet: Er wird erdrosselt, zertrümmert, geköpft und geviertelt.

1772 in Dänemark wird die Gattin von König Christian VII., Caroline Mathilde, wg. Komplottverdachts verbannt und ihr Geliebter, der Staatsminister Graf Johann Friedrich Struensee, hingerichtet; die Verträge von Petersburg besiegeln die Teilung Polens zwischen Russland und Preußen (mit Billigung Österreichs); die Sklaverei in Großbritannien wird vom obersten Richter für ungesetzlich erklärt; Cooks zweite Weltreise beginnt von Plymoth aus: Georg Forster und dessen Vater begleiten ihn; Lessings `Emilia Galotti´ wird in Braunschweig uraufgeführt; Wieland geht an den Weimarer Hof; am Wiener Burgtheater wird Antonio Salieris Oper `La fiera di Venezia´ uraufgeführt; der Koran wird erstmals ins Deutsche übersetzt; der Philosoph Friedrich Schlegel, der romantische Dichter Novalis und der deutsche Verleger Friedrich Arnold Brockhaus werden geboren.

1773 Friedrich II. bildet die Provinz Westpreußen und ist nun König von Preußen; James Cook überquert als Erster den Südlichen Polarkreis; der französische Chemiker Hilaire-Marin Rouelle entdeckt den Harnstoff; Goethes `Götz´ und `Urfaust´ erscheinen; Freundschaft zwischen Goethe und Christoph Martin Wieland; Haydns Opern `L´infedeltà delusa´ (`Not macht erfinderisch´) und `Philemon und Baucis´ werden in Esterház uraufgeführt; Zarin Katharina II. erlässt ein Toleranzedikt, nimmt aber Juden davon aus; Klemens Wenzel Lothar von Metternich geboren; Ludwig Tieck geboren; Wilhelm Heinrich Wackenroder geboren.

1774 Ludwig XVI., der letzte König des französischen Ancien Régime, besteigt den Thron; Neustrukturierung des Schulsystems in Österreich durch Maria Theresia; James Cook landet in dem von ihm bezeichneten Neukaledonien; der Landwirt Benjamin Jesty immunisiert seine Familie mit einer Kuhpockenimpfung gegen die Pocken; Goethes `Die Leiden des jungen Werther´ erscheint; Glucks Opern `Iphigénie en Aulide´ und `Orfeo ed Euridice´ werden in Paris uraufgeführt; Salieris Oper `La Calamità de´cuori´ wird in Wien uraufgeführt; Johann Christian Bachs Oper `Lucio Silla´ wird in Mannheim uraufgeführt; Caspar David Friedrich geboren; Papst Clemens XIV. in Rom gestorben; Ludwig XV. gestorben.

1775 Beginn des amerikanischen Unabhängigkeitskrieges; George Washington wird Oberbefehlshaber des Kontinentalheeres; Benjamin Franklin soll das Postwesen in den 13 englischen Kolonien organisieren; der spanische Seefahrer Juan de Ayala durchfährt als erster Europäer die Bucht von San Francisco und benennt Los Angeles; 30% der Bevölkerung der Pazifikküste Nordamerikas fallen einer Pockenepidemie zum Opfer; in Kempten wird in einem der letzten Hexenprozesse Anna Maria Schwegelin zum Tode verurteilt - das Urteil wird aber nicht vollstreckt, sondern in lebenslänglich umgewandelt; Pius VI. zum Papst gewählt; Ludwig XVI. wird in Reims zum König gekrönt; Cook beendet seine Südsee-Expedition; Goethe geht an den

Weimarer Hof; Alexander Cumming erfindet das Wasserklosett; James Watt verbessert die Dampfmaschine, so dass sie wirtschaftlich gewinnbringend eingesetzt werden kann; Haydns Oper `L `incontro improvviso´ wird in Esterház uraufgeführt; der französische Physiker und Mathematiker André-Marie Ampère geboren; Friedrich Wilhelm Joseph Schilling geboren.

1776 Die USA werden unabhängig (4. Juli); Cooks dritte Weltreise; Abschaffung der Folter in Österreich; Gründung des Bolschoi-Theaters in Moskau; Gründung der Kunstsammlung `Albertina´ in Wien; Gründung des Illuminatenordens in Ingolstadt; Heirat des russischen Kronprinzen Paul und der Sophie Dorothee von Württemberg in Petersburg; Großes Feuer in New York City; E. T. A. Hoffmann geboren; David Hume gestorben.

1777 Amerikanischer Unabhängigkeitskrieg (`Betsy Ross flag´); James Cook entdeckt am 24.12. die `Weihnachtsinsel´; Nationaltheater Mannheim eröffnet; Haydns Oper `Il mondo della luna´ in Schloss Esterházy uraufgeführt; Kurfürst Karl Theodor aus der Pfalz erbt das Kurfürstentum Bayern; Regimekritiker Christian Friedrich Daniel Schubart auf Befehl Carl Eugens von Württemberg verhaftet und zehn Jahre lang auf der Festung Hohenasperg inhaftiert; Shakespeares `Hamlet´ wird in Hamburg auf Deutsch aufgeführt; Friedrich de la Motte Fouqué geboren; Carl Friedrich Gauß geboren; Heinrich von Kleist geboren; Kurfürst Maximilian III. Joseph von Bayern in München gestorben.

1778 Bayerischer Erbfolgekrieg; James Cook entdeckt Hawai (`Sandwich-Inseln´) und fährt durch die Aleuten in die Behringstraße; in Europa eröffnet die erste Sparkasse; erste chemische Fabrik in Winterthur/Schweiz (`Vitriol´ = Schwefelsäure); Eröffnung der Mailänder Scala und des National-Singspiels in Wien; Clemens Brentano geboren; Jean-Jacques Rousseau gestorben; Voltaire gestorben.

1779 James Cook auf seiner dritten Weltumsegelung auf den Sandwich-Inseln getötet; Charlotte von Hezel gibt als erste Frau eine Zeitschrift heraus; erster deutscher Lehrstuhl für Pädagogik in Halle eingerichtet; Gründung des Mannheimer Nationaltheaters; Goethes `Iphigenie auf Tauris´ in Weimar uraufgeführt; Haydns Opern `La vera constanza´ und `L´isola disabitata´ in Esterház uraufgeführt; `Iphigénie en Tauride´ von Gluck in Paris uraufgeführt; Lessings

`Nathan der Weise´ erscheint im Druck; Johanniskirche in FfM geweiht (erstes Gebäude der Stadt mit einem Blitzableiter).

1780 Pennsylvania beschließt die Freilassung aller Sklaven; Indianeraufstände in Lateinamerika; Maria Theresia gestorben; Joseph II. wird ihr Nachfolger und Alleinherrscher des Habsburgerreiches; die erste Ausgabe der `Zürcher Zeitung´ erscheint; erstes Pferdesport-Derby im englischen Epsom; Goethe schreibt `Wanderers Nachtlied´ mit Bleistift an die Holzwand einer Jagdhütte in Ilmenau/Thüringen; Wielands `Oberon´ und Lessings `Über die Erziehung des Menschengeschlechts´ erscheinen; Eröffnung des `Grand Théâtre´ in Bordeaux; Karoline von Günderode geboren; Carl von Clausewitz geboren; Conradin Kreutzer geboren.

1781 Gründung von Los Angeles durch 44 amerikanische Siedler; in Europa letzte Schlacht im Niederländischen Krieg; Religionsfreiheit und Aufhebung der Leibeigenschaft in Böhmen und Mähren; Veröffentlichung von Kants `Kritik der reinen Vernunft´; Joseph Haydns Oper `La fedeltà premiata´ in Esterház uraufgeführt; Achim von Arnim geboren; Adalbert von Chamisso geboren; Karl Friedrich Schinkel geboren; Gotthold Ephraim Lessing gestorben.

1782 im Januar Aufhebung der Leibeigenschaft in den Österreichischen Erblanden durch Kaiser Joseph II.; Toleranzpatent für Protestanten und Juden; in Schottland wird das Verbot, einen Kilt zu tragen, aufgehoben; englisch-niederländischer Krieg; Bank of North America nimmt als erste Zentralbank Amerikas ihre Arbeit auf; Schillers `Räuber´ werden im Nationaltheater Mannheim uraufgeführt; `Orlando paladino´ von Joseph Haydn in Esterház uraufgeführt; die Magd Anna Göldi, `evangelischer Religion´, wird als eine der letzten Frauen in Europa der Hexerei beschuldigt, verurteilt (Justizmord) und mit dem Schwert in Glarus/Schweiz hingerichtet; Nicolò Paganini geboren; Friedrich Fröbel geboren; Johann Christian Bach gestorben.

1783 Die Brüder Montgolfier erfinden die Montgolfière, mit der sie am 5. Juni die erste unbemannte Heißluftballonfahrt durchführen; am 19. September folgt in Versailles vor den Augen des Königspaars Ludwig XVI. und Marie Antoinette die erste `bemannte´ Fahrt mit einem Hammel, einer Ente und einem Hahn an Bord; am 15. Oktober folgt der erste Menschenflug mit Jean-François Pilâtre de Rozier in einem

Heißluftballon in der Geschichte; Lessings `Nathan der Weise´ erscheint; Friedrich Sertürner (1783-1841) entdeckt das Morphium.

1784 Ende des Amerikanischen Unabhängigkeitskrieges mit dem `Frieden von Paris´; Kaiser Joseph II. verfügt das Schließen aller innerörtlichen Friedhöfe in Österreich aus hygienischen Gründen; Geburt des `Heurigen´ durch eine Verordnung Joseph II., die es jedermann erlaubt, selbst produzierte Lebensmittel, Wein und Most zu allen Zeiten zu verkaufen und auszuschenken; Aufstände von Leibeigenen in Rumänien und Weberaufstände in Augsburg; Aufstieg des Gasballons `Ad Astra´ in Braunschweig; Immanuel Kant beantwortet die Frage `Was ist Aufklärung?´; Entdeckung zahlreicher Galaxien durch den deutsch-britischen Astronomen Wilhelm Herschel; Schillers `Kabale und Liebe´ wird uraufgeführt; Uraufführung von Haydns Oper `Armida´ in Esterház; Eröffnung des `Allgemeinen Krankenhauses´ in Wien; Denis Diderot gestorben; Jean-Pierre Blanchard startet am 2. März zu seiner ersten Ballonfahrt mit einem Wasserstoff-Ballon.

1785 Preußen, Hannover und Sachsen schließen sich zum Kurfürstenbund zusammen, der sich durch den Beitritt von 14 weiteren Reichsfürsten zum `Fürstenbund´ erweitert; Friedrich II. setzt den überwiegend aus protestantischen Fürsten bestehenden Bund ein, um der habsburgerischen Expansionspolitik in Süddeutschland etwas entgegenzusetzen; Frankreich schickt eine Forschungsexpedition zur Erkundung des Pazifik; innenpolitisch trägt die `Halsbandaffäre´ ihren Teil zum Abbau der französischen Monarchie bei; Friedrich der Große schließt einen Handels- und Freundschaftsvertrag mit den USA; Kaiser Joseph II. erlässt das dritte Toleranzpatent (`Freimaurerpatent´), was zur Begrenzung der Logenanzahl und zur staatlichen Überwachung der Freimaurerei führt; New York behält die Sklaverei bei; in Deutschland wird die erste Dampfmaschine in Betrieb genommen; im Januar erste Ärmelkanalüberquerung in einem Gasballon von Dover nach Calais durch Jean-Pierre Blanchard und John Jeffries; beim zweiten Versuch einer Überquerung im Juni werden Jean-François Pilâtre de Rozier und Pierre Romain die ersten Todesopfer der Luftfahrt, als sich der Wasserstoff ihrer Rozière entzündet und die Gondel abstürzt; in Georgia wird die erste staatliche Universität der USA gegründet; in Wien eröffnet die k.k.medizinisch-chirurgische Josephs-Academie; in England erfindet der Pfarrer Edmond Cartwright die erste automatische Webmaschine; Immanuel Kant veröffentlicht seine `Grundlegung zur Metaphysik der Sitten´; Friedrich Schiller verfasst

`An die Freude´; Uraufführung von Antonio Salieries `La grotta di Trofonio´ am Wiener Burgtheater; Barbara Erni wird im Fürstentum Liechtenstein nach der `Constitutio Criminalis Carolina´ wegen Diebstahls mit dem Schwert öffentlich enthauptet; Jakob Grimm geboren; Karl August Varnhagen von Ense geboren; Ludwig XVII. geboren; Bettina von Arnim geboren; Baldassare Galuppi gestorben.

1786 Preußenkönig Friedrich II. stirbt nach 46jähriger Regierungszeit in Sanssouci im Sessel; im Großherzogtum Toskana werden Folter und Todesstrafe abgeschafft; Jacques Balmat und Michel-Gabriel Paccard gelingt die Erstbesteigung des Mont Blanc; Gottfried August Bürger veröffentlicht `lustige Abenteuer des Freiherrn von Münchhausen´; J. W. v. Goethes Versfassung von `Iphigenie auf Tauris´ erscheint; Salieris komische Oper `Prima la musica e poi le parole´ wird in der Orangerie von Schloss Schönbrunn in Wien uraufgeführt; Singspiel `Doktor und Apotheker´ von Carl Ditters von Dittersdorf am K. u. K. Nationaltheater in Wien uraufgeführt; Wilhelm Gesenius geboren; Wilhelm Grimm geboren; Ludwig Börne geboren; Christian VII., König von Dänemark, geboren; Carl Maria von Weber geboren; Carl Wilhelm Scheele gestorben; Moses Mendelssohn gestorben.

1787 Ludwig XVI. erlässt ein Toleranzedikt für Hugenotten; das `Josephinische Strafgesetz´ löst die `Constitutio Criminalis Theresiana´ in Österreich ab, was die Abschaffung der Folter und der Todesstrafe im ordentlichen Strafverfahren in den habsburgischen Erblanden zur Folge hat; elf Schiffe (`First Fleet´) mit 756 Strafgefangenen (der jüngste war im Alter von 9 Jahren verurteilt worden) an Bord verlassen am 13. Mai Portsmouth in Richtung Australien mit dem Zweck der Besiedelung des Kontinents; im August erklärt die Türkei Russland den Krieg und der Russisch-Österreichische Türkenkrieg beginnt; im September marschiert Preußen in Holland ein; Grigori Alexandrowitsch Potjomkin zeigt angeblich Zarin Katharina II. die `Potemkinschen Dörfer´ auf der neueroberten Krim; Hamburg wird mit über 100000 Einwohnern zur Großstadt; in den USA berät die `Philadelphia Convention´ die Konföderationsartikel, woraus die US-Verfassung erwächst; Delaware wird der erste Bundesstaat der USA, es folgen Pennsylvania und New Jersey; die französische Expedition unter der Leitung von Jean-François de La Pérouse erreicht nach ihrer Pazifiküberquerung Macau und erforscht systematisch die ostasiatischen Nebenmeere und die sibirische Halbinsel Kamtschatka; J. H. W. Tischbein begleitet Goethe auf seiner Italienreise und fertigt sein berühmtes Bild `Goethe in der Campagna´ an; Goethes `Iphigenie auf Tauris´ und Schillers `Don Carlos´ erscheinen; in Salzburg wird im März `Andromeda e Perseo´ von Michael Haydn uraufgeführt; in Paris wird die Oper `Tartare´ von A. Salieri bei ihrer Uraufführung ein großer Erfolg; Gottfried Wilhelm Leibniz wird in Hannover als erstem deutschen Bürgerlichen ein Denkmal gesetzt; Joseph von Fraunhofer wird geboren; Georg Christian Kessler geboren; Christian Ferdinand Siemens geboren; Louis Daguerre geboren; Ludwig Uhland wird geboren; Carl Friedrich Abel gestorben; Henry Melchior Mühlenberg gestorben; Christoph Willibald Gluck gestorben.

1788 Einige amerikanische Bundesstaaten verbieten den Sklavenhandel; New Orleans wird durch einen Großbrand fast komplett zerstört; die `First Fleet´ erreicht Australien und landet am 26. Januar in Sydney (gilt heute als Gründungsdatum Australiens); am 9. Februar tritt Österreich in den bestehenden Russischen Türkenkrieg ein (Russisch-Österreichischer Türkenkrieg 1787-1792); im vorrevolutionären Frankreich führen eine katastrophale Missernte und ein harter Winter zu Getreideknappheit; in Wien leidet die arme Bevölkerung Hunger und es kommt zu Plünderungen; Beginn des Russisch-Schwedischen Krieges; König Friedrich Wilhelm II. will mit der verschärften Aufsicht des Staates über Kirchen und Schulen aufklärerische Tendenzen eindämmen – mit dem Zensuredikt v. 19.12. bedeutet es das Ende der staatlichen Toleranzpolitik Friedrich II.; Karl IV. übernimmt nach dem Tod seines Vaters die Herrschaft in Spanien; in Dänemark wird die Leibeigenschaft aufgehoben; aus `The Daily Universal Register´ (1785 gegründet) wird die `Times´; Goethes `Egmont´ erscheint; Adolph Knigges `Über den Umgang mit Menschen´ erscheint; Immanuel Kants `Kritik der praktischen Vernunft´ erscheint; im Januar wird A. Salieris tragikomische Oper `Axur, re d´ Ormus´ am Burgtheater uraufgeführt und wird zur beliebtesten Oper Salieris; im September Uraufführung von A. Salieris komischer Oper `Il Talismano´ am Wiener Burgtheater; im Oktober Eröffnung des `Theaters in der Josefstadt´ in Wien; Arthur Schopenhauer geboren; Antoine César Becquerel geboren; Joseph von Eichendorff geboren; Wilhelmine Reichard geboren; Friedrich Rückert geboren; Katharina Pawlowna Romanowa geboren; Guiseppe Donizetti geboren; Nikolaus von Flüe geboren; Charles Wesley gestorben; Johann Georg Hamann gestorben; Carl Philipp Emanuel Bach gestorben.

1789 Beginn der Französischen Revolution mit dem Sturm auf die Bastille; die französische Nationalversammlung beschließt die `Deklaration der Menschenrechte´ (wird vom König abgelehnt); die `Poissarden´ stürmen Versailles; der Kirchenbesitz in Frankreich wird säkularisiert; per Gesetz werden in Frankreich 83 `Départements´ an Stelle der historischen Provinzen eingeführt; Preußen beschränkt das Selbstverwaltungsrecht der Mennoniten, was zu einer Auswanderungswelle nach Russland führt; Selim III. wird Nachfolger seines Onkels Abdülhamid I. als Herrscher des Osmanischen Reiches; George Washington wird einstimmig zum ersten US-Präsidenten gewählt; die Verfassung der USA tritt in Kraft; der US-Kongress beschließt die `Bill of Rights´; Meuterei auf der Bounty und Landung der Meuterer auf der Insel Pitcairn; katastrophale Pockenepidemie in Australien; Martin Heinrich Klaproth gibt vor der Preußischen Akademie der Wissenschaften die Entdeckung des Stoffes Uran bekannt; F. Schiller hält in Jena seine Antrittsvorlesung als Professor; Goethes `Egmont´ wird im Januar in Mainz uraufgeführt; am Wiener Burgtheater wird Antonio Salieris tragikomische Oper `Il pastor fido´ uraufgeführt, jedoch kurz darauf wegen dramaturgischer Unzulänglichkeiten wieder abgesetzt; in London brennt `Her Majesty´s Theatre´ (Brandstiftung) völlig ab; Dora Stock fertigt von Mozart ihre berühmte Silberstiftzeichnung an; Georg Simon Ohm geboren; Friedrich Silcher geboren; James Fenimore Cooper geboren; August von Goethe geboren.

1790 Leopold II. wird im September in Frankfurt/Main zum Kaiser des Heiligen Römischen Reiches gewählt und folgt seinem im Februar verstorbenen Bruder Joseph II. nach (Kaiserkrönung am 9.10.); die Mitglieder des `Club de Cordeliers´ popularisieren das Motto `Liberté, Egalité, Fraternité´, die französische Nationalversammlung schafft den Erbadel ab und verbietet Adelstitel, Geistliche werden Staatsbeamte und müssen einen Eid auf die Verfassung leisten; Sächsischer Bauernaufstand in Kursachsen; Friedrich Wilhelm II. und Leopold II. legen auf dem Hintergrund der Französischen Revolution ihre Konflikte bei; Mainzer Knotenaufstand; Ende des Schwedisch-Russischen Krieges durch den Frieden von Värälä ohne territoriale Änderungen; Jacob Schweppe stellt in London sein Sodawasser (`Schweppes´) vor; Kants `Kritik der Urteilskraft´ erscheint; Singspiel `Der Stein der Weisen oder Die Zauberinsel´ von Emanuel Schikaneder am Theater auf der Wieden in Wien uraufgeführt; Goethes `Tarquato Tasso´ in Weimar uraufgeführt; Jean-François Champollion geboren; Benjamin Franklin gestorben; Adam Smith gestorben.

1791 Abschaffung der Zünfte in Frankreich; die französische National-versammlung verabschiedet die Verfassung; Erklärung der Rechte der Frau und Bürgerin durch Olympe de Gouges; Frankreich wird zur konstitutionellen Monarchie; Gleichberechtigung aller französischen Juden; der Frieden von Swischtow beendet den letzten der österrei-chischen Türkenkriege; Haydns `Sinfonie mit dem Paukenschlag´ er-scheint; Giacomo Meyerbeer geboren; der deutsche Lehrer Peter Plett impft drei Kinder erfolgreich gegen Pocken; in Weimar wird das von Herzog Karl August gegründete Hoftheater von Goethe mit einem Stück von Iffland eröffnet; in Berlin wird der erste gemischte Chor ge-gründet; der Louvre wird als Museum verwendet; Voltaires Gebeine werden ins Pariser Panthéon überführt; König Wilhelm II. weiht in Ber-lin das Brandenburger Tor ein und gibt es für den allgemeinen Verkehr frei; Papst Pius VI. verurteilt die in Frankreich eingeführte Zivilverfas-sung und die Maßnahmen der Französischen Revolutionäre im Blick auf den Klerus; Franz Grillparzer geboren; Carl Czerny geboren; The-odor Körner geboren; John Wesley gestorben; Ignaz von Born gestor-ben.

c. Ereignisse im Leben von Wolfgang Amadé Mozart

1756 Am 27. Januar Geburt W. A. Mozarts am Löchelplatz Haus Nr. 225, der heutigen Getreidegasse 9, in Salzburg, als 7. und letztes Kind der Eheleute Maria Anna und Leopold Mozart; am 28. Januar Taufe; Leopold Mozart veröffentlicht sein Buch *Versuch einer gründlichen Violinschule*, das dem Salzburger Fürsterzbischof Sigismund III. Christoph von Schrattenbach gewidmet ist und bald in mehrere Sprachen übersetzt wird.

1760 Klavierunterricht und Einführung in die Harmonielehre durch den Vater; vermutlich auch der Beginn von Lesen, Schreiben und Rechnen, vermittelt durch den Vater.

1761 Mitte Dezember notiert Leopold Mozart als die ersten Kompositionen seines Sohnes ein Andante und ein Allegro für Klavier (*Wolfgangerl Compositiones*, KV 1a+1b), denen ein Allegro und ein Menuetto (KV 1c+1d) folgen; am 1. September erster öffentlicher Auftritt als Tänzer in einer Schulkomödie im großen akademischen Theater in Salzburg; Beginn mit dem Geigenspiel.

1762 Anfang Januar bis Anfang Februar erste Konzertreise des fünfjährigen Wolfgang und seiner elfjährigen Schwester Nannerl nach München: am 12.1. Konzert am Hof des bayerischen Kurfürsten Maximilian III. Joseph; am 18. September Reise nach Passau (Konzert vor Fürstbischof Joseph Maria Graf von Thun-Hohenstein), von Passau Weiterreise vermutlich per Schiff nach Linz, Mauthausen, Ybbs (wo Mozart auf der Orgel im Franziskanerkloster spielte – eine Begebenheit, die 100 Jahre später bildlich festgehalten wurde) und Stein; am 6. 10. Ankunft in Wien; Konzerte vor dem Wiener Hochadel, u. a. am 13. und 21.10. vor Kaiser Franz I. und dessen Gattin Maria Theresia in Schloss Schönbrunn; Aufenthalt in Preßburg und Kauf eines Reisewagens; Mozart ca. zehn Tage krank (`Erythema nodosum´).

1763 Am 5. Januar Ankunft in Salzburg; Mozart erkrankt an Gelenkrheumatismus; im Februar Ernennung Leopold Mozarts zum Vizekapellmeister; am 9. Juni Aufbruch der Eltern mit ihren Kindern und dem Diener Sebastian Winter zur dreijährigen großen Europareise im eigenen Reisewagen mit wechselnden Postpferden, zunächst nach München; Radbruch vor Wasserburg am Inn und dadurch bedingter Aufenthalt (Reparatur); am 13.6. Empfang bei Kurfürst Maximilian III. Joseph; Konzerte; Weiterreise nach Augsburg, wo konzertiert wird und Leopold Mozart bei dem Klavierbauer Johann Andreas Stein ein Reiseklavier kauft; im Juli öffentliche Konzerte und Weiterreise über Günzburg, Ulm, Ludwigsburg, Vaihingen, Bruchsal, Schwetzingen (wo der Siebenjährige im kurfürstlichen Hoftheater sein Können unter Beweis stellt), Heidelberg, Mannheim, Worms, Mainz, Frankfurt/Main (der 14jährige Goethe hört mit seiner Familie ein Konzert der Mozart-Kinder), von dort zurück nach Mainz und weiter über Koblenz (per Schiff), Brühl, Köln (Besichtigung des Doms und des Domschatzes), Aachen, Lüttich, Löwen bis nach Brüssel (einmonatiger Aufenthalt, fortwährend Konzerte); im November Weiterreise über Mons, Bonavis und Gournay nach Paris; fünfmonatiger Aufenthalt in Paris und Versailles mit Konzerten in hohen Adelskreisen, u. a. vor der mächtigen Marquise de Pompadour. Erste *Sonaten für Violine und Klavier* entstehen, ebenfalls die erste *Sinfonie Es-Dur* (KV 16).

1764 Am 1.1. sind die Mozarts Zuschauer bei der königlichen Hoftafel in Versailles; am 10.3. erstes öffentliches Konzert in Paris, am 9.4. zweites öffentliches Konzert; am 10.4. Weiterreise per Schiff über den Ärmelkanal von Calais und Dover nach London; Ankunft in London am 23. April; fünfzehnmonatiger Aufenthalt in London: Vorspiel vor dem englischen Königshaus; Begegnung mit Johann Christian Bach und dem Gambensolisten Karl Friedrich Abel; erste Kompositionen für Klavier und Violine entstehen; Mozarts Notizen zu einer Komposition von Abel werden fälschlicherweise für die erste Sinfonie in Es-Dur des Achtjährigen gehalten. In diesem Jahr entsteht vermutlich auch das immer wieder fälschlicherweise als früheste Komposition Mozarts bezeichnete *Menuett G-Dur* (KV 1). W. A. Mozart widmet der englischen Königin seine Violinsonaten.

1765 Weitere Kompositionen für Klavier zu zwei und vier Händen entstehen, die Mozart und seine Schwester öffentlich spielen; Ende Juli Rückkehr über Canterbury und Dover nach Calais und Lille, wo Wolfgang und Leopold an Angina erkranken; einmonatiger Aufenthalt in Lille; im September Reise nach Gent und über Antwerpen, Moerdijk und Rotterdam zum Königshof in Den Haag; sechseinhalb Monate Aufenthalt in Den Haag; weitere Klavierkompositionen und Sinfonien (u. a. *Sinfonie B-Dur*, KV 22); am 12. September erkrankt Nannerl an

Bauchtyphus und erhält am 21. Oktober die `letzte Ölung´; im November erkrankt auch Wolfgang an Bauchtyphus; beide Kinder genesen nach einiger Zeit.

1766 Ende Januar Reise von Den Haag nach Amsterdam, Konzerte; Aufenthalt und Konzerte, u. a. vor Prinz Wilhelm V. von Oranien, bis Anfang März; Entstehung von Klavier- und Violinsonaten; weiter nach Haarlem (Orgelkonzert) und Utrecht, Brüssel, Valenciennes und Cambrai wieder nach Paris (Ankunft im Mai), dort zwei Monate Aufenthalt bis Anfang Juli; im Mai und Juni Konzerte in Versailles; Heimreise über Dijon, Lyon, Genf, Lausanne, Bern, Zürich, Winterthur und Schaffhausen; dann über Donaueschingen, Messkirch, Ulm, Günzburg, Dillingen und Augsburg nach München (Ankunft am 8. November); am 22. November Konzert vor Kurfürst Maximilian III. Joseph; Mozart erkrankt erneut an Gelenkrheumatismus; am 29. November, nach dreieinhalbjähriger Reise, Ankunft in Salzburg; auf Wunsch des Fürstbischofs komponiert der zehnjährige W. A. Mozart innerhalb weniger Tage ein Oratorium.

1767 Die ersten Kompositionen des elfjährigen Wolferl werden in Salzburg uraufgeführt: am 12. März *Die Schuldigkeit des ersten Gebots* (KV 35) und am 13. Mai *Apollo et Hyacinthus seu Hyacinthi Metamorphosis* (KV 38); im September zweite größere Reise der Familie Mozart nach Wien über Vöcklabruck, Lambach, Linz, Strengberg, Melk und St. Pölten; im Oktober Flucht aus Wien vor einer Pockenepidemie nach Brünn und Olmütz; beide Kinder erkranken an den Pocken (Blattern); Rückkehr nach Wien; im Dezember erneuter Aufenthalt in Brünn.

1768 Anfang Januar Rückreise über Lambach nach Wien; am 19.1. Audienz bei Kaiser Joseph II. und dessen Mutter, Maria Theresia; von April bis Juni entsteht die `Opera buffa´ *La finta semplice* (KV 51); im Spätsommer komponiert Mozart das erste deutsche Singspiel, *Bastien und Bastienne* (KV 50); im Auftrag des Kaisers entsteht im Dezember eine Festmesse (`Waisenhausmesse´, KV 139), die von Mozart öffentlich dirigiert wird; Reise über Melk und Linz zurück nach Salzburg.

1769 Am 5. Januar nach fünfzehnmonatiger Abwesenheit Ankunft der Familie Mozart in Salzburg; *La finta semplice* wird am 1. Mai in Salzburg (mit einem Jahr Verspätung) uraufgeführt; Serenaden, ein

Marsch D-Dur (KV 62), *Kassationen* (KV 62) und kirchliche Kompositionen entstehen; am 14. November Ernennung des 13jährigen Wolfgang Amadé zum dritten (unbesoldeten) Kapellmeister der Salzburger Hofkapelle durch den Fürsterzbischof von Salzburg; im Dezember Beginn der ersten Italienreise (13.12.1769-28.3.1771) mit Vater Leopold Mozart über Lofer, Wörgl, Schwaz, Innsbruck, Steinach, Brixen, Bozen, Neumarkt, Trient, Rovereto nach Verona (Ankunft am 27. Dezember).

1770 Konzert in Verona; Weiterreise über Bozzolo und Cremona nach Mailand (Ankunft dort am 23. Januar); Konzerte und Akademien; am 15. März Weiterreise nach Lodi, wo Mozarts erstes *Streichquartett G-Dur* (KV 80) entsteht; Weiterreise über Piacenza, Parma und Modena nach Bologna (Ankunft am 24. März); am 29. März Weiterreise nach Florenz: am 3. und 4.4. Zusammenspiel und Freundschaft mit dem gleichaltrigen Violonisten Thomas Linley; am 6.4. Weiterreise über Siena, Orvieto und Viterbo nach Rom; Mozart notiert nach dem Besuch einer Messe im Petersdom aus dem Gedächtnis ein *Miserere* und schreibt es auf; Kutschenunfall in Rom; weiter nach Neapel, von dort u. a. Ausflüge nach Pompeji, Herculaneum und zum Vesuv; im Juli zurück in Rom: Auszeichnung des Vierzehnjährigen mit dem päpstlichen Orden `Goldener Sporn´ aus der Hand von Kardinal Pallavicini im Palazzo Quirinale (`Ritter von Mozart´); Papstaudienz am 8. Juli; Weiterreise über Spoleto und Ancona nach Rimini und Faenza nach Bologna; im Oktober Kontrapunktunterricht bei Padre Martini und nach vorheriger Prüfung (KV 86) Aufnahme in die dortige berühmte `Philharmonische Akademie´; Weiterreise über Parma und Piacenza nach Mailand, dort am 26. Dezember Uraufführung der `Opera seria´ *Mitridate, re di Ponto* (KV 87).

1771 Mozart wird Ehrenkapellmeister der Philharmonischen Akademie von Verona; Weiterreise nach Turin und wieder zurück nach Mailand, dann über Brescia, Verona, Vicenza und Padua nach Venedig; Konzert und Empfang durch Erzherzog Ferdinand; über Brescia, Verona, Trient, Bozen, Brixen und Innsbruck Rückreise nach Salzburg (Ankunft dort Ende März); Mitte August zweite Italienreise (13.8.-15.12.) von Vater und Sohn über Innsbruck, Brixen und Trient nach Mailand: am 17. Oktober dort Uraufführung von *Ascanio in Alba* (KV 111) anlässlich des Habsburgischen Staatsakts, der Vermählung des 17jährigen österreichischen Erzherzogs Ferdinand Karl von Österreich, eines der jüngsten Kinder Maria Theresias, und der vier Jahre älteren Prinzessin Maria Beatrice d'Este; Mitte Dezember Rückkehr nach Salzburg; am 16.12. Tod des Fürsterzbischofs von Schrattenbach.

1772 Komposition von Sinfonien, Sonaten und Liedern sowie der Oper *Il sogno di Scipione* (KV 126), die Anfang Mai zu Ehren des neu gewählten Fürsterzbischofs Hieronymus Graf von Colloredo aufgeführt wird; *Divertimenti* in D-Dur, B-Dur und F-Dur (KV 131, 136, 137 und 138) – die *Salzburger Sinfonien* – entstehen; ferner weitere Sinfonien (KV 124, KV 128-130 und KV 132-134); Ernennung Mozarts zum besoldeten Konzertmeister; am 24.10. dritte Italienreise von Vater und Sohn Mozart (24.10.1772-13.3.1773) über Innsbruck, Brixen, Bozen, Trient, Verona und Brescia nach Mailand (4.11); am 26.12. Uraufführung der Oper *Lucio Silla* (KV 135).

1773 im März Rückkehr nach Salzburg über Brescia, Verona, Trient, Brixen und Innsbruck; in den folgenden vier Jahren entstehen ca. 130 Werke, u. a. *Exsultate, jubilate* (KV 165), die *Serenade* Nr. 3 D-Dur *Antretter* (KV 185), die *g-Moll-Sinfonie* (KV 183), die *A-Dur-Sinfonie* (KV 201) und die *Lauretanische Litanei*; im Juli dritte Wienreise von Vater und Sohn über Linz und Lambach (14.7.-26.9.1773), Konzerte dort und u. a. Anfang August erneute Audienz bei Maria Theresia; erster Besuch im niederösterreichischen Baden, in dem sich später seine Frau oft zur Kur aufhalten wird; vergebliche Anstellungsversuche in Wien; im September Rückkehr nach Salzburg; Mozarts erstes selbständiges *Klavierkonzert* D-Dur (KV 175) entsteht; bis 1777 im Dienst des Fürsterzbischofs von Colloredo.

1774 Kompositionen für den Fürsterzbischof von Colloredo entstehen: Kirchenmusik, Klaviersonaten und Sinfonien; im Oktober Beginn der Oper *La finta giardiniera*; im Dezember Reise mit dem Vater über Wasserburg für drei Monate nach München (16.12.1774-7.3.1775).

1775 im Januar Uraufführung von *La finta giardiniera* (*Die Gärtnerin aus Liebe*, KV 196) in München; Teilnahme am Münchner Karneval; Rückreise mit dem Vater nach Salzburg; Beauftragung durch Fürsterzbischof von Colloredo mit der Komposition von *Il Ré pastore* (KV 208), die im April anlässlich eines Salzburger Hoffestes zu Ehren von Erzherzog Maximilian uraufgeführt wird; die *fünf Violinkonzerte* entstehen; Serenade D-Dur (KV 189b); Fagottkonzert B-Dur (KV 191);

Serenade Nr. 4 D-Dur `von Colloredo´ (KV 203); Serenade Nr. 5 D-Dur (KV 204).

1776 *Serenata notturna* (KV 239); im Juni und Juli Aufführung des Divertimento F-Dur (KV 247) und der `Haffner-Serenade´ (KV 250); Serenade *Notturno für vier Orchester* (KV 286); Kirchensonaten entstehen; *Missae breves*.

1777 Erzbischof von Colloredo entlässt auf Mozarts Gesuch hin Vater und Sohn; Adagio E-Dur (KV 261); *Jeunehommekonzert* (KV 271); Motette *Sancta Maria mater Dei* (KV 273); Oboenkonzert C-Dur (KV 314); in Begleitung seiner Mutter im September und Oktober Konzertreise (23.9.1777-Januar 1779) über Wasserburg nach München (23.9.), Augsburg (Mozart lernt seine Cousine, `das Bäsle´, kennen), Donauwörth, Nördlingen, Ellwangen, Bruchsal, Schwetzingen nach Mannheim in der Hoffnung, eine Stelle bei Hof zu finden – erfolglos; Begegnung mit den Familien der Mannheimer Hofmusiker Cannabich, Wendling und Weber (und deren vier Töchter); Kompositionen für die dreizehnjährige Rosl Cannabich (C-Dur-Sonate, KV 309) und für Dorothea Wendling (*Ah, non lasciarmi*, KV 295a).

1778 Ende Januar Weiterreise W. A. Mozarts mit Franz Fridolin Weber und dessen Tochter Aloisia nach Kirchheimbolanden an den Hof der musikliebenden Prinzessin Caroline von Nassau-Weilburg; dann zu zweit mit seiner Mutter Weiterreise über Metz und Clermont nach Paris (Ankunft dort am 23. März); im Juni Uraufführung von Ballettmusik und der *Pariser Sinfonie* (KV 297); erwartete Erfolge bleiben aus; am 3. Juli plötzlicher Tod der Mutter an Typhus und am 4. Juli deren Begräbnis in Paris; im September Rückreise über Nancy, Straßburg, Mannheim, Heidelberg, Schwäbisch-Hall, Crailsheim, Dinkelsbühl, Donauwörth, Neuburg, Ingolstadt und München nach Salzburg; erfolglose Stellensuche; Weihnachten macht Mozart Aloisia Weber in München einen Heiratsantrag, den die Hofsängerin ablehnt; Liebeskummer; Sonaten für Klavier und Violine entstehen; Notturno für vier Orchester D-Dur (KV 286); Flötenkonzerte in G-Dur (KV 313) und D-Dur (KV 314) entstehen; Andante für Flöte und Orchester (KV 315); Konzert für Flöte, Harfe und Orchester C-Dur (KV 299); Klaviersonaten (KV 330 und 331).

1779 Anfang Januar überreicht Mozart der Kurfürstin Elisabeth Auguste in München seine ihr gewidmeten, in Paris gedruckten Violinsonaten; das `Bäsle´ ist in München; Mozart reist nach Salzburg zurück; er tritt als Hoforganist (Ernennungsurkunde v. 17.1.1779) und Konzertmeister wieder in erzbischöfliche Dienste; seine *Krönungsmesse* (KV 317), *Posthorn-Serenade* (KV 320) und *Divertimento* (KV 334) entstehen.

1780 Arbeit an dem unvollendet gebliebenen Singspiel *Zaide*; im Mai Aufführung von *La finta giardiniera* in Augsburg; im September Konzerte mit Nannerl am Salzburger Hof; Ende Oktober heiratet Aloisia Weber den Hofschauspieler Joseph Lange; im November Reise Mozarts für vier Monate nach München (5.11.1780-16.3.1781); Vorbereitung des *Idomeneo* und Proben.

1781 im Auftrag des bayerischen Kurfürsten entsteht die tragische Oper *Idomeneo, Ré di Creta* (KV 367), die am 29.1. am Münchner Residenztheater uraufgeführt wird; im März Besuch von Vater, Sohn und Tochter in Augsburg; Graf von Colloredo befiehlt Mozart nach Wien; Anfang April Auftritt in einer Akademie der Tonkünstlersozietät in Wien; Mozart zieht bei seiner künftigen Schwiegermutter, Maria Caecilia Weber, zur Untermiete ein; im Mai und Juni neue Konflikte mit Salzburgs Fürstbischof von Colloredo, Mozart bittet um Entlassung aus dem Dienst; endgültiger Bruch mit Fürsterzbischof von Colloredo und Kündigung; ab Sommer in Wien, vergebliche Bewerbung am dortigen kaiserlichen Hof; *Rondo für Horn und Orchester Es Dur* (KV 371); Serenade Nr. 11 Es-Dur (KV 375); Wien ist ab jetzt Mozarts Lebensmittelpunkt; Konzerte in Wiener Adelshäusern; Anfang September aus Gründen sozialen Drucks Bezug eines kleinen Zimmers am Graben, Innere Stadt Haus Nr. 1175; am 24.12. auf Einladung von Kaiser Joseph II. Wettspiel zwischen W. A. Mozart und Muzio Clementi, einem gefeierten Klaviervirtuosen, in der Wiener Hofburg.

1782 Uraufführung des deutschen Singspiels *Die Entführung aus dem Serail* (KV 384) am Wiener Burgtheater; Umzug Mozarts ins Haus zum `Roten Säbel´ an der Hohen Brücke; im Mai `Augarten-Konzert´; im Juli Uraufführung der *Entführung aus dem Serail*; am 4.8. Heirat mit Constanze Weber im Stephansdom zu Wien; Mozart komponiert u. a. die Serenade *Gran Partita* (KV 361), die *Haffner-Sinfonie* (KV 385), die Serenade Nr. 12 in c-Moll *Nacht-Musique* (KV 388, es ist die einzige Serenade in Moll) und Klavierkonzerte; im Dezember Umzug des

Ehepaars Mozart ins `Klein-Herbersteinische Haus´ Nr. 412, 3. Stock, bei der `Hohen Brücke´; Bekanntschaft mit Christoph Willibald Ritter von Gluck.

1783 Umzug zum Kohlmarkt ins Haus `Zum englischen Gruß´, Stadt Nr. 1179; Hornkonzert Es-Dur (KV 417); im März Mitwirkung an einer Akademie von Aloisia Lange und erfolgreiches Konzert im Burgtheater in Gegenwart des Kaisers; Umzug zum Judenplatz 3 ins `Burgische Haus´, Stadt Nr. 244, 1. Stock; im Juni Geburt des 1. Kindes Raymund Leopold, das innerhalb von zwei Monaten an `Gedärmfrais´ (`frais´ = `Krampf´) stirbt; Reise mit Constanze Mozart zum Vater nach Salzburg (etwa dreimonatiger und letzter Aufenthalt in Salzburg); Komposition des Streichquartetts d-Moll (KV 421); am 25.8. Aufführung der Messe in c-Moll (KV 427) in der dortigen Peterskirche; Ende Oktober Rückreise von Constanze und Wolfgang über Lambach und Linz nach Wien; in Linz Entstehung und Uraufführung der *Linzer Sinfonie* (KV 425); auch das Streichquartett in Es-Dur (KV 428) und die *Notturni*, fünf schwermütige *Nachtstücke* für zwei Soprane und Bläser sowie die *Klaviersonate B-Dur* (KV 333), entstehen jetzt.

1784 Umzug in den `Trattnerhof´, Am Graben, 2. Stiege, 3. Stock, mit vier Zimmern, zwei Kabinetten und Nebenräumen – eine der ersten Adressen Wiens; dort Konzerte und Akademien (in sechs Wochen 22 Akademien); im Februar erster Eintrag Mozarts in sein *Verzeichnüß aller meiner Werke*; am 23.8. heiratet Mozarts Schwester den Hofrat und Gerichtspfleger von St. Gilgen, Baron Berchtold zu Sonnenburg, einen Witwer mit fünf Kindern; Bläserquintett Es-Dur (KV 452), Klavierkonzert in G-Dur (KV 453) und in F-Dur (KV 459) entstehen, ferner das Streichquartett B-Dur (KV 458), das *Jagdquartett* und die c-Moll-Sonate entstehen; im September Geburt des zweiten Kindes, Carl Thomas (der mit 74 Jahren starb); Umzug in die Große Schulerstraße, Stadt Nr. 846, 1. Stock; Mitte Dezember Aufnahme als `Lehrling´ in der Freimaurerloge `Zur Wohlthätigkeit´.

1785 Mozart wird Freimaurer-`Geselle´; Komposition der Streichquartette A-Dur (KV 464) und C-Dur (KV 465) sowie des Klavierkonzerts in C-Dur (KV 467) und der *Maurerischen Trauermusik* (KV 477); im Februar Aufführung des 20. Klavierkonzerts in d-Moll (KV 466) im Wiener Casino `Zur Mehlgrube´, wo Mozart selbst in Anwesenheit seines Vaters den Solopart seines tags zuvor fertiggestellten Stückes spielt;

letzter Besuch von Leopold Mozart bei seinem Sohn; er nimmt an vielen Gesellschaften und Konzerten teil und bleibt bis April; W. A. Mozarts sechs *Streichquartette* (KV 387, 417b, 421b, 458, 464 und 465) gelangen in den Druck; Arbeit an der Oper *Le Nozze di Figaro* (KV 492); am 23.12. Konzert der Tonkünstlersozietät.

1786 im Februar Uraufführung der deutschen Komödie *Der Schauspieldirektor* in Wien; im März Komposition der Klavierkonzerte A-Dur (KV 488) und c-Moll (KV 491); am 1. Mai Aufführung der Oper *Le nozze di Figaro* (KV 492, größter Erfolg in Mozarts Leben) am Wiener Burgtheater; Komposition des Klavierkonzerts Es-Dur (KV 493), des Hornkonzerts Es-Dur (KV 495) und des Streichquartetts D-Dur (KV 499); im Oktober Geburt des dritten Kindes, Johann Thomas Leopold, der einen Monat später an `Stickfrais´ stirbt; Komposition des Klavierkonzerts C-Dur (KV 503) und der *Prager Sinfonie* D-Dur (KV 504).

1787 am 8. Januar mit Constanze erstmals Reise nach Prag (8.1.-8.2.1787) zur gefeierten Aufführung des *Figaro* im Prager Nationaltheater (am 22.1. dirigierte Mozart selbst); im Februar zurück in Wien; Entstehung der Streichquintette C-Dur (KV 515) und g-Moll (KV 516); Umzug der Mozarts in die Landstraße Nr. 224, Gartenseite; Besuch und Vorspiel des sechzehnjährigen Ludwig van Beethoven bei Mozart; am 28. Mai stirbt Leopold Mozart in Salzburg im Alter von 68 Jahren; im Sommer Entstehung von *Ein musikalischer Spaß* (KV 522) und *Eine kleine Nachtmusik* (KV 525) sowie der Oper *Don Giovanni* (KV 527); im Juni begräbt Mozart seinen Vogel `Starhl´/`Staarl´; Anfang Oktober mit Constanze Reise (1.10.-12.11.1787) zur erfolgreichen Uraufführung nach Prag; Rückreise Mitte November; die Mozarts wohnen jetzt `Unter den Tuchlauben´, Innere Stadt Nr. 281; am 7. Dezember Ernennung Mozarts zum `Kaiserlich-Königlichen Kammermusikus und Hofcompositeur´ durch Joseph II. mit 800 Gulden Jahresgehalt; Geburt des vierten Kindes, der Tochter Theresia; sie stirbt nach sechs Monaten an `Gedärmfrais´.

1788 Ende Februar *Krönungskonzert D-Dur* (KV 537); Adagio für Klavier in h-Moll (KV 540); Sinfonien in Es-Dur (KV 543), g-Moll (KV 550) und die *Jupiter-Sinfonie* C-Dur (KV 551) entstehen; am 7.5. Aufführung des *Don Giovanni* in Wien mit mäßigem Erfolg; Umzug in die Wiener Vorstadt ins Haus `Zu den drei Sternen´, Alsergrund Nr. 135; zunehmend Geldsorgen.

1789 Umzug ins Haus `Zur Mutter Gottes´ am Judenplatz, Innere Stadt Nr. 245; im März erste deutschsprachige Aufführung von `Don Juan oder der steinerne Gast´ in Main; durch Mozart arrangierte Uraufführung von Händels `Messias´; im April Reise nach Prag, Dresden und Potsdam/Berlin in Begleitung seines Wiener Freundes, des 28jährigen Freimaurerbruders und Mäzens Fürst Karl Lichnowsky (8.4.-4.6.1789); Konzert vor Kurfürst Friedrich August III. und am 15.4. Orgelwettstreit mit J. W. Hässler in der Dresdner Hofkirche; Weiterreise über Meißen und Hubertusburg nach Leipzig; am 22.4. Orgelimprovisation in der Leipziger Thomaskirche; Empfang am Hofe König Friedrich Wilhelms II. in Potsdam und Mitte Mai Hofkonzert; Rückreise über Dresden und Prag nach Wien; `Divertimento in Es-Dur´ (KV 563); Streichquartette (KV 575, 589 und 590) entstehen, ebenso die Klaviersonate (KV 576) und das Klarinettenquintett (KV 581); Mozart plagen jetzt zunehmend Geldsorgen; er schreibt Bettelbriefe und macht jede Menge Schulden; Constanze Mozart fährt zur ersten Kur nach Baden; Mitte August Besuch Mozarts dort; am 16. November Geburt des fünften Kindes, Anna Maria, die nach einer Stunde noch am selben Tag stirbt; Arbeit an der komischen Oper *Così fan tutte*(KV 588).

1790 am 26.1. Uraufführung von *Così fan tutte* im Wiener Burgtheater; Mozart hat kaum noch Schüler; seine Geldsorgen wachsen und er wird krank; im Juni mehrwöchiger Besuch Mozarts bei seiner Frau in Baden; am 23. September Reise innerhalb von fünf Tagen in der eigenen Kutsche und auf eigene Kosten zur Kaiserkrönung über Passau, Regensburg, Nürnberg, Würzburg und Aschaffenburg nach Frankfurt; Mozart trägt bei einer Akademie in Frankfurt seine Klavierkonzerte F-Dur (KV 459) und D-Dur (KV 537) vor; Streichquartette B-Dur (KV 589) und F-Dur (KV 590) sowie das Streichquintett Nr. 5 in D-Dur (KV 593) entstehen; Ende September Umzug Constanze Mozarts in die Rauhensteingasse 8, 1. Stock; im Oktober fährt Mozart per Schiff nach Mainz, gibt vor dem Kurfürsten ein Konzert und reist weiter nach Mannheim, wo sein `Figaro´ erstmals aufgeführt wird; Rückreise über Mannheim, Cannstadt, Göppingen, Ulm, Augsburg und München, wo er eine Akademie gibt, nach Wien (Ankunft im November); Mitte Dezember Abschiedsessen für den nach England übersiedelnden Joseph Haydn.

1791 am 14. Januar entsteht Mozarts Kinderlied *Komm, lieber Mai und mache die Bäume wieder grün* (KV 596); letztes öffentliches Auftreten und letztes Klavierkonzert in B-Dur (KV 595); im Mai Arbeit an der

Oper *Die Zauberflöte* (KV 620); Mozart wird Stellvertretender Kapellmeister am Stephansdom; im Juni fährt Constanze Mozart mit Sohn
Carl zur Kur nach Baden; Mozart besucht die beiden dort und schreibt
am 17.6. die Motette *Ave verum corpus* (KV 618); am 26.7. Geburt
des sechsten Kindes namens Franz Xaver Wolfgang (stirbt mit 53 Jahren); Unterbrechung der Arbeit an seiner *Zauberflöte* zugunsten der
`Opera seria´ *La Clemenza di Tito* (KV 621), die am 6.9. im National-
theater in Prag anlässlich der Krönung von Kaiser Leopold II. zum König von Böhmen uraufgeführt wird; Mitte August dritte Pragreise Mozarts mit Constanze und Süßmayr (25.8.-15.9.1791), wo Mozart den
Don Giovanni dirigiert; Mitte September Rückreise von Constanze und
Wolfgang Mozart sowie Süßmayr nach Wien; zwischen dem 28.9. und
dem 7.10. schreibt Mozart sein Klarinettenkonzert (KV 622), das letzte
von ihm vollendete Instrumentalwerk (bei der Uraufführung am 16.10.
in Prag ist Anton Stadler, dem das Werk gewidmet ist, der Solist); am
30.9. im Theater im Freihaus auf der Wieden Uraufführung der *Zauberflöte*, bei der Mozart selbst dirigiert; Anfang Oktober fährt
Constanze wieder zur Kur; unablässige Arbeit am *Requiem*, der Auftragsarbeit `eines Unbekannten´ (bleibt unvollendet); Mitte Oktober
holt Mozart Constanze aus Baden ab – seine letzte Reise; am 18. November vollendet Mozart sein letztes Werk, die *Kleine Freimaurer-
Kantate* (KV 623); schwere Erkrankung und ab 20. November Kran-
kenlager; am 4. Dezember angebliche Probe seines *Requiems* am
Krankenbett; am 5. Dezember um 0.55 Uhr: Tod W. A. Mozarts in seiner Wohnung in der Wiener Rauhensteingasse 8.

10. Literaturverzeichnis

An dieser Stelle kann nur eine Auswahl der umfangreichen Literatur zu Mozart geboten werden. Eingang ins Literaturverzeichnis fanden alle Titel, die von mir zitiert wurden, ferner die wichtigste Sekundärliteratur zu Mozart. Vieles aus dem musikalischen Nachlass Mozarts (eigenhändige Partituren seiner Opern, Briefe, Partiturabschriften fremder Hand, Drucke) befindet sich heute in der `Stiftung Mozarteum Salzburg´, einiges davon wurde online zugänglich gemacht: https://dme.mozarteum.at/briefe-dokumente/# (aufgerufen am 24.3.2020); auch Nachlässe von Personen, die für die Mozartforschung bedeutsam sind, liegen dort. Von Buchpublikationen aus der Zeit der frühen Mozart-Forschung wurden nur einflussreiche Werke erwähnt; auch wurden vorwiegend deutschsprachige Titel verwendet. Zeitungs- und Zeitschriftenartikel sowie Fachaufsätze und online-Publikationen fanden in den Anmerkungen entsprechend Erwähnung und flossen an dieser Stelle nicht noch einmal ins Literaturverzeichnis ein.

Abert, Hermann, Mozarts Persönlichkeit, Leipzig 1923.

Ammerer, Gerhard, Das Tomaselli und die Salzburger Kaffeehaustradition seit 1700, Wien 2006.

Angermüller, Rudolph, `Auf Ehre und Credit.´ Die Finanzen des W. A. Mozart, in: ders., Auf Ehre und Credit. Die Finanzen des W. A. Mozart (Ausstellung der Internationalen Stiftung Mozarteum Salzburg, der Staatlichen Münzsammlung München und der Bayerischen Vereinsbank), München 1983, 1-16.

Angermüller, Rudolph, Mozart. Die Opern von der Uraufführung bis heute, FfM-Berlin-Wien 1988.

Angermüller, Rudolph, W. A. Mozarts musikalische Umwelt in Paris (1778). Eine Dokumentation, München-Salzburg 1982.

Angermüller, Rudolph, Mozarts Reisen in Europa 1762-1791, Bad Honnef 2004.

Angermüller, Rudolph (Hg.), Wolfgang Amadeus Mozart, Sämtliche Opernlibretti, Ditzingen 1990, [2]2005.

Assmann, Jan, Die Zauberflöte. Oper und Mysterium, München 2005.

Assmann, Jan, Die Zauberflöte. Ein literarischer Opernbegleiter. Mit dem Libretto Emanuel Schikaneders und verwandten Märchendichtungen, München 2012.

Bär, Carl, Mozart. Krankheit – Tod – Begräbnis, Kassel 1966, 1972.

Bankl, Hans, Der Rest ist nicht schweigen. Lebenswerk und Lebensende bedeutender Menschen, Wien-München-Bern 1992.

Bankl, Hans/Szilvassy, Johann, Die Reliquien Mozarts: Totenschädel und Totenmaske, Wien 1992.

Bankl, Hans, Viele Wege führten in die Ewigkeit. Schicksal und Ende außergewöhnlicher Menschen. Mit 53 Abbildungen, Wien-München-Bern 1990.

Bankl, Hans, Woran sie wirklich starben. Krankheiten und Tod historischer Persönlichkeiten, Wien 1992, Wien-München-Berlin [4]1999.

Barth, Karl, Die Kirchliche Dogmatik Bd. III/3, Zürich 1950.

Barth, Karl, Wolfgang Amadeus Mozart. 1756/1956, Zürich 1956, [12]1987.

Barth, Karl, Letzte Zeugnisse, Zürich 1969, 2. Auflage 1970,

Baronsky, Eva, Herr Mozart wacht auf, Berlin 2006.

Bartos, Burghard, „...ich kann es aber durch Töne." Wolfgang Amadé Mozart, Hamburg 1990.

Barz, Paul, Mozart. Prinz und Papageno, München 2005.

Bauer, Wilhelm A./Deutsch, Otto Erich, Mozart. Briefe und Aufzeichnungen, Gesamtausgabe in 7 Bänden, hg. von der Internationalen Stiftung Mozarteum Salzburg, Kassel u. a. 1966-75.

Baur, Eva Gesine, Emanuel Schikaneder. Der Mann für Mozart, München 2018.

Baur, Eva Gesine, Mozart-ABC, München 2016.

Baur, Eva Gesine, Mozart. Genius und Eros. Eine Biographie, München 2014.

Baur, Eva Gesine, Mozarts Salzburg. Auf den Spuren eines Genies, München 2005.

Baur, Eva Gesine, Zu Gast bei Mozart, München 2005.

Baur, Eva Gesine/Campe, Chris, Mozart-ABC, München 2016.

Beci, Veronika, Die Familie Mozart, Düsseldorf 2005.

Becker, Max/Schickhaus, Stefan, W. A. Mozart. Chronik-Bildbiographie, Gütersloh 2005.

Belmonte, Carola, Die Frauen im Leben Mozarts, Augsburg-Berlin 1905.

Benjamin, Walter, Über den Begriff der Geschichte, in: Walter Benjamin, Ein Lesebuch, hg. v. Michael Opitz, FfM 1996, 665-676.

Bjørnstad, Ketil, Mein Weg zu Mozart, Berlin 2016.

Bloch, Ernst, Geist der Utopie. Zweite Fassung (Ernst-Bloch-Gesamtausgabe 3), FfM 1977.

Bloch, Ernst, Geist der Utopie. Erste Fassung. Faksimile der Ausgabe von 1918 (Ernst-Bloch-Gesamtausgabe 16), FfM 1977.

Blom, Eric, Mozart. Aus dem Englischen übersetzt von Irma Silzer, München-Zürich 1954.

Blume, Friedrich (Hg.), Die Musik in Geschichte und Gegenwart. Allgemeine Enzyklopädie der Musik, unter Mitarbeit zahlreicher Musikforscher des In- und Auslandes. 17 Bände, Kassel/Basel-London-New York-Prag-Stuttgart-Weimar 1949-1986.

Böttger, Dirk, Wolfgang Amadeus Mozart (dtv portrait, hg. v. Martin Sulzer-Reichel), München 2003.

Borchmeyer, Dieter, Mozart oder Die Entdeckung der Liebe, FfM-Leipzig 2005.

Braudel, Fernand, Sozialgeschichte des 15. bis 18. Jahrhunderts: Der Alltag, München 1985.

Braunbehrens, Volkmar, Mozart in Wien, München-Zürich 1986.

Braunbehrens, Volkmar, Salieri. Ein Musiker im Schatten Mozarts, München-Zürich 1989.

Braunbehrens, Volkmar/Jürgens, Karl-Heinz, Mozart. Lebensbilder, Bergisch-Gladbach 2005.

Briefe Mozarts. Mit einem Geleitwort von Max Mell, Wiesbaden 1956.

Broy, Erich, Leopold Mozart. Komponieren in einer Zeit stilistischen Wandels, Augsburg 2019.

Brügge, Joachim (Hg.), Zwischen `Cultural Heritage´ und Konzertführer. W. A. Mozart, Eine Kleine Nachtmusik in den Medien, Freiburg 2016.

Brügge, Joachim/Gruber, Gernot (Hg.), Das Mozart-Lexikon, Laaber 2005.

Brüggemann, Axel, Wer war Mozart?, Berlin 2009.

Calvino, Italo/Buchholz, Quint, Mozarts Zaide. Eine Geschichte von Liebe und Abenteuern. Aus dem Italienischen von Burkhard Kroeber, Wien 1991.

Cantagrel, Gilles, Wolfgang Amadeus Mozart. Eine illustrierte Biografie, München 2005.

Caeyers, Jan, Beethoven. Der einsame Revolutionär, vollständig neu bearbeitete und aktualisierte Sonderausgabe, München 2020.

Conforti, Alberto, Mozart, Rastatt 1991.

Czibulka, Alfons von, Reich mir die Hand, mein Leben. Ein Mozart-Roman, Gütersloh 1956.

Dahlhaus, Carl, Die Idee der absoluten Musik, Kassel ^{3}1994.

Davenport, Marcia, Mozart, New York 1979.

Dempf, Peter, `Mir ist so federleicht ums Herz´, FfM 2004.

Deutsch, Otto Erich, Mozart. Dokumente seines Lebens, München 1981.

Deutsch, Otto Erich/Zenger, Max, Mozart und seine Welt in zeitgenössischen Bildern, Kassel 1961.

Doldinger, Friedrich, Mozart, Stuttgart 1974, 1990.

Egghardt, Hanne, Skandalöse Amouren im Hause Habsburg, Wien 2013.

Eibl, Joseph Heinz/Senn, Walter (Hg.), Mozarts Bäsle-Briefe, Kassel-München 1978.

Einstein, Alfred, Mozart. Sein Charakter – sein Werk (1947), FfM 2005, [2]2006.

Eisen, Cliff, A Life in Letters, London-New York-Toronto 2006.

Elias, Norbert, Mozart. Zur Soziologie eines Genies. Aus dem Nachlass herausgegeben von Michael Schröter, FfM 1993, 2005.

Engerth, Ruediger, Hier hat Mozart gespielt. Kultur konkret, Hamburg 1968.

Erhart, Peter, Niederösterreichische Komponisten, Wien 1998.

Ermen, Reinhard (Hg.), „... und der nämliche narr bleibe ich". Wolfgang Amadeus schreibt an Maria Anna Thekla Mozart, München 1990.

Etzlstorfer, Hannes, Maria Theresia – Kinder, Kirche und Korsett. Die privaten Seiten einer Herrscherin, Wien 2008, 2014.

Ewert, Hansjörg/Griese, Dietmar, Mozart. Das Bilderbuch, Kassel 2005.

Falke, Gustav, Mozart oder Über das Schöne, Berlin 2006.

Fath, Rolf, Reclams Mozart-Opernführer, Stuttgart 2005.

Finke, Gesa, Die Komponistenwitwe Constanze Mozart, Wien 2012.

Finscher, Ludwig (Hg.), Die Musik in Geschichte und Gegenwart (MGG). 26 Bände in zwei Teilen, 2., neubearbeitete Auflage, Kassel u. a. 2003.

Fisch, Samuel, Wolfgang Amadeus Mozart. Aus seinem Leben und Schaffen. Biographien für den Musikfreund, Zürich 1951.

Flothuis, Marius, Mozarts Klavierkonzerte (C.H.Beck Wissen), München 1998.

Freeman, Daniel E., Mozart in Prague, Minneapolis 2013.

Fürnberg, Louis, Mozart-Novelle, Berlin und Weimar [9]1989.

Gärtner, Heinz, „Folget der Heißgeliebten". Frauen um Mozart, München 1990.

Gagelmann, Hartmut, Mozart hat nie gelebt..., Freiburg 1991.

Gall, Lothar, Bürgertum in Deutschland, Berlin 1989.

Gardiner, John Eliot, Bach. Musik für die Himmelsburg, München 2016.

Gay, Peter, Mozart. Biographie, Berlin 1999, 2001, 2005.

Gebhardt, Volker, Schnellkurs Mozart. Zum Mozartjahr 2006, Köln 2006.

Geck, Martin, Ludwig van Beethoven, in Selbstzeugnissen und Bilddokumenten, Reinbek 2001.

Geck, Martin, Mozart. Eine Biographie. Mit Illustrationen von F. W. Bernstein, Reinbek 2005.

Geier, Manfred, Kants Welt. Biographie, Reinbek bei Hamburg 2003.

Girdlestone, Cuthbert, Mozart and His Piano Concertos (1939), New York 2011.

Glück, Alexander, Mozarts letzte Ruhe. Der Biedermeierfriedhof von Sankt Marx, Halle 2012.

Goes, Albrecht, Mit Mörike und Mozart, FfM 1991, [3]1999.

Goes, Albrecht (Hg.), Mozart Briefe, FfM 1979.

Goldschmitt, Adolf, Mozart. Genius und Mensch, Hamburg 1955.

Graf, Bernhard, Mozarts vergessene Vorfahren. Eine Künstlerfamilie aus Augsburg und Schwaben, München 2019.

Greif, Jean-Jacques, Mozart. Aus dem Französischen von Bernadette Ott, München 2003.

Greither, Aloys, Die sieben großen Opern Mozarts, mit einer Pathographie Mozarts, Heidelberg 1956, 1970.

Greither, Aloys, Wolfgang Amadé Mozart, mit Selbstzeugnissen und Bilddokumenten (rm 77), Reinbek 1962, 1990.

Greither, Aloys, Wolfgang Amadé Mozart. Seine Leidensgeschichte, an Briefen und Dokumenten dargestellt, Heidelberg 1958.

Größing, Sigrid-Maria, Amor im Hause Habsburg. Eine Chronique Scandaleuse, München 1998.

Gruber, Gernot, Aus Mozarts `poetischem Hirnkasten´, in: Wolfgang Amadeus Mozart, Aus dem poetischen Hirnkasten, Salzburg und Wien 1989, 36-48.

Gruber, Gernot, Wolfgang Amadeus Mozart (C.H. BECK WISSEN), München 2005.

Gruber, Gernot/Borchmeyer, Dieter, Mozarts Opern. Das Handbuch, 6 Bde., Lilienthal bei Bremen 2007.

Gugitz, Gustav, Die Frage um Mozarts Schädel und Dr. Gall, in: Zeitschrift für Musikwissenschaft, 16. Jg., Leipzig 1934, 32-39.

Hamann, Brigitte, Nichts als Musik im Kopf. Das Leben von Wolfgang Amadeus Mozart, Wien 1990.

Hamann, Brigitte, Mozart. Sein Leben und seine Zeit, Wien 2006.

Harenberg Konzertführer. Der Schlüssel zu 600 Werken von 200 Komponisten. Mit 800 CD-Empfehlungen der `FonoForum´-Redaktion, Dortmund 1998.

Harenberg Opernführer. Der Schlüssel zu 500 Opern, ihrer Handlung und Geschichte. Mit CD-Empfehlungen der `Opernwelt´-Redaktion, Dortmund [4]1997.

Harnoncourt, Nikolaus/Harnoncourt, Alice (Hg.), Über Musik. Mozart und die Werkzeuge des Affen, Salzburg-Wien 2020.

Hase, Hellmuth von, Der kleine Köchel. Chronologisches und systematisches Verzeichnis sämtlicher musikalischen Werke von Wolfgang Amadé Mozart, zusammengestellt aufgrund der 3., von Alfred Einstein bearbeiteten Auflage des chronologisch-thematischen Verzeichnisses von Ludwig Ritter von Köchel, Wiesbaden 1951.

Henke, Matthias, Beethoven – Akkord der Welt, München 2020.

Hennenberg, Fritz, Wolfgang Amadeus Mozart (rm 50683), Reinbek 1992, bearbeitete Neuauflage 2005.

Herten, Joachim/Röhring, Klaus (Hg.), Wie hast Du´s mit der Religion? Wolfgang Amadeus Mozart und die Theologie, Würzburg 2009.

Hesse, Hermann, Der Steppenwolf (stb 175), FfM [14]1980.

Hesse, Hermann, Musik. Betrachtungen, Rezensionen und Briefe, FfM 1976.

Hildesheimer, Wolfgang, Mozart, FfM 1977, 1980, 2005.

Hildesheimer, Wolfgang, Mozart Briefe. Neu ausgewählt, eingeleitet und kommentiert, FfM 1995.

Hinderks-Kutscher, Rotraut, Wolfgang Amadeus Mozart. Die Jahre in Wien (dtv junior 7215), München 1976.

Hochradner, Thomas/Massenkeil, Günther, Mozarts Kirchenmusik, Lieder und Chormusik. Das Handbuch, 6 Bde., Bremen 2006.

Höcker, Karla, Das Leben des Wolfgang Amadé Mozart, München 1973, 1985, 1992.

Hoesli, Irma, Wolfgang Amadeus Mozart. Briefstil eines Musikgenies, Zürich 1948.

Huch, Felix, Mozart in Wien, München [2]1952.

Huchting, Detmar, Mozart. Ein biografischer Bilderbogen. Mit Mozart-CD, Köln 2005, 2006.

Hummel, Walter, Mozart in aller Welt. Die Weltfeier 1956. Die neue Mozart-Ausgabe. Chronik der Internationalen Stiftung Mozarteum 1951-1961, Salzburg 1961.

Ich bin ein Musikus. Mozart für Kinder. Ausgewählt von Peter Härtling. Mit einem Opernführer für Kinder erzählt und gezeichnet von Hans Traxler, FfM-Leipzig 2005.

Internationale Stiftung Mozarteum (Hg.), Leopold Mozart. Musiker – Manager – Mensch (Musician, Manager, Man), Salzburg 2019.

Internationale Stiftung Mozarteum (Hg.), Mozart. Briefe und Aufzeichnungen. Gesamtausgabe, 4 Bände, Wien 1964.
Internationale Stiftung Mozarteum (Hg.), Mozart. Briefe und Aufzeichnungen. Gesamtausgabe, gesammelt und erledigt von Wilhelm A. Bauer und Otto Erich Deutsch, 7 Bände, Kassel 1962-1975.
Internationale Stiftung Mozarteum (Hg.), Mozart. Briefe und Aufzeichnungen. Gesamtausgabe, erweiterte Ausgabe in 8 Bänden, Kassel 2005.
International Stiftung Mozarteum Salzburg (Hg.), Wolfgang Amadeus Mozart. Neue Ausgabe Sämtlicher Werke (in Verbindung mit den Mozartstädten Augsburg, Salzburg und Wien), Werkausgabe in 20 Bänden, Kassel 1991.
Irmen, Hans-Josef, Mozart als Mitglied geheimer Gesellschaften, Zürich 1991.
Irmen, Hans-Josef, Die Protokolle der Wiener Freimaurerloge `Zur wahren Eintracht´ (1781-1785), FfM 1994.
Jacob, Heinrich Eduard, Mozart oder Geist, Musik und Schicksal eines Europäers, FfM 1956.
Jacob, Heinrich Eduard, Mozart. Geist, Musik, Schicksal, München 1977, 1998.
Jacob, Heinrich Eduard, Mozart. Der Genius der Musik, München 2005.
Jahn, Otto, W. A. Mozart. Nachdruck der Ausgabe Leipzig 1856, Hildesheim-New York 1976.
Jansen, Johannes, Mozart, Köln-London-Los Angeles-Madrid-Paris-Tokyo 1999, 2005.
Kaiser, Joachim, Mein Name ist Sarastro. Die Gestalten in Mozarts Meisteropern von Alfonso bis Zerlina, München [4]1985.
Kaiser, Joachim, Who´s Who in Mozarts Meisteropern? Die Gestalten in Mozarts Meisteropern von Alfonso bis Zerlin, München 2017.
Kastner, Jörg G., Mozartzauber, München 2001.
Kerner, Renate, Die Zauberflöte. Mehr als nur ein Drehbuch für die Schulspielgruppe, Donauwörth 2000.
Kesting, Hanjo, Der Musick gehorsame Tochter. Mozart und seine Librettisten, Göttingen 2005.
Klee, Ernst, Das Personenlexikon zum Dritten Reich. Wer war was vor und nach 1945, FfM 2003, [3]2011.
Klee, Ernst, Kulturlexikon zum Dritten Reich. Wer war was vor und nach 1945, FfM 2007, 2009.
Klose, Dietrich, „Komponirt ist schon alles, aber geschrieben noch nicht." Mozart zum Vergnügen, Ditzingen 2005.

Kluger, Martin, Die Fuggerei. Ein Führer durch die älteste Sozialsiedlung der Welt, Augsburg 2009.

Kluger, Martin, Die Fugger in Augsburg. Kaufherrn, Montanunternehmer, Bankiers und Stifter, Augsburg 2013.

Kluger, Martin/Kleiner, Wolfgang B., W. A. Mozart und Augsburg. Vorfahren, Vaterstadt und erste Liebe. Schauplätze, Geschichte, Sehenswürdigkeiten, Augsburg 2007.

Knepler, Georg, Wolfgang Amadé Mozart. Annäherungen, Berlin [2]2005.

Knispel, Claudia Maria, Wolfgang Amadeus Mozart. Sein Leben, seine Zeit, Leipzig 2005.

Köchel, Ludwig Ritter von, Chronologisch-thematisches Verzeichnis sämtlicher Tonwerke Wolfgang Amadé Mozarts, 8. Auflage, bearbeitet von Franz Giegling, Alexander Weinmann und Gerd Sievers, Wiesbaden 1983.

Köppen, Ludwig, Mozarts Tod. Ein Rätsel wird gelöst, Köln 2004.

Komorzynski, Egon von, Mozart, Berlin 1941.

Konrad, Ulrich, Wolfgang Amadé Mozart. Leben, Musik, Werkbestand, Kassel 2005.

Konrad, Ulrich (Hg.), Briefe und Aufzeichnungen – Gesamtausgabe. Erweiterte Ausgabe mit einer Einführung und Ergänzungen, 8 Bände, München 2005.

Korff, Malte, Wolfgang Amadeus Mozart (Suhrkamp Basis Biographie), FfM 2005.

Kretschmer, Helmut, Mozarts Spuren in Wien, Wien 1990.

Kreutziger-Herr, Annette/Bönig, Winfried (Hg.), Die 101 wichtigsten Fragen: Klassische Musik, München 2009.

Krist-Krug, Gabriele, Hans Georg Mozart (1647-1719). Barockbaumeister einer berühmten Familie aus Augsburg. Leben und Werk, Augsburg 2006.

Kuehn, Manfred, Kant. Eine Biographie, München 2003.

Küng, Hans, Mozart. Spuren der Transzendenz, München 1991, [3]1998.

Küng, Hans, Musik und Religion: Mozart – Wagner – Bruckner, München 2006.

Küster, Konrad, Mozart. Eine musikalische Biographie, Stuttgart 1990.

Kunst- und Ausstellungshalle der Bundesrepublik Deutschland (Hg.), Beethoven: Welt – Bürger – Musik, Köln 2019.

Kunze, Stefan, Mozarts Opern, Ditzingen [2]1996.

Kunze, Stefan (Hg.), Wolfgang Amadeus Mozart, Briefe (Universal-Bibliothek Nr. 8430), Stuttgart 1987, 2005.

Landon, H. C. Robbins, 1791 – Mozarts letztes Jahr, Düsseldorf 1988.

Landon, H. C. Robbins, Wolfgang Amadeus Mozart. Höhepunkte eines Künstlerlebens. Aus dem Englischen von Christine Mrowietz, München 1990, 2005.

Langegger, Florian, Mozart – Vater und Sohn. Eine psychologische Untersuchung, Zürich 1978, 1986.

Laudon, Hasso, Wunderkind und Zauberflöte. Geschichten um Mozart, Berlin/DDR 1987.

Lauer, Enrik/Müller, Regine, Mozart und die Frauen, Bergisch Gladbach 2005.

Lauster, Jörg, Die Verzauberung der Welt. Eine Kulturgeschichte des Christentums, München 2014, ^{2}2015.

Leibnitz, Thomas (Hg.), Beethoven. Menschenwelt und Götterfunken, Salzburg-Wien 2019.

Leitzmann, Albert (Hg.), Mozarts Persönlichkeit. Urteile der Zeitgenossen, Leipzig 1914.

Lemster, Michael, Die Mozarts. Geschichte einer Familie, Salzburg 2019.

Lennhoff, Eugen/Posner, Oskar/Binder, Dieter A., Internationales Freimaurer Lexikon, Stuttgart ^{4}2006.

Leonhardt, Dorothea, Mozart. Eine Biographie, Zürich 2005.

Leopold, Silke (Hg.), Guten Morgen, liebes Weibchen! Mozarts Briefe an Constanze, Kassel 2005.

Leopold, Silke/Schmoll-Barthel, Jutta (Hg.), Mozart Handbuch, Stuttgart/Kassel 2005, 2016.

Lesch, Christiane/Streit, Jakob, Die Zauberflöte. Ein Bilderbuch nach Mozarts Oper, Stuttgart 2017.

Levey, Michael, Leben und Sterben des Wolfgang Amadé Mozart. Aus dem Englischen von Christian Spiel, München 1971.

Lorenz, Michael, Mozart in the Trattnerhof, Wien 2013.

Lucius, Robert von, Welfenland mit Schmetterlingen. Streifzüge durch Niedersachsen, Halle 2014.

Luckhardt, Jochen/Marth, Regine (Hg.), Lockenpracht und Herrschermacht. Perücken als Statussymbol und modisches Accessoire. Ausstellung im Herzog-Anton-Ulrich-Museum Braunschweig, 10. Mai bis 30. Juli, Leipzig 2006.

Lütteken, Laurenz, Mozart. Leben und Musik im Zeitalter der Aufklärung (C. H. Beck), München 2017.

Lux, Hanns Maria, Wolfgang und die Kaiserin. Der kleine Mozart spielt in Wien, Reutlingen 1956.

Mančal, Josef, Die Mozarts in Augsburg und Schwaben, Augsburg 1991.

Marignano, Nerina Medici di/Hughes, Rosemary (Hg.), Eine Wallfahrt zu Mozart. Die Reisetagebücher von Vincent und Mary Novello aus dem Jahre 1829. Deutsche Übersetzung Ernst Roth, Bonn 1955, [4]1959.

Meinardus, Ludwig, Mozart. Ein Künstlerleben, Berlin-Leipzig 1883.

Melograni, Piero, Wolfgang Amadeus Mozart. Eine Biographie, München 2005, [2]2009.

Mendelssohn, Moses, Morgenstunden oder Vorlesungen über das Daseyn Gottes, Stuttgart 1979.

Meyer, Heinz unter Mitarbeit von Ulrich Binder, Begegnung mit Wolfgang Amadeus Mozart (Lese- und Arbeitshefte für den Musikunterricht in der Sekundarstufe I), FfM-Berlin-München 1986.

Meyer, Wilhelm, Mozart. Mit 43 Abbildungen und einem farbigen Umschlagbild, Bielefeld und Leipzig 1921.

Minder, Robert A., Auf den Spuren der Freimaurer in Wien. Ein masonischer Stadtführer, Wien 2019.

Mörike, Eduard, Mozart auf der Reise nach Prag (Schaffsteins Volksbücher für die Jugend, Bd. 67), Köln am Rhein o. D.

Mörike, Eduard, Mozart auf der Reise nach Prag, FfM 2005.

Mozart, Constanze, Briefe, Aufzeichnungen, Dokumente 1782 bis 1842, Dresden 1922.

Mozart. Die Dokumente seines Lebens, gesammelt und erledigt von Otto Erich Deutsch, Kassel 1961.

Mozart. Die Dokumente seines Lebens. Addenda und Corrigenda zusammengestellt von Joseph Heinz Eibl, Basel-Tours-London 1978.

Mozart. Experiment Aufklärung im Wien des ausgehenden 18. Jahrhunderts: Katalogbuch zur Ausstellung des Da Ponte Instituts, 17. März – 20. September 2006 in der Albertina, Wien. Ein Projekt von Wiener Mozartjahr, hg. v. Herbert Lachmayer, Ostfildern 2006.

Mozart und seine Welt in zeitgenössischen Bildern, vorgelegt von Otto Erich Deutsch, Kassel 1961.

Mozart, Wolfgang Amadeus, Aus dem poetischen Hirnkasten, Salzburg und Wien 1989.

Mozart, Wolfgang Amadeus/Bauer, Jutta, Bona Nox, Hildesheim 2005.

Münster, Robert, „Ich würde München gewiss Ehre machen." Mozart und der Münchner Hof, Weißenhorn 2002.

Mustapic, Maria/Fuhrmann, Günter, Die Geheimnisse der Inneren Stadt. Verborgene Orte im Alten Wien, Wien 2017.

Nagel, Ivan, Autonomie und Gnade. Über Mozarts Opern, München 2005.

Nannerl Mozarts Tagebuchblätter mit Eintragungen ihres Bruders Wolfgang Amadeus, vorgelegt und bearbeitet im Auftrage der Internationalen Stiftung Mozarteum von Walter Hummel, Salzburg-Stuttgart 1958.

Nettl, Paul, W. A. Mozart. Mit Beiträgen von Alfred Orel, Roland Tenschert und Hans Engel, FfM 1955.

Nettl, Paul, Musik und Freimaurerei. Mozart und die königliche Kunst, Esslingen 1956.

Neumann, Peter, Jena 1800. Die Republik der freien Geister, München [2]2018.

Neumayr, Eva (Hg.), Maria Anna Mozart. Facetten einer Künstlerin, Wien 2019.

Niemetschek, Franz Xaver, Leben des K. K. Kapellmeisters Wolfgang Gottlieb Mozart, Prag 1798. Neudruck unter dem Titel `Ich kannte Mozart. Leben des K. K. Kapellmeisters Wolfgang Gottlieb Mozart nach Originalquellen beschrieben von Franz Xaver Niemetschek´, hg. und kommentiert von Jost Perfahl, München 1984.

Niemetschek, Franz Xaver, Lebensbeschreibung des k. k. Kapellmeisters Wolfgang Amadeus Mozart. Reprint der Ausgabe Prag 1808. Mit einem Nachwort, Berichtigungen und Ergänzungen von Peter Krause, Leipzig (DDR) 1978.

Niemetschek, Franz Xaver, Ich kannte Mozart: Die einzige Biografie von einem Augenzeugen, herausgegeben und kommentiert von Jost Perfahl, München 2005.

Niemetschek, Franz Xaver, Leben des K. K. Kapellmeisters Wolfgang Gottlieb Mozart nach Originalquellen beschrieben, Berlin 2015.

Niemetschek, Franz Xaver, Wolfgang Amadeus Mozart. Sein Leben, Bremen 2015.

Nissen, Georg Nikolaus von, Biographie W. A. Mozart´s. Nach Originalbriefen, Sammlungen alles über ihn Geschriebenen, mit vielen neuen Beylagen, Steindrücken, Musikblättern und einem Facsimile. Nach dessen Tod herausgegeben von Constanze, Wittwe von Nissen, früher Wittwe Mozart, Leipzig 1828, Nachdruck Hildesheim 1964, 1972.

Nissen, Georg Nikolaus, Biographie W. A. Mozarts. Herausgegeben und mit Anmerkungen versehen von Rudolph Angermüller, Hildesheim-Zürich-New York 2010.

Nohl, Ludwig, Mozarts Briefe, Salzburg 1865.

Nohl, Ludwig, Wolfgang Amadeus Mozart, Stuttgart 1863.

Nohl, Ludwig (Hg.), Mozart nach den Schilderungen seiner Zeitgenossen, Leipzig 1880.

Nottebohm, Gustav, Mozartiana. Nachdruck der Ausgabe von 1880, Norderstedt 2016.

Ogris, Werner, Mozart im Familien- und Erbrecht seiner Zeit. Verlöbnis, Heirat, Verlassenschaft, Wien 1999.

Ortheil, Hanns-Josef, Die Nacht des Don Juan, München 2005.

Otte, Andreas/Wink, Konrad, Kerners Krankheiten großer Musiker. Die Neubearbeitung, 6. Auflage. Mit einem Beitrag von Dr. iur. Karina Otte, Stuttgart 2008.

Pahlen, Kurt, Wolfgang Amadeus Mozart. Sein Leben und seine Zeit, Zürich 1985, Herrsching 1991.

Pahlen, Kurt, Das Mozartbuch. Eine Biographie in Dokumenten, München 1991.

Palm, Kurt, Der Wolfgang ist fett und wohlauf. Essen und trinken mit Wolfgang Amadé Mozart, Wien 2005.

Paumgartner, Bernhard, Mozart, Zürich 1967, [7]1973, 1986.

Pieck, Werner, Die Mozarts. Porträt einer Familie, Hamburg 1998.

Pelker, Bärbel, Art. Mannheimer Schule, in: Ludwig Finscher (Hg.), Die Musik in Geschichte und Gegenwart, 2., neubearbeitete Auflage, Bd. 5, Kassel u. a. 2003, Sp. 1645-1662.

Perl, Helmut, Der Fall `Zauberflöte´. Mozart und die Illuminaten, Mainz und Zürich 2000, 2006, Mainz 2016.

Perl, Helmut, Der Fall Mozart. Aussagen über ein missverstandenes Genie, Zürich und Mainz 2005, [2]2006.

Pieck, Werner, Die Mozarts. Portrait einer Familie, FfM 2007.

Ponte, Lorenzo da, Mein abenteuerliches Leben. Die Erinnerungen des Mozart-Librettisten. Aus dem Italienischen von Eduard Burckhardt. Mit einem Nachwort von Wolfgang Hildesheimer, Zürich 1991.

Preisendörfer, Bruno, Als Deutschland noch nicht Deutschland war. Reise in die Goethezeit, Berlin 2015.

Preisendörfer, Bruno, Als unser Deutsch erfunden wurde. Reise in die Lutherzeit, Berlin 2017.

Preisendörfer, Bruno, Als die Musik in Deutschland spielte. Reise in die Bachzeit, Berlin 2019.

Prokop, Clemens, Mozart der Spieler. Die Geschichte eines schnellen Lebens, Kassel 2005.

Publig, Maria, Mozart. Ein Leben für die Musik. Biografie, München 1991, Wien 2005.

Pusch, Luise (Hgin.), Mütter berühmter Männer. Zwölf biographische Portraits, FfM 1994.
Puschkin, Alexander Sergejewitsch, Mozart und Salieri. Schauspiel, 1832. Ausgabe Russisch-Deutsch. Übertragung und Nachwort von Kay Borowsky. Zeittafel von Gudrun Ziegler (Reclam Universalbibliothek Nr. 8094), Ditzingen 1994.
Reich, Willi (Hg.), Mozarts Briefe, Zürich 1991.
Reiffenstein, Ingo (Hg.), Fort mit Dir nach Paris! Mozart und seine Mutter auf der Reise nach Paris, Wien 2005.
Reinalter, Helmut, Die Freimaurer (C. H. Beck WISSEN), München 2016.
Reinalter, Helmut (Hg.), Handbuch der Verschwörungstheorien, Leipzig 2018.
Reiser, Rudolf, Mozart in Bayern, Grünwald 2005.
Richter, Brigitte/Oehme, Ursula (Hg.), Mozart in Kursachsen (Stadtgeschichtliches Museum), Leipzig 1991.
Ridder, Paul, Mythos Mozart. Ein bisher unbekanntes Porträt in seiner Galerie, in: Die Tonkunst, Jg. 5, 2011, 63-65.
Rieger, Eva, Nannerl Mozart. Leben einer Künstlerin im 18. Jahrhundert, FfM 1990, 2005.
Rieger, Eva, ...denn umsonst ist der Tod, und dieser nicht einmal. Maria Anna Mozart, in: Luise Pusch (Hgin.), Mütter berühmter Männer. Zwölf biographische Portraits, FfM 1994, 71-100.
Röttger, Karl, Wolfgang Amadeus Mozart, Stuttgart 1952.
Saner, Guido P., Mozart – Wien. Ein Mann aus dem Moos, Wien 2007.
Schad, Martha (Hg.), Mozarts erste Liebe, Weißenhorn 2015.
Schenk, Erich, Wolfgang Amadeus Mozart. Sein Leben – seine Welt, Wien-München ²1975.
Schiedermair, Ludwig, Die Briefe W. A. Mozarts und seiner Familie. Eine kritische Gesamtausgabe, 5 Bde., München-Leipzig 1914.
Schleske, Martin, Der Klang. Vom unerhörten Sinn des Lebens, München ²2010.
Schleske, Martin, Herztöne. Lauschen auf den Klang des Lebens, München 2016.
Schleuning, Peter, Der Bürger erhebt sich. Geschichte der deutschen Musik im 18. Jahrhundert, Stuttgart 2000.
Schlichtegroll, Friedrich, `Johannes Chrysostomus Wolfgang Gottlieb Mozart´, in: Nekrolog auf das Jahr 1791, Gotha 1792, Kassel 1954 (Neudruck).
Schlüter, Wolfgang, Die englischen Schwestern, FfM 2010.

Schmid, Manfred Hermann, Mozarts Opern. Ein musikalischer Werkführer (C. H. Beck Wissen), München 2009.
Schmitt, Eric-Emmanuel, Mein Leben mit Mozart (mit CD), Zürich 2005
Schmuckler, Alon, Requiem für Theophil. Das zweite Leben des Wolfgang Amadeus Mozart, Hamburg 1990.
Schuler, Heinz, Wolfgang Amadeus Mozart. Vorfahren und Verwandte, Neustadt an der Aisch 1980.
Schuler, Heinz, Mozarts Salzburger Freunde und Bekannte, Wilhelmshaven 1994, [2]2004.
Schurig, Arthur (Hg.), Leopold Mozart. Reiseaufzeichnungen 1763-1771, Dresden 1920.
Schurig, Arthur (Hg.), Konstanze Mozart. Briefe, Aufzeichnungen, Dokumente (Dresden 1922), Bremen 2013.
Schwab, Andrea, Außergewöhnliche Komponistinnen. Weibliches Komponieren im 18. und 19. Jahrhundert. Von Maria Theresia Paradis über Josepha Barbara Auernhammer bis Julie von Baroni-Cavalcabò, Wien 2019.
Servatius, Viveca, Constance Mozart. Eine Biographie, Wien 2018.
Shaffer, Peter, Amadeus, FfM 1982, 1988.
Sichrovsky, Heinz (Hg.), „Als ich König war und Maurer". Freimaurerdichtung aus vier Jahrhunderten. Eine Anthologie mit 90 Porträts von Oskar Stocker, Innsbruck-Wien-Bozen 2017.
Siegert, Christine, Massstab und Inspirationsquelle. Beethoven und Wolfgang Amadé Mozart, in: Thomas Leibnitz (Hg.), Beethoven. Menschenwelt und Götterfunken, Salzburg-Wien 2019, 103-109.
Siepmann, Jeremy, Mozart. Sein Leben, seine Musik, Darmstadt 2013.
Soldan, Kurt, Die Zauberflöte. Zur Geschichte der Oper, in: Wolfgang Amadeus Mozart. Die Zauberflöte/The Magic Flute. Oper in zwei Aufzügen/Opera in two acts. Nach dem Autograph/Based on the autograph, hg. v./edited by Kurt Soldan, KV 620, Klavierauszug/Vocal Score (Edition Peters, EP 71), Leipzig-London-New York 1960, 4-6.
Solomon, Maynard, Mozart. A Life, New York 1995.
Solomon, Maynard, Mozart. Ein Leben, Stuttgart 2005.
Staehelin, Lucas E., Die Reise der Familie Mozart durch die Schweiz, Bern 1968.
Stegemann, Michael, Mozart für die Westentasche, München [2]2006.
Strebel, Harald, Der Freimaurer Wolfgang Amadé Mozart, Stäfa/CH 1991.

Sulzer-Reichel, Martin/Dillmann, Edwin, Maria Theresia (dtv portrait), München 2000.

t´Hart, Maarten, Mozart und ich. Aus dem Niederländischen von Gregor Seferens, München 2006, 2007.

Tschuggnall, Peter (Hg.), Mozart und die Religion, Salzburg 2010.

Ullrich, Herbert, Schädel-Schicksale historischer Persönlichkeiten, München 2004.

Unseld, Melanie, Mozarts Frauen. Begegnungen in Musik und Liebe, Reinbek 2005.

Valentin, Erich, Lübbes Mozart-Lexikon, Bergisch-Gladbach 1983.

Valentin, Erich, Mozart: Eine Bildbiographie, München 1959.

Valentin, Erich, Mozart, Hameln 1947.

Valentin, Erich, Mozart, Eine Biographie (Focus Edition), München 2006.

Valentin, Erich, Wolfgang Amadeus Mozart, München 1985, 1991.

Valentin, Erich, Leopold Mozart, FfM 1998.

Veigl, Hans, Der Friedhof zu St. Marx. Eine letzte biedermeierliche Begräbnisstätte in Wien, Wien 2006.

Vogel, Juliane (Hg.), Die Bäsle-Briefe, Stuttgart 1993.

Voser-Hoesli, Irma, Wolfgang Amadeus Mozart. Ein Lebensbild, Zürich 1956.

Wagner, Guy, Bruder Mozart. Freimaurerei im Wien des 18. Jahrhunderts, Wien 2006.

Wagner, Manfred, Wolfgang Amadeus Mozart. Werk und Leben (Neue Musikporträts), Wien 2005.

Wandrey, Horst (Hg.), Wolfgang Amadeus Mozart: Briefe, Berlin (Ost) 1964, 1986.

Wegele, Ludwig, Der Lebenslauf der Marianne Thekla Mozart, Augsburg 1965.

Weissensteiner, Friedrich, Die großen Herrscher des Hauses Habsburg. 700 Jahre europäische Geschichte, München-Zürich 2005/2007.

Wellber, Omer Meir/Kloepfer, Inge, Die Angst, das Risiko und die Liebe. Momente mit Mozart, Salzburg 2017.

Welsh, Renate, Constanze Mozart. Eine unbedeutende Frau, Wien-München 1990.

Westerlind, Marianne, Unsterblicher Mozart. Roman, Hamburg 1949.

Winterstein, Marianne, Anna Maria und Nannerl Mozart. Zwei Frauen um Wolfgang Amadeus Mozart, Heilbronn 1991, [2]2000.

Witeschnik, Alexander, `Ihr Edler von Sauschwanz´ oder Mozart in Geschichten und Anekdoten, Wien 1987.

Wolff, Christoph, Mozarts Requiem. Geschichte, Musik, Dokumente. Mit Studienpartitur, Kassel u. a. 1991.

Wolff, Christoph, Vor der Pforte meines Glücks. Mozart im Dienst des Kaisers (1788-1791), übersetzt von Matthias Müller, Kassel 2013.

Wolfgang Amadeus Mozart. Berichte der Zeitgenossen und Briefe, gesammelt und erledigt von Albert Leitzmann, Leipzig 1926.

Wolfgang Amadeus Mozart. Chronik eines Lebens, zusammengestellt von Joseph Heinz Eibl, München 1977, [2]1991.

Wolfgang Amadeus Mozart. Nichts als Musik im Kopf. Eine Kurzfassung des Buches von Brigitte Hamann. Mit zeitgenössischen Abbildungen (Readers Digest), Stuttgart-Zürich-Wien 2010, 6-163.

Wolfgang Amadeus Mozart. Sein Leben in Bildern. Das Mozartbild in Musik- und Zeitgeschichte von Richard Petzoldt. Bildbiographie von Eduard Crass, Leipzig 1959.

Wondraschek, Wolf, Mozarts Friseur, München 2004.

Wyzewa, Théodore de/Saint-Foix, Georges de, Wolfgang Amédée Mozart. Sa vie musicale et son Oeuvre. Essai de Biographie Critique, Paris 1986.

Zellinger, Reinhard, Verfluchte Sieben, Hamburg 2018.

Zentner, Wilhelm (Hg.), Wolfgang Amadeus Mozart, Die Zauberflöte. Oper in zwei Aufzügen, Stuttgart 1962, 1979

Über den Autor

Pfarrer Dr. theol. Thomas O. H. Kaiser, geb. Müller, Dipl. Theol., geboren am 18. März 1963 in Stadtoldendorf, wurde am 16. Juni 1963 in der St. Martin-Kirche in Eschershausen im Weserbergland evangelisch-lutherisch getauft und am 15. Mai 1977 dort konfirmiert. 1982 machte er sein Abitur am Gymnasium an der Liebigstraße in Holzminden.

Vom Wintersemester 1982 bis zum Sommersemester 1988 studierte er Evangelische Theologie (Hauptfach) an der Ruprecht-Karls-Universität in Heidelberg und beendete sein Studium nach elf Semestern mit dem Ersten Kirchlichen Examen der Evangelisch-lutherischen Landeskirche Hannovers (Dipl. Theol. der Universität Göttingen). Daran schloss sich bis 1993 ein Zweitstudium der Philosophie (Hauptfach) in Heidelberg an. 1990 hielt sich Kaiser im Rahmen eines Forschungsaufenthaltes an der University of The Western Cape und an der University of Cape Town auf und arbeitete danach an seiner theologischen Dissertation. 1993 promovierte er an der Universität Heidelberg bei Bischof Prof. Dr. Dr. h.c. mult. Wolfgang Huber zum Thema `Gerechtigkeit in Versöhnung. Das Konzept der Versöhnung und seine Kritik im Kontext Südafrika´.

Nach der Eheschließung mit Andrea Kaiser im Februar 1993 änderte er seinen Nachnamen und wechselte in die

Evangelische Landeskirche in Baden: Es folgten das sog. `Lehrvikariat´ in Wertheim (1993-1995), das Zweite Kirchliche Examen in Karlsruhe (1995) und seine Ordination durch Landesbischof Prof. Dr. Klaus Engelhardt in der Waldshuter Versöhnungskirche (1995). Das sog. `Pfarrvikariat´ absolvierte Dr. Kaiser zunächst am Hochrhein-Gymnasium in Waldshut-Tiengen (1995/96), dann in der Evangelischen Kirchengemeinde Kadelburg (1996-1998). 1998 wurde er zum Gemeindepfarrer berufen und arbeitete zehn Jahre lang im Jobsharing mit Pfarrerin Andrea Kaiser in der Evangelischen Kirchengemeinde Kadelburg. 2008 wurde er einstimmig zum Pfarrer der Evangelischen Kirchengemeinde Klettgau gewählt. Kaiser ist Vater von vier Kindern: Gabriel, Gloria, Balthasar und Salome Kaiser.

Das Foto vor dem `Figaro´-Haus in der Domgasse 5 entstand auf der Städtereise mit Jugendlichen nach Wien im Februar 2020 (Foto: Barbara Dammenhayn-Scott).

Über die Künstlerin

Das Cover des vorliegenden Buches stammt von der Künstlerin Ruth Rüttinger (geb. 1947) aus Dogern. Das auf einem DIN A 4-Skizzenblock auf Transparentpapier, mit fluoreszierender Ölpastellkreide gemalte Bild trägt den Titel „Mozart" (6050.2020). Es entstand am 1. April 2020 in Dogern bei Waldshut und wurde rechts unten von der Künstlerin signiert. Ruth Rüttinger schrieb dazu inmitten der Corona-Pandemie, die Anfang 2020 begann und die ganze Welt erschütterte (E-Mail v. 3.4.2020):

„Lieber Thomas,

Corona-Krise, der Kopf ist vollgestopft und dann kommst Du mit Mozart – o Schreck! Erst mal alles abschalten. Dann: Viel Mozart gehört, Opern angeschaut. Ich liebe diese Musik, sie tut gut. Doch meine ersten Entwürfe waren viel zu schwer. Eine ganze Serie entstand. In dieser schwierigen Zeit wollte es einfach nicht gelingen. Dann bekam ich eine Wut, ich packte meine Ölpastellkreiden raus, ja, die Neonfarben mussten es sein! Ich hörte von der `Kleinen Nachtmusik´ bis zur `Königin der Nacht´ alles rauf und runter. Dabei entstand dieses Mozart-Bild. Ich bin Dir dankbar, dass Du mich von Corona abgelenkt hast. Viel Glück Dir und Deinem Buch!

Herzliche Grüße aus Dogern
Ruth Rüttinger"

Ganz herzlichen Dank!
Auf der Website der Künstlerin befinden sich ihre Kontaktdaten: http://www.ruth-ruettinger.de.

Ruth Rüttinger, „Mozart" (6050.2020), 1. April 2020

Scherenschnitt des Autors als 15jähriger Jugendlicher,
Paris 1978, anonymer Künstler.